氢能产业
政策与标准

陈 斌 主编

Hydrogen Energy Industry
Policies and Standards

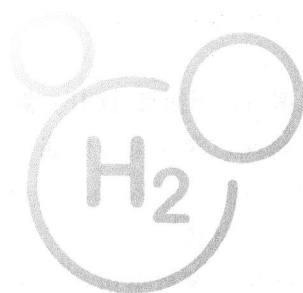

H₂

化学工业出版社
·北京·

内容简介

在全球积极应对气候变化、大力推行清洁能源的大背景下，氢能凭借其巨大潜力成为实现"双碳"目标的关键力量。然而，氢能产业发展面临标准缺失与不够统一的挑战，《氢能产业政策与标准》基于此背景编写。本书不仅可为规范产业发展提供帮助，提高产品质量和安全性，还可为产业链的协同发展提供有力支撑，推动氢能产业走向更加可持续的发展道路。

《氢能产业政策与标准》分为两部分共 11 章。在氢能产业政策部分，深度剖析全球及主要国家的氢能战略，全面梳理我国政府及各省市的相关政策，为我国氢能行业发展提供精准参考与有力引导。在氢能技术标准化部分，深入探讨氢能安全、运输和经济可行性等关键技术标准，详细介绍国内外标准化现状并提出对策建议。

本书可以作为高等院校、氢能研究机构和企业工程技术人才培养的参考资料，给读者呈现氢能政策和标准的全貌，为行业全面了解氢能的发展动态建立一定的认知基础。

图书在版编目（CIP）数据

氢能产业政策与标准／陈斌主编. — 北京：化学
工业出版社，2025. 5. — ISBN 978-7-122-47491-9

Ⅰ. F426.2

中国国家版本馆 CIP 数据核字第 2025B0G571 号

责任编辑：袁海燕　　　　　文字编辑：丁海蓉
责任校对：边　涛　　　　　装帧设计：史利平

出版发行　化学工业出版社
　　　　　（北京市东城区青年湖南街 13 号　邮政编码 100011）
印　　装　北京科印技术咨询服务有限公司数码印刷分部
710mm×1000mm　1/16　印张 18½　字数 323 千字
2025 年 7 月北京第 1 版第 1 次印刷

购书咨询：010-64518888　　　售后服务：010-64518899
网　　址：http://www.cip.com.cn
凡购买本书，如有缺损质量问题，本社销售中心负责调换。

定　　价：98.00 元

前言

随着全球气候变化的日益加剧，人类对清洁能源的需求愈发迫切。化石燃料的利用和燃烧排放所带来的环境挑战，让世界各国不得不寻求更加可持续和环保的能源替代方案。2020年9月22日，习近平总书记在第七十五届联合国大会一般性辩论上宣布，中国二氧化碳排放力争于2030年前达到峰值，努力争取2060年前实现碳中和。氢能是一种潜力巨大的清洁能源，发展氢能产业是助力实现"双碳"目标、应对气候变化的重要途径。首先，氢气燃烧产生的唯一副产品是水，不会产生二氧化碳等温室气体，对减缓全球气候变化具有重要意义。其次，氢能适用于各种能源形式的转换和利用，具有灵活性和通用性。最后，氢能还可以通过电解水、生物质气化等多种方式生产，来源丰富且广泛，具备长期可持续发展的潜力。面对这一新兴的二次能源，各国政府纷纷制定支持氢能产业发展的政策措施。从资金投入到技术研发，再到政策法规的制定，全力支持氢能产业的蓬勃发展。这种支持不仅有助于推动氢能技术的创新和成熟，还能够激发产业链各个环节的发展，从而推动经济增长和就业机会的增加。

然而，氢能产业的发展也面临着一系列的挑战和风险，尤其是在标准体系建设方面。在一个新兴产业的起步阶段，标准的缺失和混乱可能会导致技术不成熟、产品质量参差不齐，甚至可能对环境和社会发展安全造成潜在风险。因此，建立健全的氢能产业标准体系显得尤为重要。这不仅能够规范产业发展，提高产品质量和安全性，还能够为产业链的协同发展提供有力支撑，推动氢能产业走向更加可持续的发展道路。

《氢能产业政策与标准》首先解析全球各大洲及主要国家的氢能战略，总结整理我国政府及各省市的氢能政策。接着，深入探讨氢能安全、运输和经济可行性等关键技术标准，旨在为氢能产业的持续健康发展提供策略指导和技术支持。本书由西安交通大学/江西理工大学陈斌担任主编，江西理工大学刘志刚和西安交通大学陈渝楠担任副主编。全书分为氢能产业政策和氢能技术标准化两大部分，共 11 章，包括绪论（西安交通大学/江西理工大学陈斌，湖南大学陈敬炜，江西理工大学伊磊、晁云、刘道修、刘峥、陈慧明等编写），欧洲氢能产业政策（江西理工大学陈慧明编写），美洲氢能产业政策（江西理工大学陈慧明编写），亚洲氢能产业政策（江西理工大学刘道修编写），大洋洲及非洲氢能产业政策（江西理工大学韩李珂编写），我国氢能产业政策及中长期规划（江西理工大学刘峥编写），地方氢能产业政策（江西理工大学刘志刚、晁云编写），氢能技术标准化简介（西安交通大学陈渝楠编写），国外氢能技术标准化的发展状况（江西理工大学伊磊编写），国内氢能技术标准化的发展状况（江西理工大学彭智勇编写），氢能技术标准化工作的对策、建议及展望（江西理工大学王乐编写）。

第 1~7 章为氢能产业政策部分。第 1 章探讨氢能产业发展战略定位，介绍氢能产业总体概况并提出氢能产业的发展前景和挑战。本章首先以能源革命为背景，梳理"双碳"目标对新一轮能源体系变革的引领作用，以及氢能产业对实现"双碳"目标的重要性。其次，根据世界氢能产业的总体概况和国家层面的发展战略，探讨氢能产业未来的发展前景和面临的挑战。最后，介绍国内外氢能技术和产业发展概况，旨在梳理国内外氢能产业发展方向。

第 2~7 章为氢能发展战略和产业政策，主要包括国外氢能发展战略和我国政府及地方性氢能产业政策。其中，第 2~5 章分别介绍了欧洲、美洲、亚洲、大洋洲及非洲主要国家的氢能发展战略，总结欧盟、美国、日本等主要氢能产业发达国家和地区的氢能产业政策及中长期规划，从而为我国产业政策的制定以及氢能行业的发展路径提供参考。第 6 章重点介绍了我国氢能产业政策及中长期规划，包括国务院、国家发展改革委、国家能源局、工信部、科技部、国家市场监督管理总局、国家铁路局、国家标准化管理委员会、教育部等关键政府部门制定的产业政策及规划，希望帮助读者理解国家层面制定的氢能宏伟蓝图。第 7 章重点介绍了我国东北、华北、华中、华东、华南、西北、西南等地区的氢能产业政策。通过对不同地区氢能产业政策进行对比分析，总结预测未来各地区的氢能产业特色，从而为各区域氢能行业的有序发展提供政策引导。

第 8~11 章为氢能技术标准化部分。第 8 章为氢能技术标准化简介，包括标准、标准化和标准体系的基本概念，氢气制备和储运的不同方式及其标准化特点等。第 9 章梳理了国外氢能技术标准化的发展状况，介绍了国际标准化组织（ISO）和国际电工委员会（IEC）等国外相关组织和国家在氢能领域标准化方面的关键作用和成就，旨在全面解析国际氢能标准制定机构的运作机制，并为氢能领域从业者和政策制定者提供重要参考。第 10 章介绍了国内氢能技术标准化的发展状况，包括涉及氢能技术的相关行业、社会团体为规范行业、满足市场和创新需求、协调相关市场主体共同制定的一系列相关标准，涵盖基础通用、氢安全、氢制备、氢储存、氢输运、氢加注、氢能应用等共 7 个子体系的氢能全产业标准体系。第 11 章为氢能技术标准化工作的对策、建议及展望，针对我国未来一段时间内氢能技术标准化工作的工作思路、近期应重点加强的标准化研究领域和急需开展的标准制定与修改项目提出建议。

本书通过对氢能产业政策和标准的全面介绍，阐明氢能在中国乃至全球可持续发展中的关键作用，展望了氢能未来的发展趋势。本书可以作为高等院校、氢能研究机构和企业工程技术人才培养的参考资料。希望本书能够呈现氢能产业政策和标准的全貌，为行业全面了解氢能的发展动态建立一定的认知基础。

由于编者水平和时间有限，书中难免存在不足或者疏漏之处，恳请广大读者批评指正，以便再版时修订。

西安交通大学绿色氢电全国重点实验室
江西理工大学国际创新研究院
陈斌
2024 年 10 月

目录

第5章

大洋洲及非洲氢能产业政策　120

第6章

我国氢能产业政策及中长期规划　132

第7章

地方氢能产业政策

第8章

氢能技术标准化简介   236

第 9 章

国外氢能技术标准化的发展状况   246

第 10 章

国内氢能技术标准化的发展状况   258

第 11 章

氢能技术标准化工作的对策、建议及展望   271

第1章

绪论

1.1 氢能产业的战略定位

能源是文明的基石，每一次能源革命都直接驱动了人类社会的发展。钻木取火是第一次能源革命，成为人类告别蒙昧的力量；第二次能源革命以煤炭的大规模使用和蒸汽机的发明为标志，拉开工业革命的帷幕；第三次能源革命为石油和天然气的广泛应用，推动了交通和工业的发展，是衡量现代文明的标尺。前三次能源革命的共同特点是燃料燃烧放热＋热力循环做功，在满足人类用能要求的同时燃烧也带来了严重的环境污染及生态破坏。碳排放的急剧增加使温室效应持续加强，导致全球平均气温不断攀升、极端天气频发。2023年12月，联合国气候大会第28次缔约方大会（COP28）达成"阿联酋共识"，被广泛视为标志着化石燃料时代"终结的开始"。当前，以低碳、清洁、可持续发展为特征的第四次能源革命已经开始，以氢能为代表的可再生能源是人类开启未来的引擎。

2020年9月，我国政府在第七十五届联合国大会上郑重宣布：中国将提高国家自主贡献力度，采取更加有力的政策和措施，二氧化碳排放力争于2030年前达到峰值，努力争取2060年前实现碳中和。"双碳"目标是党中央、国务院统筹国内、国际形势作出的重大战略部署，将对我国经济社会发展全局产生重大深远影响。2023年7月，中央全面深化改革委员会第二次会议审议通过了《关于推动能耗双控逐步转向碳排放双控的意见》，强调要立足我国生态文明建设已进入以降碳为重点战略方向的关键时期，完善能源消费总量和强度调控，逐步转向碳排放总量和强度双控制度。中国富煤、贫油、少气的资源能源禀赋，决定了我们必须走有别于美欧的道路，完成巨量 CO_2 减排并保障能源安全供给。

氢能是一种来源丰富、清洁低碳、灵活高效、应用广泛的二次能源，可以与电能、热能等异质能源品种系统融合、互联互补，是用能终端实现绿色低碳转型的重要载体。在零碳场景下，氢气（及其衍生品）将在能源、冶金、化工、交通运输等领域发挥不可替代的作用。在全球加速从化石燃料向清洁能源转型的进程中，氢能有望成为未来的理想能源。国际能源署（International Energy Agency，IEA）等多个机构预计，到 2050 年，氢将成为一种主要的能源载体。作为战略性新兴产业，氢能对于应对气候变化、构建脱碳社会、推动高质量发展具有重要意义。国际氢能委员会预计，到 2050 年，氢能将承担全球 18% 的能源终端需求，创造超过 2.5 万亿美元的市场价值。发达国家纷纷制定氢能发展路线图，我国也将氢能产业上升到国家能源战略的位置。2022年 3 月，国家发展改革委（全称国家发展和改革委员会）、国家能源局印发了《氢能产业发展中长期规划（2021—2035 年)》，擘画了国家氢能发展蓝图，明确氢能是国家能源体系的重要组成和实现绿色低碳转型的重要载体，对实现"双碳"目标具有重要意义。中国氢能联盟预计，到 2025 年，我国氢能产业产值将达到 1 万亿元；到 2050 年，氢气需求量将接近 6000 万吨，实现 CO_2 减排约 7 亿吨，氢能在我国终端能源体系中占比超过 10%，产业链年产值达到 12万亿元，成为引领经济发展的新增长极。

1.1.1 氢能产业总体概况

氢能技术是助力"双碳"目标实现的重要技术支撑。据不完全统计，全球已有 30 余个国家和地区制定了全面的国家氢能战略，提出了氢能发展和利用的中长期目标[1]。截至 2023 年 12 月，我国已有 30 个省、自治区及直辖市[2]以及 50 余个城市和地区制定了氢能产业发展规划（或指导意见、行动方案)[3]。2021 年以来，我国共发布国家级氢能政策 10 个、省级 83 个、市县级252 个，其中发展规划占比 45%，财政支持占比 20%，项目支持占比 17%，管理办法占比 16%，氢能安全和标准占比 2%[4]。

2021 年 3 月公布的《中华人民共和国国民经济和社会发展第十四个五年规划和 2035 年远景目标纲要》[5] 将氢能与类脑智能、量子信息、基因技术、未来网络、深海空天开发等前沿科技一起规划为"前瞻谋划未来产业"。2022年 3 月国家发展改革委、国家能源局印发了《氢能产业发展中长期规划（2021—2035 年)》[6]，内容包括：到 2025 年，我国将形成完善的氢能产业发展制度政策环境，氢能示范应用取得明显成效，清洁能源制氢及氢能储运技术取得较大进展，可再生能源制氢量达到 10 万～20 万吨/年；到 2030 年，我国将形成完备的氢能产业技术创新体系，可再生能源制氢技术广泛应用；到 2035 年，我国将形成氢能产业体系，构建涵盖交通、储能、工业等领域的多元氢能应用生态，可再生能源制氢在终端能源消费中的比重明显提升。

在氢能政策扶持和市场引导下，我国氢能发展已积累了一定的基础。氢能产量居世界首位，可再生能源制氢基础条件领先，部分重点经济圈已出现氢能产业的区域化集聚，京津冀、上海、广东、河北、河南等五个城市群先后获批燃料电池汽车示范城市群。2022 年是我国"氢能行业爆发元年"，自此之后，我国开始进入氢能产业的加速发展阶段，北京、上海、山东、河南、内蒙古等地均已提出 2025 年氢能产业规模突破千亿目标。例如，《上海市氢能产业发展中长期规划（2022—2035 年）》的目标是：到 2025 年，产业创新能力总体达到国内领先水平，建设各类加氢站 70 座左右，培育 5～10 家具有国际影响力的独角兽企业，建成 3～5 家国际一流的创新研发平台，燃料电池汽车保有量突破 1 万辆，氢能产业链产业规模突破 1000 亿元，在交通领域带动二氧化碳减排 5 万～10 万吨/年。广东省规划：到 2025 年，氢能产业规模实现跃升，推广燃料电池汽车超 1 万辆，年供氢能力超 10 万吨，建成加氢站超 200 座；到 2027 年，氢能产业规模达到 3000 亿元，氢气"制、储、输、用"全产业链达到国内先进水平，建成具有全球竞争力的氢能产业技术创新高地。《山东省氢能产业中长期发展规划（2020—2030 年）》指出：2023 年到 2025 年，为氢能产业加速发展期。氢能产业链条基本完备，培育 10 家左右具有核心竞争力和影响力的知名企业，燃料电池发动机产能达到 50000 台，燃料电池整车产能达到 20000 辆，燃料电池轨道交通、港口机械、船舶及分布式发电装备产业实现突破，氢能产业总产值规模突破 1000 亿元。《深圳市氢能产业发展规划（2021—2025 年）》明确：到 2025 年，形成较为完备的氢能产业发展生态体系，氢能产业规模达到 500 亿元。展望 2035 年，氢能产业规模达到 2000 亿元，形成集氢气制、储、运、加、用于一体，关键技术达到国际先进水平的氢能产业体系。《苏州市氢能及燃料电池产业发展规划》及《苏州市氢能产业发展白皮书》展望，到 2035 年，苏州市氢能及燃料电池产业将突破千亿元产值，苏州市将被打造为具有全球影响力的氢能及燃料电池产业高地。佛山市南海区的氢能产业起步较早，自 2009 年至今，南海区成为我国氢能产业的试验田，在此诞生了一个又一个"全国第一"，包括：出台全国首个加氢站建设运营及氢能源车辆运行扶持政策；建立国内首个加氢站审批、建设、验收流程；建设全国首座商业化加氢站、首座油氢合建站；建设全国唯一的国家技术标准创新基地（氢能）；打造全国首个"氢能进万家"智慧能源示范社区等。南海区氢能产业集群已成功入选工业和信息化部（简称工信部）"中小企业特色产业集群"，并荣获"中国氢能产业之都"称号，南海区已成为我国名副其实的氢能第一区。目前，南海区现有氢能产业企业、机构超 150 家。据 2020 年南海区发布的《佛山市南海区氢能产业发展规划（2020—2035 年）》，以及 2022 年发布的《佛山市南海区推进氢能产业发展三年行动计划（2022—2025 年）》，至 2030 年南海区氢能和氨氢融合装备制造产业将被打造为总产值超 1000 亿元、规模以上企业超 100 家的千亿产业集群。

总之，我国已迎来氢能产业发展的重要窗口期，包括制氢、储氢、运氢、用氢等环节的氢产业链将实现全方位的快速发展。

① 氢能源产业链上游是氢气的制备。中国氢能产业联盟发布的《中国氢能源及燃料电池产业白皮书》预计，到 2060 年"碳中和"的情境下，氢气的年需求量有望增至 1.3 亿吨左右，其中 70% 为可再生能源制备氢气。常见的制氢技术主要有煤、天然气、甲醇等化石燃料制氢；氯碱和焦炉气等工业副产制氢；碱性电解、质子交换膜电解等电解水制氢；新兴绿色制氢技术，如煤炭/生物质/有机废弃物超临界水气化制氢、太阳能光解水制氢等。化石燃料制氢工艺较为成熟，产量高、成本低，但在制氢过程中会造成大量二氧化碳等温室气体排放；工业副产氢产量受限于主要工业产物，难以布局；电解水制氢是碳排放最低的工艺之一，但成本也最为昂贵，目前仅适用于弃风弃光地区消纳风电、光伏等可再生能源电力。推广超临界水气化制氢技术、太阳能聚光分频光热电一体化制氢技术等新兴绿色制氢技术将有望充分发挥我国可再生能源资源禀赋，快速推动我国建成绿色氢能产业链。

② 氢能产业链中游是氢气的储运环节。氢气储存方式主要包括高压气态储氢、低温液态储氢、固体材料储氢和有机液体储氢。高压气态储氢技术成熟，成本较低，充放氢速度快，但在储氢密度和安全性能方面仍存在瓶颈。氢气运输主要包括长管拖车运输、液氢罐车运输、管道运输等方式。天然气掺氢可以直接使用天然气管道，是一种低成本的大规模远距离运氢技术。2023 年 4 月，我国首条"西氢东送"输氢管道示范工程被纳入《石油天然气"全国一张网"建设实施方案》，标志着我国氢气长距离输送管道进入新发展阶段。

③ 氢能产业链下游是氢气的应用环节。氢能可以应用到交通运输、工业燃料、电力、冶金、化工等领域，目前工业和交通为主要应用领域。在交通领域，氢燃料电池车是主要应用场景，未来几年我国燃料电池汽车保有量的年均增长率有望超过 50%。在工业领域，随着氢冶金、合成燃料、工业燃料实现减碳的强劲需求的带动，2060 年工业部门氢需求量将达到 7794 万吨，接近交通领域的两倍。例如，按照 2030 年减碳 30% 的目标，钢铁行业需减排 5.4 亿

吨，推广革命性的氢冶金技术是钢铁行业实现"双碳"目标的主要手段。此外，绿氢也有望成为合成氨、合成甲醇、石油精炼和煤化工行业等化工生产的常规原料。

1.1.2　氢能产业的前景与挑战

在世界能源体系变革趋势的引领下，世界各国也纷纷布局氢能产业，纷纷制定符合现实、利益和竞争优势的国家氢能战略。氢能产业已逐步展现出巨大的发展潜力，成为各国培育新的经济增长点的重要布局方向。未来，氢经济规模的扩大也必将带动世界经济的新一轮增长，从而在二氧化碳减排、创造新的就业岗位方面做出巨大贡献。在通往美好前景的道路上，氢能产业同样也面临着不少挑战，如与传统能源产业相比成本高、氢能基础设施缺乏、公众对氢能产业的认知和理解不足、氢能技术不成熟等问题。

1.1.2.1　氢能产业的前景

① 从市场前景来看，国际氢能委员会与管理咨询公司麦肯锡联合发布的分析报告《全球氢能洞察》（2023）显示[7]，随着全球氢能产业的强势增长，到 2030 年全球氢能直接投资额有望达 3200 亿美元。中国产业发展促进会氢能分会发布的《国际氢能技术与产业发展研究报告（2023）》预测，2050 年全球氢能需求将增至目前的 10 倍，届时氢能产业链产值将超过 2.5 万亿美元。为此，世界各国纷纷公布其雄心勃勃的氢能市场发展计划，以 2025 年、2030 年、2050 年等为时间节点的氢能产业市场必将逐步迸发出巨大的发展潜力。

a. 在欧洲：2020 年欧盟委员会发布《欧盟氢能战略》，把氢能列为实现《欧洲绿色协议》和欧洲清洁能源转型的关键选项，欧盟计划 2030 年前安装至少 40 吉瓦可再生能源电解槽，可再生能源制氢达到年产量 1000 万吨，预计总投资超过 4500 亿欧元。同时，法国、德国、荷兰将氢能战略纳入绿色经济复苏计划，英国、俄罗斯及其他欧洲国家和地区也已经制定了区域性的氢能发展战略。法国 2020 年发布《国家氢能战略》，计划到 2030 年投入 70 亿欧元（约合 551.9 亿元人民币）发展无碳氢能，创造 5 万～15 万个就业岗位。2021 年，英国发布《国家氢能战略》及多个相关咨询文件，提出到 2030 年实现 5 吉瓦的低碳氢生产能力，到 2050 年，英国氢能经济产值将达 130 亿英镑，创造 10 万个工作岗位。2021 年，俄罗斯政府发布《俄罗斯联邦氢能发展构想》，启动首批商业制氢项目，计划到 2035 年出口达到 200 万吨，到 2050 年向全球市场的氢供应量可能达到 1500 万吨（最高目标是 5000 万吨）。

b. 在美洲：2022 年，美国能源部（DOE）发布《国家清洁氢能战略和路线图（草案）》，目标为到 2030 年，清洁氢产量增加到每年 1000 万吨，到 2040

年增加到每年 2000 万吨，到 2050 年增加到每年 5000 万吨。加拿大发布《加拿大氢能战略》，预计到 2050 年加拿大氢气产量将增至目前的 7 倍，每年生产超过 2000 万吨低碳氢，包括电解水制氢、化石燃料制氢、生物质制氢、工业副产氢等。

c. 在亚洲：日本、韩国等国家受限于资源和能源匮乏问题，均将氢能上升至国家战略高度并提出了氢能发展路线。日本是最早提出"氢能社会"愿景的国家之一，一直致力于质子交换膜燃料电池、燃料电池系统和车载储氢这三大技术研究，氢能源专利占全球 30% 以上，专利数量居世界第一。日本 2021 年宣布《绿色增长计划》，提出在 2030 年氢能产量实现 300 万吨的目标，并宣布了一项 7000 亿日元的公共投资计划，计划到 2025 年燃料电池车辆达到 20 万辆，到 2030 年达到 80 万辆。日本在未来 15 年内将投入 3 万亿日元用于补贴清洁氢生产，旨在帮助日本国内能源企业打造供应链。计划到 2030 年将日本国内氢气供应量提高 50%，达到 300 万吨，并在 2050 年达到 2000 万吨。韩国提出在 2030 年进入氢能社会，并在未来 5 年投资 2.6 万亿韩元，计划 2025 年在营加氢站达到 210 座，2030 年达到 520 座，计划燃料电池乘用车保有量 2025 年达到 15 万辆，2030 年达到 63 万辆，到 2040 年分阶段生产 620 万辆。

② 从技术路线发展前景来看，未来世界氢能产业将在氢能生产、氢能储运（储存和运输）、氢能应用等方面产生巨大变革。在氢能生产方面，工业副产氢将逐步被与二氧化碳捕集相结合的"蓝氢"以及可再生能源生产的"绿氢"取代，包括可再生能源电解水制氢、生物质制氢、核能制氢、天然气制氢等，电解水制氢装备所需电极、隔膜、极板、催化剂等关键材料产业将急剧增长。在氢能应用方面，氢能在交通、电力、工业等领域的应用将不断拓展。氢气将有可能大量应用于钢铁等高能耗、高排放工业领域，如氢冶炼技术将实现钢铁、有色金属等冶炼过程的零碳排放。燃料电池、氢/氨/醇发动机、掺（纯）氢燃气轮机等氢动力系统也将从陆地交通向航空、航海动力发展，并且将从为公共交通、商用车、工程车提供动力逐步向为乘用车提供动力发展。同时，绿色氢能也应用于发电、建筑供能、碳氢燃料和氨等工业原料制造等领域。在氢能储存方面，以中低压气态氢和液氢为主的氢气储存方式将逐渐向高参数和多元化方向发展，如高压储气瓶逐渐向 70MPa 的 Ⅳ 型瓶发展，并逐步发展冷冻压缩储氢、物理吸附储氢、固态氢化物储氢、富氢液态化合物储氢等技术。在氢能运输方面，30～50MPa 高压气态储运将逐步替代 20MPa 长管拖车运输，未来将结合现有的运输能力和基础设施（如天然气管道、甲醇罐车、氨罐车等），以及新型储氢产品如吸附储氢材料、液态化合物等进行氢气的运输。

③ 从技术指标发展前景来看，未来氢能技术将以低成本、低能耗、高效的目标走向成熟，并与传统能源相比展现出全方位的技术优势。例如，美国能源部发布的《氢能计划发展规划》设定了 2030 年氢能发展的技术和经济指标[8]，主要包括：

a. 电解槽成本降至 300 美元/千瓦，运行寿命达到 8 万小时，系统转换效率达到 65%，工业和电力部门用氢价格降至 1 美元/千克，交通部门用氢价格降至 2 美元/千克。

b. 早期市场中交通部门氢气输配成本降至 5 美元/千克，最终扩大的高价值产品市场中氢气输配成本降至 2 美元/千克。

c. 车载储氢系统成本在能量密度 2.2 千瓦时/千克、1.7 千瓦时/升下达到 8 美元/千瓦时；便携式燃料电池电源系统储氢成本在能量密度 1 千瓦时/千克、1.3 千瓦时/升下达到 0.5 美元/千瓦时；储氢罐用高强度碳纤维成本达到 13 美元/千克。

d. 用于长途重型卡车的质子交换膜燃料电池系统的成本降至 80 美元/千瓦，运行寿命达到 2.5 万小时；用于固定式发电的固体氧化物燃料电池系统的成本降至 900 美元/千瓦，运行寿命达到 4 万小时。

我国在探索应用低碳能源方面走在全球前列，氢能源作为清洁低碳能源受到国家的广泛关注和支持。"十三五"期间，党中央、国务院系统谋划、整体推进我国氢能产业高质量发展。2019 年，政府工作报告中首次提及"氢能"，明确要"推进充电、加氢等设施建设"。"十四五"规划中提出"氢能源发展"，国务院及相关部委及时出台了氢能产业政策及规划。2024 年《政府工作报告》指出："加快前沿新兴氢能、新材料、创新药等产业发展，积极打造生物制造、商业航天、低空经济等新增长引擎。"这是中央在全国年度经济发展规划方面首次指出要加快氢能产业的发展。到 2030 年，我国将形成较为完备的氢能产业技术创新体系、清洁能源制氢及供应体系，有力支撑"碳达峰"目标的实现。2024 年 11 月，十四届全国人大常委会第十二次会议审议通过《中华人民共和国能源法》，将氢能正式列入，与石油、煤炭、天然气等同级管理。

总之，我国氢能产业正处于快速发展的关键时期。尽管面临一些挑战，如技术研发、基础设施建设等问题，但随着国家政策的引导和市场需求的推动，我国氢能产业的前景仍然充满希望。未来，随着电力结构的优化、氢能应用领域的拓展以及政策支持的加强，我国电氢体系将逐步完善，为我国的能源转型和绿色发展提供强有力的支撑。

1.1.2.2　氢能产业面临的挑战

当前，氢能产业主要面临的宏观方面的挑战在于：成本高、技术不成熟、基础设施缺乏、公众认知不足、氢能应用场景不够、政策法规不完善、氢安全问题等。具体如下。

① 经济和投资 目前氢与其他传统燃料相比还不具备成本竞争力,以燃料电池为主的终端应用成本也较高,未来 5~10 年需要强有力的政策和财政支持以降低风险,吸引投资。

② 技术和创新 尽管电解水制氢和燃料电池技术已处于大规模商业化准备阶段,但仍需进一步支持研发以降低成本,并开发新的应用解决方案,实现新的技术突破。

③ 政策和法规 世界各国目前仍缺乏全面和长期的氢能相关政策和监管框架,已制定的各地区政策缺乏一致性。

④ 氢能基础设施可用性 世界各国仍缺乏输运和存储氢气的基础设施,阻碍了氢能产业试点运行和应用推广,长期来看还需建设专门的输氢管道和液化工厂等基础设施,以确保低碳氢的供应。

⑤ 规范和标准 目前氢能部署尚处于早期阶段,缺乏相关规范和标准来确保氢能应用。

⑥ 公众意识 民众、工业界和各部门对氢能发展机遇和安全性缺乏认知,需增强对氢能安全利用和经济、环境效益的认识和理解,以建立良好发展的氢能行业。

氢能产业在技术路线和技术手段方面面临的挑战包括:

① 氢的制备 开发成本更低、效率更高、更耐用的电解槽;开发更为先进的重整、气化和热解制氢技术;开发利用可再生能源、化石能源和核能的新型制氢技术;开发从水、化石燃料、生物质和废弃物中生产绿色氢气的高效低成本技术;开发低成本和环境友好的碳捕集、利用和封存(CCUS)技术。

② 氢的输运 开发成本更低、更可靠的氢气输送系统;开发新的氢气储运技术,包括液化储氢和化学氢载体储氢;获得氢气输运的通行权和许可,以及降低建设氢输运基础设施的投资风险。

③ 氢的储存 开发低成本储氢系统;开发储氢容量更高、重量和体积更小的储氢介质;开发大规模储氢设施,包括现场大量应急供应和地质储氢设施;优化储氢策略,以满足吞吐量和动态响应要求,并降低投资成本。

④ 氢的转化 开发可大规模生产的低成本、更耐用、更可靠的燃料电池电堆;开发以高浓度氢气或纯氢为燃料的氢燃机;开发和示范大规模氢转化系统。

⑤ 氢的终端应用和综合能源系统 集成、测试和验证系统,以识别和解决各应用场景的特有挑战;终端应用示范,包括氢冶炼、氨生产以及利用氢气

和二氧化碳生产合成燃料的技术；示范电网集成以验证氢用于储能和电网服务的潜力。

⑥ 氢供应链　供应链系统标准化制造流程、质量控制和优化制造设计；增材制造和自动化制造工艺等。

⑦ 氢安全、规范和标准　发布适用、统一的规范和标准，用于所有终端应用，包括燃料电池（如卡车、船舶和铁路等需大规模加注氢气的场景）以及燃烧（如氢燃机）；改进氢安全标准。

⑧ 教育和专业人员　具有针对不同利益相关方的教育资源和培训计划，包括应急响应人员、标准规范人员和技术人员，如氢及相关技术的操作、维护和处理；获得氢能相关技术的准确、客观信息。

1.2　氢能产业链的技术发展

1.2.1　氢能的制备

按照制取过程中碳排放强度的不同，氢气可分为灰氢、蓝氢和绿氢。灰氢指由化石燃料重整制取的氢气，技术成熟，适合大规模制氢，成本优势显著，但碳排放强度高，约占目前全球市场氢源供应的 96%。蓝氢包括加装碳捕集与封存（carbon capture and storage，CCS）设备的系统用化石能源制得的氢和工业副产氢，碳排放量相比灰氢大幅降低，从平衡关系上来讲可以说是碳中性的。目前蓝氢的生产成本普遍低于绿氢，但这会随着国家政策和国际形势有所变化。绿氢即由可再生能源制得的氢及由核能制得的氢，制氢过程中几乎不产生碳排放，是未来氢气制取的主流方向。但绿氢制取技术目前成熟度较低，成本高，推广应用仍需要时间[1]。

1.2.1.1　化石燃料制氢

我国资源禀赋的特点是富煤、贫油、少气。2022 年，我国能源消费总量达到 54.1 亿吨标准煤。其中，我国煤炭消费量占能源消费总量的 56.2%，约 30.4 亿吨。面对日益严峻的环境问题，大力推进煤的清洁利用技术是我国能源产业的重要发展方向。

（1）煤气化制氢技术

煤气化制氢技术是工业化大规模制氢的首选技术，主要包括气化单元、耐硫变换单元、变换气脱碳单元及变压吸附提纯单元。煤的气化是指煤在高温、常压或加压下与气化剂反应转换成气体产物，气化的目的是制取化工原料或城市煤气，反应过程如式(1-1)、式(1-2) 所示[2]：

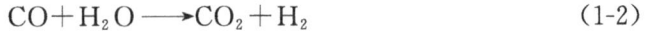

$$C+H_2O \longrightarrow CO+H_2 \tag{1-1}$$

$$CO+H_2O \longrightarrow CO_2+H_2 \tag{1-2}$$

煤气化制氢工艺流程如图 1-1[3] 所示。煤气化后的合成气经净化脱硫、水煤气变换、变压吸附（pressure swing adsorption，PSA）提纯后制得纯度为 99.9% 的高纯氢。PSA 是煤气化技术制氢中最重要的一环，保证最终产物氢的纯度[4]。

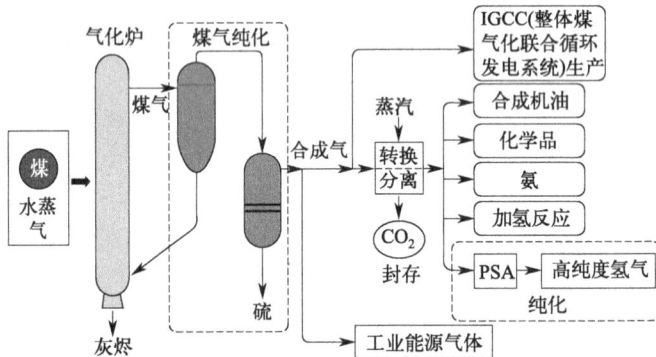

图 1-1 煤气化制氢工艺流程图[3]

（2）超临界水气化制氢

超临界水气化制氢主要用于煤气化制氢。西安交通大学自主研发的超临界水煤气化制氢在水的临界点（374℃，22MPa）以上进行煤的气化制氢，主要包括造气、水煤气变换、甲烷化三个变换过程，如式(1-3)～式(1-5) 所示：

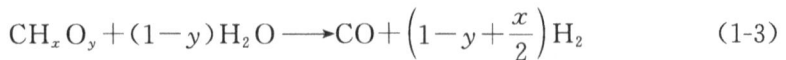

$$CH_xO_y+(1-y)H_2O \longrightarrow CO+\left(1-y+\frac{x}{2}\right)H_2 \tag{1-3}$$

$$CO+H_2O \longrightarrow CO_2+H_2 \tag{1-4}$$

$$CO+3H_2 \longrightarrow CH_4+H_2O \tag{1-5}$$

超临界水（supercritical water，SCW）的扩散系数较高，约为常温、常压下的水的 100 倍，传质性能好，且与非极性气体和烃类物质完全互溶，几乎不溶解无机盐。超临界水煤气化技术可以有效、清洁地将煤转换为氢和纯二氧化碳。超临界水煤气化制氢流程如图 1-2 所示。相较于其他煤制氢过程，超临界水煤气化制氢具有以下优势[4]：

① 造气反应、水煤气变换在同一反应器内进行，超临界水及煤炭中的氢全部转化为氢气，氢气的收率高；

② 气化过程中，煤炭在超临界水中反应，煤炭中的 S 和 N 以无机盐的形式沉淀，不会向空气中排放 SO_x、NO_x、$PM_{2.5}$ 等污染物；

③ 超临界水煤气化技术可提供 20MPa 以上的高压氢气，用作合成氨、加氢反应等的原料时可省去加压步骤；

④ 超临界水的能量容易回收，可用于透平发电；

⑤ 对不同种类的煤适应性强；

⑥ 氢气与二氧化碳，二者溶解度差异大，可采用吸收的方法分离。

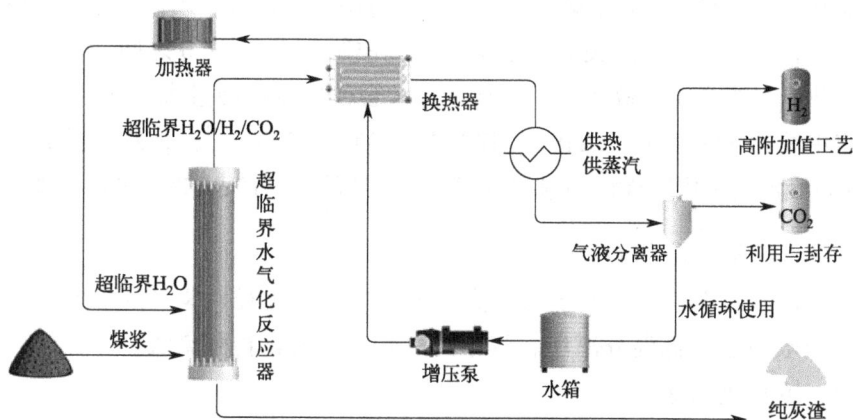

图 1-2　超临界水煤气化制氢流程图

超临界水气化技术具有很强的物料适应性，除了全国各地的不同煤种外，可以用于气化处理不同的生物质和有机废弃物，如农业有机废弃物（秸秆、玉米芯、果壳、猪粪等）、林业有机废弃物（木屑等）、居民生活有机废弃物（餐厨垃圾、生活废水、城市污泥等）和工业生产有机废弃物（造纸黑液、油田废水、偏二甲肼、废离子交换树脂等）均能在超临界水中实现气化制氢。

煤气化制氢目前成本最低，但存在大量碳排放，严重污染环境。若耦合CCS 技术捕集 CO₂ 实现清洁化制氢，成本会上升 2 倍左右。超临界水气化制氢技术环保性好，成本与煤气化制氢相当，已进入工程示范阶段。考虑到我国现有资源禀赋特点以及可再生能源发展现状，煤制氢依然会是我国近些年的主要氢气来源。随着 CCS 和超临界水气化技术的不断成熟，煤气化＋CCS 和超临界水煤气化制氢有望为我国提供成本较低、环保性较好的氢源[4]。

（3）甲烷重整制氢技术

甲烷重整制氢技术（steam methane reforming，SMR）是一种有效的制氢工艺，反应过程主要包括：预处理、催化重整或生成合成气、水煤气变换、甲烷化或气体净化。蒸汽甲烷重整的原理是：首先，蒸汽在高温下与天然气反应，生成一氧化碳和氢气；然后一氧化碳和氢气进入转换反应器，将一氧化碳转化成二氧化碳，并产生额外的氢气。温度、压力、水碳比和空速等工艺条件对 SMR 过程影响显著：蒸气重整和制氢总反应均是强吸热反应，温度达到 800℃ 以上时反应才能顺利进行。考虑到反应器寿命等因素，温度一般控制在 800～900℃。供热成本占比很高，占总成本的 50% 以上[5]；SMR 总反应是增分子反应，从热力学角度分析，低压下有利于增大甲烷的转化率。但从工程角度分析，高压有利于热量传输，且后续工艺所需压力较高，综合考虑，压力一般控制在 3MPa 左右；高水碳比对甲烷转化有明显的促进作用，但也会增加工业生产成本。为平衡二者的关系，水碳比一般控制在 3.0～4.0 之间；增大空速有利于传热，可提高生产效率，但是空速过大会使床层压降过大，动力损失严重，一般将甲烷的气时空速（GHSV）控制在 1000～2000h^{-1}[6]。最终制得的气体产物为 CO_2 和 H_2 的混合物，工业上常采用变压吸附的方法实现二者的分离。

1.2.1.2 工业副产气制氢

工业副产气制氢[4]是我国又一大主要氢气来源途径，氢气的主要提纯方法包括变压吸附法、低温分离法、膜分离法和金属氢化物分离法。

（1）变压吸附法

工业副产气制氢工艺普遍采用了 PSA 气体分离技术，该技术是通过固体吸附剂对一定压力下的混合气体中的某些组分进行选择性吸附，气体组分在吸附床层中高压下吸附、低压下解吸，从而实现目标组分的净化与富集。吸附剂是一种比表面积较大的微孔材料，其吸附气体量与气固之间的相互作用力密切相关，随着压力和温度等因素的变化而变化。变压吸附法具有能耗低、产品纯度高、可灵活调节、工艺流程简单、可实现多种气体的分离、自动化程度高、操作简单、吸附剂使用周期长、装置可靠性高等优点，但最大的缺点是产品回收率低，一般只有 75% 左右。为提高氢气回收率，改进 PSA 工艺后开发出了真空变压吸附法（vacuum pressure swing adsorption，VPSA）。该方法采用抽真空的方式进行吸附剂再生，使强吸附性杂质在负压下强行解吸，吸附剂再生效果好，产品收率高。但缺点是需要增加真空泵，能耗较大，且维修成本较高。当原料气压力低、回收率要求较高时才会采用 VPSA 工艺[4]。

（2）低温分离法

低温分离法可分为低温冷凝法和低温吸附法。其中，低温冷凝法是利用合成气不同组分挥发度的相对差异，通过气体膨胀制冷、精馏等操作实现氢气提浓的深冷分离方法。氢气的临界温度仅为 20K，当原料气中氢气含量较高时，混合物的临界温度过低，液化难度增大。一般只有氢气体积分数为 30%～80%、CH_4 和 C_3H_6 体积分数为 40% 左右的混合气才适合用低温冷凝法分离。提浓后的氢气体积分数为 90%～95%，收率最高可达 98%。深冷分离需要较多的压缩机、低温设备，设备投资及维护费用较高，生产使用受限，常用于原料气中氢气体积适宜、$C_3 \sim C_5$ 有机物含量较高、杂质含量低的催化裂解气、加氢裂化气、焦化气等气体中氢气的提浓。低温吸附法是在低温（通常是液氮温度）条件下利用吸附剂对氢气源中低沸点气体杂质组分的选择性吸附作用制取纯度可达到 6N（99.9999%）以上的超高纯氢气，吸附剂一般选用活性炭、硅胶和分子筛。吸附剂吸附饱和后，可经升温、减压脱附或解吸操作再生。该法对原料气的要求较高，原料气中氢含量一般要求大于 95%，且需精脱 CO_2、H_2S、H_2O 等杂质，因此，通常与其他分离法联合使用制备超高纯氢气。此工艺的优点是所得产品纯度高，但设备投资大、能耗较高、操作较为复杂，不适用于大规模生产。

（3）膜分离法

如图 1-3(a) 所示，膜分离法利用膜对不同组分的气体选择渗透性和扩散性的不同而实现气体分离和纯化，其传质推动力为膜两侧的分压差。分离过程中无相变，能耗较低，分离过程容易实现。若气体本身存在压力，则分离过程的经济性将更加明显。膜分离机理分为两种：微孔扩散机理和溶解-扩散机理。微孔扩散机理主要针对多孔薄膜，如图 1-3(b) 所示。基于不同分子动力学直径的分子在微孔中的扩散速率不同，通过控制薄膜孔径可以提高薄膜的选择性。溶解-扩散机理主要适用于致密非多孔膜的气体分离，原理如图 1-3(c) 所示。气体分子在压力作用下首先于高压侧与膜接触，然后经过吸附、溶解、扩散、脱溶和逸出等步骤实现对特定气体的分离。按照膜材料的不同，可将膜分为有机膜和无机膜。

有机膜对氢气、氧气、氮气、甲烷和二氧化碳等气体具有良好的化学稳定性，但当原料气中的硫化氢、氨和烃类物质浓度较高时，需进行预处理。聚合物膜在气体分离时受到 Robson 上限的限制，即存在渗透性和选择性间的矛盾：渗透性高，则选择性低；反之，则选择性高。为制备分离效果优异的有机膜，引入新结构、表面改性、共混改性、混合基质改性等均为有效手段。

无机膜材料的化学稳定性和热稳定性较好，能够在高温、强酸等苛刻环境下工作，且有些无机膜用于气体分离时，可大幅度超过 Robson 上限，是一类极具潜力的膜分离材料。

（4）金属氢化物分离法

该方法利用储氢材料与氢发生氢化反应储氢，对氢具有高度选择性。当氢气与储氢材料接触时，只有氢气能与其发生氢化反应，其他杂质气体不会与其发生反应。储氢材料降温升压时吸收氢气、升温降压时释放氢气的性质，有助于其在氢气纯化方面的应用[9]。氢气吸附时，氢分子在合金催化下解离为氢原

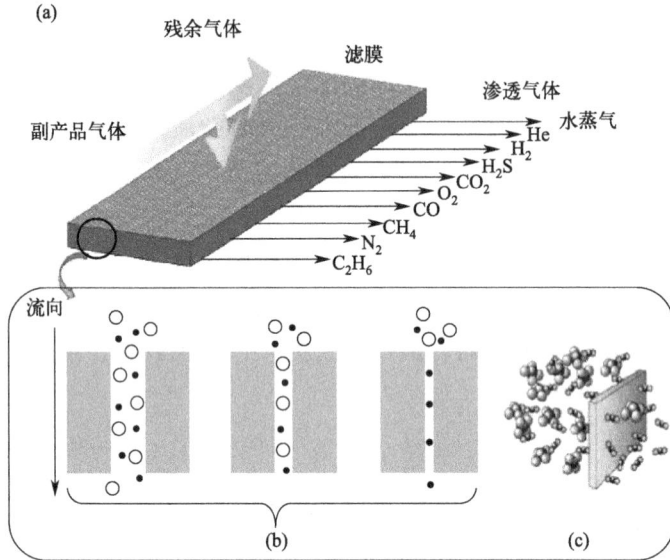

图 1-3　气体膜分离过程及机理 [4]

(a) 扩散过程；(b) 微孔扩散机理；(c) 溶解-扩散机理

子，并向金属内部扩散，最终固定在金属晶格中。储氢合金受热时，氢气从金属晶格里排出，氢气纯度可高达 99.9999%。因此，金属氢化物法通常被用于氢气的储存和净化领域。储氢材料主要有稀土系、镁系、Zr 系和 Ti 系储氢合金，如 $LaNi_5$、Mg_2Ni、$ZrMnFe$、$TiVMn$ 等。

金属氢化物分离法具有产出氢气纯度高、操作简单、能耗低和材料价格低廉等特点，是最适用于获得高纯氢的技术之一。但缺点也比较明显：氢气回收过程中，材料易与杂质气体发生反应，导致纯化材料中毒而丧失活性，降低纯化效率；氢气释放时存在氢滞留现象；氢气处理量相对更小，更适用于实验室等小规模产氢。

1.2.1.3　电解水制氢

电解水制氢利用电能将水分解，在阴极析出氢气，在阳极析出氧气。1800年，Nicholson 和 Carlisle 等首次证实了电解水的产物为氢气和氧气。随后直到 20 世纪 20 年代，电解水制氢技术才开始投入工业化应用。根据所用电解槽的类型，电解水制氢可分为碱性电解水制氢、质子交换膜电解水制氢和固体氧化物电解池电解水制氢 3 种方式[2]。

(1) 碱性电解水 (alkaline electrolysis of water，AWE) 制氢

AWE 制氢装置由电解槽与辅助系统构成，以 KOH 水溶液为电解液，以多孔膜为隔膜，在直流电的刺激下将 H_2O 分解为 H_2 和 O_2[3]，如图 1-4 所示。

碱性电解水制氢的优点是不需要贵金属作为催化剂，成本相对较低，装备技术成熟，产品耐久性好，服役寿命可达 30 年。缺点在于所需的隔膜较厚，电阻较大，制氢的工作电流低，设备体积大等[10]。此外，由于多孔膜透气性强，需有效保证电解槽两侧的压力平衡。更重要的是，碱性电解液会与空气中的 CO_2 反应，形成碳酸盐（如 K_2CO_3、Na_2CO_3 等）影响气体传输[7]。

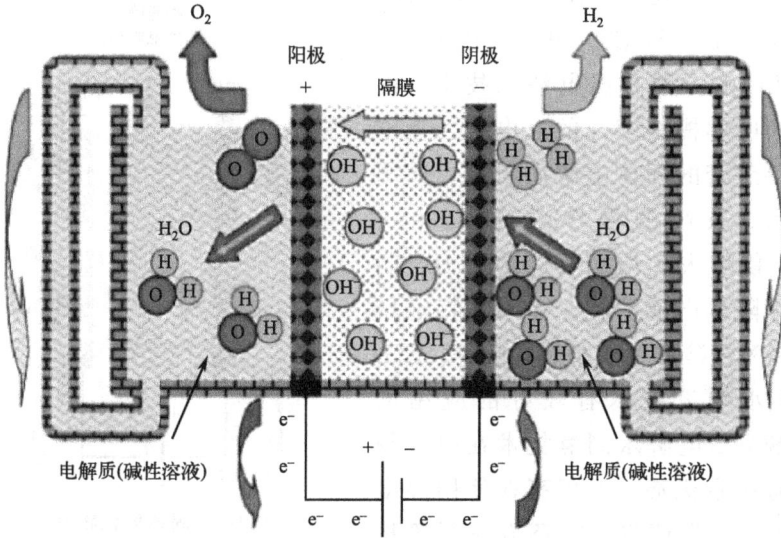

图 1-4　碱性电解池电解原理[4]

（2）质子交换膜（proton exchange membrane，PEM）电解水制氢

质子交换膜电解槽将强碱性电解液改成强酸性电解液，隔膜采用固体高分子离子交换膜，可对电解池阴阳极起到隔离作用，如图 1-5 所示。采用的质子交换膜很薄，电阻较小，可在高效率前提下承受较大的电流，因此设备体积和占地面积都远小于碱性电解水设备。同时 PEM 不透气，可承受更大的压力，无需两侧严格的压力控制，可做到快速启停，功率调节的幅度和响应速度也远高于碱性电解水设备[8]。当前国外 PEM 制氢技术已较为成熟，进入市场化应用早期。普

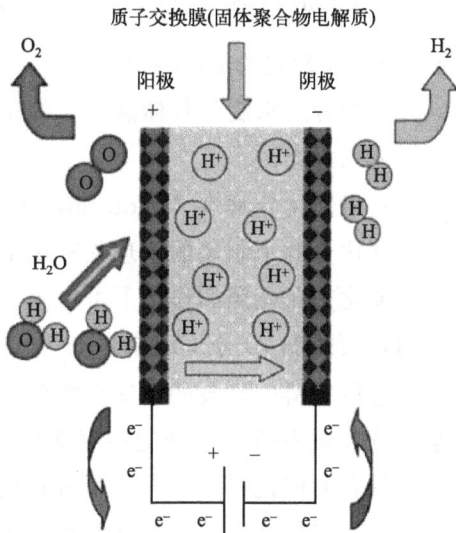

图 1-5　质子交换膜电解池的电解原理[4]

顿、西门子、ITM Power 等代表性企业已相继发布了兆瓦级 PEM 电解水系统产品，大力推动了其规模化应用[11]。中国 PEM 制氢产业发展相对滞后，虽部分企业已形成具有较高自主化程度的制氢样机，但还存在质子交换膜等关键材料的"卡脖子"问题[12]。后续应加大力度攻关低成本催化剂和气体扩散层等关键技术，提升关键设备的效率与寿命。

（3）固体氧化物电解池（solid oxide electrolysis cells，SOEC）电解水制氢

SOEC 是一种高温电解水技术，固体氧化物电解槽由多孔的氢电极、氧电极和一层致密的固体电解质组成，如图 1-6 所示。较高的操作温度（700～1000℃）能够大大增加反应的动力，同时可大幅降低电能消耗。在某些特定场合，如高温气冷堆、太阳能集热等，SO-EC 电解水制氢技术有较好的应用前景[13]。SOEC 电解水制氢技术在电耗等方面具有一定优势，但仍存在使用温度高、投入大、启停慢、循环寿命低等技术壁垒，尚处于室内验证阶段，未实现市场化推广[14]。目前除固体氧化物电解水外，AWE 和 PEM 制氢都已获得规模化应用。

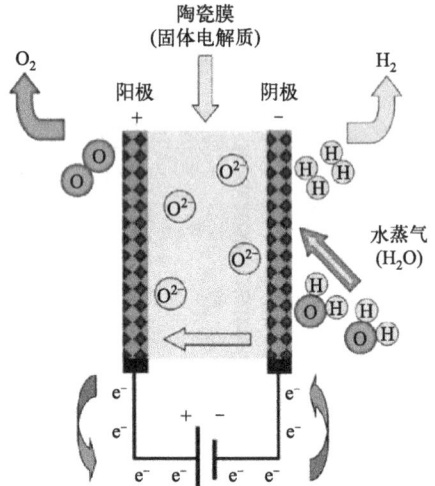

图 1-6　固体氧化物电解池电解水制氢原理[4]

1.2.1.4　太阳能分解水制氢

太阳能分解水制氢具体涵盖光催化分解水制氢、光电化学法制氢及光热分解法制氢三大类。

（1）光催化分解水（photocatalytic water splitting，PWS）制氢

光催化分解水制氢的原理是利用半导体光催化剂的吸光特性实现光解水反应。光催化剂在光照的作用下可产生一定数量的光生电子和空穴，可将吸附在催化剂表面的 H_2O 分子还原为 H_2（图 1-7[3]）。

光导体材料应具备的特殊性能包括[15]：a. 太阳光谱响应范围广；b. 电子和空穴分离效率高；c. 合适的表面反应活性位；d. 耐久性强等。光催化分解水制氢具有光催化材料易得、制氢系统简便、成本低等优势，具有广阔的应用前景。但光催化剂现阶段还处于示范研发阶段，普遍存在制氢效率低、光激电子-空穴对易复合等难题，离商业化应用仍有较大距离[16]。

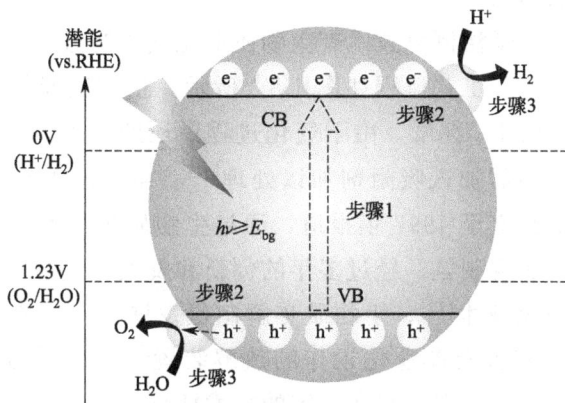

图 1-7　光催化分解水制氢基本过程[3]

（RHE—可逆氢电极；CB—导带；VB—价带；h—普朗克常量；ν—光的频率；E_{bg}—半导体材料的带隙能）

（2）光电化学法（photo electro chemistry，PEC）制氢

光电化学法制氢的基本原理是由光阳极和阴极共同组成光化学电池，在半导体上产生电子，再借助导线将电子传输到阴极上，这样水中的质子就能从阴极上接收到电子产生氢气。光电化学法制氢在分解水过程中可产生大量的载流子，可实现强光条件下和强电解质中的长期耐久性。迄今为止，已研发的 PEC 制氢光电极材料包括：GaAs、InGaN、MoS_2 及金属硒化物等。其中，MoS_2 具有经济、合成流程简易及良好的光电效应等特性，制氢效果最好[17]。大量实践证明，改性后的 MoS_2 材料的制氢性能更优。通过引入高性能碳材料能够大幅增加 MoS_2 表面的活性位点，同时显著改善其电学性能[18]。

（3）光热分解法（thermochemical water splitting cycles，TWSC）制氢

1971 年，Ford 等率先报道了直接光热分解法制氢工艺。其主要原理为：在光照下使系统温度达到 2000K 以上，一步到位直接获取 H_2 和 O_2，最后再利用分离装置获取纯氢[19]。因此，TWSC 技术的核心在于良好的抗温材料和有效的气体分离设施。为显著改善 TWSC 制氢的功效和纯度，研究人员提出了上百种太阳能热化学制氢方法，包括 HyS、Cu-Cl 及 S-I 等 TWSC 制氢技术。Cu-Cl 制氢因产氢纯度高、污染小、节能等优势，已成为当下 TWSC 制氢的主流技术。Pal 等[20]于 21 世纪初建立了 Cu-Cl 制氢模型，并成功应用于全年光照充足的阿尔及利亚地区。该模型的太阳能利用效率高达 93%，制氢量突破 82 吨/年。

1.2.1.5　生物质制氢

目前，生物质制氢技术主要包括热化学法制氢和生物法制氢两大类。

（1）热化学法制氢

当下主流的热化学法制氢技术有生物质催化气化制氢、生物质重整制氢及生物质热解制氢等，其工艺流程如图 1-8[3] 所示。生物质催化气化制氢的研究重点是提高产物中的 H_2 纯度，由于气化过程中还产生 H_2S、HCl、碱金属等微量杂质，反应器中需加入吸附剂加以处理[21]。生物质重整制氢最早由美国可再生能源国家实验室于 1997 年报道，通过生物质热裂解获得生物油，再结合水蒸气重整进而实现制氢。经过多年的创新和发展，生物质重整制氢已成为一项举足轻重的制氢技术[22]。生物质热解制氢发展至今，技术成熟度相对较高，当前全世界已有多套商业化运作的热解装置[23]。与其他制氢技术相比，热化学法制氢优势显著，但也存在一定的技术瓶颈，如热化学制氢成本高，混合产物中氢含量低，含有大量的 CO、H_2S 及焦油等杂质，这些杂质均会对燃料电池产生一定的损害，因此混合产物适合作为燃料或工业原料，不适合用于燃料电池等高纯氢应用场景[24]。

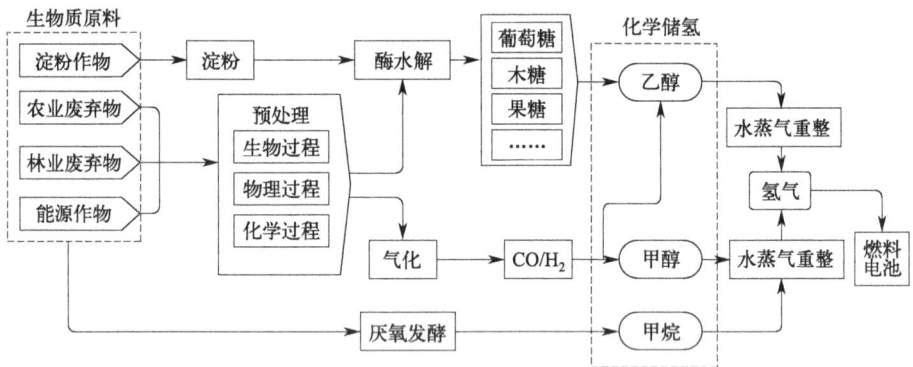

图 1-8　生物质热化学法制氢工艺流程[3]

（2）生物法制氢

生物法制氢体系包括暗厌氧菌发酵制氢、光合生物制氢及其耦合制氢等。暗厌氧菌发酵制氢是通过厌氧细菌在氢化酶的作用下实现有机物分解从而获取 H_2，此过程可实现无光能产氢[25]。在无外界能量输入的情况下，反应只能向着自由能降低的方向进行，且除甲酸外其他有机酸很难被厌氧菌继续分解，因此暗发酵的产氢率较低[4]。光合生物制氢则是以光能为反应条件，利用微藻等光合微生物分解水产氢。该技术既利用了生物能，也利用了光能，因此制氢效率一般高于暗发酵[26]。光合-发酵耦合技术兼具暗发酵与光合生物制氢的优势，不仅能够在一定程度上减少光能需求，而且可大幅增加 H_2 的产量，是生物法制氢的主要发展方向[27]。

1.2.2　氢能的储运

1.2.2.1　氢能的储存

储氢技术分为物理储氢和化学储氢[28,29]。前者主要包括高压气态储氢、低温液态储氢、低温高压储氢和多孔材料吸附储氢；后者主要包括金属氢化物储氢和有机液体储氢。

（1）固态储氢

固态储氢容量高，不需要高压或者隔热容器，而且没有爆炸危险，是理想的储氢技术。固态储氢材料主要有储氢合金、纳米材料和石墨烯。从实现方式看，固态储氢主要分为物理吸附和化学氢化物储氢。前者通过活性炭、碳纳米管、碳纳米纤维等碳基材料物理吸附氢气，以及金属有机框架（metal organic frameworks，MOFs）物、共价有机骨架（covalent organic frameworks，COFs）物等具有微孔网格的材料捕捉储存氢气。碳纳米材料[30,31]、金属有机框架物[32,33]等多孔材料比表面积大，可通过范德华力吸附氢气，但是在常温、常压下的吸附性能和储氢容量有待提高。后者即是利用金属氢化物储氢[34]。一些特定金属、金属化合物在一定的温度和压力下能与氢气反应，生成金属氢化物，经加热重新释放氢气，如镁基合金、钛基合金、稀土系金属等[35,36]。固态金属储氢安全性高，能保持氢气高纯度，但吸放氢性能和循环使用性能有待改善。

固态储氢的相关研究从 20 世纪 60 年代开始，相关研究和应用已比较成熟。其中开发的储氢合金目前已涵盖钛系、锆系、铁系及稀土系，相关的行业标准也已建立。纳米材料和石墨烯材料的研究较晚，成果相对较少，但是发展空间巨大。固态储氢目前关键技术是开发先进的储氢材料，由于部分研究还停留在实验室阶段，投资成本相对较高，不利于大规模商业化推广，因此有待于进一步发展。最近，西安交通大学开发了新型轻金属氢化物@石墨烯复合储氢材料。以高活性轻金属氢化物为原材料，在不同组分界面建立石墨烯界面纳米阀结构，通过界面纳米阀非催化动力学调控机制实现储氢材料安全、可控、稳定释氢，有望极大地提高材料便携性和系统储氢密度。氢枫能源联合上海交通大学氢科学中心发布的第一代吨级镁基固态储运氢车（MH-100T），以镁合金材料为氢气存储介质，通过镁基材料与氢气的可逆反应实现了安全、高效、大容量的氢气储运，单车储氢容量为 1t，对比目前主流的高压气态储运模式，其在中长距离、中大规模氢气运输上具有显著优势，为氢能全产业链提供了一种创新性的氢气储运模式，也将为氢能行业的大规模发展应用提供强有力的支撑[37]。国内还进行了电网调峰固态储氢技术示范，2023 年南方电网建成广州南沙电氢智慧能源站，实现光伏发电制氢耦合固态储氢及燃料电池发电应用于电力系统，用电高峰可稳定出力 23h，供电 2300kW·h[38]。

（2）低温液态储氢

将氢气液化储存，可以大幅提高储氢密度，然而能耗和成本较高[37]。欧美和日本的液氢储运技术已发展成熟，并进入商业化运用阶段，而国内受核心技术和高成本限制，液氢仅应用于航天领域[38]。目前低温液态储氢有很大的市场空间，其中相当一部分用于航天燃料和车载汽车燃料。但是与市场化应用还具有一定的差距，目前亟须解决氢气的液化和存储问题。需要不断提高低温制冷机的技术水平，防止材料的低温脆性，并持续研发低温绝热技术；存储则需要开发合适的压力容器，同时也要考虑经济性和安全性[34]。2023 年 12 月和2024 年 3 月，中国航天科技集团六院航天氢能科技有限公司、中国科学院理化技术研究所分别自主研制了全国产化 5t/d 级大型氢液化器，标志着我国在液氢高效储运领域实现重大技术突破，总体性能已达到国际先进水平。

（3）高压气态储氢

高压气态储氢是目前应用最广泛的储氢技术，它将氢气压缩至 15.2～70.9MPa 的高压存储在气瓶中[34]。氢气的压缩方式主要有两种：一种是通过氢压缩机将氢气直接压缩到储氢容器所需压力，这种方式所使用的储氢容器体积较大；另外一种是先以较低压力压缩氢气后进行存储，加注时再启动氢压缩机对储氢容器按需增压，进而达到目标压力[39]。高压气态储氢设备便捷，已经实现小规模商用[40]。目前，高压气态储氢容器主要分为纯钢制金属瓶（Ⅰ型）、钢制内胆纤维缠绕瓶（Ⅱ型）、铝内胆纤维缠绕瓶（Ⅲ型）及塑料内胆纤维缠绕瓶（Ⅳ型）。Ⅰ型、Ⅱ型瓶质量储氢密度低、氢脆问题严重，难以满足车载质量储氢密度要求；Ⅲ型、Ⅳ型瓶由内胆、碳纤维强化树脂层及玻璃纤维强化树脂层组成，大幅减小了气瓶质量，提高了单位质量储氢密度。因此，车载储氢瓶大多使用Ⅲ型、Ⅳ型瓶。在国内，浙江大学、同济大学已成功研制出70MPa 储氢气瓶。由于碳纤维的材料性能与纤维缠绕加工等技术的限制，目前实际工程中普遍使用可自行生产的以铝合金为内胆，以树脂基复合材料为外表面的压力标准为 35MPa 的Ⅲ型钢瓶，如中材科技（苏州）完成了Ⅳ型储氢气瓶柔性自动化产线建设，中集安瑞科控股有限公司也已完成了多款Ⅳ型瓶产品的研发制造，取得了突破性的进步。在"863"计划项目的持续支持下，浙江大学研制出我国首套 140MPa 高压氢环境材料耐久性试验装置、90MPa 高压氢气环境零部件耐久性试验装置，使我国成为继美国、日本后，第三个拥有此检测能力的国家[41]。

（4）有机液体储氢

不饱和烃类（烯烃、炔烃、芳香烃）有机溶液是颇具前景的氢载体，通过加氢和脱氢反应可实现氢气的可逆储放[42]。有机液体储氢密度高，且可以借助现有的液体燃料输运基础设施实现氢运输[41,43]。有机液体储氢过程主要分为 3 个阶段：第 1 阶段，氢气与不饱和液体有机物发生加氢反应；第 2 阶段，对反应后的材料进行储存和运输；第 3 阶段，对反应后的材料进行脱氢并释放氢气。通过不饱和液体有机物加氢反应所得有机氢化物在稳定性、安全性、储存密度、储存及远距离运输安全性、维护保养、技术成本和可循环利用方面均有良好属性，说明该法可行性较高。该技术的缺点在于加氢、脱氢装置成本较高，脱氢反应效率较低且易发生副反应导致氢气纯度不高，需要燃烧少量的有机化合物及非零排放等[39]。目前有机液体储氢技术尚处于研发阶段，反应催化剂有待优化，且脱氢后的氢气需要进一步纯化。目前，有机液体储氢技术的应用场景包括氢的大宗储运、可再生能源储能、新型加氢站内有机物制氢等[44,45]。2018 年武汉氢阳能源有限公司等联合发布了常温常压有机液体储氢燃料电池物流车，2022 年中国船舶集团七一二所自主研制的中国首套 120kW 级氢气催化燃烧供热的有机液体供氢装置完成安装调试。

1.2.2.2　氢气运输

氢能的储运主要分为气态储运、液态储运、化学储氢介质储运、有机液体储运和固态储运五种方式，如图 1-9[44] 所示。具体的运输方式的介绍如下。

（1）长管拖车运输

氢气长管拖车是由大容积钢制无缝气瓶通过框架与走行装置或直接与走行装置固定在一起而组成的高压气氢运输设备[46,47]。氢气长管拖车的储氢空间一般由 6～10 个压力 15～35MPa、容积 10～30m³ 的无缝高压气瓶组成，可充装氢气 3500～4500m³。氢气长管拖车具有灵活机动、方便快捷、运输效率高等优势，是目前输送技术最成熟、使用最广泛的高压氢气输送方式。安全性与输送效率是未来发展氢气长管拖车输送技术的两个重要发展方向。

① 安全性　氢气长管拖车的气瓶长期承受高压、充放氢工况，在运输中还承受不同路况的震荡荷载以及交通事故、物体碰撞等外力冲击荷载，多行驶在交通要道、居民区等公共安全重点区域，一旦发生泄漏、火灾、爆炸等事故，将严重影响公共安全，造成重大危害。2019 年 6 月，美国加利福尼亚州（简称加州）圣塔克拉拉发生长管拖车氢气泄漏爆炸事故；2021 年 8 月，中国辽宁省沈阳市发生氢气罐车软管破裂爆燃事故，这为氢气长管拖车的安全运行敲响警钟。中国特种设备检测研究院报告指出[48]，长管拖车发生事故的主要

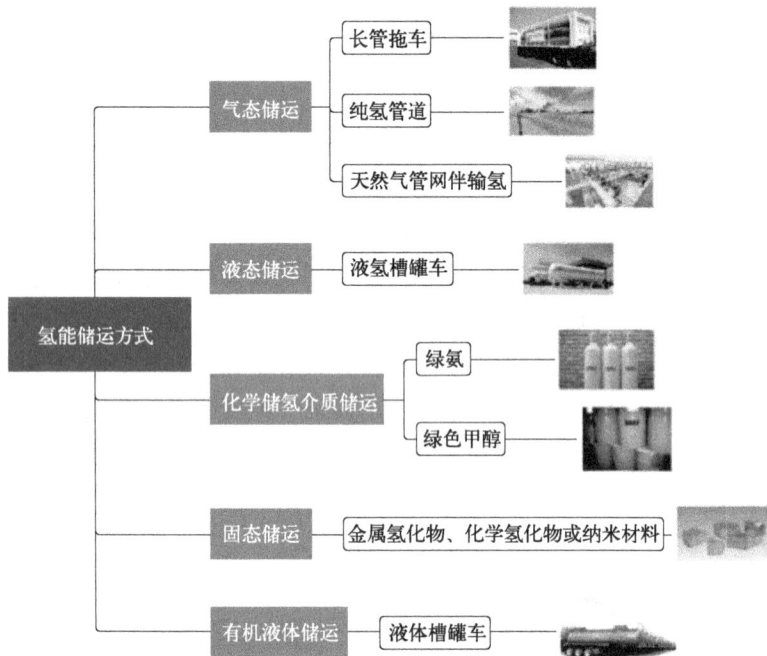

图 1-9　氢能储运方式[44]

因素包括泄漏、疲劳、火灾、交通事故、不规范超压充装等。其中，泄漏失效是最常见的事故，气瓶端塞、阀门及管路接口是发生泄漏的主要部位，对长管拖车前后仓关键部位进行泄漏失效监测尤为必要。

为保障氢气长管拖车安全运行，在役长管拖车需按照相应法规进行定期检验和全生命周期安全监管。氢气长管拖车的定期检验主要包括气瓶、连接管路、安全附件及固定装置的检验。TSG R7001—2013《压力容器定期检验规则》附件四《长管拖车、管束式集装箱定期检验专项要求》明确规定了长管拖车定期检验细则，NB/T 10619—2021《长管拖车、管束式集装箱定期检验与评定》对长管拖车定期检验做出了进一步要求。此外，GB/T 33145—2023《大容积钢质无缝气瓶》、NB/T 10354—2019《长管拖车》、NB/T 10355—2019《管束式集装箱》等进一步规范了氢气长管拖车的设计制造。TCCGA 40003—2021《氢气长管拖车安全使用技术规范》规定了氢气长管拖车充装、运输、卸气的安全技术要求。总体而言，我国关于氢气长管拖车的设计、制造、检验等相关标准较为完整和成熟。随着人工智能、大数据、物联网、先进传感器等技术的发展，长管拖车的安全运行和管理逐渐向智能化方向发展，可对长管拖车气瓶的温度、压力、泄漏、振动等进行在线检测和监测，并依托互联网信息技术建立设备运行状态分析和诊断系统，构建氢气长管拖车安全防护机制，实现全生命周期的事故监测及预警。

② 输送效率 虽然长管拖车灵活便捷，但单车单次运氢量通常在 500kg 以内，仅占总运输质量的 1%～2%。为了提高运输效率，轻量化、高压化、大容积化是未来氢气长管拖车的发展趋势。轻量化可以提升长管拖车整车的动力性能和运氢能力，在满足安全性的前提下可通过优化气瓶的材料及结构实现。提高储氢气瓶的公称工作压力、增大气瓶的容积也可有效提高长管拖车的质量运氢密度。目前，国外已开展高压力（70MPa）、大容积化（15m³）长管拖车气瓶的研制与初步应用。2020 年，科学技术部（简称科技部）将"公路运输用高压、大容量管束集装箱氢气储存技术"列入"可再生能源与氢能技术"重点专项并发布国家重点研发计划项目指南，其中技术指标要求公称工作压力不小于 50MPa，质量储氢密度不小于 5.5%。

（2）液氢车船运输

液氢车船运输主要分为低温液氢输送和有机液体氢输送两种方式。

当用氢量较大时，如果采用长管拖车输送，会造成运输车辆的调配困难，运输等量氢气的条件下采用液氢形式能够有效减少车辆运输频次。液氢输送主要分为陆运、海运、管道运输[45]。

液氢陆运最常用的工具为液氢槽车，常配有水平放置的圆筒形低温绝热储罐。目前商用液氢储罐容量一般为 65m³，可容纳 4000kg 液氢。液氢槽车的运氢效率高，是加氢站运氢的重要方式。陆运除采用液氢槽车外，还可采用深冷铁路槽车，单罐液氢容量可达 100m³，适合长距离运输，经济性较好。目前国内外仅有极少数的液氢铁路运输专线，中国的液氢铁路运输专线主要用于为卫星发射中心提供液氢燃料。

长距离、大容量液氢输送可通过专用船舶进行海运。一般是专门建造输送液氢的大型驳船，驳船上装载有容量很大的液氢储存容器。2017 年日本海事协会（船级社）发布了《液化氢运输船指南》，规定了液氢船的安全要求。2022 年日本川崎重工建造了世界上第一艘液氢运输船 SUISO FRONTIER，在日本神户港和澳大利亚黑斯廷斯港之间完成了首航，验证了液氢海运的可行性。船上搭载了川崎重工制造的椭圆柱形液氢储罐，能储存 1250m³ 液氢。虽然液氢海运比陆运的运量大，经济性及安全性也更好，但其核心技术难度较高、投入大，我国在该领域尚处于探索阶段。2023 年 12 月第 21 届上海国际海事展上，中国船舶集团有限公司旗下中国船舶及海洋工程设计研究院推出了目前我国研发的全球最大液氢专用运输船，容量达 2×10^4 m³。该船总长约 160m，型宽 26.4m，采用 C 型真空双壁罐，设计压力为 3.0kg，日蒸发率小于 0.2%。

液氢还可通过管道进行输送，但对管路的绝热性能要求高，只适合短距离输送，目前主要用于航天领域和液氢加氢站内部。为进一步推动液氢管道输送技术的发展，国家"十四五"重点研发计划"氢能技术"重点专项将"液氢转注、输运和长期高密度存储技术"列入其中，开展液氢高效转注、输运过程绝热与安全性评价研究，技术指标中要求液氢温区漏热率不大于 2W/m（管路内径不小于 80mm）。

有机液体氢化物输送无需耐压容器和低温设备，运输方便安全[49]。典型的输送流程是：首先利用催化加氢装置将氢储存于有机储氢载体中，然后采用罐车运送到加氢站，再通过催化脱氢装置释放出储存的氢气供用户使用，有机储氢载体则经过冷却后重新运回循环再利用。有机液体氢化物的输送没有返空车的概念，脱氢后的有机储氢载体必须随车返厂，往返均为重载运输，降低了运输的经济性。目前中国有机液体输送相关报道较少，德国 Hydrogenious Technologies 公司、美国 H$_2$-Industries 公司有一定的技术储备。

（3）管道运输

氢气管道运输主要分为纯氢管道输送和掺氢天然气管道输送两种方式。

① 纯氢管道输送　国外纯氢管道输送的研究起步较早，美国、法国、德国等发达国家在纯氢管道方面的建设已经有了一定的实践和经验。目前全球范围内氢气输送管道总里程超过 5000km[50]。美国是全球氢气输送管道规模最大的国家，管道总里程达到 2720km，最大运行压力 5.5～10.3MPa。美国 90% 以上的管道位于得克萨斯州、路易斯安那州和亚拉巴马州的墨西哥湾沿岸，相对较短的氢气管道位于得克萨斯州、路易斯安那州等地[51]。

欧洲国家的纯氢管道项目遍及多个国家，旨在建立一个广泛的氢气输送网络，以促进氢气作为一种清洁能源载体的使用。2022 年 5 月，欧洲氢气主干（European Hydrogen Backbone，EHB）联盟提出，到 2030 年将在欧洲建立 5 个氢气供应长廊[52]，氢基础设施总长度将达到约 2.8×10^{4}km，到 2040 年将达到 5.3×10^{4}km。氢气管网共连接 28 个欧洲国家，其中约 60% 的管道由现役天然气管道改造而成，其余为新建管道。其中，法国计划建造 450km 长的 H$_2$Med 巴塞罗那-马赛海底氢气管道[53]，未来将进一步延伸至德国；2023 年 10 月 27 日，荷兰总长为 1200km 的国家氢气管网[54]第一阶段约 30km 正式动工，计划于 2025 年正式投入运营；希腊的西马其顿管道[55]规划了用于未来 100% 氢气运输的管道项目，全长 163km。

在日本、韩国、澳大利亚等国家，纯氢管道和氢能基础设施的发展体现了这些国家对推动氢能作为清洁能源载体的重视。在 2022 年召开的 COP27 上，日本方表示东京将率先开展海外氢能供应网示范项目，预计自川崎港铺设运氢管道至京滨临海部，将海外进口氢能供应给东京都全域使用，预计在 2030 年前完善氢能基础设施，引领氢能领域的世界潮流和新一轮"氢能革命"[56]。韩国蔚山市与包括韩国气体安全组织在内的六家机构和企业签署了一项协议，将在加氢站和氢供应商德阳公司（Deokyang）之间修建管道，并建立一个安全管理体系[57]。澳大利亚的 APA 集团在 2021 年宣布了一个具有里程碑意义的氢气试点项目——把西澳大利亚 43km 长的 Parmelia 天然气管道改造成澳大利亚首条 100%氢气输送管道[58]。

中国氢气工业管道、专用管道总里程超过 300km[59-62]，但氢气长输管道建设较滞后。2014 年建成投产的巴陵-长岭输氢管道是中国目前最长的在役纯氢管道，2015 年建成投产的济源-洛阳输氢管道是中国目前管径最大、压力最高、输氢量最大的在役纯氢管道。随着大规模输氢需求的增长，中国规划和建设了一批纯氢管道，如玉门油田氢气输送管道、定州-高碑店氢气管道、达茂工业区氢气管道、乌兰察布绿电制氢项目氢气管道。其中，乌兰察布绿电制氢项目氢气管道是我国首条"西氢东送"输氢管道示范工程，输氢管道全长超过 400km，是中国首条跨省区、大规模、长距离的纯氢输送管道，已被纳入《石油天然气"全国一张网"建设实施方案》。

虽然目前纯氢长输管道迎来规划及建设热潮，但纯氢管道建设并非易事，主要原因为：

a. 管道材质要求高。氢原子渗透到管道钢材内部易诱发氢脆，引起氢致开裂、氢鼓泡、金属机械性能下降等现象[63]。高压管道临氢环境下材料力学性能劣化是氢原子与材料缺陷交互作用的结果，受材料、环境、应力及制造等诸多因素的综合影响，各因素之间还可能存在耦合作用，影响机制复杂，因此，对临氢环境中管材服役性能进行预测和调控较为困难，现阶段高压氢气环境下材料氢脆机制仍不明确，尚无适用于工程实际预防氢脆的有效手段。

b. 管理及标准规范有待完善。氢气管道的运营需要更严格的管理标准与应急方案，需进一步研究管道缺陷及裂纹检测、氢气微泄漏在线检测、事故特征演化规律等，推动氢气管道系统完整性管理的发展。国外已颁布了多项氢气管道标准规范，如 ASME B31.12—2019《氢用管道系统和管道》、CGA G5.6—2005（R2013）《氢气管道系统》、IGC Doc 121/14—2014《氢气管道系统》、AIGA 033/14—2014《氢气管道系统》等，但缺乏适合中国国情的氢气管道建设和完整性管理标准规范。2021 年 7 月，中国标准化协会批复了《氢气输送工业管道技术规程》的编制工作，同年 8 月发布了《天然气掺氢混气站技术规程（征求意见稿）》，2022 年 10 月中国工程建设标准化协会发布了《城镇民用氢气输配系统工程技术规程（征求意见稿）》，相关标准体系仍在建设中。

c. 建设及运行成本高。氢气管道建设成本是天然气管道造价的 2~3 倍，成本高的主要原因是需要使用抗氢脆钢材、氢气专用压缩机、氢气专用计量仪表、密封性更好的阀门及管件等。中国政府正积极规划、出台财政补贴政策，加快布局氢气管道的研究及建设。

选择合适的管材和设备，降低管道建设成本和安全事故风险，制定相关标准规范，是未来纯氢管道发展的关键[59,60]。虽然中国在纯氢管道规模上与国外还存在差距，但对纯氢管道的重视程度越来越高，科技部将氢能管道输送技术列入了"十四五"国家重点研发计划"氢能技术"重点专项，重点开展中低压（不大于 4MPa）和高压（大于 4MPa）纯氢与掺氢天然气管道输送关键技术研究。预计到 2030 年，中国纯氢管道总里程将超过 3000km，这对解决氢气运输难题、形成区域氢气骨干管网具有重要意义。

② 掺氢天然气管道输送　在氢能管道发展初期、基础设施尚不完善的情况下，可积极探索掺氢天然气管道输送。根据国际能源署数据，截至 2019 年初，全球约有 37 个掺氢天然气管道示范项目，如欧盟的 NaturalHy、荷兰的 Ameland、法国的 GRHYD、英国的 HyDeploy 等项目相继开展了不同掺氢比的天然气管道掺氢试验[59]。中国也正积极探索天然气管道掺氢技术，如 2019 年辽宁省朝阳市以"氢进万家"为目标开展了天然气掺氢示范，进行了制氢、掺混及利用的小规模测试。近年来，中国规划了张家口掺氢天然气管道示范项目、广东海底掺氢管道项目等，尤其是 2023 年中国石油在宁夏银川宁东天然气掺氢管道示范项目上实现了最高掺氢比（24%）并安全平稳运行 100 天。据《天然气管道掺氢输送及终端利用可行性研究报告》预测，"十四五"时期中国将新增天然气管道掺氢示范项目 15~25 个，掺氢比为 3%~20%，氢气消纳量 15×10^4 t/a，总长度超过 1000km。目前中国城镇天然气管道超过 113×10^4 km，具备较好的发展天然气管道掺氢输送技术的产业基础[64-66]。

虽然掺氢天然气管输系统与天然气管输系统类似，但掺氢后的管输系统与原管输系统的技术特点有以下 4 点不同。

a. 掺氢比。掺氢比的确定尚无统一标准，目前只有天然气输送和城镇燃气气质要求中有针对氢气含量的相关规定。在国家"十四五"重点研发计划"氢能技术"重点专项中，掺氢管道输送重点研究的掺氢比为 5%~20%（体积分数）。未来应进一步明确不同制约条件下掺氢比的确定标准[59]。

b. 管材及关键设备相容性。由于天然气管道输送系统的管材、压缩机、流量计、调压阀等在选型时主要针对天然气，掺氢时需重新评估管材、关键设备及部件在临氢环境下的适应性。对于管材，掺氢管道临氢环境下的相容性评价仍是研究难点。对于管道关键设备，掺氢条件下压缩机的喘振、阻塞边界、特性曲线不明晰，压缩机的安全掺氢比、输送工况适应范围等仍待深入研究[67]。掺氢还会对管道系统中流量计的计量精度、调压阀的流通能力、密封圈的密封性能等产生影响，未来需发展掺氢条件量计的精度校正方法，形成调压阀运行参数校正方法，建立法兰密封面处的掺氢天然气泄漏模型。

c. 掺氢工艺及设备。为保证掺氢天然气利用的稳定性和安全性，需严格控制天然气中氢气的掺混比例和掺混均匀度，因此，掺氢天然气管道输送系统一般设置掺氢混气站。为了适应终端用气量的变化，目前普遍采用随动流量掺氢工艺（图 1-10）[68]。静态混合器是随动流量掺氢工艺中氢气与天然气掺混的主要场所，《天然气掺氢混气站技术规程》中规定天然气与氢气的掺混均匀度应不小于 95%。随动流量掺氢精度的调控是关键，现有随动流量掺氢设备一般先人工初设掺氢比，然后在混气路上采用氢分仪或色谱仪检测氢组分浓度，将氢组分浓度反馈至控制系统并调节氢气路的流量，《天然气掺氢混气站技术规程》中规定掺氢比的调控精度应不大于 ±1.5%。

d. 氢分离技术及设备。掺氢天然气除了直接燃烧利用外，还可分离提纯后利用纯氢，需发展适用于掺氢天然气管道输送系统的氢气分离提纯技术。现有氢气分离提纯技术主要有变压吸附法、膜分离法、低温分离法、电化学分离法等，面临的主要问题是高压力、大流量、低掺氢比下高纯氢分离提纯效率低、回收率低、成本高。未来需发展高性能膜材料、抗毒化抗粉化高性能吸附剂材料等，探索可获得高纯度氢气、高回收率的低成本分离工艺，研制高压、大流量、低掺氢比分离设备。

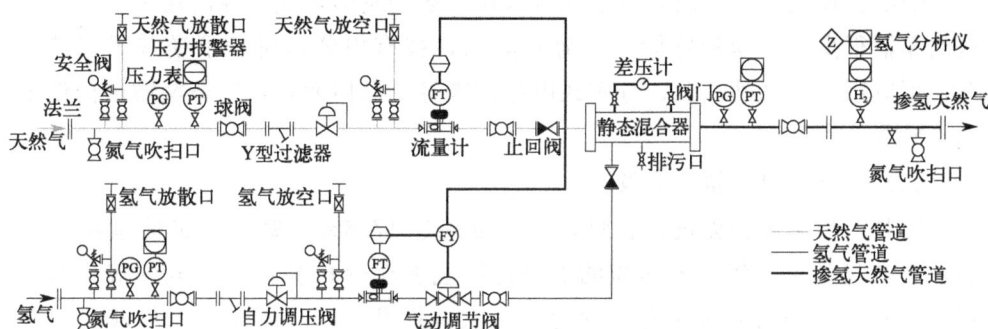

图 1-10　随动流量掺氢工艺流程[68]

目前，国内外缺乏适用于掺氢天然气管道的标准规范。2023 年中国《天然气长输管道掺氢输送适应性评价技术指南》已正式启动编制工作，《天然气管道掺氢输送适用性评价方法》已进入征求意见阶段，中国掺氢天然气管道输送相关标准正在发展和完善中。

③ 技术经济分析 氢气管道运输是大规模连续输氢的合理选择,其技术可行性和经济效益已在欧洲国家的应用中得到验证。虽然氢气管道储运技术已有实际应用,却缺乏公开数据和合理的技术经济分析。亟须对管道输送的技术经济特征进行分析,评估氢气储运基础设施建设的经济、技术可行性。

目前,许多机构和组织已经制定了氢气管道建设和运行的指导方针和标准,如美国的 ASME B31.12—2014《Hydrogen Piping and Pipelines》[69],欧洲的《Hydrogen Transportation Pipelines》,国内的 GB 50177—2005《氢气站设计规范》[9]、GB 50251—2015《输气管道工程设计规范》[70]。然而国内外氢气管道规范细致程度不一,均只能参照执行,且不完全适用于现场氢气管道的技术特征[71-73]。现阶段,国内外技术经济研究多应用于天然气管道、二氧化碳管道等。氢气管道相关研究尚处于对氢供应链的技术经济分析,大多以制氢点运输至氢需求点之间的平准化成本为分析指标,且考虑多种输氢方式和储氢方式。例如,Markus Reuß 等[74]构建了氢供应链的技术经济模型,评估了电解厂至加氢站之间的氢气运输潜力以及成本和二氧化碳排放量。Ayodeji Okunlola 等[75]通过技术经济学评估了从加拿大向亚太地区、欧洲和北美内陆目的地出口气态氢的交付成本。

(4) 固态氢输送

固态氢输送具有储氢容器工作条件温和、系统安全性好等优势,但储氢材料的质量储氢密度不大,运输效率低。因此,固态氢的运输装置应具备质量小、储氢能力强的特征。此外,由于储氢合金价格较高且自重较大,长距离运输的经济性较差[76-78]。固态氢输送可采用一般的货运车辆,专门用于固态氢输送的车辆很少。中国的氢储(上海)能源科技有限公司研发了镁基固态储氢车,可应用于加氢站供氢、分布式电站储能等。总体而言,固态氢输送仍处于发展阶段。

(5) 零碳燃料(氨)输氢

氨是一种无碳的无机化合物,含氢量高达 17.6%。氨的质量能量密度很高,是液氢的 1.5 倍。同体积的液氨比液氢多至少 60% 的氢。氨的液化温度只有 -33℃,非常容易液化,储运量可大幅提升。与之相比,氢的液化温度则需要降至 -253℃,制备、运输液氢会浪费大量能量。对于高压运输方式,高压氢的运输量只有转氨载氢运输的 1/5。可见,以氨的形式运载氢气有极大的优势,经济性优势凸显,因此以氨储氢、供氢、代氢是氢能的发展趋势之一。

尽管氨燃料在原理上具有巨大的优势,但在具体应用层面仍存在技术挑战。首先，氨的燃烧速度和热值较低，且远低于氢，不利于高效率的工业应用；其次，氨不太容易点燃和实现稳定燃烧；最后，实现大规模的氨氢转换与储运，需要在大容量储运设备、催化剂等方面进行进一步技术攻关。

1.2.3 氢能的应用

党的二十大提出了加快发展方式绿色转型的要求；2023 年 7 月中央全面深化改革委员会（简称中央深改委）审议通过了《关于推动能耗双控逐步转向碳排放双控的意见》，生态文明建设进入以降碳为重点的战略阶段[79]。随着全球对清洁能源需求的日益增长，氢能作为一种高效、环保的能源形式，受到广泛关注。作为一种用途广泛的二次能源，氢能可以在多个生产和消费环节作为替代能源使用，在重工业、交通、建筑、电力行业中均有不同的应用场景。如图 1-11、图 1-12[80] 所示，交通领域中氢能在长途重型运输中起主要作用，在短途交通中起次要作用；重工业领域中氢能作为化工原料合成产品，也可作为供热或供电的燃料用于化工生产，氢冶金中氢气可以替代焦炭作为还原剂，生产水泥副产的氢气还可以作为热源；电力系统中氢能可以实现灵活性的储能，发展氢能是拓展电能利用、促进能源互联互通的重要路径。

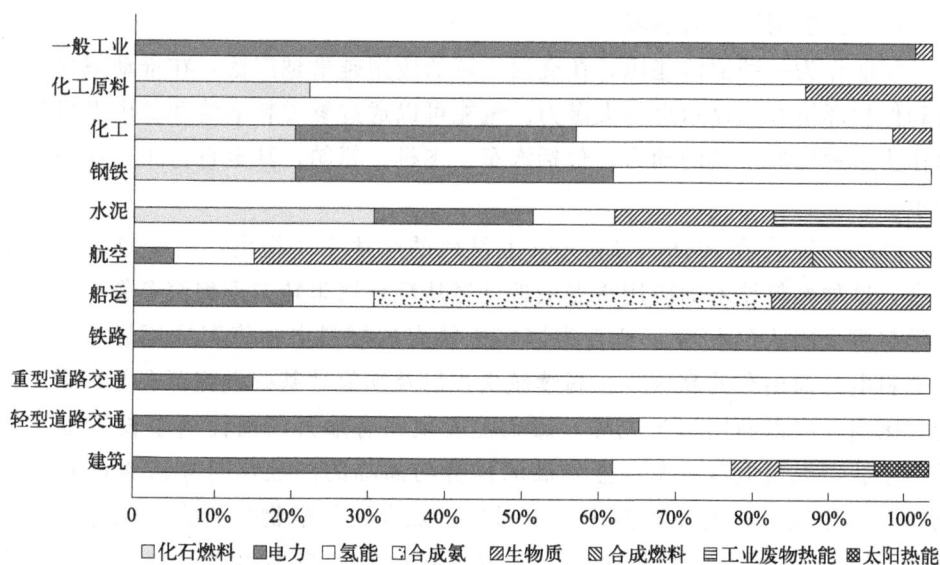

图 1-11 零碳情景下各行业对不同能源品种终端能源需求的占比[80]

近年来，国家电投、国家能源集团、中国石油、中国石化、中国海油等央企直接参与制氢、加氢、装备制造等环节的研发生产。其中，中国石化以打造规模最大、科技领先、管理一流的中国第一氢能公司为目标，聚焦氢能交通、

各脱碳路径

与氢相关

		电力	氢能	氢基燃料	生物质	碳捕集
重工业	钢铁		直接还原铁			
	水泥	技术尚不成熟	可能的热源		热源	
	化工	热源	热源及原料		主要作为原料	
交通	轻型路面交通					
	重型路面交通		长途重型运输			
	船运	仅限于短途	仅限于短途	氨		
	航空	仅限于短途	仅限于短途	合成燃料	生物航空燃油	
	建筑				生物质能供热	
	电力系统		灵活性服务			成本较高

不扮演角色　　扮演较小角色　　扮演一定角色　　扮演主要角色

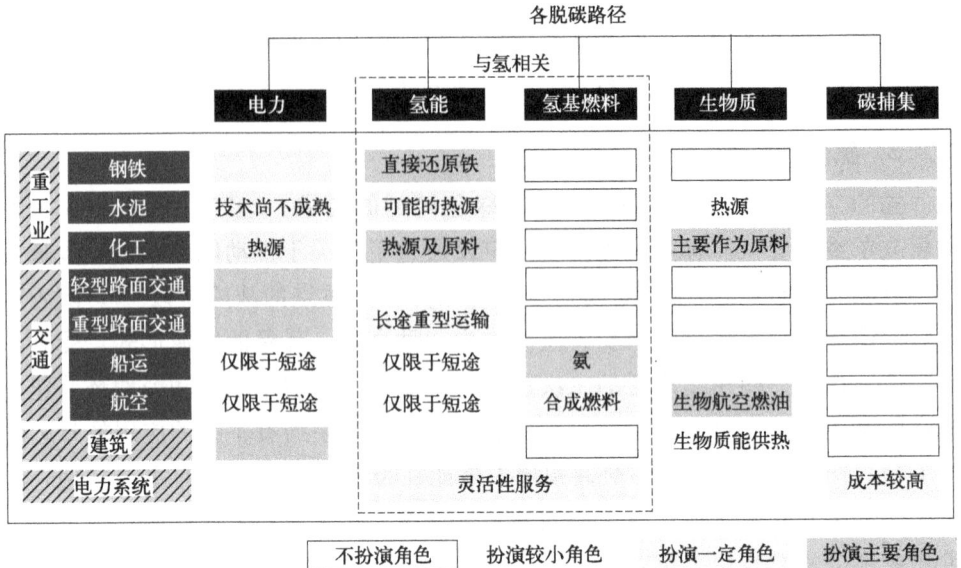

图 1-12　氢能在各行业脱碳路径中可能扮演的角色[80]

绿氢炼化两大领域，大力发展氢能一体化业务[81]。

（1）氢能用于交通领域

氢能作为一种清洁能源，在交通领域的应用越来越广泛，在推动减少碳排放和保护环境方面显示出巨大潜力。氢能可以通过氢燃料电池和氢内燃机等技术作为多种交通工具的动力，包括汽车、飞机、船舶，甚至自行车，如图 1-13 所示。

Cullen 等[82]在 *Nature Energy* 上发表的综述文章指出，由于氢的高能量密度，这种燃料技术的应用重点最近已经从轻型汽车转向重型汽车领域。清华大学赵福全团队[83]研究了适合中国本土特点的燃料电池汽车应用场景，考虑了燃料电池商用车的高成本、高续航里程以及加氢站基础设施薄弱等因素，认为我国当前应以商用车为先导；潍柴控股集团有限公司前任董事长谭旭光[84]总结了我国燃料电池汽车产业发展的优势与面临的问题，同样认为燃料电池汽车发展路线应以商用车为主；中国科学院大连化学物理研究所衣宝廉院士团队[85]提出以商用车带动加氢站建设，降低氢气与燃料电池成本；清华大学欧阳明高团队[86]开发了全球首辆 49t 级别的分布式驱动氢燃料电池重型商用车并进行了实际的道路实验测试，为重型商用车电动化探索了可行的方向。

氢燃料电池重型商用车（fuel cell heavy-duty commercial vehicles，FCH-CV）在运行使用阶段发生氢气和氧气的电化学反应，产物只有对环境友好的

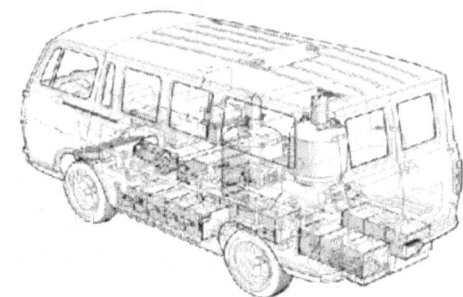

(a) 氢燃料电池车Electrovan

(b) 氢燃料电池飞机ZeroAvia

(c) 氢燃料电池船舶ZEUS

(d) 氢燃料电池自行车

图 1-13 氢燃料电池典型交通工具

水，但是考虑到 FCHCV 的材料获取、制造过程、氢能的来源以及报废回收，FCHCV 是否环境友好是值得研究的重要课题。在氢燃料电池汽车（fuel cell vehicles，FCV）全生命周期评价方面，Kannangara 等[87] 和 Bauer 等[88] 为传统燃油汽车（internal combustion engine vehicles，ICEV）、纯电动汽车（battery electric vehicles，BEV）和 FCV 轻型汽车开发了全生命周期评价框架。Ahmadi 等[89,90] 和 Raeesi 等[91] 评估了燃料电池衰退对 FCV 燃油消耗量的影响，并研究了燃料电池衰退、车辆工况以及制动能量回收对 FCV 全生命周期碳排放的影响。Chen 等[92,93]量化预测对比了我国 2020 年、2030 年和 2035 年 FCV 的全生命周期能耗、碳排放和酸化潜值。目前，氢燃料电池汽车的生命周期成本评价体系研究涵盖了零部件成本、燃料价格等因素，综合考虑购置成本、运营成本、维护成本、回收残值、补能和抗寒因素以及国家和地方补贴等对生命周期成本的影响结果，可以更全面系统地分析氢燃料电池汽车的经济性并预测其成本的变化趋势，为国家及地方补贴政策的发布提供更科学的数据支撑。

（2）氢能用于新型电力系统

氢能作为一种清洁灵活的二次能源，在以新能源为主体的新型电力系统中可作为电力介质的载体，实现氢-电灵活转化。氢气作为能源载体，本身并不含有碳元素，是否能发挥脱碳作用取决于其生产方式。相比于灰氢和蓝氢，绿氢是实现脱碳达到碳中和的最终选择。

根据国际可再生能源署的预测，如按照《巴黎协定》的约定将21世纪全球气温升幅控制在1.5℃以内，到2050年全球需要5TW可再生能源电力用于生产绿氢，折合约4亿吨绿氢[94]。根据中国氢能联盟的报道，2030年我国的氢气需求量在3715万吨，2060年则达到13030万吨，氢能在我国终端能源体系中的比重将超过22%[95]。

现阶段，由于电解水制氢的成本相对于化石燃料制氢仍然较高，直接推广使用绿氢仍缺乏经济性，因此氢能的推广路线是从减少灰氢过渡到以蓝氢为主，最终将广泛采用绿氢。除了政策与市场外，绿氢的生产成本是其规模化的重大阻力。绿氢成本的两大组成部分包括可再生能源电价与电解水装置。新能源规模的扩大与发电技术的进步会使可再生能源电价逐步降低。2021年，全球光伏发电最低中标电价1.04美分/kW（折合人民币约0.066元/kW，沙特阿拉伯），而我国光伏发电最低中标电价约0.147元/kW（四川省甘孜县）。但仅依靠降低电价并不能使绿氢相比于蓝氢更具备经济优势，还需要提高电解水技术的成熟度，以及降低电解槽的生产成本。如图1-14所示，全球三种主流电解水技术中，碱性电解水技术和质子交换膜电解水技术的商业化成熟度较高，固体氧化物电解水技术具有巨大的发展前景，目前国际上已实现商业化，但规模落后于碱性电解水技术和质子交换膜电解水技术[96]。

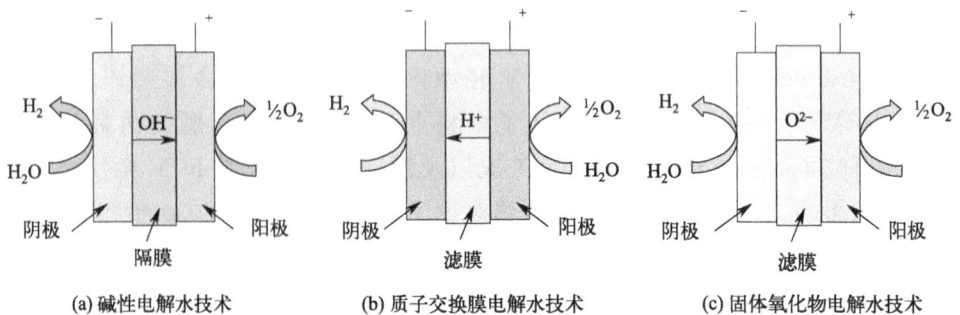

(a) 碱性电解水技术　　　　(b) 质子交换膜电解水技术　　　　(c) 固体氧化物电解水技术

图 1-14　各种商业化电解水技术的类型[97]

可再生能源大规模发展可以为绿氢的生产提供大量的廉价能源，并且绿氢的生产成本将随着电解水技术的不断成熟而快速下降[98]。尽管部分领域可以采用绿电（可再生能源电力）实现碳减排，但是冶金、化工、水泥的生产过程中需要大量的高品位热能（温度高于400℃），这部分热能难以采用电气化的方式来解决，适合用氢能替代。因此，绿氢也为可再生能源的进一步发展提供了广阔的应用场景。宜电则电、宜氢则氢、电氢耦合将是能源体系转型的新形势。

氢能发电可用来解决电网削峰填谷、可再生能源电力并网稳定性问题，有利于提高电网安全性和灵活性，大幅度降低碳排放。掺氢/纯氢燃气轮机是基于氢能发电的清洁能源系统的一部分，如今国际上关于富氢燃料燃气轮机的研究与应用已有较多的成果，全球掌握比较领先技术的企业包括日本三菱重工、美国通用电气和德国西门子。传统的抽水蓄能在储能领域中占据绝对主导地位，氢储能等新型储能技术也在不断发展[99]。众多燃料中，单位质量氢气的能量密度高，具备规模大、响应快、可实现跨季节储能的特点，是少有的能够储存百吉瓦时规模以上能量的储能方式，极具发展潜力。

随着氢能在终端能源消费体系中的占比逐渐升高，氢能作为电力储能介质，将发挥连接可再生能源与电力的纽带作用，成为新型电力系统的有机组成部分。与此同时，电力网络和氢能供应链基础设施的协同优化，不仅有利于降低基础设施建设成本，而且可以实现电网碳减排，增强氢电耦合体系的时间和空间灵活性[100]。

（3）氢气作为清洁能源

化工行业通常需要大量的能量驱动生产活动，目前普遍使用天然气或煤炭等化石燃料，如果用可再生能源及可再生能源制备的绿氢来替代传统燃料则可以显著降低碳排放。2023 年 2 月 16 日，中国石化在内蒙古自治区的第一个绿氢示范工程——内蒙古鄂尔多斯市风光融合绿氢示范项目正式启动开工，项目总投资 57 亿元，该项目主要借助鄂尔多斯地区较为丰富的太阳能和风能发电直接制备绿氢，以制氢等新技术为突破口，促进内蒙古自治区能源转型。项目产出的绿氢和绿氧将由管道就近输送至中天合创鄂尔多斯煤炭深加工示范项目，替代部分煤制氢。项目投产后，预计可减少二氧化碳排放 143 万吨/年[101]，对打造我国未来西北部清洁能源大基地起到推动作用。

（4）氢气用于化工产品合成

化工领域中，氢气主要应用于合成氨、合成甲醇、石油炼化、其他煤化工等领域。合成氨由氮和氢在高温、高压和催化环境下合成，是化肥工业和基本有机化工的主要原料。合成甲醇由合成气在催化剂的作用下合成，广泛用于塑料、溶剂、颜料等化工产品制造。石油炼化通过加氢技术减少石油提炼过程中的污染物排放。氢气也可合成低碳燃料，可替代重型货运、船运及工业领域的传统燃料。

以合成氨和合成甲醇为例，合成氨和合成甲醇的生产通常依赖于高碳化石能源，而使用绿氢作为原料可以降低碳排放。2022 年中国能建氢能公司投资甘肃酒泉风光氢储及氢能综合利用一体化示范工程，规划建设绿氢年产量 1.7 万吨工程、绿色合成氨年产量 3.9 万吨工程及其配套工程。同年 12 月，中能建松原氢能产业园项目签署，总投资为 296 亿元，建设新能源发电制氢和绿氢合成氨一体化项目，年产绿色合成氨 60 万吨，配套建设年产 50 台（套）$1000m^3$（标）/h 碱性电解水装备生产线和 4 座综合加能站[102]。项目建成后将完善当地氢能产业链布局，推进吉林西部国家级可再生能源制氢规模化供应基地和多元化绿色氢基化工示范基地建设。

（5）氢气用于碳捕集和利用

化工行业可以将碳捕集技术与氢气相结合来实现降碳。例如，氢气与工业废气中的二氧化碳反应，可以合成甲醇用于后续化学反应或制造燃料，既能减少二氧化碳的排放，又能提高资源利用率。

（6）氢气用于氢化反应

氢化反应在化工行业中广泛应用于加氢裂化、氢化脱氧等过程中。使用氢气作为还原剂，例如在钢铁冶金和石油炼化等领域，替代现有高碳原料，有助于减少碳排放[103]。

随着钢铁行业 CO_2 减排压力的日益增大，日本、瑞典、德国等国纷纷探索应用氢冶金技术并取得一定进展。氢能冶金是钢铁行业碳减排的必然路径，也是钢铁产业进入新时代的标志[104]。我国相关钢铁企业也在积极布局氢冶金项目。2016 年宝武集团推动绿色低碳冶金技术创新工程，主要技术方向有以富氢碳循环高炉工艺为核心的低碳高炉技术、以氢还原代替碳还原的氢冶金工艺（氢基竖炉直接还原）、冶金尾气 CO_2 捕集和资源化利用技术等，目前正在积极推进相关示范工程建设。2017 年邢钢集团已将富氢冶金工艺应用于钢铁冶炼。2019 年河钢集团与意大利特诺恩集团签订合作协议，通过绿色制氢、煤气净化和气体重整等技术建设全球最大规模的氢能冶金示范工程[105]。2020 年 10 月，钢铁研究总院与山西晋南钢铁集团有限公司签订 $2000m^3$ 高炉规模化喷吹氢气项目技术开发合同，目的是利用钢铁研究总院在氢冶金技术方面的研发优势，建设我国首座低碳富氢炼铁高炉，引领我国低碳炼铁技术的发展。2021 年 4 月，内蒙古赛思普科技有限公司建成国内首条氢基熔融还原高纯生铁生产线并试运行投产。在中国宝武碳中和冶金路线图中，将以氢基竖炉为核心的氢冶金工艺确定为碳中和冶金技术的重要路径之一。2023 年 12 月 23 日，宝武建设的国内首套百万吨级氢基竖炉项目在广东湛江成功点火投产，这是国内最大的采用多气源并最终实现全氢工业化生产直接还原铁的竖炉。

目前，国内宝武集团新疆八一厂（简称八钢）$400m^3$ 工业级富氢碳循环高炉、上海大学-兴国铸业的 $40m^3$ 半工业化试验高炉富氢的技术开发具有代表性。2020 年 7 月 15 日，八钢的 $400m^3$ 工业级别试验高炉正式点火开炉，开启了八钢低碳冶金特色创新之路。第一阶段工业试验，计划 3～4 个月内突破传统高炉富氧极限，实现 35% 高富氧冶炼；第二阶段引入脱除 CO_2，再用 3～4 个月打通煤气循环工艺流程，实现 50% 超高富氧。完成氧气高炉顶煤气循环和全氧冶炼后，进一步开展富氢冶金工业试验。2021 年 10 月，八钢进行了富氢碳循环高炉第三阶段科研试验的工程建设，截至 2022 年 3 月，完成试验高炉土建基础浇筑工作，进入地面以上结构施工阶段[106]。晋钢控股集团已开工建设的氢冶金气基竖炉是全国首套以煤层气为气源的气基直接还原试验设施，该试验基地依托当地丰富的煤层气资源优势，以富氢气体为能源直接还原炼铁。晋钢集团将在气基直接还原试验成果的基础上，建设百万吨级的超短流程低碳氢冶金及硅钢新材料项目，构建从铁矿石到成品轧材产线最短、技术最先进、碳排放最少、竞争力最强的钢铁制造流程。

　　"碳中和"背景下化工行业氢能应用前景广阔。大规模、低成本、持续稳定的氢气供应是化工领域应用绿氢的前提，尽管短期内化工领域绿氢应用面临经济性挑战，但随着可再生能源发电价格持续下降，到 2030 年国内部分地区有望实现绿氢平价。伴随着绿氢经济性的提高，化工领域的绿氢应用规模将快速增长。

　　（7）氢气用于生物医学

　　研究表明，氢气在体内可以发挥生物医学效应，对缺血再灌注引起的脑、肝、心、肺和肾损伤[107,108]，以及神经退行性疾病[109]、脓毒症[110]、糖尿病[111] 等具有治疗作用。氢气的作用机制目前涉及选择性抗氧化作用、气体信号分子作用以及调节生物酶活性等[112]。分子氢的生理作用如图 1-15[113] 所示。

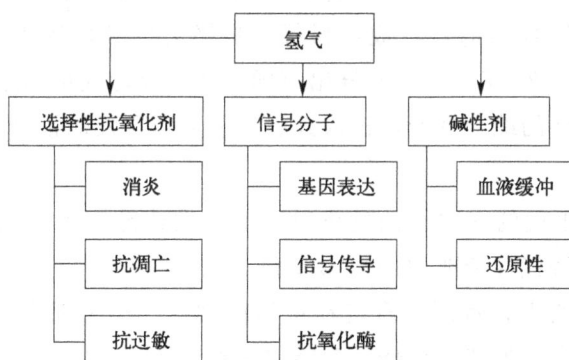

图 1-15　分子氢的生理作用[113]

1.3 国内外氢能产业发展现状

1.3.1 全球清洁氢能加速发展，释放氢能产业化加速信号

全球氢能已进入产业化快速发展新阶段，欧、美、日、韩等 20 多个主要经济体已将发展氢能提升到国家战略层面，相继制定发展规划、路线图以及相关扶持政策，加快产业化发展进程[114]。

（1）美国

美国作为已实现能源自给自足的全球第一经济强国，其先发优势和综合实力为氢能产业的发展提供了强大保障。美国对能源以及能源变革重要性的理解相当深刻，形成了成熟的"前期评估与前景预测—技术研发和政策支撑—示范应用与成熟推广"的产业周期战略设计。美国注重氢能全产业链的综合协调发展，商业化应用市场基础雄厚，有着较为丰富的发展经验。20 世纪 70 年代，受石油危机影响，美国率先布局氢能。2001 年美国能源部推出"氢燃料电池卡车计划"，主要目标是提高产业经济性和技术适用性，内容覆盖氢能全生命周期和全发展维度。美国最早提出了以氢能经济为基础的发展蓝图，彰显了美国发展氢能的领导地位。2002 年美国能源部（U.S. Department of Energy，DOE）发布了《国家氢能路线图》[115]，提出 2040 年要全面实现"氢经济"的目标。2005 年，美国将氢能列入主流能源选择之一。2011 年后陆续发布了氢能与燃料电池计划。2015 年，DOE 提出推动氢能大规模生产与应用。2017 年，为了平衡页岩气资源开发与可再生能源的发展，确保能源安全，DOE 启动了 H_2@Scale 研究计划。2020 年，DOE 发布《氢能计划发展规划》，从总体层面提出了未来 10 年氢能研发示范的战略框架。2021 年 6 月，DOE 推出了"氢能攻关"计划，提出未来十年清洁制氢成本降低 80%，降至 1 美元/kg。这是当前世界各国提出的最低成本目标，将极大地激励氢能行业发展。2023 年 6 月，美国时隔 20 年左右再次推出《国家清洁氢能战略和路线图》，提出了加速清洁氢能发展的综合框架，正式开启氢能商业化发展浪潮[116,117]。

（2）德国

20 世纪 70 年代的两次石油危机对欧美等发达经济体造成了巨大的影响，欧洲加快了寻找替代性新能源的探索步伐[118]。在应对全球气候变化、推动全球能源转型的道路上，欧洲一直走在世界前列。2022 年爆发的俄乌战争威胁了能源供应链安全，加速了全球能源结构调整。欧洲氢能的起步晚于美国，但发展速度较快。欧洲国家已经陆续出台了一系列氢能发展路线图和项目，密集制定了一批产业发展政策。欧洲重视燃料电池在交通领域的商业推广，传统车

企（例如奔驰、宝马等）的产业链条成熟、产业联盟行动积极（例如建设加氢站）、资金投放和政策补贴较多、示范工程和基础建设起步早，氢能和燃料电池产业链已趋于完善。尤其是氢能产业的思想市场较为成熟，这得益于欧洲根深蒂固的环保意识。

德国是欧盟发展氢能最具代表性的国家[119,120]。德国政府将氢能视为能源安全和能源低碳转型的保障，注重与可再生能源协同发展以加快氢能产业链布局，在应用场景和产业化布局方面全球领先，明确氢能是重型运输、工业原料和建筑等"难以脱碳"领域的唯一选择，同时提升工业竞争力。在技术与产业方面，凭借国家氢能及燃料电池创新项目（National Innovation Programme Hydrogen and Fuel Cell Technology，NIP）和欧洲燃料电池与氢联合行动计划（Fuel Cells and Hydrogen Joint Undertaking，FCH-JU）支持了一大批可再生能源制氢、天然气掺氢以及燃料电池发电项目，德国确立了在氢能及燃料电池领域的技术领先地位。2020 年，德国政府发布了《国家氢能战略》，确立了绿氢战略地位，并努力成为绿氢技术领域的全球领导者。德国将采用两步走策略，2023 年前重点打造国内市场基础，加速市场启动，并将在清洁氢制备、氢能交通、工业原料、基础设施建设等领域采取 38 项行动；在巩固国内市场的基础上，2024～2030 年积极拓展欧洲与国际市场。为此，德国政府将积极整合应对气候变化、能源转型、产业激励、监管等政策。此外，德国还通过《未来计划》追加 90 亿欧元，用于加速国内氢能技术转化与推广以及培育氢能国际伙伴关系[121,122]。

（3）日本

日本国内能源资源匮乏，能源供给高度依赖进口，20 世纪 70 年代的石油危机使日本极为重视能源供应安全。在 2011 年福岛核电站核泄漏事故之后，日本放弃了纯电动汽车计划。面对日益高涨的化石燃料价格以及越来越大的能源漏洞，日本凭借其在氢能及燃料电池领域的技术优势，极力推进氢能运用，将氢能与电力、热力共同作为三大"二次能源"，倡导构建氢能社会。日本是首个发布国家氢能战略的国家，早在 2017 年 12 月就制定了《基本氢能战略》，目标是建立全面氢能社会。2019 年 3 月，路线图进行第二次修订，细化成本目标及措施，将成本削减作为氢能推广应用的重点，从氢能应用、氢能供应和全球化氢能社会三大维度描绘了氢能蓝图。2021 年 3 月，日本新能源技术综合开发机构（New Energy and Industrial Technology Development Organization，NEDO）设立了总额 2 万亿日元的"绿色创新基金"，目前已公示的 17 个项目中有 8 个涉及氢能，分别为大型氢供应链建设、利用可再生能源电解水制氢、下一代飞机开发、下一代船舶开发、智能出行社会构建、使用二氧化碳等的燃料制造技术开发、使用二氧化碳等塑料原料制造技术开发、燃料氨供应链构建和炼钢流程中的氢气利用。2021 年 10 月，日本公布的《第六次能源基本计划》围绕应对气候变化与日本能源供需结构转型两大核心目标制定，将氢能定位为一种新资源，力争 2030 年将氢的成本降低至与化石燃料同等水平，加速社会应用，并通过设置绿色创新基金支持技术创新，以实现 2050 年"碳中和"目标。总体而言，日本将通过加强技术研发，持续增加产业投资、强化规模效应，建立政企协力合作模式、国际供应链以及先进标准合作等方式打造氢能社会，NEDO、丰田和本田等机构的氢能和燃料电池技术以及产品研发水平在全球具有明显的领先优势。2023 年 6 月，日本经济产业省发布修订版《氢能基本战略（草案）》，分为增强氢能产业竞争力的"氢能产业战略"和确保氢能安全利用的"氢能安全战略"两部分。新版战略明确指出，日本构建氢能社会正从技术发展阶段步入商业化阶段，考虑到全球氢能市场正在迅速扩张，有必要修订《氢能基本战略》，在确保实现"碳中和"目标的同时，将加强日本竞争力、发展海外市场纳入其中[123]。

（4）韩国

氢能被韩国政府定位为提升能源效率和优化可再生能源电力系统的重要媒介。为实现氢能战略目标，韩国政府 2018 年将氢经济、人工智能、大数据并列为三大战略投资领域。2019 年 1 月，韩国成立国家氢经济委员会并发布了《氢能经济发展路线图》，涵盖了氢能生产、运输、存储、使用全产业链，重点部署氢燃料电池汽车的推广、燃料电池在家庭和商业建筑中的使用、建立氢能生产—储备—分配的完整体系等 3 个领域。计划到 2040 年，每年减排 2373 万吨二氧化碳，提供 42 万个就业岗位，同时创造 43 万亿韩元的经济附加值。2019 年，韩国发布了《氢能城市计划》，在全球首次提出"氢能社会"概念，旨在推广氢能技术，建设具有氢能基础设施的城市，以实现可持续发展。2020 年，韩国通过了世界上第一部氢法——《促进氢经济和氢安全管理法》（简称《氢法》）[123]。该法律是韩国为了推动氢能源产业的发展和安全管理而制定的法律，规定了氢能源的定义、分类、生产、运输、储存、供应、使用等方面的标准和规范，同时设立了氢经济委员会，负责制定和协调氢能源相关的政策和计划。

（5）澳大利亚

在全球氢能发展热潮之下，澳大利亚将自身定位为清洁氢能供应者角色，积极扩展氢能海外供应合作，并与相关国家和企业开展技术合作，力争抢占氢能供应链上游，巩固全球能源贸易大国地位[124]。2019 年澳大利亚政府发布了《国家氢能战略》，确定了 15 大发展目标、57 项联合行动，力争到 2030 年成为全球氢能产业的主要参与者, 2050 年绿氢产能达到 3000 万吨/年。澳大利亚既积极发展可再生能源电解水制氢，也推进化石能源耦合 CCS 制氢产业的发展。澳大利亚各州积极跟进，昆士兰、南澳大利亚、维多利亚等州出台了针对辖区内的氢能发展专项规划。

主要国家氢能战略/路线图如表 1-1[125] 所示。

表 1-1 主要国家氢能战略/路线图[125]

国家/地区	战略/路线图	重点发展领域	发展目标
美国	《美国经济路线图》	2020 年到 2022 年，实现氢能在小型乘用车、叉车、分布式电源、家用热电联碳捕集等领域的应用	2030 年，氢需求量将突破 1700 万吨，在美国道路上有 530 万辆氢燃料电池汽车，在物料搬运中有 30 万辆氢燃料电池汽车，在全国共有 5600 个加氢站
欧盟	《欧盟氢能战略》	将绿氢作为欧盟未来发展的重点	2020~2024 年：在欧盟范围内建成 6 吉瓦的绿氢产能，将绿氢年产量提升至 100 万吨。2025~2030 年：使氢能成为欧盟能源体系内一个重要组成部分，并在欧盟范围内建成近 40 吉瓦的绿氢产能，将绿氢年产量进一步提升至 1000 万吨。2030~2050 年：绿氢技术完全成熟，并将大规模用于难以通过电气化实现零碳排放的领域
欧盟	《欧洲 2×40 吉瓦绿氢行动计划》	促进欧盟范围内的氢能产业发展，以支持绿氢生产	2030 年：安装超过 80 吉瓦的电解水制氢系统，在满足本地及出口需求的同时，努力推动碳排放量的降低
日本	《氢/燃料电池战略路线图》	着眼于三大技术领域，即燃料电池技术领域、氢供应链领域和电解技术领域，确定包括车载用燃料电池、定置型燃料电池、大规模制氢、水制氢等 10 个项目作为优先领域	第一阶段：从当前到 2025 年，快速扩大氢能使用范围。第二阶段：2025~2040 年，全面引入氢发电，建立大规模氢能供应链。第三阶段：从 2040 年开始，建立零碳的供氢系统
韩国	《氢能经济发展路线图》	重点在氢燃料电池汽车，加氢站，氢气发电，氢气生产、存储和运输，安全监管等方面采取措施	2040 年：累计生产 620 万辆氢燃料电池汽车，建成 1200 座加氢站；普及发电用、家庭用和建筑用氢燃料电池装置，氢气年供应量达到 526 万吨，每千克价格降至 3000 韩元
澳大利亚	《国家氢能战略》	确定 57 项联合行动，涉及相关的出口、运输、工业使用、天然气网络、电力系统等方面，以及诸如安全、技术和环境影响等跨领域发展的氢能问题	2030 年：进入亚洲氢能市场的前三名，成为有国际影响力的氢能出口国

续表

国家/地区	战略/路线图	重点发展领域	发展目标
荷兰	《国家氢能计划》	从港口工业的大量副产氢着手,连接输气管网等基建,形成规模化输氢网络	2025 年:完成 50 个加氢站,生产 15000 辆氢燃料电池汽车和 3000 辆燃料电池重卡车。2030 年:生产 300000 辆氢燃料电池汽车,电解槽容量达 3~4 吉瓦
德国	《国家氢能战略》	确立绿氢的优先地位。主要应用于船运、航空、重型货物运输、钢铁和化工行业。德国大部分的绿氢需求将通过进口得以满足	2030 年将国内的绿氢产能提高至 5 吉瓦,到 2040 年前则进一步提高至 10 吉瓦

为协同推进氢能市场化和产业化进程,欧、美、日、韩等建立了由政府、非政府组织、学术界、企业界等组成的产业联盟,作为推动氢能产业发展的重要平台。

日本的 Japan H_2 Mobility 联盟由丰田、日产、本田、新日本石油、岩谷、东京燃气、日本发展银行等机构联合出资于 2017 年成立,横跨政府、金融、产业、学术界,包括氢能产业链各环节,涵盖了研发、示范、推广等各阶段,树立了协同推进的样板。

欧盟推进气候和能源转型的政策框架中,采取了组建跨区域、跨产业联盟的方式,由政府牵头,产业链各环节龙头企业参与,协同推进氢能发展。欧洲清洁氢联盟于 2020 年由欧盟相关企业、民间机构、国家及地区政府,以及欧洲投资银行共同发起,旨在为氢能大规模生产提供资金,促进技术合作。企业成员包括蒂森克虏伯、西门子、壳牌、空客,以及丹麦和挪威的一些公司等。欧盟还倡议成立了氢能联盟,由欧盟和氢能联盟共同规划欧洲共同利益重要项目,以带动产业发展以及产业链整合和强化。氢能联盟拟推动 280 家企业参与制氢电解槽的相关产业链,并推进实施 1 吉瓦规模的电解槽项目。2023 年 3 月 16 日,欧盟委员会主席冯德莱恩宣布欧洲氢能银行正式成立,未来将投资 30 亿欧元助力欧洲氢能市场发展。

德国先后成立多个技术联盟和产业联盟,以促进氢能和燃料电池汽车的开发与商业化应用。最为典型的是 2015 年法国液化空气集团、戴姆勒、林德、OMV、壳牌和道达尔等企业联合组建 H_2 Mobility 联盟,以社会产业资本的身份与国家氢能和燃料电池技术组织(National Organization for Hydrogen and Fuel Cell Technology,NOW)一同支持德国氢能产业发展。H_2 Mobility 计划在汉堡、柏林、鲁尔、法兰克福、斯图加特、慕尼黑六大都市圈的主干道和高速公路上建成 100 座加氢站,以上六大都市圈各布局 10 座,其余 40 座布局在相邻城市之间,作为加氢站网络的连接站和目的地站,形成环网状氢能高速公路。截至 2019 年底,H_2 Mobility

已建成 75 座加氢站，其中绝大多数已实现运营。

1.3.2 国内氢能产业合理布局，开启绿色能源转型新篇章

作为全球第一产氢大国，我国已正式将氢能纳入国家能源战略体系。2022年 3 月，国家发展改革委和国家能源局联合发布了《氢能产业发展中长期规划(2021—2035 年)》[80]，强调了氢能在国家能源战略中的重要地位。在国家各类政策的引领下，多个省市也响应中央号召，制定了因地制宜的氢能发展目标、战略规划和空间布局，争相切入氢能赛道。氢能产业标准的出台，规范全产业链发展，看齐国际标准，融入全球竞争；产业结构调整，重视氢能发展、绿色发展，为业界注入强心剂；船舶业绿色发展纲要明确绿色甲醇应用，助力氢能消纳，绿色产品溢价呼之欲出。在国家政策的引领下，各地方政府也出台了相应的氢能政策，形成了促进氢能产业发展的良好政策环境。国家推出了一系列促进氢能发展的政策，规划了氢能发展的顶层设计，确定了氢能的战略地位，明确了氢能在国家能源体系中发挥的重要作用。各地对氢能产业发展的规划和补贴标准都作了相应规定，共同构成了产业覆盖面广泛、细分领域目标明确、逐步推进统筹协调的氢能发展路线图，为氢能产业的发展提供了有力的政策支持。未来，随着氢能支持政策的进一步完善和低碳政策在交通运输、工业等领域要求的进一步落实，氢能经济市场会更为广阔。国家政策扶持、规范力度不断增强，各地积极响应国家政策，通过生产许可、补贴、减排等形式促进绿电绿氢消纳。从国家级到省市，乃至区级的氢能产业规划相继出台，规划逐级下移，预示着产业将逐渐落地。

在补贴方面，如广东省、上海市等按 5.6 元/kg 标准给予用氢补贴；内蒙古自治区变相补贴，鼓励引导新建高耗能项目高比例使用绿电绿氢，以电力为主的用能结构中绿电使用比例达到 50% 以上的新建"两高"项目，不需全额落实能耗指标。据不完全统计，已有 20 余个省市发布了绿氢补贴政策，主要分为生产补贴、销售补贴、电价优惠和配套奖励。如：a. 生产补贴。吉林省、河南省濮阳市针对绿氢采取 15 元/kg，20% 逐年退坡的生产补贴。b. 销售补贴。鄂尔多斯市 2022～2025 年按照实际销售量采取 4000 元/吨、1000 元/吨逐年退坡的销售补贴。c. 电价优惠。广东省采取蓄冷电价政策，同时谷电用电量超 50% 的免收基本电费；四川省采用地区低价电并给予一定的电费支持。d. 配套奖励。湖北 1000m³(标)/h 绿氢制氢产能奖励 50 兆瓦风光指标。除此以外，部分地区针对制氢厂的建设也给予了一定的建设补贴。

2023 年 6 月，世界经济论坛（WEF）发布《中国绿氢发展路线图》[126]，绘制了助力中国实现 2030 年绿氢发展目标的蓝图。

1.3.2.1 发展现状

(1) 氢气需求量增长迅速

作为全球最大的氢能生产国和消费国[127,128]，我国目前生产的氢气大部分为灰氢。2021 年，在生产的 3400 万吨氢气中，80.3% 来自化石燃料，18.5% 来自工业副产品，1.2% 来自电解水[4]。虽然氢消费量相对较大，但对绿氢的需求在很大程度上受到成本和可用性的限制，其应用目前仅限于交通运输部门的几个小型试点项目。2021～2023 年我国氢气生产量分别为 3342 万吨、4004 万吨和 4575 万吨。在政策和市场需求的驱动下，氢气需求量增长迅速。预计到 2030 年，中国氢气年需求量将达到 3700 万吨，约占终端能源消费的 5%；到 2060 年，中国氢气年需求量将增至 13500 万吨左右，在终端能源消费中的占比将达到约 20%，其中可再生能源制氢规模有望达到 1 亿吨[129,130]。

(2) 绿氢规模化加速扩张

我国丰富的可再生能源为绿氢发展提供了动力，但该产业尚处于起步阶段。截至 2022 年，已建成并运营绿氢项目 36 个，总产能约为每年 3.7 万吨，正在规划的绿氢项目超过 300 个，预计产能将达到每年 350 万吨。2023 年 6 月，首个万吨级新能源制氢示范项目在内蒙古自治区鄂尔多斯市成功制取第 1 方（立方米）氢气；2023 年 6 月，新疆维吾尔自治区库车绿氢示范项目顺利产氢，制氢规模达到每年 2 万吨，标志着首次实现万吨级绿氢炼化项目全产业链贯通[131]。

1.3.2.2 政策规划

(1) 国家和地方氢能产业规划

2020 年 4 月，《中华人民共和国能源法（征求意见稿）》正式将氢能列入能源范畴，2024 年 11 月《中华人民共和国能源法》正式批准通过。2022 年 3 月，国家发展改革委和国家能源局发布《氢能产业发展中长期规划（2021—2035 年）》（以下简称《规划》），将氢能作为国家未来能源体系的重要组成部分，强调以可再生能源制氢为核心的氢能发展方向。《规划》提出了绿氢发展的 3 个阶段性目标：到 2025 年实现可再生能源制氢量每年达到 10 万～20 万吨；到 2030 年实现可再生能源制氢的广泛应用；到 2035 年可再生能源制氢在终端能源消费中的比重明显提升。据不完全统计，我国已有 30 个省、自治区、直辖市以及 50 余个城市和地区制定了氢能产业发展规划（或指导意见、行动方案）[132]。

(2) 多地出台制氢"松绑"政策

为支持和鼓励绿氢项目建设，部分省市出台了针对绿氢项目的补贴政策，如重点支持绿氢生产补贴、技术研发支持和市场推广补贴，具有代表性的绿氢补贴政策如表 1-2 所示。这些政策的出台有助于降低绿氢项目的投资风险，促进绿氢产业的发展，推动清洁能源转型。

表 1-2 具有代表性的省市的绿氢补贴政策文件

地区	时间	文件名称	主要内容
新疆维吾尔自治区克拉玛依市	2023 年 10 月 1 日	《克拉玛依市支持氢能产业发展的有关扶持政策》	支持绿氢制取示范项目建设。在 2024～2025 年期间，对落地克拉玛依市且氢气产能大于 5000 吨/年的风光制氢一体化项目主体，按照其中绿电制氢的实际消纳量，经第三方认定后给予退坡补贴。2024 年补贴 3000 元/t，2025 年补贴 1500 元/吨
内蒙古自治区鄂尔多斯市	2023 年 8 月 9 日	《支持氢能产业发展若干措施》	支持绿氢制取项目建设。在 2022～2025 年期间，对落地鄂尔多斯市且氢气产能大于 5000 吨/年的风光制氢一体化项目主体，按绿氢实际销售量(对于一体化绿氢制化学品项目，由第三方公司对绿氢产量进行核定)给予退坡补贴。2022～2023 年补贴 4000 元/吨，2024 年补贴 3000 元/吨，2025 年补贴 2000 元/吨。补贴资金由市级财政、旗区财政按照 1∶1 比例承担
吉林省	2022 年 11 月 30 日	《支持氢能产业发展若干政策措施(试行)》	对年产绿氢 100 吨以上(含 100 吨)的项目，以首年每千克 15 元的标准为基数，采取逐年退坡的方式(第 2 年按基数的 80%、第 3 年按基数的 60%)，连续 3 年给予补贴支持，每年最高补贴 500 万元
河南省濮阳市	2022 年 7 月 13 日	《濮阳市促进氢能产业发展扶持办法》	加大绿氢制备扶持。建立氢能制备、检测服务建设项目审批"绿色通道"，实行"一站式"行政审批。鼓励企业发展风电、光伏、生物质等绿氢，对绿氢出厂价格不高于同纯度工业副产氢平均出厂价格，且用于本市加氢站加注的，按照年度累计供氢量给予补助。首年给予每千克 15 元补贴，此后逐年按 20% 退坡，每年最高不超过 500 万元，补贴标准根据国家、省相关政策并结合本市实际适时进行调整。对绿氢制备企业给予一定风电、光伏等指标配备支持
山东省潍坊市	2021 年 12 月 23 日	《关于支持氢能产业发展的若干政策》	鼓励风电制氢、光伏发电制氢，制氢装机运行容量视同配建储能容量。对从事高压氢气制备、液氢制备、固态储氢等的企业实施技术改造新增的设备，按照设备购置款的 10% 给予补贴，单个项目补贴最高不超过 1000 万元
甘肃省张掖市	2023 年 10 月 26 日	《关于促进氢能产业高质量发展的若干措施(暂行)(征求意见稿)》	保障加氢站稳定供应氢气。对已和市内加氢站签订中长期供气合同的绿氢制造企业，出厂价格不超过 30 元/千克的，按供应加氢站量给予 10 元/千克制氢补贴，单个企业最高不超过 70 万元

续表

地区	时间	文件名称	主要内容
四川省成都市	2024年1月5日	《成都市优化能源结构促进城市绿色低碳发展政策措施实施细则(试行)》	对制氢能力500m³(标)/h以上[含500m³(标)/h]的电解水制氢企业按实际电解水制氢电量给予0.15～0.20元/千瓦时的电费补贴,每年补贴额度最高不超过2000万元
辽宁省沈阳市大东区	2023年12月28日	《大东区支持氢能暨氢燃料电池汽车产业高质量发展的若干政策措施》	积极发展光伏、风电等零碳制氢,对相关项目固投给予最高30%,最多不超过500万元的投资补贴

为支持氢能的大规模开发和利用,多地相继出台相关文件鼓励非化工园区可再生能源制氢。山东省、吉林省、广东省、河北省等先后允许在非化工园区建设制氢加氢一体站,绿氢生产不需取得危险化学品安全生产许可,摘掉了氢气"危险化学品"的帽子。在有效管控下,氢气应用也将逐渐走向市场。2022年10月,山东省工业和信息化厅印发了《山东省化工行业投资项目管理规定》,指出可再生能源发电制氢项目可以在省政府认定的化工园区、专业化工园区和重点监控点外实施,且不受投资额限制。2022年11月,吉林省印发《支持氢能产业发展的若干政策措施（试行）》[133],开展分布式可再生能源制氢加氢一体站在非化工园区示范建设。2023年6月,广东省印发《广东省燃料电池汽车加氢站建设管理暂行办法》[134],允许在非化工园区建设制氢加氢一体站。同一时间,河北省印发《河北省氢能产业安全管理办法（试行）》[135],允许在化工园区外建设电解水制氢等绿氢生产项目和制氢加氢一体站。

参考文献

[1] 徐硕,余碧莹.中国氢能技术发展现状与未来展望[J].北京理工大学学报（社会科学版）,2021,23(6):1-12.

[2] 杨洋.氢气制备技术研究进展及应用前景[J].中国高新科技,2023(16):20-22.

[3] 钟鸣.中国绿色制氢关键技术发展现状及展望[J].现代化工,2023,43(4):13-17.

[4] 曹军文,张文强,李一枫,等.中国制氢技术的发展现状[J].化学进展,2021,33(12):2215-2244.

[5] 陈思晗,张珂,常丽萍,等.传统和新型制氢方法概述[J].天然气化工(C1化学与化工),2019,44(2):122-127.

[6] 李培俊,曹军,王元华,等.甲烷水蒸气重整制氢反应及其影响因素的数值分析[J].化工进展,2015,34(6):1588-1594.

[7] 杨阳,张胜中,王红涛.碱性电解水制氢关键材料研究进展[J].现代化工,2021,41(5):7,78-82.

[8] 美国能源部发布《氢能计划发展规划》[N/OL].http://www.casisd.cn/zkcg/ydkb/kjqykb/2021/

202101/202102/t20210209 _ 5891513. html.

［9］ GB 50177—2005. 氢气站设计规范 ［S］.

［10］ 王培灿, 万磊, 徐子昂, 等. 碱性膜电解水制氢技术现状与展望 ［J］. 化工学报, 2021, 72 (12): 6161-6175.

［11］ 何泽兴, 史成香, 陈志超, 等. 质子交换膜电解水制氢技术的发展现状及展望 ［J］. 化工进展, 2021, 40 (9): 4762-4773.

［12］ 叶青, 宋洁, 侯坤, 等. 质子交换膜电解制氢氢气渗透研究进展 ［J］. 工程科学学报, 2022, 44 (7): 1274-1281.

［13］ 张文强, 于波. 高温固体氧化物电解制氢技术发展现状与展望 ［J］. 电化学, 2020, 26 (2): 212-229.

［14］ 尉偲, 段立强, 朱自强, 等. 太阳能驱动的固体氧化物电解池制氢系统性能研究 ［J］. 太阳能学报, 2022, 43 (6): 536-545.

［15］ 王颖, 杨传玺, 王小宁, 等. 二维光催化材料研究进展 ［J］. 有色金属科学与工程, 2021, 12 (2): 30-42.

［16］ Samimi F, Marzoughi T, Rahimpour M R. Energy and exergy analysis and optimization of biomass gasification process for hydrogen production (based on air, steam and air/steam gasifying agents) ［J］. International Journal of Hydrogen Energy, 2020, 45 (58): 33185-33197.

［17］ Chatterjee S, Intikhab S, Profitt L, et al. Nanoporous multimetallic Ir alloys as efficient and stable electrocatalysis for acidic oxygen evolution reactions ［J］. Journal of Catalysis, 2021, 393: 303-312.

［18］ Cumpston J, Herding R, Lechtenberg F, et al. Design of 24/7 continuous hydrogen production system employing the solar-powered thermochemical S-I cycle ［J］. International Journal of Hydrogen Energy, 2020, 45 (46): 24383-24396.

［19］ 吴启亮, 梅晋豪, 李铮, 等. 多种纳米结构 Fe 掺杂 TiO_2 光热耦合水分解制氢研究 ［J］. 高等学校化学学报, 2021, 42 (6): 1837-1845.

［20］ Pal D B, Singh A, Bhatnagar A. A review on biomass based hydrogen production technologies ［J］. International Journal of Hydrogen Energy, 2022, 47 (3): 1461-1480.

［21］ 李亮荣, 彭建, 付兵, 等. 碳中和愿景下绿色制氢技术发展趋势及应用前景分析 ［J］. 太阳能学报, 2022, 43 (6): 508-520.

［22］ 单明玄, 王坤, 杨美玲, 等. 蒸气重整轻质生物油催化制氢研究进展 ［J］. 洁净煤技术, 2022, 28 (7): 120-133.

［23］ 季科, 王心竹, 郭健翔, 等. 生物质微波热解制气研究进展 ［J］. 科技导报, 2021, 39 (24): 54-64.

［24］ 王博, 宋永一, 王鑫, 等. 有机固体废弃物热化学制氢研究进展 ［J］. 化工进展, 2021, 40 (2): 709-721.

［25］ 张永贵, 许思远, 张琴, 等. 金属纳米颗粒在暗发酵生物制氢中的应用研究进展 ［J］. 应用化工, 2021, 50 (7): 1922-1926.

［26］ 温汉泉, 任宏宇, 曹广丽, 等. 生物膜法光发酵制氢的研究现状与展望 ［J］. 环境科学学报, 2020, 40 (10): 3539-3548.

［27］ Rambabu K, Bharath G, Thanigaivelan A, et al. Augmented biohydrogen production from rice mill wastewater through nano-metal oxides assisted dark fermentation ［J］. Bioresource Technology, 2021, 319: 124243.

[28] Hirscher M，Yartys V A，Baricco M，et al. Materials for hydrogen-based energy storage-past，recent progress and future outlook [J]．Journal of Alloys and Compounds，2020，827：153548.

[29] Eberle U，Felderhoff M Fau -Schüth F，Schüth F. Chemical and physical solutions for hydrogen storage [J]．[1521-3773 (Electronic)].

[30] Sethia G，Sayari A. Activated carbon with optimum pore size distribution for hydrogen storage [J]．Carbon，2016，99：289-294.

[31] Mohan M，Sharma V K，Kumar E A，et al. Hydrogen storage in carbon materials—A review [J]．Energy Storage，2019，1 (2)：e35.

[32] Balderas-Xicohténcatl R，Schlichtenmayer M，Hirscher M. Volumetric hydrogen storage capacity in metal-organic frameworks [J]．Energy Technology，2018，6 (3)：578-582.

[33] Rosi N，Eckert J，Eddaoudi M，et al. Hydrogen storage in microporous metal-organic frameworks [J]．Science (New York，NY)，2003，300：1127-1129.

[34] 闫光龙，郭克星，赵苗苗．储氢技术的研究现状及进展 [J]．天然气与石油，2023，41 (5)：1-9.

[35] Rusman N A A，Dahari M. A review on the current progress of metal hydrides material for solid-state hydrogen storage applications [J]．International Journal of Hydrogen Energy，2016，41 (28)：12108-12126.

[36] Liang F，Lin J，Cheng Y，et al. Gaseous sorption and electrochemical properties of rare-earth hydrogen storage alloys and their representative applications：A review of recent progress [J]．Science China Technological Sciences，2018，61 (9)：1309-1318.

[37] 吕翠，王金阵，朱伟平，等．氢液化技术研究进展及能耗分析 [J]．低温与超导，2019，47 (7)：11-18.

[38] 陈晓露，刘小敏，王娟，等．液氢储运技术及标准化 [J]．化工进展，2021，40 (9)：4806-4814.

[39] 宋百爽．国外储氢技术发展现状及发展趋势 [J]．一重技术，2023 (2)：61-63.

[40] Barthelemy H，Weber M，Barbier F. Hydrogen storage：Recent improvements and industrial perspectives [J]．International Journal of Hydrogen Energy，2017，42 (11)：7254-7262.

[41] 伊立其，郭常青，谭弘毅，等．基于有机液体储氢载体的氢储能系统能效分析 [J]．新能源进展，2017，5 (3)：197-203.

[42] 杨洋．氢气储存技术研究进展 [J]．石化技术，2023，30 (8)：22-24.

[43] Aakko-Saksa P T，Cook C，Kiviaho J，et al. Liquid organic hydrogen carriers for transportation and storing of renewable energy—Review and discussion [J]．Journal of Power Sources，2018，396：803-823.

[44] 王艺强，刘录强，张志成，等．化学储氢介质实现"西氢东送"的可行性研究 [J]．储能科学与技术，2024，13 (3)：1050-1058.

[45] 蒲亮，余海帅，代明昊，等．氢的高压与液化储运研究及应用进展 [J]．科学通报，2022，67 (19)：2172-2191.

[46] 张志芸，张国强，刘艳秋，等．车载储氢技术研究现状及发展方向 [J]．油气储运，2018，37 (11)：1207-1212.

[47] 李桐，金明哲，骆辉，等．我国长管拖车技术发展综述 [J]．中国特种设备安全，2020，36 (12)：31-37.

[48] 刘再斌，薄柯，惠虎，等．长管拖车安全防护系统功能安全研究 [J]．中国仪器仪表，2021 (2)：55-57.

[49] 李佳豪，杨锦，潘伦，等. 含氮有机液体储放氢催化体系研究进展 [J]. 化工进展，2023，42（12）：6325-6344.

[50] 曹权，王洪建，秦业美，等. 纯氢管道输氢技术发展现状与分析 [J]. 力学与实践，2024，46（1）：18-27.

[51] 曾彪，朱柏睿. 氢能系列报告（三）——美国氢能发展现状和前景 [R]. 2023-03-17. https：//www.djyanbao.com/preview/3460858.

[52] 李丽旻. 欧洲跨境输氢管道建设提速 [N]. 中国能源报，2023-05-22.

[53] 中华人民共和国驻法兰西共和国大使馆. 关注！巴塞罗那-马赛海底氢气管道项目即将启动 [N]. 2022-12-07. http：//fr.china-embassy.gov.cn/chn/ljfg/202212/t20221207_10986723.htm.

[54] 奎宁. 多国大额资金"涌入"氢能 [N]. 国际氢能网，2024-01-02. https：//h2.in-en.com/html/h2-2432559.shtml.

[55] 氢气管网在中短距离运输优胜"容器" [N]. 氢启未来网，2023-11-30. https：//www.h2weilai.com/cms/index/shows/catid/28/id/8102.html.

[56] 日本全力建设国际氢能供应网，积极布局海外供应链战略 [N]. 前沿战略研究，2023. https：//h2.in-en.com/html/h2-2431060.shtml.

[57] 韩国首个供氢管道落户蔚山市 [N]. 中国工业气体工业协会，2019-08-23. http：//www.cigia.org.cn/index.php？m=home&c=View&a=index&aid=3977.

[58] 100%氢气输送！澳大利亚首条氢气输送管道要来了 [N]. 北极星电力网，2021-02-26. https：//news.bjx.com.cn/html/20210226/1138543.shtml.

[59] 李敬法，苏越，张衡，等. 掺氢天然气管道输送研究进展 [J]. 天然气工业，2021，41（4）：137-152.

[60] 邹才能，李建明，张茜，等. 氢能工业现状、技术进展、挑战及前景 [J]. 天然气工业，2022，42（4）：1-20.

[61] 刘翠伟，裴业斌，韩辉，等. 氢能产业链及储运技术研究现状与发展趋势 [J]. 油气储运，2022，41（5）：498-514.

[62] 郑津洋，马凯，叶盛，等. 我国氢能高压储运设备发展现状及挑战 [J]. 压力容器，2022，39（3）：1-8.

[63] 程玉峰. 高压氢气管道氢脆问题明晰 [J]. 油气储运，2023，42（1）：1-8.

[64] 尚娟，鲁仰辉，郑津洋，等. 掺氢天然气管道输送研究进展和挑战 [J]. 化工进展，2021，40（10）：5499-5505.

[65] 陈俊文，尚谨，刘玉杰，等. 混氢天然气管道安全设计要点探讨 [J]. 天然气与石油，2020，38（6）：8-13.

[66] 谢萍，伍奕，李长俊，等. 混氢天然气管道输送技术研究进展 [J]. 油气储运，2021，40（4）：361-370.

[67] Zhang H，Li J，Su Y，et al. Effects of hydrogen blending on hydraulic and thermal characteristics of natural gas pipeline and pipe network [J]. Oil & Gas Science and Technology-Revue d'IFPEN，2021，76：70.

[68] 张立业，邓海涛，孙桂军，等. 天然气随动掺氢技术研究进展 [J]. 力学与实践，2022，44（4）：755-766.

[69] 张小强，蒋庆梅. ASME B31.12 标准在国内氢气长输管道工程上的应用 [J]. 压力容器，2015，32（11）：47-51.

[70] GB 50251—2015. 输气管道工程设计规范 [S].

[71] 梅健. AP1000 氢气管道设计分析 [J]. 中国核电，2015，8（1）：29-33.

[72] 陈勇，姚勇，王生吉. 中美核电氢气系统设计标准对比分析 [J]. 中国核电，2020，13（2）：161-164.

[73] 陈勇. 中美核电氢气管道设计标准对比分析 [J]. 中国标准化，2020（4）：178-182.

[74] Reuß M，Grube T，Robinius M，et al. A hydrogen supply chain with spatial resolution：Comparative analysis of infrastructure technologies in Germany [J]. Applied Energy，2019，247：438-453.

[75] Okunlola A，Giwa T，Di Lullo G，et al. Techno-economic assessment of low-carbon hydrogen export from Western Canada to Eastern Canada，the USA，the Asia-Pacific，and Europe [J]. International Journal of Hydrogen Energy，2022，47（10）：6453-6477.

[76] 张晓飞，蒋利军，叶建华，等. 固态储氢技术的研究进展 [J]. 太阳能学报，2022，43（6）：345-354.

[77] Sreeraj R，Aadhithiyan A K，Anbarasu S. Comparison，advancement，and performance evaluation of heat exchanger assembly in solid-state hydrogen storage device [J]. Renewable Energy，2022，198：667-678.

[78] 刘木子，史柯柯，赵强，等. 固体储氢材料的研究进展 [J]. 化工进展，2023，42（9）：4746-4769.

[79] 倪耀琪，朱恒恺. "双碳"目标下氢能发展机遇、难点与路径选择 [J]. 现代化工：1-13.

[80] 李婷，刘玮，王喆，等. 开启绿色氢能新时代之匙：中国 2030 年"可再生氢100"发展路线图 [R]. 北京，2022.

[81] 李哲. 氢能产业化加速系列基础设施持续落地 [N]. 中国经营报，2023-12-23.

[82] Cullen D A，Neyerlin K C，Ahluwalia R K，et al. New roads and challenges for fuel cells in heavy-duty transportation [J]. Nature Energy，2021，6（5）：462-474.

[83] 刘宗巍，史天泽，郝瀚，等. 中国燃料电池汽车发展问题研究 [J]. 汽车技术，2018（1）：1-9.

[84] 谭旭光，余卓平. 燃料电池商用车产业发展现状与展望 [J]. 中国工程科学，2020，22（5）：152-158.

[85] 邵志刚，衣宝廉. 氢能与燃料电池发展现状及展望 [J]. 中国科学院院刊，2019，34（4）：469-477.

[86] 李航，胡尊严，胡家毅，等. 新型分布式驱动液氢燃料电池重型商用车设计、分析与验证 [J]. 汽车工程，2022，44（8）：250，1183-1198.

[87] Kannangara M，Bensebaa F，Vasudev M. An adaptable life cycle greenhouse gas emissions assessment framework for electric，hybrid，fuel cell and conventional vehicles：Effect of electricity mix，mileage，battery capacity and battery chemistry in the context of Canada [J]. Journal of Cleaner Production，2021，317：128394.

[88] Bauer C，Hofer J，Althaus H-J，et al. The environmental performance of current and future passenger vehicles：Life cycle assessment based on a novel scenario analysis framework [J]. Applied Energy，2015，157：871-883.

[89] Ahmadi P，Khoshnevisan A. Dynamic simulation and lifecycle assessment of hydrogen fuel cell electric vehicles considering various hydrogen production methods [J]. International Journal of Hydrogen Energy，2022：47.

[90] Ahmadi P，Torabi S H，Afsaneh H，et al. The effects of driving patterns and PEM fuel cell degradation on the lifecycle assessment of hydrogen fuel cell vehicles [J]. International Journal of Hydrogen Energy，2020，45（5）：3595-3608.

[91]　Raeesi M, Changizian S, Ahmadi P, et al. Performance analysis of a degraded PEM fuel cell stack for hydrogen passenger vehicles based on machine learning algorithms in real driving conditions [J]. Energy Conversion and Management, 2021, 248: 114793.

[92]　Chen Y, Lan L, Hao Z, et al. Cradle-grave energy consumption, greenhouse gas and acidification emissions in current and future fuel cell vehicles: Study based on five hydrogen production methods in China [J]. Energy Reports, 2022, 8: 7931-7944.

[93]　Fu P, Lan L B, Chen Y, et al. Life cycle prediction assessment of energy saving and new energy vehicles for 2035 [J]. Huan jing ke xue= Huanjing kexue, 2023, 44 (4): 2365-2374.

[94]　Decarbonising end-use sectors: Practical insights on green hydrogen [R]. International Renewable Energy Agency (IRENA), 2021.

[95]　中国氢能联盟.《中国氢能源及燃料电池产业白皮书》[R]. 2023.

[96]　仲蕊. 电解水制氢主流技术实现突破 [N]. 中国能源报, 2023-05-03.

[97]　张舒涵. 质子交换膜电解制氢中阴阳极催化剂及膜电极的制备研究 [D]. 杭州: 浙江大学, 2023.

[98]　郭博文, 罗聃, 周红军. 可再生能源电解制氢技术及催化剂的研究进展 [J]. 化工进展, 2021, 40 (6): 2933-2951.

[99]　高啸天, 郑可昕, 蔡春荣, 等. 氢储能用于核电调峰经济性研究 [J]. 南方能源建设, 2021, 8 (4): 1-8.

[100]　Kebede A A, Kalogiannis T, Van Mierlo J, et al. A comprehensive review of stationary energy storage devices for large scale renewable energy sources grid integration [J]. Renewable and Sustainable Energy Reviews, 2022, 159: 112213.

[101]　全球最大绿氢耦合煤化工项目开工 [N]. 新华网, 2023.

[102]　张红玉, 王欣欣, 王学雷. 松原: 新能源产业发展动力十足 [N]. 吉林日报, 2023-04-14.

[103]　朱珠, 廖绮, 邱睿, 等. 长距离氢气管道运输的技术经济分析 [J]. 石油科学通报, 2023, 8 (1): 112-124.

[104]　高建军, 齐渊洪, 严定鎏, 等. 中国低碳炼铁技术的发展路径与关键技术问题 [J]. 中国冶金, 2021, 31 (9): 64-72.

[105]　孟照鑫, 何青, 胡华为, 等. 我国氢能产业发展现状与思考 [J]. 现代化工, 2022, 42 (1): 1-6, 12.

[106]　鲁雄刚, 张玉文, 祝凯, 等. 氢冶金的发展历程与关键问题 [J]. 自然杂志, 2022, 44 (4): 251-266.

[107]　Malý O, Zajak J, Hyšpler R, et al. Inhalation of molecular hydrogen prevents ischemia-reperfusion liver damage during major liver resection [J]. Annals of translational medicine, 2019, 7 (23): 774.

[108]　Nie C, Ding X, A R, et al. Hydrogen gas inhalation alleviates myocardial ischemia-reperfusion injury by the inhibition of oxidative stress and NLRP3-mediated pyroptosis in rats [J]. Life Sciences, 2021, 272: 119248.

[109]　Noda M, Liu J, Long J. Neuroprotective and preventative effects of molecular hydrogen [J]. Current pharmaceutical design, 2021, 27 (5): 585-591.

[110]　Zhuang X, Yu Y, Jiang Y, et al. Molecular hydrogen attenuates sepsis-induced neuroinflammation through regulation of microglia polarization through an mTOR-autophagy-dependent pathway [J]. International immunopharmacology, 2020, 81: 106287.

[111] Zheng M, Yu H, Xue Y, et al. The protective effect of hydrogen-rich water on rats with type 2 diabetes mellitus [J]. Molecular and cellular biochemistry, 2021, 476 (8): 3089-3097.

[112] 赵敏, 秦树存. 氢气生物医学效应的发现、研究与应用 [J]. 山东第一医科大学(山东省医学科学院)学报, 2021, 42 (5): 339-346.

[113] 王金璞, 史红颜, 赵敬国. 氢气在运动医学领域应用的研究进展 [J]. 山东师范大学学报(自然科学版), 2022, 37 (1): 103-108.

[114] 张圣洁. "氢"启未来, 业内共谋能源转型之路——2023 世界氢能技术大会(WHTC2023)在佛山南海成功举办 [J]. 流程工业, 2023 (5): 22-24.

[115] 张长令. 国外氢能产业导向、进展及我国氢能产业发展的思考 [J]. 中国发展观察, 2020 (Z1): 116-119.

[116] 2024 年氢能源行业专题报告: 氢风已来, 产业链降本增量值得期待 [R]. https://mp.weixin.qq.com/s/nccR18pHvk07W-0kvek3Kg

[117] IEA. The Future of Hydrogen. Seizing today's opportunities [R]. 2019.

[118] IEA. The Future of Hydrogen-Tracking report [R]. 2020.

[119] Hydrogen Europe. Green hydrogen for a European green deal a 2×40 GW initiative [R]. 2020.

[120] BNEF. Hydrogen as a Source of Grid Flexibility [R]. 2017.

[121] 珊克瑞·斯里尼瓦桑, 周希舟, 张东杰. 欧洲氢能发展现状前景及对中国的启示 [J]. 国际石油经济, 2019, 27 (4): 18-23.

[122] CASEnergy. BP: 可再生引领能源转型氢能作用日益凸显 [R]. 中科院先进能源科技战略情报研究中心, 2020-06-25.

[123] 董一凡. 欧盟氢能发展战略与前景 [J]. 国际石油经济, 2020, 28 (10): 23-30.

[124] 景春梅, 何七香, 欧训民. 从日韩氢能产业看我国氢能发展 [J]. 能源, 2019 (12): 25-27.

[125] 符冠云, 熊华文. 日本、德国、美国氢能发展模式及其启示 [J]. 宏观经济管理, 2020 (6): 84-90.

[126] Green Hydrogen in China: A Roadmap for Progress. https://www.weforum.org/whitepapers/green-hydrogen-in-china-a-roadmap-for-progress.

[127] 开启绿色氢能新时代之匙: 中国 2030 年 "可再生氢 100" 发展路线图. 2022. http://www.cpuh2.cn/UploadFiles/bg2.pdf.

[128] 中国氢能源及燃料电池产业白皮书 2020. 北京: 人民日报出版社, 2021.

[129] 中国绿氢产业蓬勃发展推动全球绿色低碳转型. https://cn.weforum.org/agenda/2023/06/blooming-green-hydrogen-industry-in-china/

[130] 国内首个万吨级新能源制氢项目产出首方绿氢. http://paper.people.com.cn/zgnyb/html/2023-07/03/content_26004676.htm

[131] 我国首个万吨级光伏绿氢示范项目投产. https://www.cenews.com.cn/news.html? aid=1065766.

[132] 11.1 万辆氢车! 90 地氢能产业发展规划汇总. https://news.bjx.com.cn/html/20230103/1280303.shtml.

[133] 吉林省人民政府关于印发支持氢能产业发展若干政策措施(试行)的通知. http://xxgk.jl.gov.cn/szf/gkml/202212/t20221205_8643380.html.

[134] 广东省燃料电池汽车加氢站建设管理暂行办法. http://zfcxjst.gd.gov.cn/xxgk/wjtz/content/post_4208019.html.

[135] 河北省氢能产业安全管理办法(试行). http://info.hebei.gov.cn//hbszfxxgk/6898876/7026469/7026511/7026505/7066194/index.html.

第2章

欧洲氢能产业政策

2019 年 12 月，欧盟委员会发布《欧洲绿色协议》，建立了欧洲长期绿色发展战略的总体框架。2020 年 7 月，欧盟委员会发布《欧盟氢能战略》，描绘了欧洲长期发展氢能的战略蓝图。欧盟委员会认为，氢能是实现《欧洲绿色协议》和欧洲清洁能源转型的关键选项。在后疫情时代，法国、德国、荷兰将氢战略纳入绿色经济复苏计划，英国、俄罗斯及其他欧洲国家和地区也已经制订了区域性的氢能发展战略。欧盟在 2023 年 5 月 16 日通过法律，宣布将在 2026 年 1 月 1 日正式实施碳边境调节机制（Carbon Border Adjustment Mechanism，CBAM），又称碳关税。这一举措将对灰氢和蓝氢收取关税，但是给绿氢留下了一片天。

2.1 欧盟氢能产业政策及中长期规划：《欧洲绿色协议》和《欧盟氢能战略》

2.1.1 《欧洲绿色协议》

2019 年 12 月 11 日，欧盟委员会发布《欧洲绿色协议》[1]，提出了欧盟迈向气候中立的行动路线图。旨在通过向清洁能源和循环经济转型，阻止气候变化，保护生物多样性以及减少污染，进而提高资源的利用效率，以期使欧洲在 2050 年之前在全球首先实现"气候中立"（即实现温室气体净排放为零）。《欧洲绿色协议》还明确了所需的投资和可利用的融资工具。2020 年 1 月 14 日，欧盟委员会发布"欧洲可持续投资计划"[2]，提出将在未来 10 年内调动至少 1 万亿欧元（约合 7.9 万亿元人民币）的资金，以支持《欧洲绿色协议》的融资计划，在 2050 年实现"气候中立"目标。

2.1.1.1　欧盟迈向"气候中立"的政策行动

《欧洲绿色协议》提出了欧洲经济向绿色转型的七大行动路线，包括：

① 提高欧盟 2030 年和 2050 年的气候目标，包括出台欧洲第一部《气候法》等行动；

② 提供清洁、可负担和安全的能源，包括评估各成员修订的能源和气候计划，提出海上风电战略等行动；

③ 促进工业清洁和循环经济发展，包括发布《欧盟产业战略》和《循环经济行动计划》等行动；

④ 加速向可持续和智能交通转型，包括通过针对可持续和智能交通的战略，修订《联合运输指令》等行动；

⑤ 设计公平、健康、环保的食品体系，包括提出《从农场到餐桌战略》等行动；

⑥ 保护和恢复生态系统及生物多样性，包括发布《欧盟生物多样性战略》等行动；

⑦ 提高无毒环境的零污染目标，包括提出可持续发展的化学品战略，通过有关水、空气和土壤零污染的行动计划等行动。

要实现《欧洲绿色协议》设定的目标，需要大量的投资。对此，《欧洲绿色协议》还提出了将可持续性纳入欧盟所有政策的一系列保障措施，包括制订可持续的欧洲投资计划，以帮助满足额外的资金需求。

2.1.1.2　实现气候和能源目标面临的投资挑战

欧盟委员会估计，要实现当前的 2030 年气候和能源目标，需要每年增加 2600 亿欧元（约合 2 万亿元人民币）的投资，主要用于与能源、建筑和部分运输行业相关的方面。其他行业，尤其是农业也需要大量投资，以应对更广泛的环境挑战（包括生物多样性丧失和环境污染），保护自然资本，支持循环经济和蓝色经济，以及与转型相关的人力资本和社会投资。

数字化是实现《欧洲绿色协议》的关键推动力。对欧洲数字战略能力以及对顶级数字技术的开发和广泛部署的大量投资，将为解决气候相关问题提供智能、创新和量身定制的解决方案。到 2040 年，向低碳经济转型可能需要的额外投资约占 GDP（国内生产总值）的 2%。

2.1.1.3　可持续投资计划支持绿色转型

作为《欧洲绿色协议》的投资支柱，"欧洲可持续投资计划"将在未来 10 年调动至少 1 万亿欧元（约合 7.9 万亿元人民币）的私人和公共资金。这笔资金是通过欧盟长期预算下的支出实现的，其中 1/4 将用于与气候相关的支出（包括大约 390 亿欧元的环境支出）[3]。

根据欧盟《2021～2027 年多年度财政框架》（MFF），欧盟委员会提议将气候相关的支出提高到 25％。具体措施包括：

① 未来 7 年（2021～2027 年），凝聚基金和欧洲区域发展基金预计将在气候与环境相关的项目上投资至少 1080 亿欧元，占总投资的 30％以上。

② 未来的《共同农业政策》将把 40％的资金用于支持与气候相关的目标。

③ "地平线欧洲"计划将至少 35％的预算（预计达到 350 亿欧元）用于支持气候目标。此外，在"地平线 2020"计划的最后一年，在 2020 年拨款 13.5 亿欧元的基础上，欧盟委员会准备再追加约 10 亿欧元用于《欧洲绿色协议》优先事项。

④ 与 2014～2020 年相比，欧盟环境与气候行动（LIFE）计划将增加 72％（达到 54 亿欧元）的资金支出。超过 60％的资金将用于实现气候目标，其中 9.5 亿欧元用于气候行动，10 亿欧元用于清洁能源转型，21.5 亿欧元用于自然和生物多样性保护。

⑤ 连接欧洲设施计划将至少 60％的预算（支持交通、能源和数字基础设施）用于支持气候目标。

⑥ 欧洲社会基金将用于资助大约 500 万人在绿色经济方面不断提高相关技能。

欧盟预算也将利用税收收入为实现气候目标做出贡献。2018 年 5 月，欧盟委员会提出一项关于《自有资源决定》的提案，其中一个关键课题是不可回收塑料包装废物本身的资源，这将有助于实现欧盟范围内的废物处理战略目标。此外，根据欧盟委员会的提议，欧盟碳排放交易系统（EU Emissions Trading System，EU-ETS）拍卖收入的 20％将作为自有资源分配给欧盟预算。

EU-ETS 现代化基金和创新基金将为绿色转型提供更多资金。创新基金将投资可再生能源和能源密集型产业的突破性低碳技术和工艺（包括碳捕集、利用和封存以及能源储存）。现代化基金将投资电力部门和更广泛的能源系统现代化，以提高低收入成员国的能源效率。

"欧洲可持续投资计划"还将利用欧盟投资基金来吸引更多的私人投资。在对气候中立的可持续经济转型的投资中，欧洲投资银行（European Investment Bank，EIB）也发挥了关键作用，为欧盟的气候和环境行动提供资金。欧洲投资银行将逐步增加其用于气候和环境行动的资金份额，到 2025 年及以后将达到 50％。国际其他金融机构将根据欧盟的政策目标，在可持续性融资方面也将发挥越来越大的作用。《欧洲绿色协议》主要内容如图 2-1 所示。

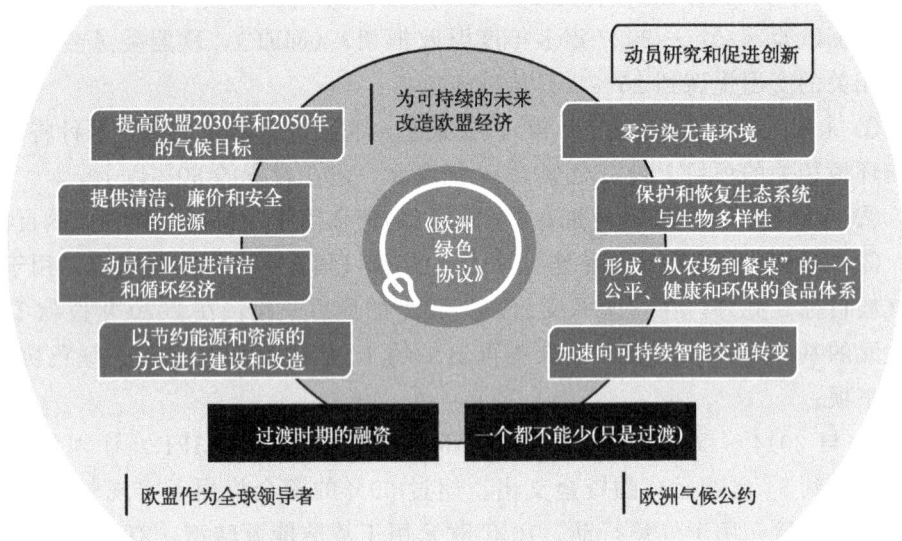

图 2-1 《欧洲绿色协议》主要内容

一是提高欧盟 2030 年和 2050 年的减排雄心。基于原有 2020 年、2030 年控排目标进展迟滞的评估结果，欧盟委员会于 2020 年夏提出一项影响评估计划，将 2030 年欧盟减排目标从原有的在 1990 年水平上至少减排 40％，提高到 50％，并努力提高到 55％，到 2050 年实现气候中和。为了到 2050 年成为全球首个净零排放的洲，《欧洲绿色协议》从能源、工业、建筑、交通、粮食、生态和环境 7 个方面规划了行动路线图，并呼吁各国与之携手努力。

二是提供清洁、可负担得起的、安全的能源。能源系统的脱碳对实现欧洲 2030 年和 2050 年减排目标至关重要，但能源生产和使用占欧洲温室气体排放量的 75％以上，且 2017 年，欧洲只有 17.5％的最终能源消费来自可再生能源。为提升 2030 年控温目标，进而确保到 2050 年实现净零排放，《欧洲绿色协议》明确要求加速能源领域的立法、修法进程。同时，欧盟委员会将在 2020 年 6 月完成对《国家能源气候计划》的评估，在 2020 年内制定《海上风电战略》，并对泛欧能源网的相关规则进行评估；在 2021 年 6 月对欧洲能源领域的相关法律进行审定，并提出修订《能源税指令》的建议。《欧洲绿色协议》还要求各成员国应在 2023 年内完成其国内能源和气候计划的修订，以契合新的欧洲气候雄心。

三是提出面向清洁生产、循环经济的工业战略。虽然工业排放占欧洲温室气体排放的 20％，但欧洲工业原料的使用量还是不小，且其中仅有 12％的工业原料可以回收或再利用。因此，要实现欧洲的气候和环境目标，需要一种新的、以循环经济为基础的工业政策。根据《欧洲绿色协议》，欧盟委员会于2020 年 3 月制定了《欧盟工业战略》，出台《循环经济行动计划》，其中将包括一项关于可持续产品的倡议，并以纺织、建筑、电子和塑料等资源密集型行业为重点。从 2020 年开始，欧洲开展了关于废物处置的立法，并在能源密集的工业部门采取利于气候中性和产品循环的市场激励措施，力求到 2030 年，欧洲所有的包装都是可重复使用或可回收的。欧盟委员会在 2020 年提出了"实现炼钢过程到 2030 年零排放"的建议，在 2020 年 10 月制定《电池法》。

四是掀起建筑业的绿色"革新浪潮"。建筑业占欧洲能源消耗的 40%，且目前的公共及私人建筑翻修率至少翻了一番。《欧洲绿色协议》要求于 2020 年在建筑业掀起"革新浪潮"，以能源资源更有效的方式新建和翻修建筑。欧盟将制定差别化的能源价格，提高建筑数字化管理水平，实施更广泛的建筑防护措施，执行更严格的建筑节能规范，努力符合循环经济的要求。欧盟委员会将推出一个融合了建筑管理部门、地方政府、建筑师和工程师的开放平台，促进金融创新和建筑节能，并通过集中整修大型街区获得规模经济效益。为保证社会公平，欧盟秉持"不让任何人掉队"原则，将为 5000 万名消费者提供取暖费资助，并特别注意改造社会福利性住房、学校和医院，帮助那些难以支付能源账单的家庭。

五是发展可持续和智能的交通。交通运输占欧洲温室气体排放量的 25%，且还在继续增长。《欧洲绿色协议》要求到 2050 年将交通领域的排放减少90%。为实现这一目标，2020 年制定《可持续和智能交通战略》并评估相关的立法选择，确保不同运输方式的替代燃料均具有可持续性。欧盟委员会于2021 年提出修订《联合运输指令》的提案，评估《关于化石燃料替代的基础设施指令》和《泛欧交通网条例》。到 2025 年，欧洲道路上的 1300 万辆零排放和低排放汽车将需要大约 100 万个公共充电桩和加油点，为此《欧洲绿色协议》提出从 2020 年开始，筹资部署公共充电桩和加油点，开展替代燃料的基础设施建设。欧盟将在 2021 年提出更严格的《内燃机车空气污染物排放标准》，并于 2021 年改进铁路和内河航道的运力管理。

六是建立公平、健康、环境友好的"从农场到餐桌"的食品体系。欧盟委员会于 2020 年春发布《从农场到餐桌战略》，力求保持欧洲食品的安全、营养和高质量。该战略将要求食品必须以对自然影响最小的方式生产，并将农民和渔民作为改革的关键。《从农场到餐桌战略》将有助于建立"公众意识提升—食品生产系统更高效—存储和包装更科学—消费更健康/食物浪费更少—农业加工和运输更可持续"这一闭环的从生产到消费的食品循环体系。《欧洲绿色协议》要求，从 2020 年到 2021 年，欧盟委员会应基于《从农场到餐桌战略》

对照检查原有的国家战略、计划和草案；在 2021 年采取包括立法在内的措施，以显著减少化学农药、化肥和抗生素的使用和风险；在欧盟 2021 年到 2027 年的预算中，应确保 40％的农业政策有利于气候行动，30％的海洋渔业基金能够为气候目标做出贡献。

七是保护恢复生态系统和生物多样性。生态系统能够提供食物、淡水、清洁空气和人类庇护所，有助于减轻自然灾害，减少病虫害并调节气候。《欧洲绿色协议》基于保护生态系统、保护生物多样性和应对气候变化之间的关系，提出以下三方面要求。

① 在生物多样性方面，欧盟委员会于 2020 年 3 月出台了《欧盟生物多样性 2030 年战略》，在于 2020 年 10 月举行的联合国生物多样性大会上提出保护生物多样性的全球目标，建议增加城市空间中的生物多样性，并从 2021 年开始围绕生物多样性丧失的主要因素综合施策。

② 在森林保护方面，欧盟委员会将制定一项新的《欧盟森林战略》，开展植树造林和森林修复，改善森林质量和数量，以达到气候中和目标。从 2020 年开始，欧洲将采取措施支持无森林砍伐的价值链，鼓励那些不使出口国造成森林砍伐的进口，以尽量减少全球森林风险。

③ 在海洋保护方面，要求蓝色经济必须在应对气候变化中发挥核心作用，应充分利用海洋资源，挖掘藻类的价值，寻求新的蛋白质来源。

八是走向无毒、零污染的环境防治。《欧洲绿色协议》提出，2020 年夏季开始实施《可持续发展的化学品战略》，于 2021 年出台防治空气、水和土壤污染的《零污染行动计划》，并于 2021 年修订有关大型工业设施污染治理的相关措施。协议要求提高上市产品评价标准，将更好的健康保护与增强全球竞争力结合起来。在水污染治理方面，协议要求保护湖泊、河流和湿地的生物多样性，依托《从农场到餐桌战略》，减少由营养过剩、微型塑料和药品滥用造成的污染；在大气污染治理方面，协议要求根据世界卫生组织的要求审查欧洲空气质量标准，向地方政府提供支持，为市民提供更洁净的空气；在工业治理方面，协议要求减少大型工业设施的污染；在化学品治理方面，将采用无毒的技术创新以保护公民免受危险化学品侵害，开发可持续的替代品。

2.1.2 《欧盟氢能战略》

2020 年 7 月 8 日，欧盟委员会发布《欧盟氢能战略》[4]，为欧洲未来 30 年清洁能源特别是氢能的发展指明了方向。该战略将通过降低可再生能源成本并加速发展相关技术，扩大可再生能源制氢在所有难以去碳化领域的应用，最终实现 2050 年"气候中立"的目标。报告要点如下。

2.1.2.1 欧洲氢能生态系统的 2050 年战略路线

欧洲氢能发展轨迹将是渐进式的，清洁氢能经济的发展预计将分为 3 个阶段。具体路线目标如下。

（1）第一阶段（2020~2024 年）

发展目标是降低现有制氢过程的碳排放并扩大氢能的应用领域，将其从现有的化学工业领域扩展到其他领域。本阶段的战略计划是在 2024 年前安装至少 6GW 可再生能源电解槽，可再生能源制氢年产量达到 100 万吨。

（2）第二阶段（2024~2030 年）

使氢能成为综合能源系统的重要组成部分。其战略计划是安装至少 40GW 可再生能源电解槽，达到可再生能源制氢年产量 1000 万吨。氢能的应用领域将逐渐扩展到诸如钢铁冶炼、卡车、轨道交通以及海上运输等新领域。在这一阶段氢能仍将在靠近应用端或者可再生能源资源丰富的地区生产，只能实现区域生态能源系统。

（3）第三阶段（2030~2050 年）

可再生能源制氢技术将逐渐成熟，其大规模部署将可以使所有脱碳难度系数高的工业领域使用氢能代替现用能源。

2.1.2.2 增加投资预算，建立投资机制，实现氢能产业快速发展

氢能战略概述了全面的投资计划，包括制氢、储氢、输氢的全产业链，以及现有天然气基础设施、碳捕集和封存技术等投资。预计总投资超过 4500 亿欧元。

为支持投资并促进构建氢能生态系统，欧盟将实施以下几项措施：

① 由欧盟委员会在新工业战略中宣布成立欧洲清洁氢能联盟，通过圆桌会谈和政策制定者平台扩大氢生产规模的投资渠道；

② 继续促进欧盟成员国协调一致的投资，以支持氢能供应链建立；

③ 激励私人投资支持氢能部署；

④ 促进欧盟国家明确将可再生低碳氢能作为国家能源和气候战略计划中的组成部分；

⑤ 欧洲区域发展基金和凝聚基金将继续支持绿色转型，为碳密集型地区提供可能性方案；

⑥ 促进能源与交通设施协同发展，为氢能专用基础设施、天然气管网再利用、碳捕集项目以及加氢站建设提供资金支持；

⑦ 在未来十年间提供约 100 亿欧元的创新基金支持低碳氢能的创新技术示范；

⑧ 由欧盟为相关国家和地区的氢能项目提供针对性的支持。

2.1.2.3 《欧盟氢能战略》的关键行动

（1）通过制定政策框架促进氢能生产规模扩大

为在 2030 年前实现 40GW 电解槽容量的战略目标，欧盟将与欧洲清洁氢能联盟、成员国和领先地区协调努力，制订相应的支持计划，包括以下几个方面[5]。

① 根据氢能碳减排收益制定支持性政策框架，根据影响评估采用合适的政策工具，包括根据氢气全生命周期排放量在 2021 年 6 月制定通用的制氢装置低碳限值或标准［参考现有的排放交易体系（ETS）对氢生产的基准］。

② 在 2021 年 6 月为可再生氢和低碳氢的认证引入一套全面的术语体系和全欧洲统一标准，建立在现有的 ETS 监测、报告和验证以及《可再生能源指令》的相关规定基础上。

③ 为进一步鼓励低碳氢和可再生氢的生产，欧盟将修订排放交易体系标准。

④ 在 2021 年提出碳边界调节机制，以降低碳排放风险。

⑤ 将为碳交易差价合约（CCfD）建立招标系统，将针对炼油厂和化肥生产、炼钢以及基本化学品生产行业的氢能生产，海运中部署的氢气及衍生燃料，在航空部门使用氢基合成燃料进行试点。

⑥ 通过竞争性招标对可再生氢建立直接、透明、基于市场的支持计划。

（2）为氢能基础设施和市场规则设计框架

建设具有氢能需求的基础设施，是欧盟广泛使用氢作为能源载体的一个必要条件。氢能基础设施的布局最终取决于氢气生产方式、需求和运输成本，预计在 2024 年之后会显著增加。具体布局计划包括以下几个方面。

① 通过工业集群和沿海地区的现场生产（用当地可再生能源或天然气制氢），实现生产和需求之间的"点对点"连接。

② 将建立本地氢气网络，优化氢气的生产、使用和运输（包括远距离运输）。将改进跨欧能源网络，以及为脱碳气体市场而评估市场法规，确保整个能源系统的效率。

③ 2030 年后，随着低热值天然气被逐步淘汰，现有泛欧天然气基础设施的组成部分可以重新利用，为大规模跨境运输氢气提供必要的基础设施。

④ 启动氢能基础设施规划，包括改进的跨欧能源和交通网络以及十年网络发展计划（2021 年制定），同时考虑加氢站网络规划。

⑤ 更新气体质量标准以确保氢气掺混于天然气的网络工程在不同成员国

之间的顺利连通。

⑥ 在 2021 年修订《替代燃料基础设施指令》和《跨欧洲交通网络条例》，以加快不同燃料基础设施的部署。

⑦ 设计支持氢能部署的市场规则，消除高效开发氢能基础设施过程中的障碍。2021 年实施立法审查，如审查关于无碳化天然气市场竞争的立法。

（3）进一步加强研发和技术创新

欧盟多年来一直支持氢能研究和创新，尤其是在电解槽、氢燃料补给站和兆瓦级燃料电池方面。为确保整个氢供应链服务于欧洲经济，需进一步加强研发和技术创新。具体相关政策包括以下几项。

① 进一步研究以支持交叉领域的政策制定，特别是改进和协调（安全）标准，以及监测和评估社会及劳动力市场的影响。开发可靠方法评估氢能技术及其相关价值链的环境影响。根据未来全面评估氢能相关关键原材料的需求，考虑供应安全性和可持续性。

② 在 2021 年建立清洁氢能伙伴关系，重点关注可再生氢的生产、存储、运输、分配和关键应用。

③ 按照现有政策，指导支持氢价值链的重点项目开发。

④ 在 2020 年通过创新基金促进氢能创新技术示范。

⑤ 2020 年内在凝聚基金投资下开展碳密集地区的氢技术区域间创新试点行动。

（4）促进氢能国际合作

清洁氢为重新设计欧洲与邻国和地区及其国际、区域和双边伙伴的能源伙伴关系，促进供应多样化以及帮助设计稳定和安全的供应链提供了新的机遇。为加强氢能国际合作，欧盟将开展以下工作。

① 促进与南部和东部邻国合作伙伴以及能源共同体国家（特别是乌克兰）在可再生能源发电和制氢方面的合作。

② 在创新使命的下阶段任务中发展氢能。

③ 在"非洲-欧洲绿色能源倡议"框架内与非洲联盟制定可再生氢合作流程。

④ 在多边论坛上促进国际标准的制定，加强欧盟在国际论坛上有关氢的技术标准、法规和定义的领导地位。

⑤ 通过国际标准化机构和联合国全球技术法规机构（联合国欧洲经济委员会、国际海事组织）扩大国际合作，包括协调氢动力汽车法规。

⑥ 开展二十国集团框架下的合作、与国际能源署和国际可再生能源机构的合作，为交流经验和最佳做法创造更多机会。

⑦ 2021 年为欧元计价交易制定基准，从而巩固欧元在可持续能源贸易中的作用。

2.2 德国氢能产业政策及中长期规划:《国家氢能战略》

德国在氢能技术研发方面拥有丰富的经验和领先的技术水平，通过支持氢能产业的发展，鼓励企业投资和合作，推动氢能产业链的完善和规模化发展。德国致力于成为全球领先的氢能技术和产业发展国家，为实现可持续能源发展和应对气候变化做出贡献。

2020 年 6 月 17 日，德国联邦经济与技术部制定了《国家氢能战略》[6]，设定了德国氢能战略的目标与雄心，并根据氢能现状与未来市场提出了德国国家氢能战略的行动计划。该战略为氢能的生产、运输和利用提供了一个连贯一致的框架，并鼓励相关的创新和投资。

2.2.1 氢能：识别潜力，抓住机遇

清洁、安全和负担得起的能源供应对国家的发展至关重要。能源转型为国家在可再生能源扩张和能源效率领域的努力和成就奠定了基础。随着德国联邦内阁关于 2030 年气候保护计划决定的确定，联邦政府为实现 2030 年气候目标创造了条件[7]。从长远来看，它追求符合《巴黎协定》目标的气候中立目标，以将全球变暖控制在 2℃ 以下，并尽可能将其限制在 1.5℃ 以内。德国与欧盟国家一道，也致力于实现 2050 年温室气体中和的目标。根据逐步淘汰煤炭的决定，这意味着必须尽可能避免难以减少的排放，如工业过程中产生的温室气体。成功的能源转型意味着将供应安全、可负担性和环境兼容性与创新和智能的气候保护相结合。为了实现这一目标，德国需要替代目前使用的化石燃料。这也特别适用于气体和液体能源，从长远来看，这些能源仍将是德国等工业化国家能源系统的组成部分。氢在能源效率的进一步发展和完善中发挥着核心作用。

氢是一种多用途的能量载体。它可以促进燃料电池中基于氢的流动性，并在未来用作合成燃料和燃料的基础。

氢气是一种储能系统，可以以供应导向和灵活的方式储存可再生能源，并有助于平衡供需。这使得氢气成为能源转型的重要组成部分。在不能直接利用可再生能源发电的地区，绿氢及其衍生物开辟了新的脱碳途径[8]。

氢气已经在各种化学和工业过程中不可或缺。作为原料，它是必需的，例

如，生产氨。在未来，今天已经使用的化石燃料将被取代。

氢气还可以作为原材料用于工业生产过程中进一步脱碳，根据目前的技术水平，还没有其他脱碳技术。例如，用氢气作为煤焦的替代品是目前最有前途的温室气体中性初级钢铁生产技术途径。

从长远来看，某些工业二氧化碳来源，如水泥行业的工艺相关排放，只能在氢气的帮助下脱碳。因此，捕获的工业二氧化碳排放可以通过氢气转化为可回收化学品（carbon capture and utilization，CCU），并为原材料行业开辟新的价值链。

为了使氢气成为国家脱碳战略的核心部分，必须考虑整个价值链——技术、发电、储存、基础设施和使用，包括物流和优质基础设施的重要方面。

为了实现温室气体中和的目标，并履行其实现《巴黎协定》目标的国际责任，德国必须创造机会，将氢气作为脱碳选项。在联邦政府看来，由可再生能源生产绿色氢气长期可持续发展。因此，联邦政府的目标是使用绿色氢气，支持其市场快速好转，并建立相应的价值链。然而，与此同时，联邦政府认为，在未来的十年内将会形成一个全球和欧洲氢能市场，在该市场也变得更加二氧化碳中性（例如"蓝氢"或"青氢"）氢能交易。由于德国与欧洲能源供应基础设施的紧密结合，二氧化碳中性氢也将在德国发挥作用。

与此同时，氢能提供了不断增长的产业政策潜力，并为支持德国和欧洲经济应对后新冠时代提供了机会。因此，《国家氢能战略》的目标也是利用相关的经济机会。

德国联邦政府很早就认识到了氢技术的可能性。例如，在 2006 年至 2016 年的国家创新计划氢和燃料电池技术（NIP）框架内提供了约 7 亿欧元的补贴；在 2016 年至 2026 年期间计划提供高达 14 亿欧元的资助。德国从 2020 年到 2023 年，在能源和气候基金的框架内进一步扩大绿色氢气的应用型基础研究中投入 3.1 亿欧元，并从 2020 年至 2023 年提供 2 亿欧元加强氢气技术的应用型能源研究。此外，在 2020 年至 2023 年期间给"真正的能源转型实验室"提供 6 亿欧元开发利用氢气加速技术和创新从研究到应用的转移项目。脱碳计划从 2020 年到 2023 年提供超过 10 亿欧元促进氢能在工业生产中的应用，以及在原材料工业中减少和利用二氧化碳的计划都以支持对氢能技术的工业投资为目的。

从中长期来看，对氢气的需求预计将大幅增长。为了开发氢能技术的潜力，有必要采取下一步行动，与经济一起实现真正的市场增长。为此，德国《国家氢能战略》为氢的经济和可持续生产、运输及使用建立了私人投资框架。

从今天的角度来看，仅在德国是不可能生产出能源转型可能需要的大量氢气的，因为德国国内的可再生能源发电能力有限。因此，德国今后仍将是一个主要的能源进口国。德国将围绕"氢"议题建立并加强国际合作与伙伴关系。

近年来，氢能话题在欧洲和国际层面的发展势头也十分迅猛。例如，2018年9月，德国政府与欧盟委员会及27个欧洲国家共同通过了欧洲氢能倡议，并将氢能技术和系统定义为具有战略意义的价值链。德国政府利用这一势头，在德国于2020年担任欧盟理事会主席国期间，进一步推动这一战略意义上的氢能主题。以上所述措施由相关部委负责，并由其在适用的预算和财务计划估算框架内提供资金。

2.2.2 《国家氢能战略》：目标和雄心

《国家氢能战略》设定了实现德国气候目标、创建德国新的经济价值链以及促进国际能源政策合作所需的步骤，重点包括以下目标和雄心。

① 承担减少全球温室气体排放的责任。通过发展氢能市场和推广氢能作为脱碳的选择，为减轻全球气候变化做出重要贡献。

② 使氢能的应用更具竞争力。为了使氢能更具经济可行性，需要在全球范围内加快氢能的生产和利用，以推动技术进步和规模经济，使部分行业迅速向氢能新技术转型。

③ 开拓氢能技术德国国内市场并为进口铺平道路。强大且可持续的氢能生产和利用的国内市场将向国外利用氢能技术发出重要信号。德国计划在2030年建立装机容量达5GW（百万千瓦）的发电厂，包括用于海上和陆上发电的设施。

④ 将氢能作为替代能源，促进难以减排的部门脱碳。例如航空、重型运输、国防移动系统、海上运输等领域。

⑤ 使氢能成为工业的可持续性基础材料。向基于绿色氢能的生产转型，并且通过氢气和Power-to-X（PtX，以清洁能源为主体的能源转化）商品来推动排放密集型工业过程脱碳。

⑥ 加强运输和分配基础设施。利用德国现有的发达的天然气基础设施，扩展专用的氢气网络或者建立新的氢气网络，加强氢气运输和分配基础设施。重新审查并制定天然气基础设施的监管框架和技术要求。

⑦ 支持研究和培训技术工人。在2030年前开发出具有应用成熟度的工业规模氢气解决方案。加强氢能企业和研究机构的领先地位。

⑧ 设计转型过程。与企业、科学家和公众进行对话，探讨氢能如何为能

源转型做出贡献，在必要时向利益相关者提供帮助。

⑨ 加强德国工业并确保德国企业在全球市场中的机会。把握氢能和 Power-to-X 技术的开发与出口，用于氢能生产、利用和供应的组件制造，以及应对新型冠状病毒大流行的经济影响等机会。

⑩ 参与建立国际氢能市场及其合作。通过氢能及其下游产品的国际贸易，建立德国和欧盟新的贸易关系，促进能源和运输路线的多样化，提高能源供应的安全性。

⑪ 建立并确保氢气的质量控制设施。建立并确保用于氢气生产、运输、储存和利用的高质量基础设施，特别是需要科学的测量方法和评估标准，以及国际认可的技术标准。

⑫ 不断改善政策环境并适应当前的发展。由各部委新成立的负责氢能的国务秘书委员会定期审查《国家氢能战略》的实施情况和目标的实现情况，并且决定该战略的进一步发展和实施。

2.2.3 氢能：现状、行动领域和未来市场

2020 年，德国氢消费量约为 55TW·h，需求主要是工业部门的材料制造工艺，在基本化学品（氨、甲醇等的生产）和石化产品（传统燃料的生产）之间均匀分布。这里使用的氢气主要是灰氢，其中大约 7% 的需求（3.85TW·h）由电解工艺（氯碱电解）提供。然而，由于所用氢气并非完全在石化产品中额外生产，而是在其他工艺中作为副产品生产（如汽油重整），所以，目前消耗的约 55TW·h 的氢能无法完全由"绿氢"替换。氢能市场未来在德国乃至全球的发展，在很大程度上由气候保护和为实现气候保护而各自遵循的战略所设定的远大目标来决定。在《巴黎协定》和联邦政府对 2050 年温室气体中和目标的承诺的背景下，到 2030 年，氢能市场的启动预计将导致氢气需求的逐步增加，特别是在工业部门（化学品、石化产品和钢铁），运输部门也将小幅增长。保守估计假定工业的额外需求为 10TW·h。此外，对燃料电池驱动的电动汽车的需求也在增长。更多的消费者（例如长期来看部分供热）也可能接踵而至。为了实现 2050 年温室气体中和的目标，氢技术也必须在德国发挥重要作用。与 1990 年相比，温室气体排放量减少了 95%，并且整个能源系统的各种研究表明，2050 年，基于电力的能源载体的消耗量在 110TW·h（BMU 气候保护情景）到 380TW·h 左右（BDI 气候路径）之间。除了工业和运输部门外，转型部门也有长期需求。政策框架的未来设计，特别是关于气候保护的雄心和为实现每一个目标而采取的战略，将对各个部门的总体需求和消费的发展产生重大影响。

《国家氢能战略》针对以下战略性未来市场。

（1）氢能生产

对于氢技术的市场推出及其出口，可持续的德国国内氢气生产和使用的"供暖市场"是不可或缺的，有助于能源转型。

（2）应用领域

采用传统技术，某些工业部门将无法实现无二氧化碳排放。在这些领域，气体和液体能源必须越来越多地被替代技术所取代，并且必须使用没有或非常低二氧化碳排放的替代原材料或工艺。在未来，这些工艺中的许多将能够使用氢及其衍生物。特别是在部分化学工业和精炼业中，现在就已经可以用"绿氢"替换"灰氢"，而无需调整。此外，化学工业的现有基础设施，例如氢气网络仍在使用，可能用于其他应用，如钢铁工业。如，氢气将很快用于钢铁行业的试点项目，用于直接还原铁矿石，而不是排放密集型高炉工艺。其目的是，将对工业规模生产设施进行的投资也将用于气候友好型技术。因此，从长远来看，氢气在确保德国工业地位方面发挥着重要作用。

（3）氢能运输

运输部门必须依靠技术进步来实现可再生能源利用目标。基于氢和电力转化技术是直接用电不明智或技术上不可行的应用的替代方案。这也包括必须确保盟国之间相互操作性的军事应用。从长远来看，对气候中性燃料的需求也将增长，特别是在航空和海运方面，电力转化技术工艺的氢基能源载体也可以满足这一需求。航空和海运脱碳都需要气候中性的合成燃料。根据应用领域的不同，燃料电池和电池电力驱动器也可用于航空运输以及沿海和内陆航行。然而，在这方面，仍需等待技术发展。燃料电池汽车在诸如短途公共客运（公共汽车、火车）交通、部分公路重载交通（卡车）、商用车（例如用于建筑工地或农业和林业），或物流（货运交通和其他商用车，例如叉车等）中的运用，是对电池动力车的一种补充，可大大降低空气有害物质以及碳排放。在乘用车的某些领域，氢也可以是一种替代品。在公路运输中根据使用需求建造所需的储罐基础设施。建设性地、有目的地支持德国汽车和供应商行业的结构变革非常重要。例如，在燃料电池技术方面，其目的是加强德国的机械和工厂工程，并在全球竞争中发挥主导作用，提高燃料电池组件（电池组、压力罐等）的性能参数。

（4）应用市场

从长远来看，在开发过程热生产或建筑行业的效率和电气化潜力后，对气体能源的需求仍将存在。氢气及其衍生物可以通过各种方式为供暖市场的部分脱碳做出长期贡献。氢能作为欧洲共同项目，在国家氢能技术市场推广和国际氢能市场的建设方面，重要的前提条件和问题只能在欧盟内部市场和欧盟法律框架下继续开发。随着其他成员国氢技术市场的扩大，欧盟内部氢市场的发展变得越来越重要。欧盟，特别是北海，在风能方面有着有利的位置；在南欧，光伏和风能有着巨大的潜力。发达的欧洲天然气基础设施也可以为氢气运输提供连接。为了给欧洲内部市场创造条件，欧洲各国需要一个强有力的欧洲框架。核心挑战是只能在欧盟背景下建立风能、太阳能富集地区的氢气生产和分配，以及跨境合作解决方案。这同样适用于监管法律和投资条件或经验交流。此外，必须在欧洲和国际层面制定明确定义的氢气生产和运输可持续性标准，并推动电力、氢气及其合成后续产品的系统化、环保分级和分类。通过在早期阶段制定标准和框架，欧盟可以对基本的国际框架条件产生重大影响。国家援助框架条件也与氢的使用有关，例如，在钢铁和化工行业，相关的运营成本较高。德国将在氢市场和相应的可持续性标准的发展中发挥积极作用，贡献其在能源转型方面的经验，并将部门耦合的框架条件和欧盟内部氢市场的发展作为德国主席国的优先事项。在欧盟内部，德国政府将努力确保该战略的基本内容也被纳入《欧盟氢能战略》。

（5）国际贸易

从中长期来看，德国还需要进口欧洲内部市场以外的可再生能源，以实现2030 年前的气候目标和 2050 年前的温室气体中和目标。因此，氢及其衍生物的国际贸易是一个重要的工业和地缘政治因素。在国际层面，如果与合作伙伴的需求相一致，与潜在供应商和进口国的合作可以促进其对缓解气候变化的贡献，加快氢技术的市场吸收，并创造可持续增长和发展机会。例如，可以就氢气生产的认证和可持续性制定标准，并增加市场份额。特别是，联邦政府现有的能源伙伴关系，还有与德国发展合作以及与国际气候保护倡议的伙伴国的合作，都将为共同项目以及进口途径和进口技术的试验提供机会。然而，除此之外，还可能出现其他国际合作。特别重要的是，如果目前的化石燃料出口国具有很高的制氢潜力，它们将发挥作用。特别是在发展中国家，重要的是要确保氢气的出口不会以相关出口国目前经常不足的能源供应为代价，并确保这为当地增加化石能源创造投资激励。因此，绿色氢气的生产也将被用作催化剂，促进这些国家可再生能源发电能力的快速发展，这反过来也有利于当地市场。氢领域必要的贸易关系引发了广泛的地缘政治问题，必须及时将其纳入政策制定。但它们也提供了许多机会：例如，扩大欧盟内部能源市场，建立新的国际价值链，与德国发展合作伙伴国合作，它们在电力转化技术生产或扩大现有贸易关系和与能源出口国建立新的贸易关系方面具有很高的可再生能源潜力。

（6）国内外运输和配送基础设施

氢气及其衍生物的进口和市场发展需要提供适当的运输和分销基础设施，

特别是在输电网络领域。德国拥有广泛的天然气网络和相连的储气设施，拥有发达的天然气基础设施。未来，部分天然气基础设施也应该能够用于氢气。此外，还将建立专门运输氢气的网络。鉴于德国的地理位置和作为欧洲重要过境国的作用，只有与欧洲邻国和相关第三国合作，才能形成这些变革进程。除了生产之外，还必须为氢气的运输和相关排放制定统一的质量和可持续性标准，并制定相应的检测程序。德国的氢气市场也对基础设施的某些组件以及最终用户的某些设备和工厂提出了技术挑战。因此，必须及时启用和启动必要的转换过程（H_2 准备等）。然而，为了避免错误投资，这一转型过程应以2050 年温室气体中和目标的预期需求为指导。特别是在国际贸易中，以电解衍生产品或与 LOHC（液态有机氢载体）结合的形式运输氢气也是重要的选择。液氢、电解液、电解气衍生物或液态有机氢载体可以轻松且安全地远距离运输。除了开发新的运输能力外，这里还可以使用现有的运输能力和专用基础设施（如管道、甲醇和氨罐车）。在"运送阳光"的口号下，借助研究可首次实现大规模挖掘制备和运输"绿氢"的新潜力。电解气产品的长途贸易和通过传导网络运输氢气可以相互补充，从而避免氢气运输过程中的温室气体排放。

（7）研究、教育和创新

研究是能源和工业政策的战略组成部分。德国企业和研究机构是氢能和其他 PtX（Power to X）技术方面的先驱。德国政府长期提供的定向、可靠的研究经费对此做出了决定性贡献。德国研究机构的资金为全球范围内出色的研究机构和基础研究设施提供资助，使尖端研究成果转化为实践应用成为可能。德国致力于沿整个氢能链为关键技术和新方法的研究提供资助：从制备到储存、运输和配送，直至应用。面向未来的基础研究与有针对性的应用型研究交叉融合，为关键技术如产氢的电解及生物制氢方法、甲烷热解（"青氢"）、人工光合作用和燃料电池铺平了道路。同时必须考虑到行业的特殊性，例如航空、航海或工业，并利用不同应用领域之间的溢出效应。同样，也会考察氢气的天然储量所提供的可能性和机会。德国为研究提供资助，并坚信今天的结果将会是明天的创新。研究到应用之间需要一座桥梁。除了能源转型的仿真实验室外，德国还寄希望于与经济界和科学界强大的合作伙伴之间开展联合项目这一久经考验的成功模式。从研究到应用准备阶段时间漫长，基于及早实现目标的考量，很有必要加强应用型能源研究。德国在面向应用的基础研究中也会加强与经济界和科学界的竞争前合作。旗舰计划，例如 Carbon2Chem 和 Kopernikus 项目，是卓越的科学界与创新企业之间成功合作的前驱。德国利用这些经验，将其作为全球瞩目的"展示窗口"倡议活动，展示氢能技术的出口潜力。德国还研究氢能的应用，例如在钢铁业和化学工业中通过直接还原减少与气候相关的碳排放。当前的目标是，将来自实验室的创新成果以超越目前的速度投入应用，并按照工业规模加以实施。为了在氢能领域中加速关键技术创新的转化，帮助现有技术更快地达到市场成熟的水平，建立了能源转型仿真实验室作为能源研究新的扶持支柱。国家脱碳计划也将在寄希望于氢能的工业中加速创新性气候保护技术的可用性和应用。氢能也是一个教育主题：氢能经济需要德国和国外专业人才。因此，国家将在教育和研究合作方面开辟新途径。

2023 年 7 月，德国联邦内阁决议通过更新版《国家氢能战略》（以下简称"更新版氢能战略"），旨在加速布局氢能全产业链，推动和加快德国氢能市场的发展，从而适应更高的气候保护目标和能源市场新的挑战。更新版氢能战略预计到 2030 年德国在氢能技术的领先地位将进一步提升，产品将覆盖从生产到应用的氢能技术全价值链。更新版氢能战略根据全球氢能市场迅速扩张的新形势做出调整，主要涉及中远期氢能需求目标、氢能供应目标和措施等方面内容。具体如下。

① 提升氢能需求规模目标。2020 年的氢能战略预估德国 2030 年氢能需求量为 90～110TW·h，更新版氢能战略将上述目标提升至 95～130TW·h。

② 进一步围绕氢能供应制定了明确的氢能生产、进口和运输的目标及措施。为了满足 2030 年氢能需求，更新版氢能战略进一步明确了提升国内氢能产能、增加氢能进口、增强氢能运输能力等方面的量化目标和具体措施。在国内产能和国外进口方面，德国将国内电解水制氢 2030 年产能目标从 5GW 提高到 10GW，并预计 2030 年氢能进口量占氢能供应总量的比例达到 50%～70%，将进一步加强国际合作，出台专门的氢能进口战略。在氢能运输方面，德国将加强管道等氢能基础设施网络扩建，提升国际和国内氢能运输能力。2027～2028 年前，德国将在本土改造超过 1800km 的氢能管道，在欧洲增加约 4500km 的氢能管道，2030 年前连通氢能生产、储存、进口和消费的各个环节。

2.3 法国氢能产业政策及中长期规划：《国家氢计划》和《国家氢能战略（草案）》

法国拥有先进的氢能研发设施和技术专长，特别是在低碳氢生产技术——电解水领域。法国致力于通过其大量的核能资源和发展中的可再生能源基础设施推动低碳氢的生产，建立一个低碳、高效的氢经济体系，力争成为氢能的全球领军者。

2.3.1 《国家氢计划》

为了应对生态转型和气候紧急情况的挑战，法国政府计划开发低碳可再生氢气及其工业、能源和交通用途。制定的法规的核心目标是，到 2030 年，氢和工业氢消费总量的 20%～40% 来自低碳可再生氢。2020 年 9 月 8 日，法国生态部和经济部联合发布《法国国家无碳氢能发展战略》[9]（以下简称《法国国家氢能战略》），计划到 2030 年投入 70 亿欧元（约合 551.9 亿元人民币）发展无碳氢能，即在生产和使用过程中均不排放 CO_2 的绿色氢能，促进工业和交通等部门脱碳，助力法国打造更具竞争力的低碳经济。

《法国国家氢能战略》是法国复苏计划中"生态转型"的重要举措之一。自 2018 年以来，法国已经通过未来投资计划、国家科研署、国家投资银行、环境与能源管理署、国土银行等支持企业、公共科研机构与地方政府开展了氢气生产、氢气储运、氢能公交、氢能火车等一系列氢能项目，为《法国国家氢能战略》的实施奠定了基础[10]。

2.3.1.1 战略目标

《法国国家氢能战略》有三大目标：a. 到 2030 年建成 6.5GW 电解槽；b. 发展氢能交通，尤其是用于重型车辆，到 2030 年减少 600 万吨 CO_2 排放；c. 提升氢能产业竞争力，到 2030 年创造 5 万～15 万个就业岗位[11]。

2.3.1.2 近期优先发展重点

《法国国家氢能战略》计划在 2020～2023 年投入 34 亿欧元实施以下三大重点。

（1）打造法国电解制氢行业，促进工业脱碳（约 18.36 亿欧元）

① 促进法国电解制氢行业的兴起　到 2030 年建成 6.5GW 电解槽，开发高效的电解制氢项目并扩展至工业规模以实现盈利。2021 年起法国复制法、德"空客电池计划"的成功模式，发起氢能方面的欧洲共同利益重要项目（IPCEI），支持电解槽以及燃料电池、储氢罐等其他重要部件的工业化，法国方面将投入 15 亿欧元。

② 使用无碳氢能逐步实现工业脱碳　在炼油、化工（生产氨和甲醇等）、电子和食品等行业使用无碳氢能，通过价格补偿、法规、税收等机制保障无碳氢能的生产与应用。

（2）开发无碳氢能交通（约 9.18 亿欧元）

① 开发氢动力车辆　开发氢动力轻型商用车辆、重型货车、公交车、垃圾车、火车等。在 2020～2023 年投入 3.5 亿欧元实施氢能技术与示范项目。

② 开发大型地方氢能项目 在 2020~2023 年由法国环境与能源管理署发起 2.75 亿欧元的地方氢能中心项目，支持地方政府与企业共同建立使用氢能的生态系统。

（3）支持绿氢技术的研究、创新和技能培养（约 6.46 亿欧元）

① 研究与创新 战略确定了氢能在多个领域的新用途，如可再生能源，钢铁、化工等产业部门，氢动力航空、海运等未来交通部门，未来氢能基础设施等。为此，战略将持续支持氢能技术研发，保持国际领先地位，支持创新以促进新技术的产业化。2020 年底前，由法国国家科研署发起 6500 万欧元的"氢能应用"优先研究计划，支持开发燃料电池、储氢罐、材料、电解槽等下一代氢能技术。

② 培养专业技能人员 通过技能培训支持地方氢能使用，对氢能汽车技术人员、质量-安全-环境管理人员、消防员、工程师和研究人员开展技能培训和人才培养。2021 年起法国投入 3000 万欧元组织专业培训。

2.3.1.3 法律及政策支持

（1）目前法律框架

在法国目前的框架下，可以开发氢项目，但根据其类型，它们必须符合不同的要求。

对于氢气生产，最常见的法规是城市规划和环境法，这些法律已经适用于任何可再生能源项目。开发商必须确保根据当地城市规划和其他适用法规，工业项目的开发是允许的。根据项目的规模和特点，这可能包括申请建筑许可证或事先申报工程。

除了建筑授权外，开发商还需要申请事先声明或环境授权（视情况而定）。法国环境法规（命名法 ICPE）的几个章节涵盖了氢气行业，这些章节适用于对环境有影响的某些设施。有些项目可能需要进行环境影响研究和公众调查，这可能会延长诉讼的持续时间。例如，根据项目的特点，生产工业量氢气的生产装置的建设和运营可能需要获得环境许可、建筑许可，并由相关公共当局根据具体情况进行审查，以确定是否需要进行环境影响研究。此外，如果氢项目位于工业区，也需要考虑这一点。

法国将工业排放指令（Industrial Emissions Directive，IED）转换为低碳和可再生氢气的生产存在一些不确定性。然而，法国当局发布了一份解释说明，指出简易爆炸装置并不自动适用于生产氢气的非商业项目，还应考虑此类项目的环境影响，以确定简易爆炸装置是否适用。对于氢燃料补给点，一个新的法律框架于 2018 年底发布，自 2019 年 1 月 1 日起生效。

除了这些在法国任何工业项目中都很常见的法规外，法国当局最近还发布了一项法规，定义了通过电解生产低碳可再生氢气的条件，以受益于支持机制和可追溯性框架。

法国的法律框架正在巩固，预计未来几周或几个月将出现新的发展，包括法国当局预计将公布一项重要法规。

（2）预期的法律框架

根据 2019 年 11 月 8 日关于能源和气候的第 2019-1147 号法律第 52 条，法国当局于 2021 年 2 月 17 日发布了一项关于氢气的法令（以下简称法令）。其目的之一是将氢的定义引入《法国能源法》。根据用于制造氢气的能源（可再生与否）和尚未确定的二氧化碳阈值，氢气将分为可再生、低碳或碳质。只有通过电解生产的可再生或低碳氢气才能从支持机制中受益。

与法国大多数可再生能源项目的情况一样，该法令规定，法国当局可以启动招标程序以实现法律规定的目标，即到 2030 年，低碳和可再生氢气占氢气和工业氢气总消费量的 20％～40％。在这方面，该条例仅表明，被授予的候选人可以从以待定合同形式（如购电协议、差价合约）获得最长 20 年的运营援助，或运营援助和投资援助的组合中受益。法国赞成以差价合约的形式提供运营援助的想法，即向低碳可再生氢气生产商提供以欧元/kg 为单位的溢价。该条例还载有已经适用于其他可再生能源支持机制的条款。特别是，不包括已经签订的合同，如果支持机制不再符合个人防护装备的目标，政府可以暂停（部分或全部）支持机制。

下一步是起草招标规范，于 2022 年启动。未来的投标人必须仔细审查这些规范，同时考虑到，鉴于不同的技术和可能的承购量，目前正在讨论是否应根据不同的氢气应用发布一次或多次招标。为了确保所生产的氢气是可再生的或低碳的，该条例提供了原产地保障机制和可追溯性保障机制。虽然原产地保证证明了所生产氢气的可再生或低碳性质，但可追溯性保证确保可再生或低碳化氢气已实际交付给买方或最终用户。这种区别在法国市场并不常见，因为只有原产地保证机制适用。

从 2021 年 6 月 30 日起，该法令还规定，如果满足类似水平的要求，可以承认和处理来自其他欧盟成员国的可再生氢来源。根据该条例，可在稍后阶段设立类似机制，以保障低碳氢气的来源。

对于注入厌氧消化产生的天然气管网的沼气，也存在原产地保证机制。该法令用新的条款补充了这一制度，并从 2023 年 4 月 1 日起将其扩展到注入天然气电网的可再生氢气。如果生产的氢气没有在现场消耗或用卡车运输，则应将其注入氢气专用网络或天然气网络。这可以在氢气通过甲烷化转化为天然气之后进行，也可以在不进行转化的情况下进行，但要符合为技术目的设定的任何数量阈值。在这方面，根据《法国能源法》第 L.111-97 条 "在保持天然气基础设施正常运行和安全水平的前提下，有权使用天然气输配设施以及液化天然气设施由运营这些基础设施的运营商向客户、可再生天然气生产商、低碳氢气生产商提供担保"。

2019 年 11 月 8 日法国公布关于能源和气候的第 2019-1147 号法律，引入了可再生和低碳氢气生产商接入天然气电网的权利。然而，到目前为止，氢项目接入电网的条件尚未确定。在发布之前，这些条件必须得到能源监管委员会（CRE）的批准。在这个阶段，向天然气网络注入氢气的唯一项目是实验性的（例如，GRHYD 项目或 Jupiter 1000 项目）。

与此同时，2020 年 7 月发布的一份报告指出，法国天然气输送系统运营商（GRTgaz 和 Téréga）和其他九家欧洲天然气输送运营商的目标是到 2040 年建立专用的氢气运输基础设施，即 23000km 的欧洲氢气骨干管道。据设想，这些基础设施中的大部分应构成重新利用的天然气管道，只创建少数新管道。

2.3.2　《国家氢能战略（草案）》

2023 年 12 月 15 日，法国生态转型和国土协调部公布了《国家氢能战略》[3] 更新版草案。新战略作为 2020 年首个《法国国家氢能战略》的延伸，讨论了氢能在工业部门的应用，并部署了首批氢能技术试点项目，支持工业去碳化和当地交通业的发展。计划到 2030 年建成 6.5GW 的低碳氢产能，到 2035 年或增至 10GW。拟在未来 3 年里投入 40 亿欧元补贴，支持部署 1GW 电解产能，到 2030 年投入总计近 90 亿欧元支持氢能全产业链部署，以实现生态转型，并确保法国在能源安全以及在氢技术创新和工业应用中的领先地位。新战略部署了以下八个重点事项。

① 到 2030 年，法国计划实现 6.5GW 的低碳氢产能，到 2035 年达到 10GW。该目标将通过国家的低碳电力组合、核能或可再生电力来实现，同时遵循氢能来源的技术中性原则[1]。为增强低碳氢的市场竞争力，政府将推动可确保供应商和购买商之间稳定合作关系的长期合同的发展。同时，政府在能源与气候战略中宣布将终止使用化石燃料，并逐渐淘汰天然气蒸汽重整设施。此外，政府还将在 "法国 2030" 计划下进行天然氢的探索性研究，评估其开采潜力和对经济及环境的影响，并已在比利牛斯-大西洋地区获得首个研究许可。法国致力于成为天然氢领域的全球领军者。

② 法国将根据各地区特征协调氢网络的发展，重点在主要工业区普及氢

生产。项目部署主要围绕三个轴心：a. 优先在大型工业中心（如滨海福斯、敦刻尔克等）建立氢枢纽并发展相关基础设施，短期目标是建设约 500km 的管道。b. 开展地方部署，结合《欧洲替代燃料基础设施部署条例》在主要工业中心周边建立地区供应网络。c. 参与欧洲氢运输网络项目，如 H_2Med，发展枢纽间基础设施。同时，氢网络将独立于现有的甲烷网络进行开发，路线方案和监管方案预计将于 2026 年完成。政府委托能源管理委员会在 2026 年前提出基础设施监管和支持框架，以发展符合"气体减排—揽子计划"框架的有竞争力的氢市场。

③ 法国将继续加大对国内氢能产业的支持，加速去碳化进程。主要措施包括：a. 启动支持绿氢生产的机制，通过招标签订差价合同，并提供 40 亿欧元公共财政支持，以部署 1GW 的电解氢生产，确保 10 年内绿氢的竞争力；b. 运输使用可再生能源的奖励税（TIRUERT）扩展到所有能源载体和运输方式，包括可再生氢和低碳氢；c. 鼓励农业部门逐步采用氢基衍生品，特别是化肥生产中；d. 继续审查与氢相关的欧洲共同利益重要项目文件，并监督氢部署情况，同时启动大规模电解氢应用的试点项目。

④ 法国计划采取对外开放的战略来确保氢能及其衍生品在全球市场的发展。主要措施包括：a. 政府积极推动氢能相关的商业交流，促进全球氢运输技术的创新发展；b. 对进口绿氢和氢衍生品持开放态度，政府将考虑国内外氢的经济模式和资源循环等因素，分析进口氢的可行性和方式，并在 2024 年初提交相关报告，以指导进口氢基础设施的部署和监管；c. 公共财政支持将侧重于本地氢生产；d. 推广工业产品和技术，以及分享法规、标准和规范方面的专业知识，以保持国际市场份额并实现战略自主；e. 通过外交的影响力支持工业需求，采用现有出口支持政策，包括 2024 年设立的投资补贴，为安装法国原产设备提供直接支持；f. 在 2024 年上半年加强在双边和多边组织中的氢外交行动，通过实施与绿氢相关的横向法规，建立新的能源战略伙伴关系；g. 使用包括公共政策贷款、资助和出口担保等在内的全球资源，由三个试点市场逐步扩展到所有重点市场。

⑤ 法国将继续加强对所有氢设备及技术的自主可控。主要优先事项包括：a. 确保已获得支持项目的产业化；b. 加强对主要氢能项目及其周边生态系统的协调；c. 覆盖氢能价值链的所有关键产品和技术。政府将继续采用自 2020 年起实施的策略，完成欧洲共同利益氢项目，掌握氢生产、设备和关键技术。此外，政府将对氢价值链上游的关键原材料，如铂的供应进行管理。并将高温电解与核能的耦合发展作为法国低碳战略的重要组成部分，以提高发电量。

⑥ 法国将发展电解装置和储能设施，优先使用氢能。为平衡电力系统，将在用电高峰期减少电解装置用电，并在电力成本低时增加运营。此外，为保证氢气供应，将在滨海福斯和里昂枢纽附近建立储存设施。

⑦ 法国计划投资超过 20 亿欧元，在全国范围内实施氢能流动部署策略，确保在公路、铁路、海运和航空领域内推进氢能交通的发展。该计划包括提出结构化的氢能交通方案（PIIEC Hydrogen）以及启动全国首个氢能交通生态系统（AAP Territorial Hydrogen Ecosystems）。到 2030 年底，氢能在公路和铁路领域将得到更广泛的应用。同时，研究合成燃料的使用，促进航空和海运部门脱碳。

⑧ 为氢能行业发展所需的政策条件提供保障。提供必要的土地资源、环境许可，以及建设氢项目所需的电网系统。国家规范和监管框架必须简单、易于理解和便于执行，确保氢的安全性和可靠性。同时积极提升氢能行业劳动者技能。

2.4　英国氢能产业政策及中长期规划：《国家氢能战略》

英国是氢能的全球领军者之一，氢能也是助力英国实现 2050 年净零承诺的重要组成部分。英国在氢能技术创新方面处于领先地位，在氢生产、存储和运输技术以及积极推动氢技术进步方面发挥了关键作用。英国制定了专属的氢能政策以及投资者路线图，通过提供资金支持和创造市场机会来鼓励企业投入氢能领域。

2021 年 8 月，英国商业、能源和产业战略部（BEIS）发布《英国氢能战略》[12] 及多个相关咨询文件，提出到 2030 年实现 5GW 的低碳氢生产能力，并实现净零排放目标。基于氢能价值链的每个部分，战略阐述了未来10 年发展和扩大氢经济的综合路线图，以及实现 2030 年目标所需的关键步骤。

2.4.1　愿景

到 2030 年，英国将成为氢能领域的全球领军者，实现 5GW 的低碳氢生产能力，推动整个经济系统脱碳，支持英国的新就业和经济增长。届时英国氢能经济产值将达 9 亿英镑，创造 9000 多个工作岗位，吸引 40 亿英镑的私人投资。到 2050 年，英国氢能经济产值将达 130 亿英镑，创造 10 万个工作岗位。

2.4.2 路线图

（1）21 世纪 20 年代初期（2022～2024 年）

① 生产：小规模电解生产。

② 运输：管道输送、就近卡车运输或就地使用。

③ 应用：部分交通运输包括公交车、重型货车（HGV）、铁路与航空试验；工业示范；社区供热试验。

④ 关键行动和里程碑：2022 年初启动"净零氢基金"；2022 年对第一阶段碳捕集、利用与封存（CCUS）集群作出部署；2022 年确定低碳氢标准；2022 年最终确定低碳氢商业模式；2022 年第三季度为混合燃料（掺氢）提供相关案例；2023 年完成社区供热试验。

（2）21 世纪 20 年代中期（2025～2027 年）

① 生产：在至少一个地点进行大规模 CCUS 生产；电解生产规模不断扩大。

② 运输：专用小规模集群管网；扩大货运和小型储存。

③ 应用：工业应用；交通运输（HGV、铁路与航运试验）；乡村供热试验；混合燃料。

④ 关键行动和里程碑：2025 年拥有 1GW 的生产能力；2025 年建成至少 2 个 CCUS 集群；2025 年完成乡村供热试验；2026 年启动氢供热项目。

（3）21 世纪 20 年代末期（2028～2030 年）

① 生产：多个大规模 CCUS 项目和多个大规模电解生产项目。

② 运输：大型集群管网；大规模储存；与天然气管网整合。

③ 应用：广泛应用于工业；发电和灵活性领域；交通（HGV、航运）；城镇供热试点。

④ 关键行动和里程碑：2030 年实现 5GW 的生产能力；2030 年建成 4 个 CCUS 集群；2030 年建设城镇供热试点；2030 年实现 40GW 的海上风电。

（4）21 世纪 30 年代中期以后

① 生产：扩大生产规模与范围，例如核能、生物质。

② 运输：区域或国家管网，与 CCUS、天然气和电力网络集成的大规模储存网络。

③ 应用：各种终端用户，包括钢铁行业，电力系统，覆盖范围更广的航运和航空领域，潜在的天然气管网掺氢。

④ 关键行动和里程碑：到 2035 年实现与 1990 年相比减排 78% 的目标，到 2050 年实现净零排放目标。

2.4.3　关键措施

（1）氢气生产

关键措施包括：

① 到 2030 年，实现 5GW 的低碳氢生产能力；

② 在 2022 年初启动 2.4 亿英镑的净零氢基金，投资早期制氢项目；

③ 提供 6000 万英镑低碳氢供应资金支持；

④ 在 2022 年初完成英国低碳氢标准设计；

⑤ 在 2022 年确定低碳氢商业模式，并从 2023 年第一季度开始分配第一批合同；

⑥ 在 2022 年初提供关于生产战略和双轨方法的更多详细信息。

（2）氢运输和储存

关键措施包括：

① 在 2021 年启动对英国天然气系统的信息收集工作；

② 评估 21 世纪 20 年代及以后系统性氢能运输和储存的需求，包括经济监管和资金需求，并在 2022 年初提供数据；

③ 提供 6800 万英镑的长期储能资金支持；

④ 提供 6000 万英镑的低碳氢供应资金支持。

（3）氢应用

关键措施包括：

① 在 2021 年底启动对"氢就绪"（hydrogen-ready）工业设备的信息收集工作；

② 在一年内启动对逐步淘汰工业中碳密集型氢生产的统计工作；

③ 为工业能源转型基金第二阶段提供 3.15 亿英镑的资金；

④ 在 2021 年启动 5500 万英镑的工业燃料转换优选项目；

⑤ 准备氢能供热试验工作，到 2023 年建立氢供热社区，到 2025 年建立氢供热村庄，到 2030 年建立氢供热试点城镇；

⑥ 就 2026 年提供"氢就绪"工业锅炉进行咨询；

⑦ 继续为交通运输脱碳提供资助，包括氢能公交车、HGV、航运、航空和多式联运枢纽中心的氢能部署、试验和示范等。

（4）创造市场

关键措施包括：

① 进一步详细说明收入机制，为商业模式提供资金；

② 在 2021 年创立氢能监管论坛；

③ 评估市场框架，以推动氢能投资和部署，并在 2022 年初确立；

④ 评估氢能项目所面临的监管障碍，并在 2022 年初更新；

⑤ 在 2022 年底完成对现有天然气管网掺入 20％氢气的性价比评估，并在 2023 年底做出最终决策。

（5）实现经济效益

关键措施包括：

① 在 2022 年初制定《氢能行业发展行动计划》，包括针对英国供应链的行动计划；

② 在氢能咨询委员会下建立早期职业专家论坛；

③ 将支持氢能创新作为 10 亿英镑净零创新投资组合的 10 个关键优先领域之一；

④ 氢能咨询委员会与创新工作组合作，制定英国氢能技术研究和创新路线图；

⑤ 成为国际"创新使命"倡议中新清洁氢项目的共同牵头国之一。

2.5　俄罗斯氢能产业政策及中长期规划：《2035 年前俄联邦能源战略草案》和《俄罗斯联邦氢能发展构想》

作为全球最大的天然气生产国之一，俄罗斯拥有丰富的能源资源，这为其在氢能领域的发展提供了显著的优势。俄罗斯旨在利用其资源优势发展利用蒸汽甲烷重整技术大规模生产低成本氢气的潜力，助力其成为全球氢能生产潜力强国。

2.5.1　《2035 年前俄联邦能源战略草案》

2020 年 4 月 2 日，俄罗斯政府批准《2035 年前俄联邦能源战略草案》（以下简称《草案》）[13]，旨在大力促进俄罗斯社会经济发展，加强和稳固俄罗斯在国际能源市场的地位。俄联邦能源部于 2015 年开始编制《草案》，随后曾多次提交俄罗斯政府审议，但未获得批准。《草案》于 2019 年 12 月再次提交俄罗斯政府审议，并最终获批。

俄罗斯是各类碳基能源资源的主要生产国、消费国和出口国，核电和水电也处于世界领先地位。俄联邦燃料动力综合体由石油、天然气、煤炭、泥炭、电力和供热等部门组成，在俄罗斯经济中占据重要地位，是联邦预算收入的主要来源，担负着基础设施基石的作用。

《草案》明确了 8 个国家能源政策优先事项：保障俄联邦，特别是地缘政治地区的能源安全；基本满足国内对能源产品和服务的需求；向环保型和资源节约型能源过渡；保障国内市场上燃料动力综合体的竞争性发展；合理利用自然资源；最大限度使用俄罗斯颁发生产许可的设备；提高各级能源部门的管理效率；最大限度发挥集中式供能系统的优势。

能源战略的 5 个关键目标是[14]：

（1）发展燃料动力综合体，满足国家社会经济发展需求

计划至 2035 年，将一次能源开采量和产量提高 25%，对能源领域的投资增长 6.2 倍，实现电力生产增长，完成炼油厂现代化改造，刺激高附加值产品特别是石化产品的发展。

（2）扩大出口并实现出口多样化

至 2035 年，将能源领域的出口量增长至 46%，在亚马尔半岛和吉丹半岛铺设液化天然气管道，建造 6 个石化集群，促进氢气和氦气的生产与消费，使俄罗斯步入世界氢能领先者行列。

（3）基础设施现代化

考虑到个别区域的燃料-动力平衡，将居民用能的气化率提高至 83%。发展西伯利亚东部和远东地区的天然气运输设施，并探究将其纳入俄罗斯统一天然气供应系统的可行性。搭建电动汽车充电基础设施网络。提高区域供热系统效率，以及促进偏远地区的可再生能源开发。

（4）技术自主研发

至 2035 年，能源领域的创新活动增长 75%，提高国内技术、设备和材料的竞争力，积极推进"进口替代"战略。

（5）能源行业的数字化转型

在能源领域的公共管理和监督活动中引入数字技术，创建智能电能计量系统，至 2035 年实现智能电表覆盖率达到 100%。

2.5.2 《俄罗斯联邦氢能发展构想》

2021 年 8 月 9 日，俄罗斯政府发布《俄罗斯联邦氢能发展构想》[15]，确定了俄罗斯到 2024 年的中期和 2035 年的长期氢能发展目标、任务、战略倡议和关键措施，以及面向 2050 年的展望。俄罗斯氢能发展的战略目标是发掘在氢及其工业产品生产、出口、利用领域的潜力。目标是在氢能生产和出口方面达到世界领先，保障本国面对全球能源转型的竞争力。

（1）拟建立至少三个区域生产集群

区域氢集群将促进以出口为导向的氢及其能源混合物的生产，并保障俄罗

斯国内市场的供应。氢集群的形成可以借助于工程技术能力中心，将其作为集群科技设施的基础，用于开展研发。至少将创建 3 个生产集群：a. 西北集群将专门向欧盟国家出口氢气，并采取措施减少出口导向型企业的碳足迹。b. 东部集群将向亚洲国家供应氢气，并负责发展运输和能源领域的氢基础设施。c. 北极集群的任务是实现俄罗斯北极地区的低碳供电，并出口氢及其能源混合物。此外，还可以建立一个南方集群，作为能源和资源基地，用于开发俄罗斯联邦南部地区的天然气资源、可再生能源和其他低碳能源潜力，以及包括邻近大型出海港口在内的发达基础设施。还可形成氢及其工业产品的生产、储存、运输和使用设备的生产和检测集群。

（2）优先技术

① 矿物燃料制取氢及其混合物：甲烷蒸汽重整，自热重整，部分氧化，碳氢化合物热解，煤及含碳材料的气化，利用核电站制氢以及二氧化碳捕集、储存、运输和利用技术。

② 电解水制氢：碱性电解、固体聚合物电解和固体氧化物电解。

③ 氢及其能源混合物的运输和储存：压缩氢储运系统，液化氢储运系统，氢压缩和液化装置，以氨、液态有机氢载体的形式储存和运输化合态氢、金属氢化物、氢及甲烷-氢混合物的管道运输。

④ 氢能载体的利用：碱性燃料电池、固体聚合物燃料电池和固体氧化物燃料电池，内燃机和燃气轮机，用于运输的氢动力装置，基于燃料电池的固定式和移动式动力装置，加氢站，氢运输，机器人。

政府将为这些技术提供支持措施：将向行业代表提供特别投资合同，为试验产品提供补贴，补偿研究费用。

（3）计划分为三个阶段

第一阶段为 2021～2024 年，建立氢集群并实施试点项目，到 2024 年氢出口量达到 20 万吨，并在国内市场推广氢能。

第二阶段为 2025～2035 年，启动首批商业制氢项目，到 2035 年氢出口量达到 200 万吨（最高目标为 1200 万吨）。该阶段计划创建出口导向型的大型制氢厂，并在俄罗斯国内建立氢气使用试点项目。

第三阶段为 2036～2050 年，向全球氢能市场大规模发展。到 2050 年，向全球市场的氢供应量可能达到 1500 万吨（最高目标是 5000 万吨）。将可再生能源制氢的成本压缩到接近化石原料，从而启动大型可再生能源低碳氢生产和出口项目。

2.6 荷兰氢能产业政策及中长期规划:《国家氢能计划》

作为全球能源枢纽,荷兰积极采取行动加快推动全球的绿色能源转型。荷兰将以能源领域的丰富历史经验为基础,凭借专业知识和创新理念,专注于低碳能源生态系统和可持续未来的转型。作为欧洲第二大工业副产氢(灰氢)生产国,同时拥有世界上最密集、最复杂的天然气管网之一,荷兰能够掌握氢价值链各个环节的技术,从水的电解到氢的运输和储存,涵盖氢在工业、道路和远洋运输、住宅供暖等各个领域的广泛应用。

2021 年 7 月荷兰通过《国家氢能计划》[Nationaal Waterstof Programma(荷兰语),NWP]并制定了《荷兰氢能路线图》[16],支持氢能在各个领域中的应用,助力实现氢能产业的目标和协议,是推动绿色氢能未来的众多举措之一。

2.6.1 概要

荷兰《国家氢能计划》描述了广大利益相关者打算如何在未来几年推进荷兰的氢能雄心和气候目标。该计划通过将供应、运输、分销、储存、应用和必要的先决条件联系起来,采用整体方法发展荷兰氢气市场。它列出了未来几年的目标以及实现这些目标所需的行动。除了要在 2030 年之前实施的具体目标和行动外,路线图还以明确的长期重点展望了 2030 年之后的时期。

要想荷兰经济变得更加可持续,荷兰氢气市场的发展势在必行。可再生低碳氢气和氢气衍生物将有助于提高工业、交通、建筑环境和发电的可持续性。由于全球在气候行动方面的惰性和供应安全方面的压力,迫切需要快速发展全球氢气市场。荷兰愿意并有能力在这个全球市场中发挥核心作用。可再生氢气的需求正在迅速增长,荷兰将需要充足的陆上和海上生产和进口。由于在氢气方面的经验、广泛的港口、运输和储存基础设施、现有工业、海上风能的大规模推广以及相对于邻国的有利运输位置,荷兰在氢气的大规模推广方面处于良好的起点。挑战的规模是显而易见的:由于目前几乎没有可再生氢气或低碳氢气供应,未来一段时间需要快速且显著地扩大整个链条——生产、进口、运输、分销和使用。极为重要的是,及时准备好这一发展的先决条件。其中包括广泛的安全和知识基础,可再生电力的成功推出,陆上和海上基础设施,低碳氢气的二氧化碳基础设施,用于开发和推广的适当立法和金融工具,以及足够的合格人员,特别是在技术领域。

氢链的快速增长将为荷兰制造业提供价值数十亿欧元的国内和国际市场机会。据估计,大约有 1000 家荷兰公司活跃在这些新市场。通过迅速行动,荷兰公司可以在各个次级市场占据"控制点",并成为国际氢能行业的一股力量。

至关重要的是，荷兰要在欧洲建立大部分能源供应链，以限制对第三方的依赖。

为满足 2030 年荷兰工业和移动行业以及交通领域发展对氢能产业的需求，NWP 的参与者倡导到 2030 年国内生产可再生氢产量至少达到 80GJ。荷兰政府作为 NWP 的发起者和指导者，对 NWP 进程发展的引导至关重要。

图 2-2 中展示了 NWP 对 2022～2025 年、2025～2030 年和 2030 年后氢气

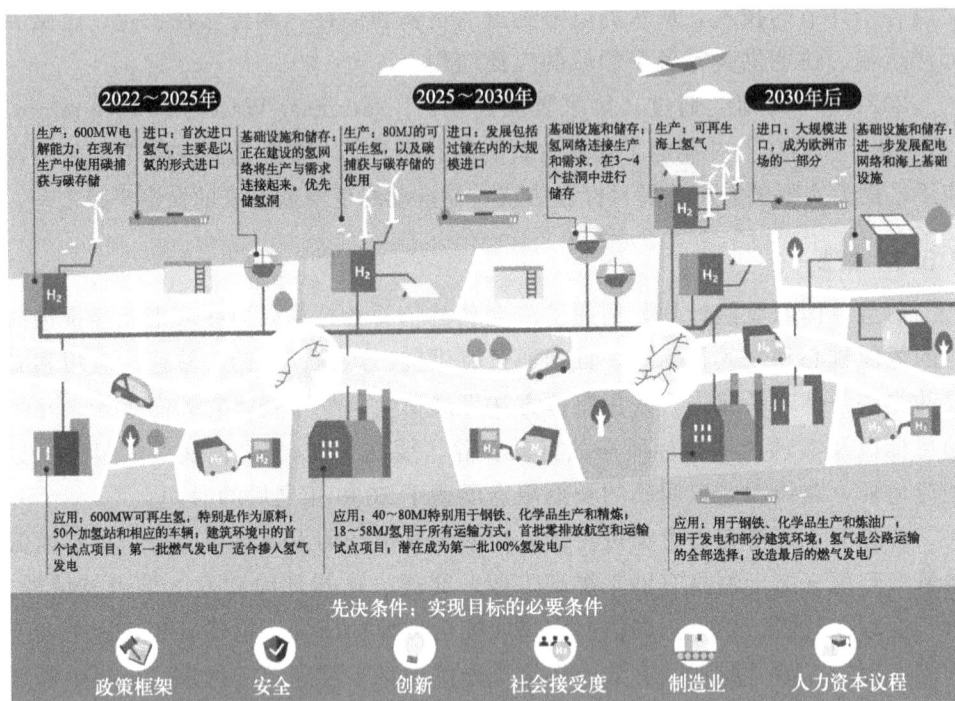

图 2-2 荷兰 NWP 的总体目标和最重要的相关行动

市场发展和升级的愿景。可视化的目的是创建一个共享的画面，并为实现 2030 年目标所需采取的措施提供指南。它还展示了发展成熟氢气市场所需的步骤，这有助于使荷兰实现气候中性。

2.6.2 氢生产

目前，荷兰从天然气中生产大量氢气。未来，荷兰氢气生产的构成将发生根本性的变化。基于电解的可再生氢气将发挥更大的作用，其中一个原因是其在工业和交通中的应用有望成为具有约束力的目标。此外，电解槽将作为一种储能手段，缓解能源网络的拥堵。因此，NWP 参与者呼吁内阁制定到 2030 年至少生产 80PJ 可再生氢气（以能量计）的目标。这对于确保荷兰实现欧洲的

目标是必要的。根据满负荷小时数，80PJ 的目标对应于约 6～8GW 的电解装机容量。此外，国家致力于扩大海上电解的规模。NWP 参与者建议，2025 年的目标固定在 600MW 的电解容量。这一产能必须在未来几年线性增长，并与所需的风能和太阳能发电场以及国家氢气运输网络的实现相一致。如果这种氢气的生产可能不会以直接电气化和提高现有电力消耗的可持续性为代价，那么就必须增加无二氧化碳电力的生产或进口。这是因为到 2030 年，海上风能的计划数量不足以实现直接和间接电气化的全部潜力。大规模电解在陆上能源系统中的集成也构成了一个挑战，它将占据的空间也是如此。海上电解以补充已宣布的产能意味着，到 2030 年，已经有可能从额外的海上风电中生产出比单独使用陆上电解更多的可再生氢气。最大的挑战是在扩大电解规模和可再生电力生产之间找到平衡。扶持政策对于提高电解产能至关重要。因此，如果电解项目要在 2025 年后实现，荷兰政府必须迅速开始实施此类支持政策。在这个不成熟的市场的早期，有一个补贴工具来促进电解能力的增长是合乎逻辑的，可以在 2030 年左右转向标准和定价的组合。除了从电力中生产可再生氢气外，至少在 2030 年之前，还需要从天然气和工业废气中生产低碳氢气，以维持工业应用的足够稳定的氢气供应，同时实现工业二氧化碳排放目标。碳捕集和储存（CCS）可以用于这一目的。其他有前途的生产方法，如热解和残余废物的气化，必须在未来几年寻找机会证明自己。

2.6.3　氢进口

"氢气进口"的概念掩盖了复杂的多元链条，即用于许多不同应用的可再生氢基原材料和燃料的国际贸易尚待发展。它包含各种形式的氢，如液态和气态氢、氨、合成燃料（如甲醇）和所谓的"液态有机氢载体（LOHC）"。欧洲内外的几个国家和地区都有很高的氢气生产能力，其中一些可以出口。最初的进口可能来自目前进口化石燃料的国家：例如中东和北美。这是因为这些国家的可再生电力潜力巨大，可以利用现有的网络、基础设施和专业知识。在此阶段，还必须完成从葡萄牙和西班牙等欧洲国家进口的准备工作。最初的数量将很小，因此，重要的是，在未来几年里，创造先决条件，以促进未来更大规模的进口。在 2025 年之后，荷兰将从欧洲内外越来越多的国家进口氢气。因此，荷兰正在通过建立双边谅解备忘录来加强与其他国家的合作。

荷兰中央政府致力于最迟在 2025 年前为可再生氢气的基础设施、储存能力、安全政策、监管和认证的实现提供确定性。此外，初始进口将通过欧洲共同利益重要项目（IPCEI）框架和 H_2 Global 等工具提供支持。同样重要的是，荷兰应与德国和比利时等具有类似进口利益的其他国家合作制定进口战略。与这些国家的合作可以通过欧洲政策促进和加速进口。通过这种方式，荷兰可以为创建一个全球流动性市场做出贡献。这需要在欧洲层面采取积极的方法，在这种方法中，市场发展的空间与基本先决条件的确定性齐头并进。荷兰及其邻国可以在这方面发挥主导作用。

2.6.4 基础设施和氢储存

管道是满足国内氢气运输需求的最有效方式。荷兰氢能运输网络的开发工作于 2022 年开始，预计沿海四个产业集群对运输能力的需求最为具体。由主要在海上生产的可再生电力供电，电解槽将在集群中生产可再生氢气。进口氢气也将通过这些港口进入该国。交通网络发展的第一阶段将连接四个产业集群。在第二阶段的发展中，将满足该国其他地区的需求，包括位于林堡的第五产业集群 Chemelot。运输网络的建设时间将取决于相关公司的需求。这将形成一个提供通往储存设施的网络通道，并在 2027 年左右将所有大型工业集群相互连接，并将荷兰与其邻国连接起来。在国家发展的同时，与区域氢能基础设施有关的准备工作也已开始。"主要"产业（集群 6）的一些部分与区域天然气网络相连。如果国家要在 2030 年前实现可持续发展目标，这些公司也能获得氢气，这一点很重要。关于移动行业，随着重型运输的使用增加，用于加油站的公路氢气运输预计将达到可能的极限。区域基础设施，包括必要的政策，必须在特定地点做好准备，以便国家为这些发展做好准备（2025~2030年）。将通过各种试点项目和其他项目积累知识和经验。在未来几年内，还必须考虑运输气态以外的氢形式所需的基础设施，并且其他模式也符合条件。为了进一步扩大运输网络容量，必须致力于开发海上氢气网络。将在短期内就市场监管和为该海上氢能网络任命氢能网络运营商（HNO）做出决定。这对于促进海上电解的升级是必要的。随着氢气产量和需求的不断增长，储存也将是必要的，以确保供应的灵活性和安全性。通过电解生产氢气与可再生电力有关，而可再生电力取决于季节和天气。这就是为什么需要大规模储氢来缓冲生产和需求曲线中的波峰和波谷。氢气和氢气衍生物的进口和地下储存可以在一定程度上缓解产量的变化。地上储氢（储存在储罐中）为地下储氢提供了一种较小规模的替代方案。目前，全球正在对盐穴（地下盐层空间）和空气田储氢的技术可行性和潜在影响进行研究，以提高能源系统供应的灵活性和安全性。到 2030 年，将需要 3~4 个容量为 750~1000GW·h 的盐穴进行储存。气田中成熟的储存地点可能只有在 2030 年后才能使用。2030 年后，对运输和储存能力的需求将继续增长，最终将形成一个具有足够储存能力的全国性氢气网络。这将包括区域分销网络，从而使其能够为整个工业和交通部门以及（部分）建筑环境提供可再生氢气。这将分阶段进行，以实现氢能网络服务。

2.6.5　工业应用

荷兰工业每年消耗约 180PJ 氢气（以能量计），是欧盟第二大氢气用户，仅次于德国。其目前对氢气的需求主要由天然气和工业废气中的氢气来满足。用可再生氢和低碳氢取代这种氢气是提高国家行业可持续性的重要一步。目前，氢气主要用作原料。未来，氢气也将被用作高温工艺的无二氧化碳能源载体。所有产业集群都在其集群能源战略（集群能源战略，CES）中表示，可再生氢和低碳氢将在其可持续发展战略中发挥重要作用。考虑到电解项目的最大推出速度、海上风电氢气生产能力和支持性基础设施的现状，从天然气到可再生氢气的完全转变在短期内被认为是不现实的。此外，大规模使用氢气需要对工业装置进行意义深远的改造。因此，要想取得长期成功，需要采取各种措施：荷兰政府必须制定到 2030 年使用可再生氢气的明确政策目标，并开发适合在工业中使用可再生低碳氢气的工具。工业参与者必须同时准备涉及氢气使用的项目，并与研究机构合作，进一步开发和完善必要的新技术。到 2025 年，可再生低碳氢气将被用作现有氢气应用的原材料，特别是用于炼油和化工过程。到 2030 年，氢的使用将进一步扩大，以实现欧洲的目标，主要用于运输燃料的生产和化学部门。工业界和荷兰政府将监测氢气的供应和需求，以防止失衡，并采取有针对性的措施。

2.6.6　移动领域应用

氢在移动领域的潜在应用可分为道路运输、航运和航空。《巴黎协定》规定了到 2050 年实现完全无排放流动的目标。公路和内陆航运流动部门共同造成了荷兰约 26％的二氧化碳排放。国际航空和航运也造成了大量排放。氢气及其衍生燃料将在改善交通部门的可持续性方面发挥重要作用，但各子部门的任务差异很大。例如，在道路交通方面，使用氢气进行长距离和/或重载运输有很大的潜力。电池驱动的电动汽车是一种更明显的解决方案，适用于更轻的短程应用。为了降低二氧化碳排放强度并实现欧洲目标，可再生氢气也将用于炼油厂，通过炼油路线生产传统燃料，以及生产生物燃料和合成煤油。随着时间的推移，其意图基本上是将氢气直接用于重型公路运输，也可能用于内陆运输；氢基可再生燃料将主要用于海运和航空。在 2025 年之前的阶段，道路运输的具体目标是实现一个由至少 50 个加氢站和相关车辆组成的基本网络。为了及时充分利用氢气的潜力，需要在氢气生产、运输和配送基础设施的推出以及氢燃料汽车和加油站的开发领域进行大规模升级。公共部门正在与私营部门

合作，采取行动促进氢在交通中的应用。如果汽车市场得到充分发展，预计到
2030 年将实现不同模式的全国加氢站网络。氢气也可以在提高航运可持续性
方面发挥关键作用。船舶消耗大量能源，经常行驶很长的距离，这意味着氢气
可以通过补充电气化和其他清洁燃料来提供解决方案。海上和内陆航运与港口
绿色协议（Zeevaart，Binnen vaarten Havens）规定了到 2030 年 150 艘零排放
内陆船舶的目标氢能路线图。除了液态氢和气态氢之外，还可以使用各种载氢
燃料，包括氨和合成燃料。RH$_2$INE 计划也在西北欧开展向氢动力内陆船舶过
渡的工作。目标是到 2050 年实现几乎无排放和气候中性的内陆航运。海运燃
料转型仍处于初级阶段，可能的转型途径目前还在制定中。重点是可再生燃料
和技术的研究、开发和示范，这将最终有助于实现这一目标。关于提高航空部
门的可持续性，重点是可再生燃料的使用和技术创新。可再生氢气将用于生产
这些可再生燃料，即生物燃料和合成煤油。荷兰目前的国家目标是到 2030 年
将 14％的可再生燃料与化石燃料混合（"混合燃料"），最终到 2050 年实现化
石燃料自由飞行。荷兰正在积极争取在欧洲一级履行混合义务。此外，各方还
致力于开发氢燃料飞机，预计将推出第一架氢燃料飞机。

2.6.7　建筑环境应用

氢能在改善建筑环境的可持续性方面发挥多大作用仍存在很大的不确定
性。到 2030 年，氢气作为天然气替代品的作用预计不会很大。这段时间将用
于检查所述建筑环境中的各种氢气应用。为此，将考虑各种技术，包括利用现
有天然气网络为建筑物或区域提供单独和集体解决方案。同时也在研究利用电
解槽废热的可能性。此外，正在建筑环境中进行试点项目，这些项目正在产生
关于氢气技术适用性的知识和经验。建筑环境中氢气使用的潜力取决于许多因
素，包括氢气在各个部门的可用性和分布、成本价格以及本地网络的再利用程
度。2030 年后，氢气可能应用于热泵和热网等替代供暖方法不可行的情况。

2.6.8　发电

氢气是灵活发电对无二氧化碳燃料需求的明显解决方案。它满足了太阳能
和风能发电所不能满足的灵活的电力需求。荷兰的天然气发电厂在转向氢气方
面有一个良好的开端。联合协议中已经包括了对燃气发电厂改造的补贴，尽管
补贴的形式尚不清楚。可以选择转换为将氢气与天然气混合或 100％氢气燃烧
的发电厂。一些天然气发电厂已经在研究将氢气掺入天然气中的可能性。以这
种方式实现的最终减排将取决于相关发电厂使用无二氧化碳燃料。鉴于目前氢
气的可用性仍然极为有限，以及工业和交通部门的需求不断增加，发电厂实际

大规模使用氢气的可能性只存在于 2030 年之后。燃气发电厂必须在 2030 年前进行改造，因为届时欧洲排放交易系统（EU-ETS）将适用于电力行业。根据欧盟委员会提出的更严格的减排目标，总的来说，整个电力行业以及欧盟的主要行业，预计在 2040 年将不再排放二氧化碳。

2.6.9　政策框架

欧洲政策和国家政策将是荷兰氢气市场发展的关键。尤其是《可再生能源指令》（RED）的修订将影响荷兰的氢气市场。它们涉及在工业和交通部门使用所谓的"非生物来源可再生燃料"的约束性目标。氢能路线图欧盟委员会的目标是到 2030 年，工业用氢总量占 50%，移动行业能源消耗占 2.6%。成员国希望实现较低的约束性目标（到 2030 年工业占 35%，到 2035 年工业占50%，移动行业占 5.2% 的指示性目标），而欧洲议会致力于实现更高的约束性指标（到 2030 年底工业占 50%，到 2035 年底工业占 70%，移动业占5.7%）。这些法案将决定"可再生氢气"的定义，进而决定荷兰氢气项目获得补贴必须满足的条件。"低碳氢气"的定义将取决于氢气和天然气市场脱碳方案。REFuelEU（航空）和 FuelEUMaritime（海运）的提案也将在完全或部分基于氢气的燃料的生产和应用中发挥重要作用。除了现有或最近宣布的政策外，欧盟在 REPowerEU 中提出的途径也很重要。其中包括绿色氢能伙伴关系、全球氢能基金（氢能银行）和氢能走廊。关于荷兰的市场监管，问题是"谁被允许做什么"，在 2022 年 6 月基本上得到了答复。然而，在截至 2025 年的几年里，仍需在各个领域做出重要选择，包括以下方面：

① 海上氢气市场监管；

② 区域配电网市场监管；

③ 跨境二氧化碳运输和储存基础设施；

④ 作为欧盟氢气和天然气市场脱碳一揽子计划要素的氢气的欧洲市场监管；

⑤ 关于第三方准入和基础设施关税的规则；

⑥ 氢领域区域网络运营商的空间、义务和权利；

⑦ 建立大小交易市场。

通过欧洲排放交易系统和荷兰二氧化碳税减少二氧化碳排放的政策也很重要。预计未来几年将进一步收紧相关目标。这可以促进可再生氢气和低碳氢气在这些行业的使用。各种现有的和最近宣布的支持性政策工具（补贴）将有助于市场发展。

2.6.10 安全

能源转型，尤其是氢作为能源载体的升级，带来了新的情况和由此产生的安全风险。安全问题涉及所有部门，因此也涉及所有与氢有关的主题。中央政府现在已经制定了一套通用的基本原则，用于处理与能源转型有关的安全问题。这些原则将在一系列氢气安全指南中详细阐述。目前，这些指南涉及气态氢气。液氢和氢衍生物（如氨和LOHC）领域也有发展，也必须制定这些领域的指南。政策制定者和主管当局对安全风险有更深入的了解是很重要的。安全政策需以《环境与规划法》等常规立法及法规为基石，并确保有效实施。实施完成后，通用准则、补充准则等临时性规范框架可逐步废止。同时，建立动态监测机制，将符合技术援助计划的新成果及时融入能源系统，保障能源安全与可持续发展。

2.7 欧洲其他国家、地区氢能产业政策及中长期规划

2020年12月1日意大利经济发展部公布《国家氢能发展战略》[17]，设定了两个阶段性发展目标：到2030年，意大利全国电解水制氢产能达5GW，氢能占全部能源供应的2%；到2050年，氢能在意大利全部能源供应中的占比提升至20%。根据目前的战略规划，意大利计划将推广氢燃料汽车作为氢能产业发展的突破口，将大幅提升本土氢燃料汽车的应用规模，逐步取代柴油车。到2030年，意大利将力争氢燃料汽车的保有量达到4000辆，占全国汽车保有总量的1/3。2023年7月，意大利环境和能源安全部公布了新修订的能源与气候计划，希望到2030年，可再生能源能够创造65%的电力，并占到总能源消耗的40%，同时绿氢将满足42%的工业需求。

在欧盟国家中，西班牙被视为未来绿氢的主要供应者。2020年10月6日西班牙政府批准了"氢能路线图：对可再生氢的承诺"计划[18]。根据该路线图，绿氢将是西班牙实现气候中和以及于2050年之前实现全国100%可再生电力系统的关键。该路线图包括了西班牙到2030年实施可再生氢的国家目标，其中包括4GW的电解槽装机容量。而2024年将成为一个中间里程碑：电解槽装机容量在300~600MW之间。该路线图预计将减少460万吨二氧化碳当量的温室气体排放。该路线图还分析了2030年至2050年之间的氢能潜力，认为西班牙有能力围绕可再生氢创建国家项目，从而促进国家工业、技术知识，创造就业机会。这将加强西班牙在全球可再生能源发电中的领导作用。通过该路线图计划，西班牙政府将促进氢能这种可持续能源载体的部署，这对于西班牙在2050年之前实现全国100%可再生电力系统以及气候中和至关重要。2023年6月西班牙开通

绿氨海上油罐船航线，推动西班牙成为欧洲清洁能源中心计划的关键部分。

2020 年 5 月 23 日葡萄牙政府批准《国家氢能发展战略》[19]，将氢能开发作为国家能源转型的核心要素。根据该战略，2030 年前葡萄牙将投入约 70 亿欧元开发绿色制氢项目。其中已确定项目包括一座总投资约 28.5 亿欧元、容量 100 万 kW 的太阳能、风力发电制氢项目，初步计划于 2030 年正式建成投运。此外，葡萄牙政府还计划加快运输、水泥、冶金、化工、采矿、玻璃、陶瓷行业的低碳转型，并建设联合实验室以开展绿色氢能技术研发。

参考文献

[1] Communication on the European Green Deal. https：//ec. europa. eu/info/files/ communication-europe-an-green-deal＿en.

[2] Sustainable Europe Investment Plan. https：//ec. europa. eu/commission/presscorner/detail/en/FS＿20＿48.

[3] 欧盟发布可持续投资计划推进《欧洲绿色协议》. http：//www. casisd. cn/zkcg/ydkb/kjzcyzxkb/ 2020kjzc/202003/202006/t20200616＿5607440. html.

[4] EU Hydrogen Strategy. https：//ec. europa. eu/commission/presscorner/detail/en/ip＿20＿1259.

[5] 俄罗斯发布 2030 年前国家发展目标 . http：//www. casisd. cn/zkcg/ydkb/kjzcyzxkb/2020kjzc/zc-zxkb202009/202010/t20201015＿5717030. html.

[6] The National Hydrogen Strategy. https：//www. bmbf. de/files/bmwi＿Nationale％20Wasserstoffstrategie＿ Eng＿s01. pdf.

[7] Fortschreibung der Nationalen Wasserstoffstrategie NWS 2023. https：//www. bmbf. de/SharedDocs/ Downloads/DE/20/230726-fortschreibung-nws. pdf？ blob＝publicationFile＆v＝4.

[8] 德国《国家氢能战略》正式发布 . 2020-11-18. https：//www. sohu. com/a/432692639680938.

[9] MTE. Stratégie nationale pour le développement de l' hydrogène décarboné en France. https：//www. econo-mie. gouv. fr/.

[10] The French Hydrogen Strategy. https：//www. wfw. com/articles/the-french-hydrogen-strategy/.

[11] 德国国家氢能战略：90 亿欧元用于氢能　绿氢将成投资重点 . 2021-01-13. https：//news. bjx. com. cn/ html/20210113/1129119. shtml.

[12] UK Hydrogen Strategy. https：//www. gov. uk/government/publications/uk-hydrogen-strategy.

[13] О проекте Энергетической стратегии Российской Федерации на период до 2 0 3 5 года. http：// government. ru/news/39371/.

[14] ПРОЕКТ ЭНЕРГЕТИЧЕСКАЯ СТРАТЕГИЯ Российской Федерации на период до 2035 года. https：// minenergo. gov. ru/node/1920.

[15] Правительство утвердило Концепцию развития водородной энергетики. http：//government. ru/docs/42971/.

[16] Nationaal Waterstof Programma. https：//nationaalwaterstofprogramma. nl/default. aspx.

[17] 中国石油新闻中心 . 意大利公布国家氢能发展战略 . https：//newenergy. in-en. com/html/newener-gy-2397288. shtml.

[18] 西班牙发布氢能路线图：2050 年前实现全国 100％可再生能源电力系统 . https：//news. bjx. com. cn/ht-ml/20201010/1108819. shtml.

[19] 葡萄牙批准《国家氢能战略》：70 亿欧元支持后 COVID-19 时代能源转型 https：//news. bjx. com. cn/ht-ml/20200526/1075665. shtml.

第<big>3</big>章

美洲氢能产业政策

随着全球气候压力增大及能源转型加速，美洲各国启动实施能源攻关计划，把氢能作为推动全球能源转型和应对气候变化的重要路径大力发展。美国是全球较早提出氢能发展规划的国家之一，自 20 世纪 90 年代开始制定推动氢能源产业发展的各项政策，已成为氢气生产和储运、燃料电池制造、燃料电池汽车及加氢站基础设施等氢能产业链上下游相关技术的引领者。加拿大、巴西、阿根廷等国相继出台氢能产业政策，加大战略伙伴合作关系，通过战略部署刺激氢能产业投资，提前布局氢能产业链技术，计划使美洲成为全球氢能供应商。

3.1 美国氢能产业政策及中长期规划：《氢能计划发展规划》和《国家清洁氢能战略和路线图》

美国是全球最早提出氢能研究和应用的国家，早在 1970 年就提出了"氢经济"。自 1990 年至今，美国政府颁布了多项推动氢能发展的政策和行动计划。美国发展氢能的优势明显：一是氢源充足；二是具有完善的产业链基础；三是在氢气的生产和储运领域拥有 Air Products、Praxair 等世界先进的气体公司，同时还掌握着液氢储气罐、储氢箱等核心技术；四是拥有以叉车燃料电池为主的 PlugPower，以固定式燃料电池为主的 FuelCell Energy、Bloom Energy 等大型燃料电池生产企业，燃料电池乘用车和叉车保有量领先全球。近年来，美国在氢能的研究与应用方面持续加大投资，制定更多支持氢能产业的政策，如税收减免、资金补贴以及技术研发支持，以加强其在全球氢能市场的领导地位。

3.1.1　《氢能计划发展规划》

2020 年 11 月,美国能源部（DOE）发布《氢能计划发展规划》[1],提出未来十年及更长时期氢能研究、开发和示范的总体战略框架。该方案更新了 DOE 早在 2002 年发布的《国家氢能路线图》以及 2004 年启动"氢能行动计划"时提出的氢能战略规划,综合考虑了 DOE 多个办公室先后发布的氢能相关计划和文件,如化石燃料办公室的氢能战略、能效和可再生能源办公室的氢能和燃料电池技术长期研发计划、核能办公室的氢能相关计划、科学办公室的《氢经济基础研究需求》报告等,明确了氢能发展的核心技术领域、需求和挑战以及研发重点,并提出了氢能计划的主要技术经济目标。

3.1.1.1　"氢能计划"使命及目标

"氢能计划"的使命为:研究、开发和验证氢能转化相关技术（包括燃料电池和燃气轮机）,并解决机构和市场壁垒,最终实现跨应用领域的广泛部署。该计划将利用多样化的国内资源开发氢能,以确保丰富、可靠且可负担的清洁能源供应。

"氢能计划"设定了到 2030 年氢能发展的技术和经济指标,主要包括:

① 电解槽成本降至 300 美元/kW,运行寿命达到 8 万 h,系统转换效率达到 65%,工业和电力部门用氢价格降至 1 美元/kg,交通部门用氢价格降至 2 美元/kg。

② 早期市场中交通部门氢气输配成本降至 5 美元/kg,最终扩大的高价值产品市场中氢气输配成本降至 2 美元/kg。

③ 车载储氢系统成本在能量密度 2.2kW·h/kg、1.7kW·h/L 下达到 8 美元/(kW·h),便携式燃料电池电源系统储氢成本在能量密度 1kW·h/kg、1.3kW·h/L 下达到 0.5 美元/(kW·h),储氢罐用高强度碳纤维成本达到 13 美元/kg。

④ 用于长途重型卡车的质子交换膜燃料电池系统成本降至 80 美元/kW,运行寿命达到 2.5 万 h;用于固定式发电的固体氧化物燃料电池系统成本降至 900 美元/kW,运行寿命达到 4 万 h。

3.1.1.2　氢能系统的技术需求及挑战

（1）制氢

该领域的技术需求和挑战为:开发成本更低、效率更高、耐用性更强的电解槽;与技术需求和挑战不对应;传统制氢技术升级;改进重整、气化和热解制氢的工艺设计;开发利用可再生能源、化石能源和核能的创新制氢技术,包括混合制氢系统以及原料来源多样性的方法;开发从水、化石燃料、生物质和废弃物中生产氢气的高效低成本技术；开发低成本和环境友好的碳捕集、利用和封存（CCUS）技术。

（2）氢输运

该领域的技术需求和挑战为：开发成本更低、更可靠的氢气分配和输送系统；开发氢气分配的先进技术和概念，包括液化和化学氢载体；制定氢气输运的通行权和许可政策，以及降低部署氢输运基础设施的投资风险。

（3）储氢

该领域的技术需求和挑战为：开发低成本储氢系统；开发储氢容量更高、重量更轻和体积更小的储氢介质；开发大规模储氢设施，包括现场大量应急供应设施和地质储氢设施；优化储氢策略，将氢气存储设施布置于用氢终端附近，以满足吞吐量和动态响应要求，并降低投资成本。

（4）氢转化

该领域的技术需求和挑战为：开发可大规模生产的低成本、更耐用、高可靠性的燃料电池；开发以掺氢或纯氢为燃料的涡轮机；开发可工程化示范的大规模混合系统。

（5）终端应用和综合能源系统

该领域的技术需求和挑战为：系统集成、测试和验证，以识别和解决各应用的特有挑战；终端应用的示范，包括钢铁制造、氨生产以及利用氢气和二氧化碳生产合成燃料的技术；示范电网集成以验证氢用于储能和电网服务。

（6）制造和供应链

该领域的技术需求和挑战为：标准化制造流程、质量控制和优化制造设计；增材制造和自动化制造工艺；可回收和减少废物的设计。

（7）安全、规范和标准

该领域的技术需求和挑战为：制定适用、统一的规范和标准，用于所有终端应用，包括燃烧（如涡轮机）以及燃料电池（如卡车、船舶和铁路等需大规模加注氢气的重型应用）；改进安全信息，共享最佳应对方法及经验教训。

（8）教育和专业人员

该领域的技术需求和挑战为：针对不同利益相关方的教育资源和培训计划，包括应急响应人员、标准规范人员和技术人员，如氢及相关技术的操作、维护和处理；获得氢能相关技术的准确、客观信息。

3.1.1.3 近期、中期、长期技术开发选项

DOE基于近年来氢能关键技术的成熟度和预期需求，提出了近期、中期、长期的技术开发选项。

（1）近期技术开发选项

① 制氢：配备 CCUS 的煤炭、生物质和废弃物气化制氢技术；先进的化石燃料和生物质重整/转化技术；电解水制氢技术（低温、高温）。

② 氢输运：现场制氢配送；气氢长管拖车；液氢槽车。

③ 储氢：高压气态储氢；低温液态储氢。

④ 氢转化：燃气轮机；燃料电池。

⑤ 氢应用：氢制燃料；航空；便携式电源。

（2）中期技术开发选项

① 氢输运：化学氢载体。

② 储氢：地质储氢（如洞穴、枯竭油气藏）。

③ 氢转化：先进燃烧；下一代燃料电池。

④ 氢应用：注入天然气管道；分布式固定电源；交通运输；分布式燃料电池热电联产；工业和化学过程；国防、安全和后勤应用。

（3）长期技术开发选项

① 制氢：先进生物/微生物制氢；先进热/光电化学水解制氢。

② 氢输运：大规模管道运输和配送。

③ 储氢：基于材料的储氢技术。

④ 氢转化：燃料电池与燃烧混合系统；可逆燃料电池。

⑤ 氢应用：公用事业系统；综合能源系统。

3.1.1.4 关键技术领域研发及示范重点

（1）制氢

该领域的研发和示范重点事项包括：开发低铂系金属含量的新型催化剂和电催化剂；开发分布式和大容量电力系统的模块式气化和电解系统；开发低成本、耐用的膜和分离材料；开发新型、耐用、低成本的热化学和光电化学材料；加速应力试验并探索退化机制以提高耐久性；降低自热重整等重整技术的资金成本；改进辅助系统（BOP）组件和子系统，如电力电子、净化和热气体净化；通过组件设计和材料集成实现大规模生产和制造，包括电力和氢的多联产可逆燃料电池系统；系统设计、混合和优化，包括过程强化。

（2）氢输运

该领域的研发和示范重点事项包括：材料在高压或低温下与氢的相容性；氢液化的创新技术；用于氢气储存、运输和释放的载体材料和催化剂；用于氢气低成本分配的创新组件，如压缩机、储氢罐、加氢机、喷嘴等。

（3）储氢

该领域的研发和示范重点事项包括：降低材料、组件和系统成本；开发用于高压罐的低成本高强度碳纤维；开发与氢气相容的耐久、安全性好的材料；低温液态储氢和冷/低温压缩储氢的研究、开发和示范；开发优化储氢材料，以满足重量、体积、动力学和其他性能要求；利用化学氢载体优化储氢效率；以化学载体形式储氢用于氢燃气轮机；地质储氢的识别、评估和论证；氢和氢载体出口的系统分析；研究可广泛部署的储氢技术和终端用途的优化目标；研发用于安全、高效和稳定储氢的传感器和其他技术。

（4）氢转化

① 氢燃烧方面重点关注：在简单循环和组合循环中实现燃料中更高的氢浓度（最高达 100％）；研究燃烧行为并优化低 NO_x 燃烧的组件设计；开发与应用先进计算流体动力学；开发先进的燃烧室制造技术；开发新材料、涂层和冷却方案；优化转换效率；提高耐用性和寿命，降低成本，包括运维成本；开发系统优化和控制方案；评估和降低水分对传热和陶瓷退化的影响；开发和测试氢燃烧改装组件；实现碳中性燃料（氨气、乙醇蒸气）的燃烧。

② 质子交换膜燃料电池方面重点关注：通过材料研发，降低铂族金属催化剂的负载量；开发耐高温、低成本、耐用的膜材料；改进组件设计和材料集成，以优化可制造和可扩展的膜电极组件的电极结构；开发先进氢燃料电池的双极板、涂层和气体扩散层；加速压力测试，探索老化机理以及缓解方法；改进 BOP 组件，包括压缩机和电力电子设备；开发适用于多种重型车辆的标准化、模块化堆栈和系统；改进混合和优化系统的设计。

③ 固体氧化物燃料电池方面重点关注：研发材料以降低成本并解决高温运行相关问题；管理燃料电池电堆中的热量和气体流量；解决堆栈和 BOP 系统的集成、控制和优化的相关问题，以实现负荷跟踪和模块化应用；改进BOP 组件，包括压缩机和电力电子设备；开发标准化、模块化堆栈；进一步研究杂质对材料性能的影响；系统设计、混合和优化，包括可逆燃料电池。

（5）终端应用

该领域的研发和示范重点事项包括：为氢能的特定用途制定严格的目标；解决各终端应用中的材料兼容性问题；降低成本，提高工业规模电解槽、燃料电池系统、燃气轮机和发动机以及混合动力系统的耐用性和效率；组件和系统级的集成和优化，包括 BOP 系统和组件；集成系统的优化控制，包括网络安全；制造和规模扩大，包括过程强化；协调规范和标准，包括氢气加注协议；开发新的氢能应用容量扩展模型，以确定其经济性。

3.1.2　《国家清洁氢能战略和路线图》

2023 年 6 月 5 日，美国能源部（DOE）正式发布《国家清洁氢能战略和路线图》[2]，提出了加速清洁氢能生产、加工、交付、存储和应用的综合发展框架。该路线图指出，到 2030 年美国清洁氢产量将从当前几乎为零增至 1000 万吨/年，到 2040 年、2050 年分别增至 2000 万吨/年和 5000 万吨/年。部署清洁氢能将使美国在 2050 年的碳排放量比 2005 年减少约 10%。该路线图提出了 3 个关键优先战略以确保清洁氢能的开发和应用。

3.1.2.1　关键优先战略

（1）明确清洁氢能的战略性地位及高影响力用途

这将确保清洁氢能被用于价值最高的应用场景。在这些应用场景中，通常深度脱碳替代方案有限。具体包括工业部门（如化工、钢铁和炼油）、重型卡车和清洁电网的长期储能。长期机遇包括清洁氢及其载体的出口，以及帮助美国的盟友实现能源安全。

（2）降低清洁氢能成本

美国能源部 2021 年推出的"氢能攻关计划"（Hydrogen Shot）会促进氢能技术创新和规模化发展，刺激私营部门投资，促进整个氢能供应链发展，并大幅降低清洁氢能成本。还将努力解决关键材料和供应链的脆弱性，并针对效率、耐用性和可回收性进行研究。加上对中游基础设施（存储设施、分配设施）的投资，不仅可以降低清洁氢的生产成本，还可以降低交付成本。

（3）专注于区域氢能网络

投资和扩大区域清洁氢中心将确保在重点氢能用户附近进行大规模清洁氢生产，从而共享基础设施。此外，这些投资将推动实现大规模的氢能生产、分配和存储，以促进市场发展。如果实施得当，这些区域氢能网络将为当地提供公平、多样化和可持续的发展机遇。优先事项包括减少环境影响、创造就业机会、确保长期承购合同，并快速推动国内制造业升级和私人投资。

3.1.2.2　关键绩效目标及指导原则

该路线图明确了 2022～2036 年的分阶段关键绩效目标，涵盖制氢、基础设施及供应链、终端应用和支撑技术等领域，并提出了 8 个指导原则：通过战略性、高影响力的用途实现深度脱碳；促进创新和投资；促进清洁氢应用的多样性、公平性、包容性和无障碍性；推进能源与环境正义；增加优质工作机会；刺激国内制造业和供应链发展；实现清洁氢的经济性和多功能性；从整体层面规划氢能开发和部署。

（1）制氢

2022～2023 年：至少明确三个有望实现氢能攻关计划目标的技术途径；高温电解槽测试时间达到 1 万小时；至少确定 3 个生命周期碳排放评估方法；确定超过两份有条件的贷款计划协议。

2024～2028 年：超过 10 个可再生能源、核能、配备碳捕集与封存（CCS）的化石燃料/废物制氢示范项目；到 2026 年电解制绿氢规模化成本达到 2 美元/千克；低温电解槽效率 51 千瓦时/千克，寿命 8 万小时，成本 250 美元/千瓦；高温电解槽效率 44 千瓦时/千克，寿命 6 万小时，成本 300 美元/千瓦；20 兆瓦核能用于电解制氢供热。

2029～2036 年：到 2030 年美国通过多样化生产实现绿氢产量 1000 万吨/年；通过多样化生产实现绿氢成本 1 美元/千克；低温电解槽效率 46 千瓦时/千克，寿命 8 万小时，成本 100 美元/千瓦；高温电解槽保持或改进效率，寿命 8 万小时，成本 200 美元/千瓦。

（2）基础设施及供应链

2022～2023 年：重卡加氢速度 10 千克/分钟；与现行标准（2016 年）相比，液氢加氢站占地面积减少 40%；与 2018 年相比，氢能基础设施密封和金属耐久性提高 50%；高压压缩机和低温泵流量 400 千克/小时；氢气流量计在 20 千克/分钟流量时精度优于 5%。

2024～2028 年：氢气液化效率 7 千瓦时/小时；高压储氢罐碳纤维成本比 2020 年减少 50%；燃料电池膜电极组件中膜/离聚物材料回收率达到 50%，铂族金属回收率超过 95%；电解槽产能超过 3 吉瓦。

2029～2036 年：氢气规模化供应成本 4 美元/千克（包括生产、输运和加氢站加氢环节）；燃料电池膜电极组件中膜/离聚物材料回收率达到 70%，铂族金属回收率超过 99%；有超过 3 条经验证的减排途径，同时满足能源和环境正义。

（3）终端应用及支撑技术

2022～2023 年：重卡燃料电池成本 170 美元/千瓦（当前基准为 200 美元/千瓦）；公交车燃料电池耐久性 1.8 万小时；超过 1.5 兆瓦的燃料电池用作数据中心电源；1 兆瓦规模的电解槽和船用燃料电池；15 辆燃料电池卡车在贫困社区运营；完成超过 1 个集成氢能制氨示范项目。

2024～2028 年：重卡燃料电池成本 140 美元/千瓦；与当前基准（2020年）相比减少 50% 的铂族金属用量；氢还原炼铁规模 1 吨/周，进而达到 5000 吨/天；纯氢燃气轮机 NO_x 排放浓度 9mg/L，选择性催化还原后排放浓度 2mg/L；完成 3 个燃料电池超级重卡项目；在部落部署超过 2 个试点项目；有 4 份社区福利协议；有超过 4 个区域氢中心，进行多样化资源应用。

2029~2036 年：在保持耐久性和性能的同时，重型卡车燃料电池成本达到 80 美元/千瓦；固定式燃料电池成本 900 美元/千瓦，耐久性 4 万小时；完成超过 4 个规模化的终端应用示范项目（如氢冶金、制氨、储氢）；超过 1000 万吨/年的清洁氢用于战略性市场，其规模与国家氢能战略目标一致。

3.1.2.3 近期、中期、长期行动时间表

路线图提出了近期、中期、长期行动时间表以及相应的支持行动，时间表如图 3-1[3] 所示。

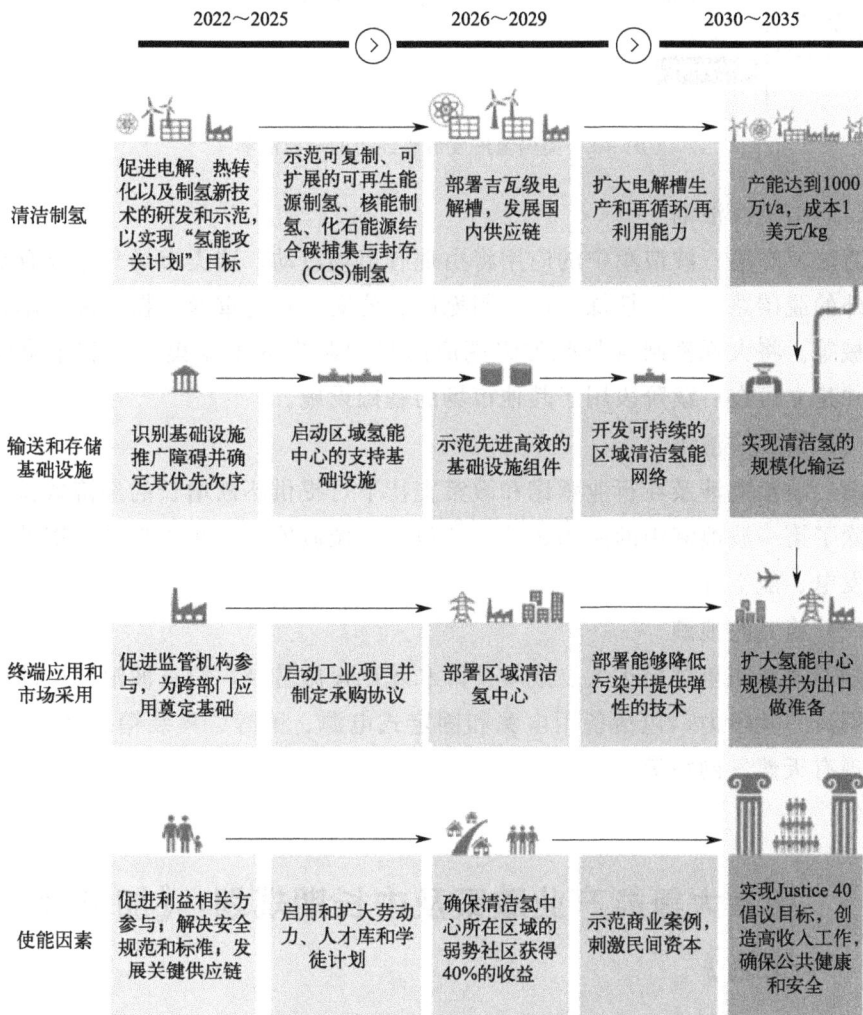

图 3-1　美国《国家清洁氢能战略和路线图》近期、中期、长期行动时间表[3]

3.1.2.4 清洁氢能的发展阶段

路线图指出，美国清洁氢能发展将经历三波浪潮，如图 3-2 所示。

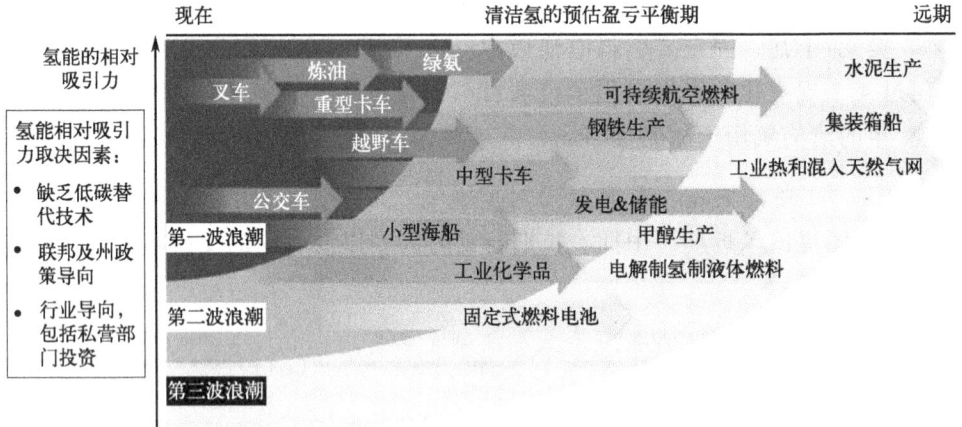

图 3-2 美国氢能发展将经历的三波浪潮

（1）第一波浪潮

清洁氢在第一波浪潮中的应用将由现有市场启动，这类市场几乎没有清洁氢以外的脱碳路径，包括炼油厂、制氨厂、公交、长途重卡、物料搬运车、重型机械等。将大规模制氢与此类终端应用集中起来的工业集群有利于降低成本，并建立可在后续阶段用于其他市场的基础设施。

（2）第二波浪潮

第二波浪潮涉及在行业承诺和政策支持下可提供不断增长的经济效益的应用，除了第一波浪潮中的应用之外，还包括区域渡轮、某些化学品、钢铁、储能及发电、航空等。

（3）第三波浪潮

随着清洁制氢规模扩大、成本下降和基础设施普及，第三波浪潮中的应用将变得具有竞争力，包括备用电源和固定式电源、甲醇、集装箱船运、水泥、注入现有天然气网络等。

3.2 加拿大氢能产业政策及中长期规划：《加拿大氢能战略》

加拿大拥有丰富的清洁能源资源，如水力能、风能等，因此其具备成为氢能出口大国的潜力，有可能登上清洁能源供应的全球领导地位。

2020 年 12 月，加拿大自然资源部发布《加拿大氢能战略》[4]，旨在通过建设氢能基础设施以及促进终端应用，使加拿大成为全球主要氢供应国，推进国家的清洁能源转型。该战略分析了加拿大发展氢能的机遇和挑战，提出了至 2050 年的氢能战略愿景和近期、中期、长期发展路径，并明确将在战略合作、降低投资风险、研发创新等 8 个方面开展 32 项行动。详细内容如下。

3.2.1 加拿大发展氢能的机遇和挑战

（1）发展机遇

① 氢能生产 加拿大具有氢能生产的丰富原料储备、熟练技术工人和战略性能源基础设施，在氢能和燃料电池技术创新方面也处于领先地位。目前，加拿大主要通过天然气蒸汽重整技术年产约 300 万吨氢，已建立了氢生产供应链，并做好准备向清洁制氢转变。预计到 2050 年加拿大氢能产量将增至目前的 7 倍，每年生产超过 2000 万吨低碳氢，氢能生产方式也将转为多种途径，包括电解制氢、化石燃料制氢、生物质制氢、工业副产氢等。

② 终端应用 氢能应用将集中在能源密集型行业，包括将氢气用于长途运输（燃料电池车、氢发动机）、发电、工业和建筑供热，以及用作工业原料。加拿大政府制定了到 2025 年零排放汽车（包括燃料电池车）占轻型汽车年销量 10%、2030 年达到 30%、2050 年达到 100% 的目标。加拿大在燃料电池车方面具有技术优势，当前全球投运的 2000 多辆燃料电池巴士中约 1/2 为加拿大技术。此外，燃料电池有望在中/重型货运、铁路运输和航运中发挥重要作用，在采矿设备（包括物料搬运车）方面也有较大应用潜力。而在短期内，氢-柴油混燃卡车将成为可能的发展方向。在发电方面，可通过氢燃气轮机或固定式燃料电池供电，用于负荷管理、长期储能以及偏远社区和工业区（如矿区）的供电。在工业领域，氢可为石油和天然气的上游开采供热，并用作下游精炼环节的化学原料，此外还可为水泥、钢铁、造纸等工业过程供热，以及用作沥青、氨、甲醇、液体燃料、钢铁、氮肥等生产中的原料。将氢气混入天然气网或发展纯氢输送管网，可为建筑供气及供热。

③ 氢气出口 加拿大拥有强大的氢气生产能力，建立了国际贸易伙伴关系，并拥有深水港、管道网络等基础设施，有助于加拿大成为全球最大的清洁氢供应国，预计到 2050 年加拿大氢出口额可能达到 500 亿加元。

（2）面临挑战

① 经济和投资 目前氢与其他传统燃料相比还不具备成本竞争力，以燃料电池为主的终端应用成本也较高，未来 5～10 年需要强有力的政策和财政支持以降低风险，吸引投资。

② 技术和创新 尽管加拿大的某些氢能和燃料电池技术已处于商业准备

阶段，但仍需进一步支持研发以降低成本，并开发新的应用解决方案，实现新的技术突破。

③ 政策和法规 加拿大目前缺乏全面和长期的氢能相关政策和监管框架，已制定政策的各地区政策缺乏一致性。

④ 氢能基础设施可用性 加拿大目前低碳制氢供应有限，而且缺乏输运和存储氢气的基础设施，阻碍了试点和应用推广，长期来看还需建设专门的输氢管道和液化工厂等基础设施，以确保低碳氢的供应。

⑤ 规范和标准 目前加拿大的氢能部署尚处于早期阶段，缺乏相关规范和标准，以确保氢能应用的最佳实践。

⑥ 公众意识 民众、工业界和各部门对氢能发展机遇和安全性缺乏认知，需增强对氢能安全利用和经济、环境效益的认识和理解，以建立良好发展的氢能行业。

3.2.2 发展愿景及路径

(1) 氢能战略 2050 年愿景

加拿大政府计划通过发展氢能，到 2050 年实现如下目标：

① 超过 30% 的能源以氢的形式输送；

② 成为全球前三大清洁氢生产国，国内供应量超过 2000 万吨/年；

③ 建立低碳氢供应基地，交货价格达到 1.50～3.50 加元/千克；

④ 超过 500 万辆燃料电池汽车投运；

⑤ 建立全国加氢网络；

⑥ 在当前通过天然气供应的能源中，实现 50% 以上由氢气掺混现有天然气管道和新建专用输氢管道来提供；

⑦ 通过低成本氢气供应网络带动新兴产业发展；

⑧ 创造约 35 万个氢能行业岗位；

⑨ 国内市场氢能直接部门收入超过 500 亿美元；

⑩ 形成有竞争力的氢出口市场；

⑪ 相关 CO_2 减排量最高达到 1.9 亿吨/年。

(2) 发展路径

① 近期 (至 2025 年) 奠定氢经济基础。规划和开发新的氢供应和分配基础设施，以支持成熟应用的早期部署，同时支持新兴应用的示范。清洁燃料标准等法规将是推动氢能行业近期投资增长的基础，同时还需出台新的政策和监管措施。

② 中期 (2025～2030 年) 实现氢能行业增长和多样化。随着技术的成熟

和终端应用的技术成熟度达到或接近商业化，氢能应用将聚焦于相比其他零排放技术能够实现价值最大化的途径。

③ 长期（2030～2050 年）　氢能市场快速扩张。随着部署规模的扩大和新商业应用的增多，在氢能供应和分配基础设施的支持下，加拿大将开始受益于氢经济。

3.2.3　行动举措

该战略针对加拿大氢能发展提出在 8 个方面采取 32 项行动，具体包括：

（1）战略合作

战略性利用现有和新的合作伙伴关系，合作规划促进氢能发展。具体行动包括：

① 通过政府间工作组、跨多级政府和独立团体进行协作，确定优先部署领域，并分享通过早期部署获得的知识、最佳做法和经验教训；

② 利用加拿大的创新清洁技术公司以及世界领先的氢能和燃料电池专业知识，扩大公私合作伙伴，以加速跨价值链的项目部署；

③ 促进区域部署中心的跨部门合作，以展示氢能多种应用对综合生态系统的经济和运行优势；

④ 加强与国际伙伴的合作并采取协同举措，吸引外国投资，并加速加拿大在全球市场上获得发展机遇。

（2）降低投资风险

建立资金计划、长期政策和商业模式，以鼓励工业和政府投资发展氢经济。具体行动包括：

① 实施长期政策以确保产生持续的氢需求，并降低建造氢能供应和分配基础设施的私营投资风险；

② 启动多年期计划并形成清晰的长期监管环境，以支持氢能生产和终端应用项目，包括项目的可行性评估；

③ 开发区域部署中心，以示范、验证和实施整个价值链（生产、分配到终端应用）的商业案例；

④ 促进各级政府和私营部门的共同资助。

（3）研发创新

采取行动支持进一步技术研发，制定研究重点，促进利益相关方之间的合作，以确保加拿大在氢能和燃料电池技术方面保持全球竞争优势和领先地位。具体行动包括：

① 制定战略性基础研究优先事项，确保持续取得氢能技术进展并提升经

济性，设定技术性能和成本目标；

② 投入专门资金持续支持研发，以确保加拿大保持氢能和燃料电池的技术领先地位；

③ 利用学术界、政府实验室和私营部门实验室的专业知识，创建区域研究中心，并鼓励以任务为导向进行研究、开发和试点部署；

④ 支持企业基础研究项目，协调审查和信息共享，促进联邦实验室、工业界、学术界以及国际合作伙伴之间的合作。

（4）规范和标准

更新并制定规范和标准，以适应行业的快速变化，消除国内和国际部署障碍。具体行动包括：

① 更新、协调并确认规范和标准，以支持部署并促进新技术和基础设施在早期市场的采用；

② 成立规范和标准工作组，其中包括有管辖权的省级主管部门，以共享经验教训并确定准则和标准的差异；

③ 制定基于性能的标准，并确保不会将氢排除在更广泛的法规、标准和规定之外；

④ 促进加拿大在国际标准和认证方面的领导和参与（例如制定全球碳强度指标、天然气系统中氢的掺混标准等），简化国际贸易。

（5）扶持性政策和法规

确保各级政府将氢能纳入清洁能源路线图和战略，并鼓励其应用。具体行动包括：

① 确保各级政府在制定新的政策、计划和法规时考虑氢能在加拿大未来能源体系中的重要作用；

② 鼓励政府更新现有政策、计划和法规，以促进国内氢能生产和终端应用的增长；

③ 确保氢能成为国家和省/地区级综合清洁能源路线图的一部分；

④ 制定基于性能的标准，定义氢能的碳强度阈值，明确政府支持项目中可再生氢应用程度的时间进度要求。

（6）公众意识

在技术快速发展的时期，从国家层面引导公民和社区了解氢能安全性、用途和优势。具体行动包括：

① 支持氢能区域部署中心的社区参与；

② 开展宣传和推广活动，对政府、行业、公众和其他重要影响者进行氢能安全、用途和效益方面的宣传教育；

③ 为氢能早期市场开发一套工具和资源，以帮助终端用户进行定量评估，并依托政府运营网站管理工具和资源；

④ 支持工业界和学术界合作开发氢能课程，进行认识、兴趣、技能培养和培训，开发下一代人才库，为新的氢能发展机遇做好人力准备。

（7）区域规划

实施多层次、协同的政府工作，促进制定区域氢能发展规划，以确定氢气生产和终端应用的具体机遇和计划。具体行动包括：

① 多级政府共同努力促进区域氢能规划的制定，确保联邦政府参与以及国家氢能战略取得协同效应；

② 确定建立区域氢能中心的机会，涵盖整个价值链相关项目；

③ 制定和实施区域氢能规划，涵盖公用事业、主要相关行业以及清洁技术公司；

④ 确定与其他省/地区协调和交叉的领域，以促进和加速氢能整体应用。

（8）国际市场

与国际伙伴合作，确保在全球推广包括氢气在内的清洁燃料，促进加拿大工业在国内外蓬勃发展。具体行动包括：

① 发展领先的加拿大品牌，使加拿大成为全球低碳氢及其应用技术的首选供应商；

② 投资氢能基础设施，将氢能供应与国际市场联系起来，例如用于氢气运输的液化设施以及从加拿大西部到美国的氢气管道；

③ 开展国内旗舰项目，突出加拿大的专业知识，吸引国内市场投资，并在国际上推广；

④ 利用现有国际论坛/组织展现加拿大的领导地位，并开拓新的市场机会。

3.3　巴西氢能产业政策及中长期规划：《国家氢能计划（PNH_2）》

巴西是一个拥有丰富可再生能源、资源的国家，特别是在水力能和生物质能方面，这使得巴西有潜力成为一个重要的氢能生产国。

2022 年 3 月，巴西政府通过《国家氢能计划（PNH_2）》[5]。考虑到氢气对发展的经济、社会和环境重要性，该计划旨在通过提高氢气在巴西能源矩阵中的竞争力和参与度，为走上可持续发展道路做出重大贡献。鉴于认识到氢的生产和使用在碳中和的净排放轨迹中可以发挥的相关作用，巴西也必须在本国氢生产和能源使用的方法、方向和行动的定义中进行定位。这一定位的构建必须考虑到巴西经济和市场的特点，以及面对全球范围内新兴的氢能机遇的战略定位。在构成这一背景的特征中，该计划的重点在于：开发多样化可用的能源潜力（包括天然气、氢生产国的投入）；提高可再生能源在国家能源体系中的参与度；开发氢能在基础设施、水利、工业、运输、贸易服务和家庭消费等方面的潜力；提高全球一体化的港口基础设施、物流、技术能力和人力资源基础；打造各种研发与创新基金的可用性以及可再生能源和氢能项目的融资条件。

　　巴西《国家氢能计划（PNH₂）》分为六个路线，如图3-3所示。所有领域的工作都应采取行动，促进与社会和利益相关者的沟通，包括澄清与氢气相关的风险和收益。

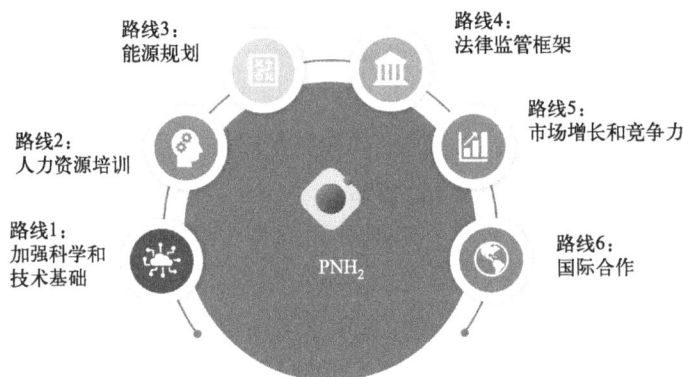

图 3-3　巴西《国家氢能计划（PNH₂）》路线图

　　（1）路线 1：加强科学和技术基础

　　提高巴西发展氢能经济的现有能力，以及识别需要填补的空白，并遵循以下指导方针：

　　① 总结巴西已经或正在进行的投资和举措及其资源来源；

　　② 确定活跃并有潜力在该行业开展业务的学术机构、研究中心，以及促进研究和创新的机构；

　　③ 确定有潜力在该行业开展业务的活跃科技公司；

　　④ 查明技术和物流瓶颈与挑战，并鼓励在生产部门使用氢的新技术；

　　⑤ 支持生产链发展的研究、技术开发、创新和创业；

　　⑥ 支持氢气生产和储存试点工厂的建设；

　　⑦ 支持实验室的建设，并提供氢气生产和储存的实验室培训；

　　⑧ 促进政府、学术界和工业界之间的互动，包括国际互动；

⑨ 支持研究、开发和创新网络的创建和衔接，以及合作项目，以确保工作的一致性和资源的优化；

⑩ 支持在氢应用方面的研发与创新，包括燃料、钢铁、化肥、化学/工业过程、电力和运输。

（2）路线2：人力资源培训

通过以下方式开发具有规划、许可、实施和运营氢气生产、运输、储存和使用相关项目能力的国家人力资源：

① 促进氢气技术和专业水平的培训；

② 鼓励在本科生和研究生阶段发展氢学科；

③ 促进氢方面的研究生人力资源培训；

④ 鼓励出版（申请）有关氢的专利、书籍和科学技术出版物；

⑤ 促进私营部门与学术界之间的交流；

⑥ 促进公共部门内的能力建设，以制定与氢气和相关技术有关的公共政策；

⑦ 鼓励成立研究小组，重点研究氢在不同部门的使用。

（3）路线3：能源规划

对现有和潜在的需求和供应进行研究，并改进其在国家能源规划过程中的代表性和建设，考虑：

① 改进数据库和信息，包括初步研究；

② 在能源应用的各个部门将氢作为原材料开展技术和经济研究，以确定特定路线和枢纽的潜在发展；

③ 将氢气纳入能源部门规划研究，考虑供应和需求方面，特别是对电力部门扩张的影响、对社会环境的影响和对水资源的影响；

④ 考虑与其他政策、计划和方案，特别是与气候变化有关的政策、计划或方案的一致性和协同性，同时考虑氢链相关部门的参与；

⑤ 促进CCUS现有国家地质结构的测绘；

⑥ 促进绘制天然或地质氢储量的分布图，并评估其使用的可行性。

（4）路线4：法律监管框架

在现有国家法律法规下，通过完善氢能法律和监督机制补贴氢能产业，将氢气作为能源载体和燃料纳入巴西能源体系。通过政府机构促进对氢气及其技术的生产、运输、质量、储存和使用的监管，方法是：

① 完善监督机构、行政机构或实体主管的现有能力，满足氢能产业新需求；

② 评估在三个层面（联邦、州和市）提出新技术法规的必要性；

③ 注意监管对市场条件保持开放，避免技术壁垒和锁定；

④ 评估各部门之间的相互关系，并提出协调建议；

⑤ 根据国际规则发布的规范和标准，寻求制定和建立巴西国家机构；

⑥ 促进政府机构之间在氢气监管方面的合作，考虑到氢气的多种来源和用途，寻求监管协调，以混合天然气运输氢气为例；

⑦ 评估是否需要对氢气生产、运输和使用提出额外的安全标准；

⑧ 评估制定生产和消费氢气认证机制的必要性。

（5）路线 5：市场增长和竞争力

已经在电力和运输服务中使用氢气的国家行为者，动员其他行为者在钢铁、化肥和化学工艺等其他生产链中使用氢气技术。行动路线包括：

① 绘制氢气价值链图，从能源生产到不同部门的最终消费；

② 评估该行业可行性的税收方面，以及能源行业现有激励措施（如 REI-DI 和基础设施债券）对氢气的适用性；

③ 评估并提出加强氢链的工具，包括促进氢能技术服务和产品的微型和小型公司发展的可能性；

④ 确定氢应用的快速传播需求的可能性；

⑤ 确定需求聚合的可能性，以实现项目和技术，降低交易成本；

⑥ 从管道系统到用户设备，评估使用现有基础设施运输和储存氢气的可能性，包括与天然气的混合物；

⑦ 评估巴西在国际价值链中的地位；

⑧ 评估项目融资需求和条件；

⑨ 估计碳定价（国家和国际）对氢气（不同路线）相对竞争力的影响，包括从长远来看，评估投资的诱导效应；

⑩ 监测国际进口和/或边境税收政策的演变；

⑪ 评估不同路线与其他国家相比的竞争力，同时考虑到国家战略、国际合作、运输成本和生产成本的潜在降低；

⑫ 评估最适合巴西现实的氢气生产路线，并考虑区域潜力。

（6）路线 6：国际合作

将国际合作视为巴西完整技术循环、工业发展和氢能经济巩固领域的一个组成部分。从这个意义上说，在设想的指导方针中，国家强调：

① 在能源规划和氢行业主要国家和国际行为者的相应部门政策中，对氢的处理进行规划和重新安排；

② 发展和深化关于氢的双边、区域和多边国际对话与合作，在合作伙伴和对话者——政府、国际机构和专门机构，以及所采用的技术路线方面采取灵

活和普遍的方法；

③ 根据国家利益和竞争优势，刺激和促进氢链中的工业和生产伙伴关系，重点是吸引投资和将国家纳入全球价值链；

④ 以主权方式参与与氢气生产和使用链的定义以及全球氢气市场的构成（ESG 分类法的分类标准和认证标准等）相关的国际讨论，以期提高巴西氢气行业在不同路线上的国际竞争力；

⑤ 确定国际融资的来源和工具，如绿色基金、国际合作机构和多边开发银行、投资基金以及混合金融工具，以支持和开展与巴西氢气生产和使用有关的项目；

⑥ 鼓励巴西机构与致力于氢能领域研究、开发和技术创新的国际机构和研究中心之间的交流。

3.4　阿根廷氢能产业政策及中长期规划：《2030 年国家低排放氢战略》

阿根廷具有丰富的风能和太阳能资源，这些资源为生产氢能提供了有利条件，可大幅减少碳排放，降低氢气生产成本，为阿根廷成为低碳氢的出口国奠定坚实基础。

2022 年 6 月，阿根廷政府与私营部门和学术部门合作，制定了《2030 年国家低排放氢战略》[6]，以促进公私合作、科技投资和工业参与，以及部署这一能源载体的其他举措。阿根廷的目标是到 2030 年电解容量达到 5GW 以上，预计将创造 5 万个就业机会。到 2050 年，绿氢出口达到 150 亿美元。

3.4.1　H₂ 阿根廷平台

H$_2$ 阿根廷平台于 2020 年底成立，由全球立法者（立法者联盟）、CAC-ME（世界能源理事会阿根廷委员会）、CEARE（能源监管活动研究中心-UBA）、AAEE（阿根廷风能协会）、AAH（阿根廷氢能协会）和 UTN Buenos Aires（布宜诺斯艾利斯大学）组成[7]。H$_2$ 阿根廷平台旨在促进阿根廷绿色氢（或可再生能源）的发展。

该平台认为，氢气是一种能源载体，同时也是一种工业投入，在脱碳和能源转型过程中发挥着关键作用。这一进程必须为当代与后代的利益推进，而非仅限《巴黎协定》框架下的气候变化全球行动目标。阿根廷已经成为拉丁美洲 H$_2$ 开发的重要参与者，在地方和区域层面以及公共和私人机构领域开展工作，帮助指导阿根廷关于绿色 H_2 的公共政策决策，这一点极为重要。该平台促进公共、私营和民间社会行为者之间的联系。它还鼓励企业部门、工业界、工会、学术界以及技术人员和科学家参与关于阿根廷绿色 H_2 所遵循的公共政策的讨论，推动绿色 H_2 在全球、区域和国家的能源转型。

3.4.2　阿根廷在氢气方面的立场

阿根廷通过 2006 年颁布的第 26123 号国家法律建立了现行法律制度，但从未受到监管，于 2021 年底到期。另外，这部法律没有对绿氢做出任何区分，而这正是国家应该集中精力推广的地方。国会议员古斯塔沃·曼纳提交了一个项目，以推进该法律的修正案，重点是绿氢的推广。

平台的活动之一是就该法案向私营部门、民间社会和学术界等多方利益相关者就开展公众咨询。其目标是促进议会的讨论并建立一个促进机制，其中包括所涉各方的观点，并保证将这一问题作为国家政策推进所需的基本共识。另外，2021 年 5 月 17 日，国家社会和经济理事会举行了"迈向 2030 年国家氢战略论坛"，时任总统阿尔韦托·费尔南德斯强调"氢经济"是一个对国家具有巨大经济和环境潜力的问题。阿根廷正在制定一项中长期氢能政策，作为该进程的一部分，社会和经济理事会在国家与国际倡议框架下研究制定了"氢2030"氢能战略。

3.5　美洲其他国家、地区氢能产业政策及中长期规划

智利在拉美地区是发展氢能源的领军国家，将发展氢能源作为本国能源转型的重点。智利的目标是到 2025 年通过建造 5GW 的电解槽来提高电解能力，到 2030 年产能达到 25GW，期间可再生氢出口和衍生品达到 25 亿美元/年。目前主要的几个试点项目包括：

① Enel Magallanes 项目：智利国家石油公司联合 Enel 绿色能源公司、西门子和保时捷公司共同申请办理环境许可，以建设综合试点项目，用风能制氢并生产甲醇和合成燃料。该项目获得德国政府通过西门子提供的近 1000 万美元投资，于 2021 年底投产，2022 年开始规模生产。

② 法国能源公司 ENGIE 和智利炸药制造商 ENAEX 2024 年在智利北部运营一座试点工厂，利用太阳能为炸药工艺生产绿色氢和氨。项目规划在初期测试阶段，建设一个 36MW 的太阳能试点电厂；在正式运营阶段，建设一座 2000MW 的太阳能发电厂和一座 1600MW 的电解厂。该项目旨在替代 ENAEX

公司每年进口的约 35 万吨灰氨，用于生产炸药，并将剩余部分绿氢出口。

③ 智利还计划用清洁能源生产绿氢来替代本国工业消费中用灰氢制造氨，以及在天然气网络中注入高于 20％ 的氢。与此同时，该计划将支持在货物运输部门和采矿部门将重型车辆的柴油电池转换为氢电池。

墨西哥政府将氢能视为未来能源转型的关键领域，并制定了一系列政策和计划来推动氢能产业的发展。根据该国能源部的规划，墨西哥 2024 年其可再生能源发电容量提高至 35％，到 2050 年实现 100％ 的可再生能源发电。墨西哥还在积极参与国际氢能合作，与其他国家和组织合作开展氢能技术研发和应用。例如，墨西哥政府与日本政府签署了一项合作协议，共同推动氢能技术的研究和发展。此外，墨西哥已经启动了一些氢能项目，包括氢燃料电池车的推广和氢能生产设施的建设。

秘鲁是一个拥有丰富氢能资源的国家，政府近年来也意识到氢能产业的重要性，正在积极推动相关产业政策的制定和实施。2022 年 2 月，秘鲁发布了"绿色氢能路线图"，制定了绿色氢能战略的基础和建议。政府提供了一系列的政策支持措施，包括财政补贴、税收减免、产业基金和贷款支持等，旨在降低氢能产业的投资风险，促进企业和研究机构的参与。通过设立研究基地，提供科研经费和奖励，吸引和培养高水平的科研团队和人才，推动氢能技术的突破和应用。

参考文献

[1] Energy Department Hydrogen Program Plan. https：//www. hydrogen. energy. gov/pdfs/hydrogen-program-plan-2020. pdf.

[2] U. S. National Clean Hydrogen Strategy and Roadmap. https：//www. hydrogen. energy. gov/ clean-hydrogen-strategy-roadmap. html? utm_medium＝print&utm_source＝hydrogen-doe&utm_campaign＝strategy.

[3] 美国能源部发布国家清洁氢能战略和路线图 . http：//www. casisd. cn/zkcg/ydkb/kjqykb/2023/kjqykb2308/202311/t20231120_6934977. html.

[4] 加拿大发布国家氢能战略：提出 2050 愿景. https：//www. in-en. com/article/html/energy-2300597. shtml.

[5] MME apresenta ao CNPE proposta de diretrizes para o Programa Nacional do Hidrogênio（PNH$_2$）. https：//www. gov. br/mme/pt-br/assuntos/noticias/mme-apresenta-ao-cnpe-proposta-de-diretrizes-para-o-programa-nacional-do-hidrogenio-pnh2.

[6] National Strategy. https：//gh2. org/countries/argentina.

[7] Green HyDroGen. https：//energiaenmovimiento. com. ar/green-hydrogen-the-h2-argentine-platform-by-andrea-heis/.

第4章 亚洲氢能产业政策

亚洲的日本、韩国因为资源和能源匮乏，均将氢能上升至国家战略高度并提出了氢能发展路线。日本是全球氢能源应用开发最全面和最坚定的国家，也是全球第一个提出实现氢能社会的国家。2014年日本发布了《氢能/燃料电池战略发展路线图》；2016年更新了《氢能/燃料电池战略发展路线图》；2017年12月，日本政府发布《氢能基本战略》，明确了降低制氢成本的路线图和目标；2023年6月，日本发布修订版《氢能基本战略》，增强氢能产业竞争力的"氢能产业战略"和确保氢能安全利用的"氢能安全战略"两部分，着力构建"氢能社会"。2019年，韩国政府发布了《氢经济路线图》，旨在将氢能产业作为未来的战略投资领域，大力发展氢能产业；2020年，韩国政府通过了《促进氢经济和氢安全管理法》（简称《氢法》），这是世界上第一部氢法，韩国致力于打造"氢经济"。印度发布建立绿色氢经济和政策路线图的白皮书，启动"国家绿氢使命"计划，旨在使其成为绿氢制造和出口的全球中心。沙特阿拉伯等中东国家也相继出台氢能产业政策，积极寻求成为全球最大的氢及其衍生物供应商。

4.1 日本氢能产业政策及中长期规划：《氢能基本战略》

日本着力构建"氢能社会"，采取多种措施在引领氢燃料电池技术国际标准和产业化进程中取得先机。2017年12月，日本政府发布《氢能基本战略》[1]，分析了日本面临的能源问题、氢能源的优势，强调了日本领先于世界实现氢能源社会的重要性并部署相关具体政策。2023 年 6 月，日本经济产业省发布修订版《氢能基本战略》。

《氢能基本战略》基本内容如下：

（1）日本面临的能源问题

日本化石燃料匮乏，能源安全脆弱，石油进口量的 87％ 来自中东。受核事故的影响，目前能源自给率在经济合作与发展组织（OECD）34 个国家中排倒数第二，仅为 6％～7％；用电成本上升，给经济社会发展、民众生活造成压力。为了实现提出的"2050 年前减排 80％"的目标，日本必须通过科技创新降低成本，提高能源供给和利用效率。

（2）发展氢能源的优势

从供给、采购层面看，氢能源来源广泛、采购源头多样，能够降低日本的能源供给风险；从使用层面看，氢能源在发电、运输、生产过程中清洁无污染，可实现低碳化的能源生产、运输和供给。氢能源具有使用安全、供给稳定、经济效益高、环境友好等诸多优点，对日本振兴经济、提高产业竞争力具有重要意义。

（3）实现《氢能基本战略》的具体政策

① 稳定、低成本地利用氢能源。开展氢能源"制造、储藏、运输、利用"的全链条建设，实现大批量生产、运输氢，并在 2030 年左右建成商业化的供应链，实现 30 万吨的采购量，将成本控制在 30 日元/m^3（标）。

② 研发氢供应链条国际化的关键技术。日本国内的氢能源供给以压缩氢和液化氢技术为主。为了构建国际化的氢能源链条，未来应部署研发液化氢供应链技术、有机氢化物供应链技术、将氨作为能量载体的技术、管道运输技术等。

③ 推动氢燃料电动汽车和氢气站的应用。作为氢能源应用的核心环节，未来应普及氢燃料电动汽车（FCV）和氢气站，使 FCV 在 2025 年达到 200 万辆、2030 年达到 80 万辆，使氢气站在 2020 年达到 160 座、2025 年达到 320座，在 2025～2030 年实现氢气站商业化自主发展。

④ 普及和扩大氢燃料电池公共汽车、船舶等。氢燃料电池公共汽车贴近民众生活，在公共交通领域应用广泛，普及电池公共汽车可提高民众对"氢社会"的感知度和认可度；氢燃料电池船舶具有噪声小、碳排量低等优点，今后应提高安全性，在小型船舶上率先使用氢燃料电池，逐步普及和推进相关技术。

⑤ 在相关工业生产过程中探索氢能源利用的可能性。当前在炼钢、炼油等生产过程中主要使用化石能源，为了实现日本的碳排放目标，必须在这些生

产过程中探索运用氢能源实现"无碳化"操作，以氢能源替代各类化石能源。

⑥ 研发氢能源利用的关键技术。研发高效的电解水、人工光合成、高纯度透氢膜等新型氢制造技术；研发高效的液化氢机器、使用寿命长的液化氢储存材料技术；研发高效、低成本的能源供给技术；研发高效、可靠、低成本的燃料电池技术；研发利用氢和二氧化碳的新型化学品合成技术等。

2023 年 6 月，日本经济产业省发布修订版《氢能基本战略》[2]。新版战略指出，日本构建氢能社会正从技术发展阶段步入商业化阶段，考虑到全球氢能市场正在迅速扩张，有必要修订 2017 年发布的《氢能基本战略》，在确保实现"碳中和"目标的同时，将加强全球竞争力、发展海外市场纳入氢能战略。该战略包括了增强氢能产业竞争力的"氢能产业战略"和确保氢能安全利用的"氢能安全战略"两部分。要点如下：

（1）实现稳定、廉价和低碳的氢/氨供应

主要目标包括：

① 确保稳定的供应　日本已经制定到 2030 年氢供应量 300 万吨/年、2050 年 2000 万吨/年的目标，本战略新设定了到 2040 年氢（含氨）供应量 1200 万吨/年的目标。

② 降低氢能供应成本　日本将致力于实现到 2030 年和 2050 年氢能供应成本 30 日元/立方米和 20 日元/立方米，以及 2030 年氨供应成本 10 日元/立方米氢当量的目标，未来将根据技术和市场趋势对成本目标进行评估更新。

③ 向低碳氢转型　本战略设定了低碳氢的碳强度目标，即从原料生产到氢气生产（"井到门"）的碳排放强度低于 3.4 千克 CO_2/千克 H_2，低碳氨的定义为生产链（"门到门"，含制氢过程）的碳排放强度低于 0.84 千克 CO_2/千克 NH_3。

（2）相关行动

① 氢能供应方面　将建立本国氢能供应链，到 2030 年由日本公司（包括材料供应商）在国内外安装约 15 吉瓦电解槽，并加强与资源丰富国家的合作，建立国际氢能供应链。

② 氢能需求方面　燃烧发电领域将重点发展氢、氨燃气轮机和混氨燃煤发电。燃料电池领域（交通、发电等），交通部门除乘用车外还将重点发展燃料电池商用车，建筑部门将扩大普及家用燃料电池，还将促进技术发展以提高工、商业燃料电池发电效率。供热和原料利用领域，中长期内将推进以氢、氨为主导的中高温供热，进行氢、氨燃烧器和锅炉的技术开发和示范，推广氢燃气轮机热电联产系统。钢铁行业将扩大对氢冶金的支持力度，到 2040 年部署高炉吹入氢气降低 50% 碳排放的技术和氢直接还原铁矿石技术。化工行业将

发展使用 CO₂ 和氢气生产烯烃等化学品，以及石脑油裂解制合成氨工艺。此外，将针对占工业能源消费 50% 的 5 个主要行业的 8 个领域，包括钢铁（高炉、电炉）、化工（石油化工、苏打）、水泥、造纸（纸张、纸板）、汽车等行业，制定向非化石能源转换的目标指南，促进向使用清洁氢能转变。利用现有城市油气基础设施，增加对氢基甲烷和氢基燃料的使用，如用于钢铁、化工等制造业领域。

③ 出台支持计划以建立大规模供应链　将启动一项计划，在未来 15 年对氢能供应链公私投入超过 15 万亿日元。推进全国范围内的基础设施发展，未来 10 年在有大规模产业需求的城市地区建设 3 个大型氢中心，在有一定规模需求的地区发展 5 个中型氢中心，并在港口地区发展氢能枢纽。

④ 促进区域氢能利用并与地方政府合作　将利用区域资源发展氢生产、存储、运输和利用相关设施，建立基础设施网络，构建区域氢能供应链，促进氢能生产和使用。加强地方合作和信息共享，促进地方政府支持，推进区域示范。

⑤ 推进创新技术发展　制氢方面将开发高效、耐用、低成本电解制氢技术，煤气化、甲烷热解制氢等高温制氢技术，以及光催化制氢技术。氢储运方面将开发高效氢气液化装置、储氢合金、低成本氢载体、氨裂解等设备、材料或技术。氢能应用方面将开发高效、耐用、低成本燃料电池技术，以及碳回收产品生产技术，如合成甲烷、合成燃料等。

⑥ 加强国际合作　将从战略层面考虑推进氢能标准化工作，推进发展以买方为主导的国际贸易模式，参与氢能部长级会议、国际氢能与燃料电池合作伙伴关系（IPHE）、清洁能源部长级会议（CEM）、创新使命（MI）等多边行动。

⑦ 促进公众接受　将加强教育和宣传，并利用 2025 年的大阪-关西世博会宣传日本的氢能技术和愿景。

（3）"氢能产业战略"加强氢能产业竞争力

将从国内和国际氢能市场的整体视角推进氢能产业化，重点发展启动速度较快、未来市场规模较大的领域，以及日本具有技术优势的领域，具体包括：

① 氢能供应（包括制氢及供应链）　改进现有电解制氢技术，开发和推广高温蒸汽电解、阴离子交换膜电解等下一代技术。氢能供应链以到 2030 年实现大规模输运氢为目标，发展高压储氢、液氢、甲基环己烷、氨、管道运氢、储氢合金等技术，因地制宜建立本地供应链，并发展基于液氢、氨的海上船运供应链，到 2030 年实现海上大型液氢运输船的商业运营。

② 低碳燃烧发电　重点发展日本更具优势的大型氢/氨燃气轮机技术，并

密切关注氢气供应技术发展趋势，开展氢供应链和发电的综合示范。

③ 燃料电池 日本在该领域的技术研发处于世界领先地位，需要关注燃料电池的多样化应用，加速降低成本，推进燃料电池快速商业化，建立面向全球的战略，并扩大本国市场需求，包括在交通、发电、民用等领域。

④ 氢气直接使用 包括在钢铁、化工、氢燃料船舶等领域直接使用氢气。

⑤ 氢基化合物使用 包括氨燃料、碳回收产品（如合成甲烷、合成燃料、化学品等）。

（4）"氢能安全战略"确保安全使用

现有氢能安全相关法律法规是在工业安全框架内，并未考虑氢能的大规模使用。需要建立氢能使用的政策法规环境，并在国际上传播日本技术标准。新版《氢能基本战略》提出了"氢能安全战略"的基本框架，作为未来5～10年的行动指南，以建立覆盖整个氢能供应链的安全监管体系。主要举措包括：

① 建立科学的数据基础 包括安全相关的数据获取和共享，用于制定相关安全标准，以及构建相关示范试验环境。

② 验证和优化实现氢能社会的阶段性实施规则 在技术开发和示范阶段，将通过现有法律和法规加以监管，在商业化阶段，将建立新的技术标准，并纳入法律法规。研究和制定技术标准，发展和培育符合标准的第三方认证和检验机构。加强与地方政府合作，国家对负责确保高压气体安全的地方市政当局提供支持。

③ 发展适合氢能的应用环境 将促进与各方的风险交流，开发相关高技能人力资源，协调氢能国际安全法规和标准制定。

4.2 韩国氢能产业政策及中长期规划：《氢能经济发展路线图》和《促进氢经济和氢安全管理法》

韩国致力于打造"氢经济"，已将"氢经济"列为三大创新增长战略之一。韩国氢燃料电池汽车研发有数十年的经验积累，拟将氢燃料电池汽车作为下一个经济增长引擎，迅速占领全球氢燃料电池汽车市场。2019年，韩国政府公布《氢能经济发展路线图》，将"引领全球氢燃料电池汽车和燃料电池市场发展"作为目标。根据规划，到2025年，韩国将打造氢燃料电池汽车年产量10万辆的生产体系；到2040年，氢燃料电池汽车累计产量将增至620万辆，氢燃料电池公交车力争达到4万辆，氢燃料电池汽车加氢站增至1200座。

《氢能经济发展路线图》的愿景是以氢燃料电池汽车和燃料电池为核心，

将韩国打造成世界最高水平的氢能经济领先国家。具体来说：到 2040 年，使韩国氢燃料电池汽车和燃料电池的国际市场占有率达到世界第一，使韩国从化石燃料资源匮乏国家转型为清洁氢能源产出国。韩国政府提出，如果该路线图顺利落实，到 2040 年可创造出 43 万亿韩元的年附加值和 42 万个就业岗位，氢能产业有望成为创新增长的重要动力。《氢能经济发展路线图》主要涉及氢能产业发展五大领域[3]，具体内容如下。

（1）氢燃料电池移动出行

目标：到 2040 年，累计生产 620 万辆氢燃料电池汽车，建成 1200 座加氢站。

① 到 2040 年，使氢燃料电池汽车累计产量达到 620 万辆。其中，290 万辆面向韩国国内市场，330 万辆用于出口，包括氢燃料电池轿车、氢燃料电池巴士、氢燃料电池出租车、氢燃料电池卡车。

在氢燃料电池轿车方面，2019 年韩国的累计产量为 1800 辆，2022 年使膜电极组件、气体扩散层等主要零部件的国产化率达到 100%。到 2025 年，建成年产量达 10 万辆的生产体系，届时氢燃料电池轿车售价有望降至目前的 1/2，即 3000 万韩元（约合人民币 19 万元）左右，基本与燃油车价格持平。

在氢燃料电池巴士方面，韩国 2019 年在 7 个主要城市推广 35 辆氢燃料电池巴士，到 2022 年增至 2000 辆，到 2040 年进一步增至 4 万辆。

在氢燃料电池出租车方面，韩国于 2019 在首尔进行试运行，到 2021 年推广至主要大城市，力争到 2040 年达到 8 万辆。

在氢燃料电池卡车方面，于 2020 年启动研发及测试，到 2021 年推广至垃圾回收车、清扫车、洒水车等公共领域，其后逐步扩大至物流等商业领域，力争到 2040 年达到 3 万辆。

② 到 2040 年，建成 1200 座加氢站。截至 2024 年，韩国共有 386 座加氢站，到 2040 年进一步增至 1200 座。为此，韩国政府将：在加氢站取得经济效益前为其提供设备安装补贴，并考虑新设加氢站运行补贴，为加氢站的设立和发展提供财政支持；将加强与 SPC 集团合作，将现有的液化石油气（LPG）加气站和压缩天然气（CNG）加气站转换为可加氢气的复合加气站；将放宽选址、距离等方面的限制，允许在城市中心区和公共办公区等主要城市中心地带建设加氢站；制定司机自助加氢方案；充分利用"监管沙盒"制度，放宽管制以积极吸引民间资本参与氢能产业投资。

（2）氢能发电

目标：到 2040 年，普及发电用、家庭用和建筑用氢燃料电池装置。

① 到 2040 年，普及发电用氢燃料电池装置，使其总发电量达到 15GW（相当于韩国 2018 年全年发电总量的 7%～8%）。具体为：2019 年上半年，根据可再生能源证书（Renewable Energy Certificates，RECs，又称为绿色标签、可交易再生能源证书，是一种可以在市场上交易的能源商品，代表着使用清洁能源发电对环境的价值。它借用市场机制对使用者进行补贴，鼓励绿色能源应用）制度中规定的标准，新设氢燃料电池发电专用补贴，确保投资的稳定性；到 2022 年韩国国内氢燃料电池总发电量应达到 1GW，实现规模经济；到 2025 年氢燃料电池发电装置安装费用应下降 65%，发电价格应下降 50%，与中小型液化天然气装置的发电价格持平。

② 到 2040 年，普及家庭用及建筑用氢燃料电池发电装置，使其总发电量达到 2.1GW。韩国政府还考虑，强制要求公共机构和新商业建筑安装氢燃料电池发电装置。

③ 开发用于大规模发电的氢燃气轮机技术，力争 2030 年后通过验证并启动商业化。

（3）氢气生产

目标：到 2040 年，使氢气年供应量达到 526 万吨，每千克价格降至 3000 韩元（约合人民币 17.7 元）。

① 氢能经济发展早期将以"副产氢"和"氢提取"为主要方式制备氢气。"副产氢"是指在石油化工等工业生产过程中收集并利用作为附属产品的氢气，其年产量可达 5 万吨，相当于 25 万辆氢燃料电池汽车的年度用氢量。对此，韩国要扩建相关基础设施。"氢提取"是指在天然气供应链上建设大规模的基地型氢气生产基地，在有需求的地区建设中小规模的氢气生产基地。对此，韩国要实现氢气提取装置的国产化并提高提取效率，包括采用从生物质中提取等多种氢提取方式。

② 建立海外生产基地，稳定氢气生产、进口和供需。

（4）氢气的存储和运输

目标：构建稳定且经济可行的氢气流通体系。

① 通过多样化存储方法（如高压气体、液体、固体），提高储氢效率。

② 放宽对高压气体存储的相关规制，开发液化或液体储氢新技术，使其具有极高的安全性且经济可行。

③ 随着氢气需求的增长，加大对管式拖车及输氢管道的利用。通过使用轻型高压气态氢气管式拖车降低运输成本，并建设连接整个国家的氢气运输管道。

（5）安全保障

目标：构建全流程安全管理体系，营造氢能产业发展生态系统。

① 确保氢能经济的稳定发展。主要措施包括：在氢能生产、存储、运输、使用的全过程构建切实有效的安全管理体系，提高国民信赖度；制定氢能安全管理专门法令；按照国际标准制定及修订加氢站安全标准；设立氢能安全评估中心；设立氢能安全体验馆，向国民推广普及氢能安全指南及正确的安全信息。

② 提高氢能技术竞争力并培养核心人才。主要措施包括：制定相关部门共同执行的氢能发展技术路线图；培养氢能安全管理和核心技术开发专业人才；2030～2040 年间，提议 15 项以上氢能相关国际标准，并积极参与国际标准化活动。

③ 完善支撑氢能经济发展的法律基础。对此，韩国于 2019 年制定《氢能经济法》，为促进氢能经济发展奠定法律基础。

④ 培育氢能中小企业和中型企业。对此，政府将支持氢能技术开发，增加相关设备投资与维护费用支持。

⑤ 构建促进氢能经济发展的跨部门推进体系。主要措施包括：组建国务总理主持的"氢能经济促进委员会"；成立氢能经济专业振兴机构。

2020 年，韩国政府通过了《促进氢经济和氢安全管理法》（简称《氢法》），这是世界上第一部氢法。该法律是韩国为了推动氢能源产业的发展和安全管理而制定的法律，规定了氢能源的定义、分类、生产、运输、储存、供应、使用等方面的标准和规范，同时设立了氢经济委员会，负责制定和协调氢能源相关的政策和计划。还明确了氢能源事故的预防和应对措施，以及相关的行政处罚和刑事责任。该法律是韩国实施《氢能经济发展路线图》的重要法律基础，旨在为氢能源产业的发展提供有力的制度保障。《氢法》[4] 主要内容如下。

（1）氢经济的促进体系

产业通商资源负责人应制订氢经济基本实施计划，以有效实施氢经济，针对社会性、经济性的变化要求，可对基本计划进行变更。基本计划包括以下内容：实施氢经济的政策基本方向的事项；建立和维护实施氢经济系统的事项；促进实施氢经济基础有关的事项；实施氢经济所需的筹资计划的事项；氢生产和氢燃料供应计划的事项；氢供需计划的事项；安全使用氢气的事项。

设立氢经济委员会，总理担任委员长，部长担任秘书长，其他相关部门负责人担任委员。委员会负责研究与实施氢经济有关的重大政策和计划。

（2）培育氢能专门企业

政府可以根据需要向氢能专门企业提供行政和财政支持，以促进氢经济的实施，并通过补贴或贷款来资助与氢业务相关的技术开发、人才培养和国际合作。

氢能专业投资公司根据《资本市场和金融投资商业法》被列为投资公司。金融服务委员会在氢能专业投资公司注册时应事先与贸易部长、工业部长和能源部长协商。氢能专业投资公司对氢能专门企业的投资，其资本金不得超过总统令规定的数额，且不得超过其资本金的50%。

（3）氢能供应设施的部署

产业通商资源负责人可以要求自由经济区的经营者、高速国道上的服务区、工业综合体等提交氢燃料供应设施安装计划。有意经营制氢设施或加氢设施的人员应提交氢气生产或供需计划，以确保供需平稳和价格稳定。

产业通商资源负责人可以要求各地方政府、公共机构和地方公共企业等提交其燃料电池安装计划。

产业通商资源负责人可以指定氢专业综合设施，以提供必要的支持，例如提供资金和设施，并在必要的时间内和有限的区域内开展试点项目，以促进和发展氢工业。

（4）氢经济基础

政府通过培养专业人才、使氢相关产品标准化、编制统计数据、支持国际合作和开拓海外市场等手段促进氢工业的技术进步，形成社会共识，并建立全面的信息管理系统，为氢经济的实施与发展奠定基础。

产业通商资源负责人可以将与氢工业相关的组织指定为氢工业促进机构，将与氢分配相关的机构指定为氢分配机构，将与安全相关的机构指定为氢安全机构。上述机构可以从事本领域内盈利性事项，并依法获取相应的政府行政和财政支持。

（5）安全管理

氢产品制造业务企业需制定氢产品和氢燃料设施的安全管理条例，指定安全经理，完成氢产品制造设施的完工检验、氢产品的进口和检验、安全教育等氢安全管理事项。

4.3 印度氢能产业政策及中长期规划："国家绿氢使命"计划

印度的定位是全球未来潜在的绿氢生产中心，通过启动"国家绿氢使命"计划使其成为绿氢制造和出口的全球中心。2020年，印度发布了一份建立绿色氢经济和政策路线图的白皮书[5]。白皮书对印度绿色氢经济的发展做出了规划建议，预测了印度发展绿色氢能的远景目标，规划了印度发展绿色氢能产业的 3 种不同实施路径，并提出了相关政策建议。

（1）印度发展绿色氢能产业的远景目标

从 2020 年开始，印度可以通过制定规划、引导投资、推进项目等多种手段促进氢能产业和绿色氢经济的发展，预计到 2030 年可实现以下 8 项远景目标。

① 2030 年氢能源份额　到 2030 年氢能占能源消费总量的 4%，即每年 1300 万吨氢气。

② 天然气掺氢　掺氢天然气中，氢占比为 20%。

③ 2030 年氢能产业预计就业岗位　新增 75000 个直接及间接就业岗位。

④ 氢能产业公共资金预算　2025 年 1 亿美元，2030 年 5 亿美元。

⑤ 2030 年氢燃料电池车辆与基础设施　12000 辆重型氢燃料电池汽车，10 座加氢站。

⑥ 2030 年示范项目开展情况　10 个示范项目，如货运项目、港口物流项目、工业应用项目、沼气制氢项目等。

⑦ 2030 年电解槽产能　实现吉瓦级别的产能。

⑧ 2030 年煤气化制氢　利用 10% 的煤炭气化制氢，即 1 亿吨煤。

（2）印度发展绿色氢能产业的三种实施路径

白皮书为印度发展绿氢产业制定了三种实施路径，分别为积极主动型、谨慎跟随型及缓慢跟随型。

① 积极主动型　在积极主动型的实施路径下，印度希望在 2025 至 2030 年间成为全球绿色氢能的领导者，到 2030 年，印度的可再生能源、电池技术和绿色氢能将共同帮助印度更快地实现零碳排放。

采用此实施路径，预计到 2030 年，制氢成本将下降到 2 美元/kg（无政府补贴）或 1.5 美元/kg（有政府补贴），电解槽成本将降低至 300 美元/kW（碱性电解槽）和 500 美元/kW（PEM 电解槽）。预计到 2030 年，燃料电池成本降至 80 美元/kW（比美国能源部的目标低 20%），年产量 15 万套。

② 谨慎跟随型　在此实施路径下，在 2025～2030 年间立项一些示范项目，到 2030 年明确绿色氢路线图，并在 2030～2040 年实施推进。印度将成为"快速跟随者"，跟随其他经济体制定绿氢政策和发展路径，将依赖进口技术向绿色氢能源转型。

预计到 2040 年，制氢成本将下降至 2 美元/kg（无补贴）或 1.5 美元/kg（有补贴），电解槽成本为 400 美元/kW（碱性电解槽）和 650 美元/kW（PEM

电解槽）。预计到 2030 年，燃料电池的成本将降到 100 美元/kW，与美国能源部的目标一致，每年生产 15 万套燃料电池系统。

③ 缓慢跟随型　此实施路径的思路是，印度首先通过电动汽车及电池技术实现能源转型，并等待全球氢能生态系统成熟，然后制定印度氢能发展路线图，时间节点预计在 2040～2050 年。如果走这条路，印度将成为一个"缓慢跟随者"。

到 2040 年，制氢成本预计将为 2 美元/kg（无补贴）或 1.5 美元/kg（有补贴），电解槽成本将为 400 美元/kW（碱性电解槽）和 650 美元/kW（PEM电解槽）。预计到 2030 年，燃料电池成本为 120 美元/kW，高于美国能源部目标 20%，预计每年国内生产 15 万套燃料电池系统。

4.4　中东地区氢能产业政策及中长期规划

沙特阿拉伯（简称沙特）等中东国家拥有全球约 1/3 的石油储量和全球约 1/5 的天然气储量，同时还拥有丰富的太阳能和大量未利用的土地，这为生产蓝氢（从天然气中生产，通过碳捕集二氧化碳）和绿氢（通过可再生能源生产）提供了极好的条件。沙特、阿联酋和阿曼等国家纷纷出台政策举措，加快培育氢能产业，为实现能源转型以及应对气候变化目标探索路径，同时努力提升自身在氢气出口领域的竞争地位，致力于成为全球最大的氢及其衍生物供应商[6]。

沙特的氢能政策与 2016 年发布的"2030 年愿景"密切相关，提出到 2030 年实现年产 400 万吨氢的目标。根据计划，沙特将投资 1 万亿沙特里亚尔生产清洁能源，以有竞争力的价格生产绿色钢铁、绿色铝等产品。2021 年 10 月份，沙特宣布要成为世界上最大的氢气生产国。为此沙特还将投资 84 亿美元在红海边的新未来城建设大型绿氢公司，统筹绿色氢和绿色氨工厂的开发、融资、设计、采购、制造和工厂测试，准备在 2026 年开始全天候运营。

阿联酋于 2021 年发布氢能领导路线图，旨在成为低碳氢领域的全球领导者，目标是到 2030 年在低碳氢及其衍生物主要进口市场中的份额达到 25%。目前正在开展的项目超过 7 个，计划每年生产 50 万吨氢气。阿联酋是中东地区第一个太阳能光伏/绿氢设施的所在地，目标包括国内制造业（例如炼钢、煤油）和公共交通的使用。出口重点包括与日本、韩国的双边协议，以及与若干欧洲国家（奥地利、德国、荷兰）建立的谅解备忘录。

　　阿曼的氢能政策与"2040 年远景规划"密切相关，该愿景拟出台《国家绿色氢战略》，制定推进绿色能源转型的必要政策监管和法律框架等，计划到 2030 年每年至少生产 100 万吨氢，到 2050 年达到 850 万吨。2023 年 10 月，阿曼宣布在杜库姆经济特区建立绿色加氢站试点项目，包括利用太阳能和风能生产可再生能源及绿氢，建设加氢站，以及运行由绿氢燃料驱动的车辆[7]。

参考文献

[1]　日本政府发布《氢能基本战略》[N/OL]. 中国科学院科技战略咨询研究院. http：//www. casisd. cn/zkcg/ydkb/kjqykb/2018/201802/201802/t20180208_4945279. html.

[2]　日本更新《氢能基本战略》[N/OL]. 中国科学院武汉文献情报中心先进能源科技战略情报研究中心. https：//mp. weixin. qq. com/s/AWdcnYWY8ISrexwRecagzg.

[3]　吴善略，张丽娟. 世界主要国家氢能发展规划综述[J]. 科技中国，2019：91-97.

[4]　全球首部氢法｜韩国政府颁布《促进氢经济和氢安全管理法》. https：//mp. weixin. qq. com/s/LsiO1pi2jLJMsFyEDcvjtQ.

[5]　解读印度绿色氢经济和政策路线图白皮书. https：//newenergy. in-en. com/html/newenergy-2398118. shtml.

[6]　海湾多国竞相发展氢经济[J]. 经济日报. https：//baijiahao. baidu. com/s？id＝1769081638290911807&wfr＝spider&for＝pc.

[7]　海湾多国加快发展氢能产业. http：//gxt. shaanxi. gov. cn/webfile/xygy/7148107737174380544. html.

第5章

大洋洲及非洲氢能产业政策

澳大利亚政府高度重视氢能发展，已将其上升至国家战略高度，并在国内开展多项氢能项目试点。大洋洲及非洲其他国家也相继出台氢能产业政策。

澳大利亚拥有发展氢能产业的巨大优势，且有潜力成为全球最大的氢气生产国之一。澳大利亚氢能发展的总体战略是大力发展清洁、创新、安全和有竞争力的氢能源产业，以新能源制氢、氢发电、氢出口作为重要策略，力争在2030年成为全球氢能市场的主要参与者。澳大利亚《国家氢能战略》的愿景是成为2030年的氢能全球主要参与者，这意味着澳大利亚将成为或定位为合作伙伴国家的首选供应商。澳大利亚《国家氢能战略》提出了一系列2030年的成功指标，包括成为亚洲市场前三大氢气出口国家、增强国际投资者对澳大利亚的信心、与进口国签订重要的供应链协议以及在供应链的所有环节上展示氢能力量等。

新西兰政府发布国家氢能发展"绿皮书"——《新西兰氢能发展愿景》，通过这个战略规划，新西兰未来将实现电力、热力和交通系统的成功脱碳，并向其他同样关注低碳路径的国家展示其全球领导力。

目前非洲至少有12个国家正在开展氢能项目建设，19个国家针对氢能产业制定了专门的监管框架或国家战略。埃及、摩洛哥、纳米比亚等国积极拥抱氢能技术，发展绿色产业，以实现能源转型、环境保护与经济增长等多重目标。

5.1 澳大利亚氢能产业政策及中长期规划：《国家氢能战略》

2018年8月，澳大利亚联邦科学与工业研究组织（CSIRO）发布了《国家氢能路线图》[1]。该路线图分析了氢的制备、存储及运输、应用等氢利用价值链上的主要技术、优势技术、发展的现状及存在的障碍，提出了针对性的技术和政策建议，最后针对不同的研究方向提出了 2018～2025 年和 2025～2030 年的研究计划。

2019 年 11 月 22 日，澳大利亚联邦政府公布了《国家氢能战略》[2]，确定了 15 个发展目标和 57 项联合行动。该战略将采取适应性办法，集中采取行动，消除市场壁垒，有效地建立供需关系，提高全球成本竞争力，并随着市场的发展迅速扩大规模。根据《国家氢能战略》，到 2030 年，澳大利亚将进入亚洲氢能市场的前三名，成为有国际影响力的氢能出口国。

5.1.1　澳大利亚氢能产业链及氢能枢纽

澳大利亚拥有资源和经验，可借助全球清洁氢能发展势头，将氢能打造为重要的出口能源。从现在到 2050 年，有可能创造数千个新的就业机会并带来数十亿美元的经济增长；可以整合更多的低成本可再生能源进行发电，减少对进口燃料的依赖，并帮助减少澳大利亚和世界各地的碳排放。澳大利亚氢能产业链见图 5-1。

图 5-1　澳大利亚氢能产业链

澳大利亚氢能战略的一个关键举措是创建氢气枢纽，形成大规模需求的集群。这些设施可能设在港口、城市、区域或偏远地区，将为该行业提供扩大规模的跳板。枢纽将使基础设施的发展更具成本效益，提高规模经济的效率，促进创新，促进部门耦合的协同效应。这些将通过在运输、工业和天然气分销网络中使用氢的其他早期步骤来补充和加强，并以提高可靠性的方式将氢技术集成到电力系统中（图 5-2）。

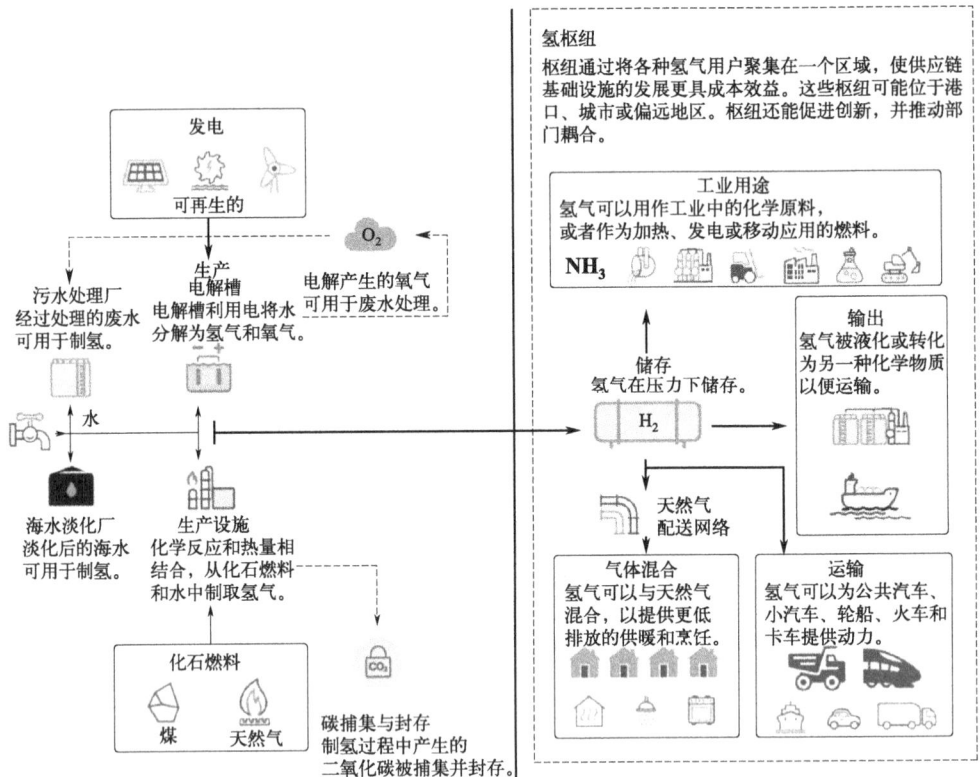

图 5-2　澳大利亚氢能枢纽示意图

　　在制造、移动和使用清洁氢方面建立和展示广泛的能力只是战略的一部分。澳大利亚将建立明确的监管框架，确保发展对能源价格和能源安全产生积极影响。通过国际参与，澳大利亚将与其他国家合作，跟踪和认证国际贸易清洁氢的起源，建设性地努力塑造国际市场，开辟新的贸易领域。澳大利亚希望在不影响安全、生活成本、水供应、土地使用或环境可持续性的情况下实现新的就业机会的增长和清洁氢的增长。政府和行业有责任确保社区安全，增强对新行业的信心和信任，并为所有澳大利亚人民带来利益。

5.1.2 澳大利亚氢能发展目标及行动

澳大利亚在对未来能源情景全面分析的基础上制定了一套全球产业发展的指标，专注于供应链的增长指标，包括投资、生产项目规模、氢的成本竞争力和氢的使用。研究、开发和示范方面的进展也很突出，强调在供应链的部分环节仍然需要创新和商业化。

澳大利亚《国家氢能战略》中的 15 个发展目标将显示市场和技术在哪些方面进展迅速，在哪些方面进展缓慢或落后（表 5-1）。战略还提到了澳大利亚在 2030 年的成就将为未来几十年的发展奠定基础，并帮助世界满足能源需求以及减少碳排放。此外，战略还展望了 2030 年之后的未来，认为澳大利亚的氢能产业前景光明。随着主要贸易伙伴的技术发展趋势以及相关信号的释放，清洁氢在制造、储存、运输和使用方面的成本将逐步降低，其竞争力与其他燃料相比逐渐增强。清洁氢的广泛应用将为目前依赖煤炭、天然气和液体化石燃料的领域提供减碳的机会。

表 5-1　澳大利亚《国家氢能战略》15 项发展目标

领域	发展目标
清洁	澳大利亚氢气生产的碳排放强度满足社区、客户和消费者的期望，并随着时间的推移而降低
	澳大利亚有一个国际公认的健全的认证体系
创新	澳大利亚被认为具有高度创新的氢产业和支持性的研究与开发环境
	澳大利亚氢气生产用水的可持续性不断改善
安全	澳大利亚有着出色的氢相关安全记录
竞争性	澳大利亚氢气在国内和国际上都具有成本竞争力
	澳大利亚有一个氢能劳动力队伍，能够对行业需求作出快速反应
就业和繁荣	氢气提供经济效益和就业机会
社区支持	成果回流到氢工业所在的社区
国内市场	清洁氢的成本继续下降，原因是技术发展规模和氢行业发展规模的不断扩大
	氢的生产和使用纳入能源市场结构
氢出口	澳大利亚成为亚洲市场最大的三个氢气出口地之一
投资者信心	澳大利亚被视为国际氢能投资者的首选目的地
	澳大利亚与进口国签订了主要的承购或供应链协议
氢能力量	在供应链的各个环节展示澳大利亚的氢能力量

该战略确定了 57 项联合行动，以国家协调、发展产能、满足当地需求为主题。这些具体行动同时考虑到了相关的出口、运输、工业使用、天然气网络、电力系统，以及诸如安全、技术和环境影响等跨领域发展的氢能问题（表 5-2）。

表 5-2   澳大利亚《国家氢能战略》57 项联合行动

领域	行动
循序渐进发展清洁氢能产业	4 项行动
大规模市场活动	3 项行动
氢能枢纽协同	2 项行动
评估氢基础设施需求	2 项行动
支持供应链上的研究、试点、试验和演示	3 项行动
在澳大利亚天然气网络中使用清洁氢能	5 项行动
交通运输行业中使用氢气的最初步骤	7 项行动
响应式监管	3 项行动
政府统一监管的共同原则	1 项行动
氢能项目规划和监管批准的协同	1 项行动
将氢整合到能源市场	3 项行动
氢在安全和可负担的能源供应中的作用	3 项行动
氢燃料的税收、消费税和其他费用的确定	2 项行动
通过双边伙伴关系以建立市场	2 项行动
氢认证	4 项行动
区域共识和参与	2 项行动
负责任的产业发展	1 项行动
氢经济的技能和培训	4 项行动
紧急情况氢能培训服务	1 项行动
氢能监管培训	1 项行动
政府协调	3 项行动

5.2 新西兰氢能产业政策及中长期规划：《新西兰氢能发展愿景》

2019 年，新西兰政府发布国家氢能发展"绿皮书"——《新西兰氢能发展愿景》[3]。该文件旨在把新西兰建设成为一个强大的低碳经济社会，通过政府政策推动，使新西兰从整个能源系统脱碳化进程中受益。报告称："氢能将会促进新西兰的能源、运输以及工业领域的变革，并且具有巨大的出口潜力。"

新西兰计划到 2035 年实现 100％的可再生电力，2050 年前转型为清洁、绿色的零碳经济。这要求能源体系从以化石能源为主转向以可再生能源为基础。绿皮书阐述了氢在新西兰经济中的作用以及如何促进能源、运输以及工业领域的变革，并且具有巨大的出口潜力。

5.2.1　新西兰选择氢能的主要原因

《新西兰氢能发展愿景》发布的目的是表明氢能可以给新西兰带来新的发展机遇，该愿景也为制定国家战略提供了一个讨论框架。氢能将会促进新西兰的能源、运输以及工业领域的变革，并且具有巨大的出口潜力。通过这个战略规划，新西兰未来将实现电力、热力和交通系统的成功脱碳，并向其他同样关注低碳路径的国家展示其全球引领力。

在全球追求脱碳应对气候变化的过程中，氢能有望发挥其作为碳氢化合物的清洁替代品的潜力。在充分利用现有的自然、社会、文化、人力和财力资源的情况下，新西兰是最适合将氢能在能源系统与经济行业中应用和过渡的几个国家之一。可以设想，氢能和电力的组合将提供强大的能源系统平台，实现新西兰能源和运输行业的深度脱碳。

5.2.2　氢能的潜在应用

氢能潜在的应用领域包括：用于应对发电行业冬季高峰需求的季节性电力储存；用于偏远用户的分散式能源生产；用于天然气脱碳；用于提供中高温工业过程热能、绿色工业化学原料；用于运输和交通应用等，例如货运、物料搬运、共享交通和公共交通。从韩国、中国、日本、法国、挪威、澳大利亚等国家和新西兰政府最近的政策声明中，都可以看出氢能的全球发展势头，这些声明涉及绿色氢能在能源、工业和运输行业示范项目中的研究与利用。

5.2.3　支持有弹性的能源系统的氢能

新西兰能源部门脱碳需进一步电气化，并利用可再生能源优势推动碳氢化合物燃料转型。氢能可以作为电网的补充，通过以下方式支持有弹性的新西兰能源系统。

① 通过使用现有的能源系统资产和技术，经济有效地进行脱碳。氢能可以作为多功能的能源载体来替代或取代化石燃料，包括直接用作运输燃料，以及为家庭或工业过程提供热能。

② 在高度发达的可再生能源环境中提供有弹性的能源系统、燃料多样性、自给自足能力和能源安全性。

③ 通过大规模能源存储，缓冲中长期（季节性）能源转移，最大限度地提高可再生能源渗透率，减少农业/旅游业的干旱年风险和季节性高峰需求。

④ 通过高效且有效的分布式能源资源，为偏远地区提供电力解决方案，包括微电网、本地储能和固定设施。

在能源系统中部署氢能面临的挑战包括以下几个方面。

① 制定政策和监管框架，实现能源系统的发展，使电力和氢能得到最佳应用。

② 多种成熟的技术和其他障碍制约了氢能的部署。

③ 大规模氢能存储的经济成本和优选方法，尚未以实用和有效的方式解决。

④ 燃料转换为氢能的公众接受度。

氢能主要用于能源系统中以下四个方面的脱碳。

(1) 用于运输行业的氢能

目前，运输占新西兰能源相关排放量的 1/2。其中，公路运输占运输排放量的 89%，也是增长最快的运输排放部门。与电池电动汽车（BEV）一样，氢燃料电池电动汽车（FCEV）提供了零碳排放的机会。

① 机遇　氢能用于运输行业的关键机遇包括：

a. 学习并利用氢燃料汽车的全球经验、投资、技术开发和试验。

b. 政府采取主动的政策和监管，鼓励氢能示范项目。

c. 向重工业（如港口和铁路）共享制氢和加氢点。

d. 在现场生成与储存氢气。加氢速度和提供范围的提升使得氢气非常适合铁路、船舶及全天候运营设施。

e. 持续运营的港口、仓储设施和货运业务。

f. 借鉴美国、日本、韩国、英国和欧洲其他国家建造氢能基础设施的经验教训。

② 挑战　在运输行业部署氢能面临的挑战包括：

a. 政策和法规。氢能开发商面临着法规和许可要求不明确、不适合新要求以及跨部门和跨国家不一致的障碍。可以制定政策促进 FCEV 的普及，包括燃油经济性标准、零排放车辆要求、费用减免和购置补贴等。

b. 经济因素。由于氢气、基础设施和车辆供应的经济成本，其需求有限。

c. 基础设施。车辆和氢燃料的经济成本及可用性阻碍了氢能基础设施的发展。从技术上讲，需要改进氢供应链，例如备件供应和供应商数量。

d. 氢能可用性。目前主要的挑战是利用新西兰可再生能源的优势和产量生产氢气，然而，与利用天然气生产氢气相比，目前利用可再生能源生产的能源非常昂贵。

e. 车辆和氢气设施。目前缺乏氢能汽车和其他运输设施（如火车、飞机和轮船）的全球供应和可用性。大多数 FCEV 是轻型车辆和叉车，公交车和重型车辆的供应有限，交付时间很长。

f. 安全性。氢气在某些条件下可能具有爆炸性，在运输中存在许多健康和安全挑战。

（2）用于工业过程的氢能

氢气在工业过程中可以作为原料以及用于生产中加热。在具有高能耗和高排放的子行业存在很大的脱碳机会：

① 石油、基础化学品和橡胶产品制造业，是使用天然气最多的子行业；

② 乳品制造业，主要使用化石燃料，能源使用量占食品制造业的 68%。

用绿氢代替现有的棕氢（以褐煤为原料，通过煤炭气化或煤炭焦化生产得到的氢）和灰氢将有助于以下工业部门的脱碳：

① 低碳氨生产；

② 低碳炼油；

③ 农业；

④ 钢铁生产；

⑤ 合成气体生产。

（3）供热与电力行业天然气脱碳

目前天然气在新西兰得到广泛应用，包括火力发电、为大型工业提供热能以及石化生产原料（甲醇和氨/尿素），在家庭和医院等基本服务中用于烹饪、热水和供暖。

① 机遇

a. 燃气分配网络脱碳。利用管道网络来储存绿色氢能，将比直接储存氢气需要更少的投资。

b. 在天然气中混合氢气，可以实现部分住宅和中小型企业客户的空间供暖、烹饪和热水供应脱碳，这将能够以比目前更大的规模生产氢，并降低成本。

c. 直接使用氢气将有利于偏远地区的客户，或那些可以利用可再生能源生产氢气的用户。

d. 通过管道网络传输气体，通常比电力传输更有效。

② 挑战　氢气用于工业目的，需要分析、解决和克服以下挑战：

a. 确定新西兰现有天然气管道中氢气的安全浓度。

b. 管理与现有管道资产信息相关的问题，以便识别和替换基础设施。

c. 在分销网络与能源企业、政府监管机构与安全机构之间进行沟通，选择合适的基础设施。

（4）氢能出口

氢能还为新西兰提供了经济出口机会。由于丰富的可再生能源，新西兰可以生产世界上最清洁的绿色氢能，并可能在国际市场上获得溢价。出口行业可以释放其可再生能源潜力，并加速新西兰国内脱碳和出口收入。

5.3 南非氢能产业政策及中长期规划：《国家氢能发展路线图》

2022 年 2 月，南非公布了非洲首个《国家氢能发展路线图》[4]，将基于矿产资源和可再生能源刺激本国制氢产业，带动经济快速增长和转型。南非正在打造具有成本效益的氢气生产和出口基地——"氢谷"，涉及交通、工业和建筑三大领域、9 个潜在的氢能项目。

5.3.1　南非国家氢能发展目标

南非的《国家氢能发展路线图》将氢能产业作为其经济重建和恢复计划的一部分。路线图提出，基于南非可再生资源和矿产资源，刺激当地对可再生能源制氢的需求，并建立绿氢出口市场，从而帮助南非经济增长，创造可持续的绿色就业机会，同时使南非转向使用安全和低成本的可再生能源。与此同时，通过增加非洲内部贸易，南非将成为推动非洲南部国家能源体系从化石燃料转向可再生能源的催化剂。

5.3.2　南非国家氢能发展方案

根据南非的氢能路线图，到 2050 年，南非将通过以下 6 个方面的成果实现零碳经济的构建。

① 建立绿色氢和氨出口市场　为南非绿氢创造一个出口市场，这将取决于南非绿氢的成本竞争力、国际市场对南非氢产业的信心以及港口等基础设施的便利性。

② 绿色和增强型电力网络　氢能通过向主电网提供储能和供电服务，帮助电力行业实现脱碳，增强电网稳定性。

③ 重型运输的脱碳　南非氢能路线图计划到 2050 年实现交通运输脱碳的目标。起始阶段的重点是公路运输脱碳，铁路、航运和航空将在中期（2025～2030 年）探索解决方案。

④ 能源密集型产业的脱碳　南非路线图计划到 2050 年实现工业脱碳的目标，起步阶段的重点将放在钢铁、采矿、化工、炼油厂和水泥等行业的脱碳上，这些行业是工业能源应用的大头。

⑤ 氢产品和燃料电池组件的本地制造　推动内燃机向电动化转变，推动电动化产品的出口，并通过为氢供应链提供金属组件产品以提高南非矿产的经

济性。

⑥ 提升氢气在南非能源系统中的占比　提高氢气（包括灰色、蓝色、蓝绿色和绿色等各类氢气）在南非能源系统中的作用，以实现净零经济的发展。

根据 6 大目标的要求，南非氢能路线图共确定并分类了 70 多项关键行动（图 5-3）。

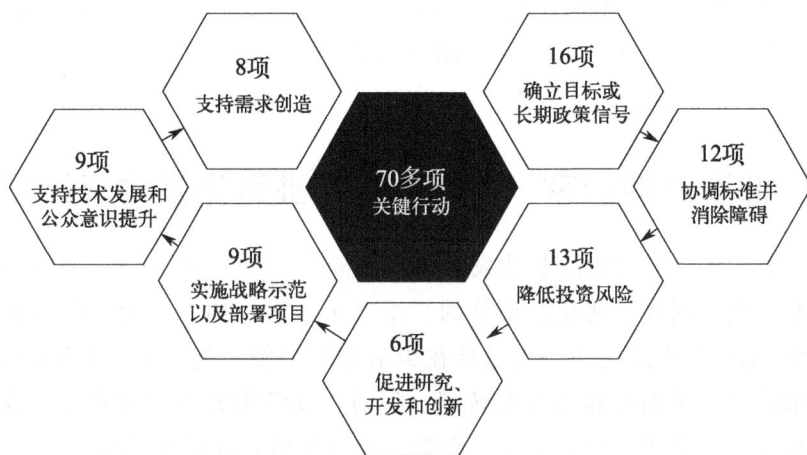

图 5-3　南非国家氢能发展 70 多项关键行动

路线图概述了 3 个重要阶段。从氢气生产、重型运输和固定发电的应用示范（2021~2024 年）开始，到 2024 年末，电解槽容量将达到数吉瓦，同时氢气和氨将用于涡轮机发电，再到 2040 年，电解槽产能将至少达到 15GW，并实现运输、电力和关键工业（钢铁、化工等）的全行业耦合。

为推动路线图计划的实施，南非已经确定了四个氢能路线图的关键性项目，包括白金谷倡议（南非氢谷）、$CoalCO_2$-X 项目、博戈巴伊经济特区项目（SEZ）和可持续航空燃料（SAF）项目。

① 博戈巴伊经济特区项目（SEZ）　由南非国家能源和化学公司 Sasol 牵头的北开普省博戈巴伊经济特区绿氢项目，在毗邻港口的 $60000hm^2$ 场地上建立一个拥有 30GW 的"太阳能＋风能"的园区、5GW 的电解槽和绿氢生产设备。

② 南非氢谷项目　将英美资源集团在莫科帕内的现有铂矿连接到约翰内斯堡，然后向南延伸至港口城市德班。路线图正探索在德班和邻近的理查兹湾港口将氢燃料作为航运的一种长期选择的可能。

③ $CoalCO_2$-X 项目　将污染物从燃煤发电站的烟气中脱除并转化为增值产品，该项目旨在直接与博戈巴伊经济特区项目形成协同。将来自北开普省的绿氢运往理查兹湾港口，然后运往内陆的姆普马兰加省（南非煤炭产区中心地

带）。绿氢将与姆普马兰加省燃煤发电站的烟道气中的二氧化碳混合并转化为肥料盐。路线图显示，博戈巴伊经济特区项目中25％的绿氢将用于此项目。

④ 可持续航空燃料项目　该项目的参与者（南非最大的氢供应商 Sasol 和 Ammonia Energy 的林德）以及 SAF 财团计划开发满足 H_2 Global 使用要求的氢燃料。

预计到2030年，这些关键性项目将生产约50万吨氢气，每年将创造至少2万个工作岗位，到2050年，对 GDP 的贡献至少为50亿美元。

5.4　非洲其他国家、地区氢能产业政策及中长期规划

近年来，多个非洲国家加快发展氢能产业[5]。2021年11月，非洲绿色氢能联盟在《联合国气候变化框架公约》第二十六次缔约方大会期间宣布成立，并于2022年5月正式启动。联盟旨在为氢能发展领先的地区、国家搭建合作平台，带动整个非洲大陆的能源转型。目前，该组织成员国有埃及、肯尼亚、毛里塔尼亚、摩洛哥、纳米比亚、南非、吉布提和尼日利亚等国。

摩洛哥于2021年制定绿氢路线图，目标是到2030年使绿氢产量占到全球需求的4％。2024年3月，摩洛哥发起"摩洛哥提议"计划，投入100万公顷土地用于建设绿氢项目，以将该国打造成地区主要绿氢生产和出口国。

埃及于2023年成立国家绿色氢能委员会并启动《国家绿色氢能战略》，目标是到2035年将可再生能源发电量占比提高到42％。目前，埃及正在筹备中的绿氢项目有21个。2024年2月，埃及政府与国际开发商签署了7项谅解备忘录，计划在苏伊士运河经济区开发绿氢和可再生能源项目。埃及规划和经济发展部部长哈拉·赛义德表示，预计这些项目试点阶段的投资额约为120亿美元，第一期投资约290亿美元，该项目的推进有助于实现埃及国家绿氢战略目标。

2023年9月，非洲第一座绿氢工厂在纳米比亚沿海城镇吕德里茨的丘卡卜国家公园正式奠基。该项目耗资35亿纳元（约合1.85亿美元），包括建设一个占地10公顷的太阳能基地、一座绿氢生产工厂、一个加氢站和一所绿氢研究院等。项目全面投入运营后，预计每年将生产35万吨氢气，在满足纳米比亚国内需求的基础上，还将出口到其他国家和地区。当地官员巴尔罗阿表示，发展绿氢项目将为城市发展注入重要动力。纳米比亚财政和公共企业部部长利蓬布·希米表示，纳米比亚拥有丰富的太阳能、风能等可再生能源，实施绿氢战略有助于应对气候变化等挑战。

　　2023 年，德国、埃及、阿联酋、毛里塔尼亚签署了一份总额达 340 亿美元的氢能合作谅解备忘录，将在毛里塔尼亚首都努瓦克肖特投建一个装机容量达 10 吉瓦的电解槽，每年生产 800 万吨绿氢用于出口。2022 年，欧盟与摩洛哥、埃及、纳米比亚签署协议，将在这些国家开发绿氢并向欧盟出口。

　　中国积极参与非洲氢能及其他新能源产业发展。中国能源建设集团分别与埃及、摩洛哥签署绿氢项目合作备忘录，拟在摩洛哥建设光伏项目、风电项目和年产量 140 万吨绿氨（约合 32 万吨绿氢）项目，拟在埃及建设光伏项目、风电项目、年产量 14 万吨的电解水制氢项目、合成氨项目以及配套的储存和处理设施项目。近日，中国建筑集团与韩国一家企业以联合体形式与埃及新能源和可再生能源局、埃及输电公司、埃及苏伊士运河经济区管理局及埃及主权基金签署谅解备忘录，将在埃及开发绿氢和绿氨。项目计划投资 19 亿美元，将建设 250 兆瓦电解水系统，计划年产 5 万吨绿氢和 25 万吨绿氨，预计 2029 年投入商业运行。

参考文献

［1］ CSIRO roadmap finds hydrogen industry set for scale-up ［EB/OL］. /2018-08-23. https：//www. csiro. au/en/News/News-releases/2018/Roadmap-finds-HydrogenIndustry-set-for-scale-up.

［2］ COAG Energy Council. National hydrogen strategy ［R/OL］. Australia：COAG Energy Council Hydrogen Working Group, 2019 /2022-02-24. https：//www. industry. gov. au/sites/default/files/2019- 11/australias-national-hydrogen-strategy. pdf.

［3］ 气候变化领域集成服务门户（CCPortal）：新西兰政府发布氢能愿景绿皮书 ［EB/OL］. /2020-03-23. http：//119. 78. 100. 157/handle/2XKMVOVA/84662.

［4］ Hydrogen society roadmap for South Africa 2021 ［EB/OL］. /2022-02-17. https：//www. dst. gov. za/index. php/resource-center/strategies-and-reports/3574-hydrogen-society-roadmap-for-south-africa-2021.

［5］ 非洲多国探索发展氢能产业（国际视点）［EB/OL］. 人民日报. 2024-04-28. http：//paper. people. com. cn/rmrbwap/html/2024-04/08/nw. D110000renmrb _ 20240408 _ 1-15. htm.

第6章

我国氢能产业政策及中长期规划

中国的氢能与燃料电池研究始于20世纪50年代，但长期处于产业创新能力不强、技术装备水平不高、支撑产业发展的基础性制度滞后等状态。"十三五"期间，党中央、国务院系统谋划、整体推进我国氢能产业高质量发展。2016年以来，国家加速推出氢能源相关政策，推动氢能源产业发展。2019年，政府工作报告中首次提及"氢能"相关内容，明确要"推动充电、加氢等设施建设"。

中国作为全球最大的发展中国家，在经济快速发展的情况下，也面临着日益严重的环境问题，如空气污染、水污染、土地退化等。同时，全球气候变化也给中国经济和环境带来了巨大的挑战。因此，为了应对这些挑战，中国政府提出"双碳"目标，推动经济和环境的可持续发展。在"碳达峰"阶段，为使我国单位 GDP 的二氧化碳排放强度下降，氢能可在化石能源与可再生能源之间起到桥梁与纽带的作用，在替代化石能源直接消费、促进终端能源消费清洁化的同时，也可以成为可再生能源发展的缓冲器，避免可再生能源不稳定性给能源体系带来的负面冲击。在"碳中和"阶段，各行业都要强化转型力度，特别是工业中难以减排的行业要实现进一步深度减排，氢能将在这些行业发挥不可替代的作用。

中国作为产氢大国，近年来，氢能产业持续发展。据统计，2020 年我国氢气产能约为 2500 万吨；到 2021 年增至 3300 万吨，同比增长 32%；2022 年为 3781 万吨，同比增长 14.58%；2023 年达到 4380 万吨，同比增长 15.84%；2024 年氢气产能超 5000 万吨。我国 62% 的制氢量来自煤或焦炭生产，工业副产氢占比约为 19%，天然气制氢占比 18.1%，电解水制氢占比不足 1%。2020

年我国加氢站数量为 118 座，2021 年增长至 218 座，截至 2022 年底，国内共建成并投运加氢站 274 座。根据 GGII（高工产业研究院）《中国加氢站数据库》，截至 2023 年底，国内累计建成加氢站 397 座，目前在建及进入招标阶段的加氢站数量达到 80 座，2024 年底，国内加氢站累计建成数量超 540 座。尽管如此，我国氢能发展受限于多方面的制约因素，当前氢能行业尚未形成全产业链与合力，主要受以下因素制约：

① 氢能关键材料及设备零部件要求苛刻、工艺复杂、成本高昂，并且不同国家、不同部门之间的技术差距明显。尤其对于我国来说，一些关键技术仍然被国外所垄断。

② 电解水制氢技术是实现绿氢大规模生产的最有希望的途径，但其成本过高，主要由电价导致，短期仍无法完全替代碳排放量较高的化石燃料制氢。

③ 受限于我国可再生能源资源的分布状况，制氢端与用氢端往往存在着较大的时间和空间错位性，尚未形成完善的氢气存储和输运网络渠道。

④ 较之于石化能源产业，氢能属于新兴能源，目前缺乏相应基础设施整体布局。因此，目前氢能全产业链体系上下游难以形成有效联动，尚未健全。

⑤ 当前用氢端需求关注方向过于单一，主要集中在氢燃料电池及其交通载具方面，成熟度偏低、规模不大，需求尚未得到全面开发。

⑥ 氢能技术标准不完善，涉及氢品质、储运、加氢站和安全等内容的技术标准较少，急需一套健全的国际、国家或行业标准，以此来规范氢能行业市场健康发展。

2022 年 3 月，国家发展改革委、国家能源局发布了《氢能产业发展中长期规划（2021—2023 年）》，目标是到 2025 年，基本掌握核心技术和制造工艺，燃料电池车保有量约 5 万辆，部署建设一批加氢站，可再生能源制氢量达到 10 万～20 万吨/年，实现二氧化碳减排 100 万～200 万吨/年；到 2030 年，形成较为完备的氢能产业技术创新体系、清洁能源制氢及供应体系，有力支撑碳达峰目标实现；到 2035 年，形成氢能多元应用生态，可再生能源制氢在终端能源消费中的比例明显提升。"十四五"规划中提出"氢能源发展"，国务院及相关部委及时出台了氢能产业政策及规划。2024 年两会《政府工作报告》指出："加快前沿新兴氢能、新材料、创新药等产业发展，积极打造生物制造、商业航天、低空经济等新增长引擎。"这是中央在全国年度经济发展规划方面首次指出要加快氢能产业的发展。2024 年 11 月 9 日，《中华人民共和国能源法》正式通过，将氢能列入与石油、煤炭、天然气等同级管理。

6.1 国务院氢能产业政策及规划

6.1.1 国务院：《国务院办公厅关于印发〈新能源汽车产业发展规划（2021—2035 年）〉的通知》

《新能源汽车产业发展规划（2021—2035 年）》由国务院办公厅于 2020 年 11 月 2 日发布实施。发展新能源汽车是我国从汽车大国迈向汽车强国的必由之路，是应对气候变化、推动绿色发展的战略举措。本规划针对我国新能源汽车发展面临核心技术创新能力不强、质量保障体系有待完善、基础设施建设仍显滞后、产业生态尚不健全、市场竞争日益加剧等问题，为推动新能源汽车产业高质量发展，加快建设汽车强国而制定。

规划第六章"完善基础设施体系"第三节"有序推进氢燃料供给体系建设"指出，提高氢燃料制、储、运经济性。因地制宜开展工业副产氢及可再生能源制氢技术应用，加快推进先进适用储氢材料产业化。开展高压气态、深冷气态、低温液态及固态等多种形式储运技术示范应用，探索建设氢燃料运输管道，逐步降低氢燃料储运成本。健全氢燃料制、储、运、加等标准体系。加强氢燃料安全研究，强化全链条安全监管。

规划要求推进加氢基础设施建设，建立完善加氢基础设施的管理规范。引导企业根据氢燃料供给、消费需求等合理布局加氢基础设施，提升安全运行水平。支持利用现有场地和设施，开展油、气、氢、电综合供给服务。

6.1.2 国务院：《国务院关于加快建立健全绿色低碳循环发展经济体系的指导意见》

《国务院关于加快建立健全绿色低碳循环发展经济体系的指导意见》由国务院于 2021 年 2 月 22 日发布实施，目的是加快建立健全绿色低碳循环发展的经济体系。

指导意见第五条"加快基础设施绿色升级"第十五款"推动能源体系绿色低碳转型"指出，坚持节能优先，完善能源消费总量和强度双控制度。提升可再生能源利用比例，大力推动风电、光伏发电发展，因地制宜发展水能、地热能、海洋能、氢能、生物质能、光热发电。加快大容量储能技术研发推广，提升电网汇集和外送能力。第十七款"提升交通基础设施绿色发展水平"指出，将生态环保理念贯穿交通基础设施规划、建设、运营和维护全过程，集约利用土地等资源，合理避让具有重要生态功能的国土空间，积极打造绿色公路、绿色铁路、绿色航道、绿色港口、绿色空港。加强新能源汽车充换电、加氢等配套基础设施建设。

6.1.3　国务院：《中华人民共和国国民经济和社会发展第十四个五年（2021—2025 年）规划和 2035 年远景目标纲要》

《中华人民共和国国民经济和社会发展第十四个五年（2021—2025 年）规划和 2035 年远景目标纲要》由国务院于 2021 年 3 月 13 日发布实施，根据《中共中央关于制定国民经济和社会发展第十四个五年规划和二〇三五年远景目标的建议》编制，主要阐明国家战略意图，明确政府工作重点，引导规范市场主体行为，是我国开启全面建设社会主义现代化国家新征程的宏伟蓝图，是全国各族人民共同的行动纲领。

第九章"发展壮大战略性新兴产业"第二节"前瞻谋划未来产业"提出，要在类脑智能、量子信息、基因技术、未来网络、深海空天开发、氢能与储能等前沿科技和产业变革领域组织实施未来产业孵化与加速计划，谋划布局一批未来产业。

6.1.4　国务院：《中共中央 国务院关于完整准确全面贯彻新发展理念做好碳达峰碳中和工作的意见》

实现碳达峰、碳中和，是以习近平同志为核心的党中央统筹国内、国际两个大局作出的重大战略决策，是着力解决资源环境约束突出问题、实现中华民族永续发展的必然选择，是构建人类命运共同体的庄严承诺。为完整、准确、全面贯彻新发展理念，做好碳达峰、碳中和工作，中共中央、国务院于 2021 年 9 月 22 日印发了《中共中央 国务院关于完整准确全面贯彻新发展理念做好碳达峰碳中和工作的意见》。

意见第五条"加快构建清洁低碳安全高效能源体系"第十二款"积极发展非化石能源"提出统筹推进氢能"制、储、输、用"全链条发展。第六条"加快推进低碳交通运输体系建设"第十五款"推广节能低碳型交通工具"指出，加快发展新能源和清洁能源车船，推动加氢站建设。第八条"加强绿色低碳重大科技攻关和推广应用"第二十一款"加快先进适用技术研发和推广"指出，要加强氢能生产、储存、应用关键技术研发、示范和规模化应用。

6.1.5　国务院：《国务院关于印发〈2030 年前碳达峰行动方案〉的通知》

《2030 年前碳达峰行动方案》由国务院于 2021 年 10 月 24 日发布实施，目的是深入贯彻落实党中央、国务院关于碳达峰、碳中和的重大战略决策，扎实推进碳达峰行动。

方案第三条"重点任务"第三点"工业领域碳达峰行动"提出，在推动钢铁行业碳达峰方面要探索开展氢冶金、二氧化碳捕集利用一体化等试点示范。

在推动石化、化工行业碳达峰方面调整原料结构，控制新增原料用煤，拓展富氢原料进口来源，推动石化、化工原料轻质化。第五点"交通运输绿色低碳行动"提出要推动运输工具装备低碳转型。积极扩大电力、氢能、天然气、先进生物液体燃料等新能源、清洁能源在交通运输领域应用，推广电力、氢燃料、液化天然气动力重型货运车辆。要加快绿色交通基础设施建设。将绿色低碳理念贯穿于交通基础设施规划、建设、运营和维护全过程，降低全生命周期能耗和碳排放。有序推进充电桩、配套电网、加注（气）站、加氢站等基础设施建设，提升城市公共交通基础设施水平。

6.2 国家发展改革委氢能产业政策及规划

6.2.1 国家发展改革委：《氢能产业发展中长期规划（2021—2035 年）》

《氢能产业发展中长期规划（2021—2035 年）》根据《中华人民共和国国民经济和社会发展第十四个五年（2021—2025 年）规划和 2035 年远景目标纲要》，为助力实现碳达峰、碳中和目标，深入推进能源生产和消费革命，构建清洁低碳、安全高效的能源体系，促进氢能产业高质量发展编制，规划期限为 2021~2035 年，由国家发展改革委于 2022 年 3 月 23 日发布实施。规划科学分析了我国氢能产业的发展现状，明确了氢能在我国能源绿色低碳转型中的战略定位、总体要求和发展目标，提出了氢能创新体系、基础设施、多元应用、政策保障、组织实施等方面的具体规划，为我国氢能产业中长期发展描绘了宏伟蓝图。

6.2.1.1 现状与形势

当今世界正经历百年未有之大变局，新一轮科技革命和产业变革同我国经济高质量发展要求形成历史性交汇。以燃料电池为代表的氢能开发利用技术取得重大突破，为实现零排放的能源利用提供重要解决方案，需要牢牢把握全球能源变革发展大势和机遇，加快培育发展氢能产业，加速推进我国能源清洁低碳转型。

从国际看，全球主要发达国家高度重视氢能产业发展，氢能已成为加快能源转型升级、培育经济新增长点的重要战略选择。全球氢能全产业链关键核心技术趋于成熟，燃料电池出货量快速增长、成本持续下降，氢能基础设施建设明显提速，区域性氢能供应网络正在形成。

从国内看，我国是世界上最大的制氢国，2024 年制氢产量超 3650 万吨。可再生能源装机量全球第一，在清洁低碳的氢能供给上具有巨大潜力。国内氢能产业呈现积极发展态势，已初步掌握氢能制备和储运、加氢、燃料电池、系统集成等主要技术和生产工艺，在部分区域实现燃料电池汽车小规模示范应用。全产业链规模以上工业企业超过 300 家，集中分布在长三角、粤港澳大湾区、京津冀等区域。

但总体来看，我国氢能产业仍处于发展初期，相较于国际先进水平，仍存在产业创新能力不强、技术装备水平不高、支撑产业发展的基础性制度滞后、产业发展形态和发展路径尚需进一步探索等问题和挑战。同时，一些地方盲目跟风、同质化竞争、低水平建设的苗头有所显现。面对新形势、新机遇、新挑战，亟须加强顶层设计和统筹谋划，进一步提升氢能产业创新能力，不断拓展市场应用新空间，引导产业健康有序发展。

6.2.1.2　战略定位

氢能是未来国家能源体系的重要组成部分。充分发挥氢能作为可再生能源规模化高效利用的重要载体作用及其大规模、长周期储能优势，促进异质能源跨地域和跨季节优化配置，推动氢能、电能和热能系统融合，促进形成多元互补融合的现代能源供应体系。

氢能是用能终端实现绿色低碳转型的重要载体。以绿色低碳为方针，加强氢能的绿色供应，营造形式多样的氢能消费生态，提升我国能源安全水平。发挥氢能对碳达峰、碳中和目标的支撑作用，深挖跨界应用潜力，因地制宜引导多元应用，推动交通、工业等用能终端的能源消费转型和高耗能、高排放行业绿色发展，减少温室气体排放。

氢能产业是战略性新兴产业和未来产业的重点发展方向。以科技自立自强为引领，紧扣全球新一轮科技革命和产业变革发展趋势，加强氢能产业创新体系建设，加快突破氢能核心技术和关键材料瓶颈，加速产业升级壮大，实现产业链良性循环和创新发展。践行创新驱动，促进氢能技术装备取得突破，加快培育新产品、新业态、新模式，构建绿色低碳产业体系，打造产业转型升级的新增长点，为经济高质量发展注入新动能。

6.2.1.3　总体要求

（1）指导思想

以习近平新时代中国特色社会主义思想为指导，弘扬伟大建党精神，立足新发展阶段，完整、准确、全面贯彻新发展理念，构建新发展格局，以推动高质量发展为主题，以深化供给侧结构性改革为主线，紧扣实现碳达峰、碳中和目标，贯彻"四个革命、一个合作"能源安全新战略，着眼抢占未来产业发展先机，统筹氢能产业布局，提升创新能力，完善管理体系，规范有序发展，提高氢能在能源消费结构中的比重，为构建清洁低碳、安全高效的能源体系提供有力支撑。

（2）基本原则

① 创新引领，自立自强 坚持创新驱动发展，加快氢能创新体系建设，以需求为导向，带动产品创新、应用创新和商业模式创新。集中突破氢能产业技术瓶颈，建立健全产业技术装备体系，增强产业链、供应链的稳定性和竞争力。充分利用全球创新资源，积极参与全球氢能技术和产业创新合作。

② 安全为先，清洁低碳 把安全作为氢能产业发展的内在要求，建立健全氢能安全监管制度和标准规范，强化对氢能制、储、输、加、用等全产业链重大安全风险的预防和管控，提升全过程安全管理水平，确保氢能利用安全可控。构建清洁化、低碳化、低成本的多元制氢体系，重点发展可再生能源制氢，严格控制化石能源制氢。

③ 市场主导，政府引导 发挥市场在资源配置中的决定性作用，突出企业主体地位，加强产、学、研、用深度融合，着力提高氢能技术经济性，积极探索氢能利用的商业化路径。更好地发挥政府作用，完善产业发展基础性制度体系，强化全国一盘棋，科学优化产业布局，引导产业规范发展。

④ 稳慎应用，示范先行 积极发挥规划引导和政策激励作用，统筹考虑氢能供应能力、产业基础和市场空间，与技术创新水平相适应，有序开展氢能技术创新与产业应用示范，避免一些地方盲目布局、一拥而上。坚持点线结合、以点带面，因地制宜拓展氢能应用场景，稳慎推动氢能在交通、储能、发电、工业等领域的多元应用。

（3）发展目标

到 2025 年，形成较为完善的氢能产业发展制度政策环境，产业创新能力显著提高，基本掌握核心技术和制造工艺，初步建立较为完整的供应链和产业体系。氢能示范应用取得明显成效，清洁能源制氢及氢能储运技术取得较大进展，市场竞争力大幅提升，初步建立以工业副产氢和可再生能源制氢就近利用为主的氢能供应体系。燃料电池车保有量约 5 万辆，部署建设一批加氢站。可再生能源制氢量达到 10 万～20 万吨/年，成为新增氢能消费的重要组成部分，实现二氧化碳减排 100 万～200 万吨/年。

再经过 5 年的发展，到 2030 年，形成较为完备的氢能产业技术创新体系、清洁能源制氢及供应体系，产业布局合理有序，可再生能源制氢广泛应用，有力支撑碳达峰目标实现。

到 2035 年，形成氢能产业体系，构建涵盖交通、储能、工业等领域的多元氢能应用生态。可再生能源制氢在终端能源消费中的比重明显提升，对能源绿色转型发展起到重要支撑作用。

6.2.1.4 系统构建支撑氢能产业高质量发展创新体系

围绕氢能高质量发展重大需求，准确把握氢能产业创新发展方向，聚焦短板弱项，适度超前部署一批氢能项目，持续加强基础研究、关键技术和颠覆性技术创新，建立完善更加协同高效的创新体系，不断提升氢能产业竞争力和创新力。

（1）持续提升关键核心技术水平

加快推进质子交换膜燃料电池技术创新，开发关键材料，提高主要性能指标和批量化生产能力，持续提升燃料电池可靠性、稳定性、耐久性。支持新型燃料电池等技术发展。着力推进核心零部件以及关键装备研发制造。加快提高可再生能源制氢转化效率和单台装置制氢规模，突破氢能基础设施环节关键核心技术。开发临氢设备关键影响因素监测与测试技术，加大制、储、输、用氢全链条安全技术开发应用。

持续推进绿色低碳氢能制取、储存、运输和应用等各环节关键核心技术研发。持续开展光解水制氢、氢脆失效、低温吸附、泄漏/扩散/燃爆等氢能科学机理以及氢能安全基础规律研究。持续推动氢能先进技术、关键设备、重大产品示范应用和产业化发展，构建氢能产业高质量发展技术体系。

（2）着力打造产业创新支撑平台

聚焦氢能重点领域和关键环节，构建多层次、多元化创新平台，加快集聚人才、技术、资金等创新要素。支持高校、科研院所、企业加快建设重点实验室、前沿交叉研究平台，开展氢能应用基础研究和前沿技术研究。依托龙头企业整合行业优质创新资源，布局产业创新中心、工程研究中心、技术创新中心、制造业创新中心等创新平台，构建高效协作创新网络，支持行业关键技术开发和工程化应用。鼓励行业优势企业、服务机构，牵头搭建氢能产业知识产权运营中心、氢能产品检验检测及认证综合服务平台、废弃氢能产品回收处理中心、氢能安全战略联盟等支撑平台，结合专利导航等工作服务行业创新发展。支持"专、精、特、新"中小企业参与氢能产业关键共性技术研发，培育一批自主创新能力强的单项冠军企业，促进大、中、小企业协同创新融通发展。

（3）推动建设氢能专业人才队伍

以氢能技术创新需求为导向，支持引进和培育高端人才，提升氢能基础前沿技术研发能力。加快培育氢能技术及装备专业人才队伍，夯实氢能产业发展的创新基础。建立健全人才培养培训机制，加快推进氢能相关学科专业建设，壮大氢能创新研发人才群体。鼓励职业院校（含技工院校）开设相关专业，培育高素质技术技能人才及其他从业人员。

（4）积极开展氢能技术创新国际合作

鼓励开展氢能科学和技术国际联合研发，推动氢能全产业链关键核心技术、材料和装备创新合作，积极构建国际氢能创新链、产业链。积极参与国际氢能标准化活动。坚持共商、共建、共享原则，探索与共建"一带一路"国家开展氢能贸易、基础设施建设、产品开发等合作。加强与氢能技术领先的国家和地区开展项目合作，共同开拓第三方国际市场。

6.2.1.5 统筹推进氢能基础设施建设

统筹全国氢能产业布局，合理把握产业发展进度，避免无序竞争，有序推进氢能基础设施建设，强化氢能基础设施安全管理，加快构建安全、稳定、高效的氢能供应网络。

（1）合理布局制氢设施

结合资源禀赋特点和产业布局，因地制宜选择制氢技术路线，逐步推动构建清洁化、低碳化、低成本的多元制氢体系。在焦化、氯碱、丙烷脱氢等行业集聚地区，优先利用工业副产氢，鼓励就近消纳，降低工业副产氢供给成本。在风、光、水、电资源丰富地区，开展可再生能源制氢示范，逐步扩大示范规模，探索季节性储能和电网调峰。推进固体氧化物电解池制氢、光解水制氢、海水制氢、核能高温制氢等技术研发。探索在氢能应用规模较大的地区设立制氢基地。

（2）稳步构建储运体系

以安全可控为前提，积极推进技术材料工艺创新，支持开展多种储运方式的探索和实践。提高高压气态储运效率，加快降低储运成本，有效提升高压气态储运商业化水平。推动低温液氢储运产业化应用，探索固态、深冷高压、有机液体等储运方式应用。开展掺氢天然气管道、纯氢管道等试点示范。逐步构建高密度、轻量化、低成本、多元化的氢能储运体系。

（3）统筹规划加氢网络

坚持需求导向，统筹布局建设加氢站，有序推进加氢网络体系建设。坚持安全为先，节约、集约利用土地资源，支持依法依规利用现有加油加气站的场地、设施改扩建加氢站。探索站内制氢、储氢和加氢一体化的加氢站等新模式。

6.2.1.6 稳步推进氢能多元化示范应用

坚持以市场应用为牵引，合理布局、把握节奏，有序推进氢能在交通领域的示范应用，拓展在储能、分布式发电、工业等领域的应用，推动规模化发展,加快探索形成有效的氢能产业发展的商业化路径。"十四五"氢能产业创新应用示范工程见表 6-1。

表 6-1 "十四五"氢能产业创新应用示范工程

领域	内容
交通	在矿区、港口、工业园区等运营强度大、行驶线路固定区域,探索开展氢燃料电池货车运输示范应用及 70MPa 储氢瓶车辆应用验证。 在有条件的地方,可在城市公交车、物流配送车、环卫车等公共服务领域,试点应用燃料电池商用车。 结合重点区域生态环保需求和电力基础设施条件,探索氢燃料电池在船舶、航空器等领域的示范应用
储能	重点在可再生能源资源富集、氢气需求量大的地区,开展集中式可再生能源制氢示范工程,探索氢储能与波动性可再生能源发电协同运行的商业化运营模式。 鼓励在燃料电池汽车示范线路等氢气需求集中区域,布局基于分布式可再生能源或电网低谷负荷的储能/加氢一体站,充分利用站内制氢运输成本低的优势,推动氢能分布式生产和就近利用
发电	结合增量配电改革和综合能源服务试点,开展氢电融合的微电网示范,推动燃料电池热电联供应用实践。 鼓励结合新建和改造通信基站工程,开展氢燃料电池通信基站备用电源示范应用,并逐步在金融、医院、学校、商业、工矿企业等领域引入氢燃料电池应用
工业	结合国内冶金和化工行业市场环境和产业基础,探索氢能冶金示范应用,探索开展可再生能源制氢在合成氨、甲醇、炼化、煤制油气等行业替代化石能源的示范

（1）有序推进交通领域示范应用

立足本地氢能供应能力、产业环境和市场空间等基础条件,结合道路运输行业发展特点,重点推进氢燃料电池中重型车辆应用,有序拓展氢燃料电池等新能源客、货汽车市场应用空间,逐步建立燃料电池电动汽车与锂电池纯电动汽车的互补发展模式。积极探索燃料电池在船舶、航空器等领域的应用,推动大型氢能航空器研发,不断提升交通领域氢能应用市场规模。

（2）积极开展储能领域示范应用

发挥氢能调节周期长、储能容量大的优势,开展氢储能在可再生能源消纳、电网调峰等应用场景的示范,探索培育"风光发电＋氢储能"一体化应用新模式,逐步形成抽水蓄能、电化学储能、氢储能等多种储能技术相互融合的电力系统储能体系。探索氢能跨能源网络协同优化潜力,促进电能、热能、燃料等异质能源之间的互联互通。

（3）合理布局发电领域多元应用

根据各地既有能源基础设施条件和经济承受能力,因地制宜布局氢燃料电池分布式热电联供设施,推动在社区、园区、矿区、港口等区域内开展氢能源综合利用示范。依托通信基站、数据中心、铁路通信站点、电网变电站等基础设施工程建设,推动氢燃料电池在备用电源领域的市场应用。在可再生能源基地，探索以燃料电池为基础的发电调峰技术研发与示范。结合偏远地区、海岛等用电需求，开展燃料电池分布式发电示范应用。

（4）逐步探索工业领域替代应用

不断提升氢能利用经济性，拓展清洁低碳氢能在化工行业替代的应用空间。开展以氢作为还原剂的氢冶金技术研发应用。探索氢能在工业生产中作为高品质热源的应用。扩大工业领域氢能替代化石能源应用规模，积极引导合成氨、合成甲醇、炼化、煤制油气等行业由高碳工艺向低碳工艺转变，促进高耗能行业绿色低碳发展。

6.2.1.7　加快完善氢能发展政策和制度保障体系

牢固树立安全底线，完善标准规范体系，加强制度创新供给，着力破除制约产业发展的制度性障碍和政策性瓶颈，不断夯实产业发展制度基础，保障氢能产业创新可持续发展。

（1）建立健全氢能政策体系

制定完善氢能管理有关政策，规范氢能制备、储运和加注等环节建设管理程序，落实安全监管责任，加强产业发展和投资引导，推动氢能规模化应用，促进氢能生产和消费，为能源绿色转型提供支撑。完善氢能基础设施建设运营有关规定，注重在建设要求、审批流程和监管方式等方面强化管理，提升安全运营水平。研究探索可再生能源发电制氢支持性电价政策，完善可再生能源制氢市场化机制，健全覆盖氢储能的储能价格机制，探索氢储能直接参与电力市场交易。

（2）建立完善氢能产业标准体系

推动完善氢能制、储、输、用标准体系，重点围绕建立健全氢能质量、氢安全等基础标准，制氢、储运氢装置，加氢站等基础设施标准，交通、储能等氢能应用标准，增加标准有效供给。鼓励龙头企业积极参与各类标准研制工作，支持有条件的社会团体制定发布相关标准。在政策制定、政府采购、招投标等活动中，严格执行强制性标准，积极采用推荐性标准和国家有关规范。推进氢能产品检验检测和认证公共服务平台建设，推动氢能产品质量认证体系建设。

（3）加强全链条安全监管

加强氢能安全管理制度和标准研究，建立健全氢能全产业安全标准规范，强化安全监管，落实企业安全生产主体责任和部门安全监管责任，落实地方政府氢能产业发展属地管理责任，提高安全管理能力水平。推动氢能产业关键核心技术和安全技术协同发展，加强氢气泄漏检测报警以及氢能相关特种设备的检验、检测等先进技术研发。积极利用互联网、大数据、人工智能等先进技术手段，及时预警氢能生产及储运装置、场所和应用终端的泄漏、疲劳、爆燃等风险状态，有效提升事故预防能力。加强应急能力建设，研究制定氢能突发事件处置预案、处置技战术和作业规程，及时有效应对各类氢能安全风险。

6.2.1.8　组织实施

充分认识发展氢能产业的重要意义，把思想、认识和行动统一到党中央、国务院的决策部署上来，加强组织领导和统筹协调，强化政策引导和支持，通过开展试点示范、宣传引导、督导评估等措施，确保规划目标和重点任务落到实处。

（1）充分发挥统筹协调机制作用

建立氢能产业发展部际协调机制，协调解决氢能发展重大问题，研究制定相关配套政策。强化规划引导作用，推动地方结合自身基础条件理性布局氢能产业，实现产业健康有序和集聚发展。

（2）加快构建"1+N"政策体系

坚持以规划为引领，聚焦氢能产业发展的关键环节和重大问题，在氢能规范管理、氢能基础设施建设运营管理、关键核心技术装备创新、氢能产业多元应用试点示范、国家标准体系建设等方面，制定出台相关政策，打造氢能产业发展"1+N"政策体系，有效发挥政策引导作用。

（3）积极推动试点示范

深入贯彻国家重大区域发展战略，不断优化产业空间布局，在供应潜力大、产业基础实、市场空间足、商业化实践经验多的地区稳步开展试点示范。支持试点示范地区发挥自身优势，改革创新，探索氢能产业发展的多种路径，在完善氢能政策体系、提升关键技术创新能力等方面先行先试，形成可复制可推广的经验。建立事中事后监管和考核机制，确保试点示范工作取得实效。

（4）强化财政金融支持

发挥好中央预算内投资引导作用，支持氢能相关产业发展。加强金融支持，鼓励银行业金融机构按照风险可控、商业可持续性原则支持氢能产业发展，运用科技化手段为优质企业提供精准化、差异化金融服务。鼓励产业投资基金、创业投资基金等按照市场化原则支持氢能创新型企业，促进科技成果转移转化。支持符合条件的氢能企业在科创板、创业板等注册上市融资。

（5）深入开展宣传引导

开展氢能制、储、输、用的安全法规和安全标准宣贯工作，增强企业主体安全意识，筑牢氢能安全利用基础。加强氢能科普宣传，注重舆论引导，及时回应社会关切，推动形成社会共识。

（6）做好规划督导评估

加强对规划实施的跟踪分析、督促指导，总结推广先进经验，适时组织开展成效评估工作，及时研究解决规划实施中出现的新情况、新问题。规划实施中期，根据技术进步、资源状况和发展需要，结合规划成效评估工作，进一步优化后续任务工作方案。

6.2.2　国家发展改革委、国家能源局：《"十四五"现代能源体系规划》

《"十四五"现代能源体系规划》根据《中华人民共和国国民经济和社会发展第十四个五年（2021—2025年）规划和2035年远景目标纲要》编制，由国家发展改革委、国家能源局于2022年1月29日印发实施。《"十四五"现代能源体系规划》主要阐明我国能源发展方针、主要目标和任务举措，是"十四五"时期加快构建现代能源体系、推动能源高质量发展的总体蓝图和行动纲领。

规划第六章"提升能源产业链现代化水平"第十六条指出，要增强能源科技创新能力，强化储能、氢能等前沿科技攻关。适度超前部署一批氢能项目，着力攻克可再生能源制氢和氢能储运、应用及燃料电池等核心技术，力争氢能全产业链关键技术取得突破，推动氢能技术发展和示范应用。加强前沿技术研究，加快推广应用减污降碳技术。

瞄准新型电力系统、安全高效储能、氢能、新一代核能体系、二氧化碳捕集利用与封存、天然气水合物等前沿领域，实施一批具有前瞻性、战略性的国家重大科技示范项目。在氢能方面，包括高效可再生能源氢气制备、储运、应用和燃料电池等关键技术攻关及多元化示范应用。氢能在可再生能源消纳、电网调峰等场景示范应用。氢能、电能、热能等异质能源互联互通示范。

6.2.3　国家发展改革委、国家能源局：《"十四五"新型储能发展实施方案》

《"十四五"新型储能发展实施方案》按照《中华人民共和国国民经济和社会发展第十四个五年（2021—2025年）规划和2035年远景目标纲要》和《国家发展改革委 国家能源局关于加快推动新型储能发展的指导意见》要求编制，由国家发展改革委、国家能源局于2022年1月29日印发实施。

方案第一条"总体要求"第三点"发展目标"指出，到2025年，新型储能由商业化初期步入规模化发展阶段，具备大规模商业化应用条件。新型储能技术创新能力显著提高，核心技术装备自主可控水平大幅提升，标准体系基本完善，产业体系日趋完备，市场环境和商业模式基本成熟。其中，氢储能、热（冷）储能等长时间尺度储能技术取得突破。

方案第二条"强化技术攻关，构建新型储能创新体系"第一点"加大关键技术装备研发力度"指出，要推动多元化技术开发，开展钠离子电池、新型锂离子电池、铅炭电池、液流电池、压缩空气、氢（氨）储能、热（冷）储能等关键核心技术、装备和集成优化设计研究。

方案第三条"积极试点示范，稳妥推进新型储能产业化进程"第一点"加快多元化技术示范应用"指出，要开展不同技术路线分类试点示范。拓展氢（氨）储能、热（冷）储能等应用领域，开展依托可再生能源制氢（氨）的氢（氨）储能、利用废弃矿坑储能等试点示范。结合系统需求推动多种储能技术联合应用，开展复合型储能试点示范。推动多时间尺度新型储能技术试点示范。重点试点示范压缩空气、液流电池、高效储热等日到周、周到季时间尺度储能技术，以及可再生能源制氢、制氨等更长周期储能技术，满足多时间尺度应用需求。

6.2.4　国家发展改革委、国家能源局：《关于促进新时代新能源高质量发展实施方案》

《关于促进新时代新能源高质量发展实施方案》由国家发展改革委、国家能源局制定，并由国务院办公厅于 2022 年 5 月 14 日颁布实施。方案旨在锚定到 2030 年我国风电、太阳能发电总装机容量达到 12 亿千瓦以上的目标，加快构建清洁低碳、安全高效的能源体系。

方案第四条"支持引导新能源产业健康有序发展"第十四款"提高新能源产业国际化水平"指出，要加强新能源产业知识产权国际合作，推动计量、检测和试验研究能力达到世界先进水平，积极参与风电、光伏、海洋能、氢能、储能、智慧能源及电动汽车等领域国际标准、合格评定程序的制定和修订，提高计量和合格评定结果互认水平，提升我国标准和检测认证机构的国际认可度和影响力。

6.2.5　国家发展改革委、国家能源局：《关于完善能源绿色低碳转型体制机制和政策措施的意见》

《关于完善能源绿色低碳转型体制机制和政策措施的意见》是为深入贯彻落实《中共中央 国务院关于完整准确全面贯彻新发展理念做好碳达峰碳中和工作的意见》和《2030 年前碳达峰行动方案》有关要求，由国家发展改革委、国家能源局于 2022 年 1 月 30 日印发实施。意见从国情实际出发，统筹发展与安全、稳增长和调结构，深化能源领域体制机制改革创新，加快构建清洁低碳、安全高效的能源体系，促进能源高质量发展和经济社会发展全面绿色转型，为科学有序推动如期实现碳达峰、碳中和目标和建设现代化经济体系提供保障。

意见第三条"完善引导绿色能源消费的制度和政策体系"第十一款"完善交通运输领域能源清洁替代政策"指出，要推进交通运输绿色低碳转型，优化交通运输结构，推行绿色低碳交通设施装备。推行大容量电气化公共交通和电动、氢能、先进生物液体燃料、天然气等清洁能源交通工具，完善充换电、加氢、加气（液化天然气、LNG）站点布局及服务设施，降低交通运输领域清洁能源用能成本。

意见第六条"完善化石能源清洁高效开发利用机制"第二十四款"完善油气清洁高效利用机制"指出，要探索输气管道掺氢输送、纯氢管道输送、液氢运输等高效输氢方式。

意见第七条"健全能源绿色低碳转型安全保供体系"第二十七款"健全能源供应保障和储备应急体系"指出，要统筹能源绿色低碳转型和能源供应安全保障，提高适应经济社会发展以及各种极端情况的能源供应保障能力。完善煤炭、石油、天然气产供储销体系，探索建立氢能产供储销体系。

意见第十条"促进能源绿色低碳转型国际合作"第三十四款"积极推动全球能源治理中绿色低碳转型发展合作"指出，要建设和运营好"一带一路"能源合作伙伴关系和国际能源变革论坛等，力争在全球绿色低碳转型进程中发挥更好作用。依托中国-阿盟、中国-非盟、中国-东盟、中国-中东欧、亚太经济合作组织（APEC）可持续能源中心等合作平台，持续支持可再生能源、电力、核电、氢能等清洁低碳能源相关技术人才合作培养，开展能力建设、政策、规划、标准对接和人才交流。提升与国际能源署（IEA）、国际可再生能源署（IRENA）等国际组织的合作水平，积极参与并引导在联合国、二十国集团（G20）、APEC、金砖国家、上海合作组织等多边框架下的能源绿色低碳转型合作。

意见第十一条"完善能源绿色低碳发展相关治理机制"第三十六款"健全能源法律和标准体系"指出，要加强能源绿色低碳发展法制建设，修订和完善能源领域法律制度，健全适应碳达峰、碳中和工作需要的能源法律制度体系。增强相关法律法规的针对性和有效性，全面清理现行能源领域法律法规中与碳达峰、碳中和工作要求不相适应的内容。健全清洁低碳能源相关标准体系，加快研究和制修订清洁高效火电、可再生能源发电、核电、储能、氢能、清洁能源供热以及新型电力系统等领域技术标准和安全标准。推动太阳能发电、风电等领域标准国际化。鼓励各地区和行业协会、企业等依法制定更加严格的地方标准、行业标准和企业标准。制定能源领域绿色低碳产业指导目录，建立和完善能源绿色低碳转型相关技术标准及相应的碳排放量、碳减排量等核算标准。

6.2.6 国家发展改革委、国家能源局：《关于新形势下配电网高质量发展的指导意见》

《关于新形势下配电网高质量发展的指导意见》由国家发展改革委、国家能源局于 2024 年 2 月 6 日印发实施，目的是推动新形势下配电网高质量发展，助力构建清洁低碳、安全充裕、经济高效、供需协同、灵活智能的新型电力系统。

指导意见第三条"提升承载能力，支撑转型发展"第三点"推动新型储能多元发展"指出，基于电力系统调节能力分析，根据不同应用场景，科学安排新型储能发展规模。引导分布式新能源根据自身运行需要合理配建新型储能或通过共享模式配置新型储能，提升新能源可靠替代能力，促进新能源消纳。在电网关键节点、电网末端科学布局新型储能，提高电网灵活调节能力和稳定运行水平。支持用户侧储能安全发展，加强计量管理，实现应采尽采，围绕分布式新能源、充电设施、大数据中心等终端用户，探索储能融合应用新场景，支持参与电网互动。推动长时电储能、氢储能、热（冷）储能技术应用。

6.3 国家能源局氢能产业政策及规划

6.3.1 国家能源局：《2022 年能源工作指导意见》

《2022 年能源工作指导意见》是为深入贯彻落实党中央、国务院决策部署，持续推动能源高质量发展制定的意见，由国家能源局于 2022 年 3 月 17 日印发实施。

指导意见第三条"主要目标"第三点"加快能源绿色低碳转型"指出，积极发展能源新产业新模式。因地制宜开展可再生能源制氢示范，探索氢能技术发展路线和商业化应用路径。第五点"提升能源产业现代化水平"指出，要加强能源科技攻关。加快实施《"十四五"能源领域科技创新规划》。加快新型储能、氢能等低碳、零碳、负碳重大关键技术研究。推动完善能源创新支撑体系。开展能源领域碳达峰、碳中和标准提升行动计划，加快构建能源领域碳达峰、碳中和标准体系。围绕新型电力系统、新型储能、氢能和燃料电池、碳捕集利用与封存、能源系统数字化智能化、能源系统安全等 6 大重点领域，增设若干创新平台。开展创新平台优化整改工作，积极承担国家能源科技创新任务。

6.3.2 国家能源局：《能源碳达峰碳中和标准化提升行动计划》

《能源碳达峰碳中和标准化提升行动计划》是国家能源局为深入贯彻党中央、国务院关于碳达峰、碳中和的重大战略决策，认真落实《中共中央 国务院关于完整准确全面贯彻新发展理念做好碳达峰碳中和工作的意见》《国务院关于印发〈2030年前碳达峰行动方案〉的通知》《中共中央 国务院关于印发〈国家标准化发展纲要〉的通知》，充分发挥标准推动能源绿色低碳转型的技术支撑和引领性作用而组织编制的行动计划，包括大力推进非化石能源标准化、加强新型电力系统标准体系建设、加快完善新型储能技术标准、加快完善氢能技术标准、进一步提升能效相关标准、健全完善能源产业链碳减排标准等六项重点任务。

行动计划第二条"重点任务"第四点"加快完善氢能技术标准"指出，要进一步推动氢能产业发展标准化管理，加快完善氢能标准顶层设计和标准体系。开展氢制备、氢储存、氢输运、氢加注、氢能多元化应用等技术标准研制，支撑氢能"制储输用"全产业链发展。重点围绕可再生能源制氢、电氢耦合、燃料电池及系统等领域，增加标准有效供给。建立健全氢能质量、氢能检测评价等基础标准。

6.3.3 国家能源局：《关于印发〈2023年能源工作指导意见〉的通知》

《2023年能源工作指导意见》由国家能源局于2023年4月6日印发实施，是为深入贯彻落实党中央、国务院有关决策部署，扎实做好2023年能源工作，持续推动能源高质量发展制定的意见。

指导意见第三条"深入推进能源绿色低碳转型"指出，要加快培育能源新模式、新业态。稳步推进有条件的工业园区、城市小区、大型公共服务区，建设以可再生能源为主的综合能源站和终端储能。积极推动氢能应用试点示范，探索氢能产业发展的多种路径和可推广的经验。

指导意见第四条"提升能源产业现代化水平"指出，要巩固拓展战略性优势产业。抓好《"十四五"能源领域科技创新规划》组织实施，建立规划实施监测项目库。做好"十四五"第一批能源研发创新平台认定，加强创新平台考核评价和日常管理。加快攻关新型储能关键技术和绿氢制、储、运、用技术，推动储能、氢能规模化应用。

6.3.4　国家能源局：《中华人民共和国能源法》

《中华人民共和国能源法》由国家能源局于 2024 年 11 月 9 日印发实施，旨在规范能源开发利用和监督管理，保障能源安全，优化能源结构，提高能源效率，促进能源高质量发展。

《中华人民共和国能源法》第一章第二条指出，能源是指直接或者通过加工、转换而取得有用能的各种资源，包括煤炭、石油、天然气、核能、水能、风能、太阳能、生物质能、地热能、海洋能以及电力、热力、氢能等。

正式将氢能列入与石油、煤炭、天然气等同级管理。

6.4　工业和信息化部氢能产业政策及规划

6.4.1　工业和信息化部等五部门：《关于印发〈加快电力装备绿色低碳创新发展行动计划〉的通知》

《关于印发〈加快电力装备绿色低碳创新发展行动计划〉的通知》由工业和信息化部（简称工信部）、财政部、商务部、国务院国有资产监督管理委员会、国家市场监督管理总局（简称国家市场监管总局）五部门于 2022 年 8 月 24 日联合印发实施，是为深入贯彻落实党中央、国务院关于碳达峰碳中和的重大战略决策，推进能源生产清洁化、能源消费电气化，推动新型电力系统建设，加快电力装备绿色低碳创新发展而制定的行动计划。

计划第二条"重点任务"第一点"装备体系绿色升级行动"指出，要加速发展清洁低碳发电装备，着力攻克可再生能源制氢等技术装备。第四点"技术基础支撑保障行动"指出，要加强技术标准体系建设。围绕绿色、高效、安全等发展要求，推进国家标准验证点建设，加快电力装备能效提升、功能安全等国家标准制修订。完善新型储能、氢能等全产业链标准体系。

6.4.2　工业和信息化部等四部门：《关于深入推进黄河流域工业绿色发展的指导意见》

《关于深入推进黄河流域工业绿色发展的指导意见》由工信部、国家发展改革委、住房和城乡建设部（简称住建部）、水利部四部门于 2022 年 12 月 12 日联合印发实施，目的是贯彻落实习近平总书记关于推动黄河流域生态保护和高质量发展的重要讲话和指示批示精神，按照《黄河流域生态保护和高质量发展规划纲要》和《"十四五"工业绿色发展规划》要求，深入推进黄河流域工业绿色发展。

指导意见第四条"推动能源消费低碳化转型"第三点"推进清洁能源高效

利用"指出，鼓励氢能、生物燃料、垃圾衍生燃料等替代能源在钢铁、水泥、化工等行业的应用。统筹考虑产业基础、市场空间等条件，有序推动山西、内蒙古、河南、四川、陕西、宁夏等省、区绿氢生产，加快煤炭减量替代，稳慎有序布局氢能产业化应用示范项目，推动宁东可再生能源制氢与现代煤化工产业耦合发展。

6.4.3 工业和信息化部等三部门：《工业领域碳达峰实施方案》

《工业领域碳达峰实施方案》根据《中共中央 国务院关于完整准确全面贯彻新发展理念做好碳达峰碳中和工作的意见》和《2030 年前碳达峰行动方案》，结合相关规划制定，由工信部、国家发展改革委、生态环境部三部门于2022 年 8 月 1 日联合印发实施。目的是深入贯彻落实党中央、国务院关于碳达峰碳中和决策部署，加快推进工业绿色低碳转型，切实做好工业领域碳达峰工作。

方案第二条"重点任务"第五款"深入推进节能降碳"第一点"调整优化用能结构"指出，要推进氢能制、储、输、运、销、用全链条发展。第七款"大力发展循环经济"第一点"推动低碳原料替代"鼓励有条件的地区利用可再生能源制氢，优化煤化工、合成氨、甲醇等原料结构。第八款"加快工业绿色低碳技术变革"第一点"推动绿色低碳技术重大突破"指出，部署工业低碳前沿技术研究，实施低碳零碳工业流程再造工程，研究实施氢冶金行动计划。布局"减碳去碳"基础零部件、基础工艺、关键基础材料、低碳颠覆性技术研究，突破推广一批高效储能、能源电子、氢能、碳捕集利用与封存、温和条件二氧化碳资源化利用等关键核心技术。推动构建以企业为主体，产学研协作、上下游协同的低碳、零碳、负碳技术创新体系。

方案第三条"重大行动"第十款"重点行业达峰行动"第一点"钢铁"指出，要强化产业协同，构建清洁能源与钢铁产业共同体，推进低碳炼铁技术示范推广。到 2030 年，富氢碳循环高炉冶炼、氢基竖炉直接还原铁、碳捕集利用与封存等技术取得突破应用。第十一款"绿色低碳产品供给提升行动"第三点"加大交通运输领域绿色低碳产品供给"指出，要大力推广节能与新能源汽车，强化整车集成技术创新，提高新能源汽车产业集中度。提高城市公交、出租汽车、邮政快递、环卫、城市物流配送等领域新能源汽车比例，提升新能源汽车个人消费比例。开展电动重卡、氢燃料汽车研发及示范应用。到 2030 年，当年新增新能源、清洁能源动力的交通工具比例达到 40% 左右，乘用车和商用车新车二氧化碳排放强度分别比 2020 年下降 25% 和 20% 以上。大力发展绿色智能船舶，加强船用混合动力、LNG 动力、电池动力、氨燃料、氢燃料等低碳清洁能源装备研发，推动内河、沿海老旧船舶更新改造，加快新一代绿色智能船舶研制及示范应用。

6.4.4 工业和信息化部：《"十四五"工业绿色发展规划》

《"十四五"工业绿色发展规划》由工信部于 2021 年 11 月 15 日印发实施。规划以碳达峰、碳中和目标为引领，以减污、降碳、协同、增效为总抓手，统筹发展与绿色低碳转型，深入实施绿色制造，加快产业结构优化升级，大力推进工业节能降碳，全面提高资源利用效率，积极推行清洁生产改造，提升绿色低碳技术、绿色产品、服务供给能力，构建工业绿色低碳转型与工业赋能绿色发展相互促进、深度融合的现代化产业格局，支撑碳达峰、碳中和目标任务如期实现。

规划第三条"主要任务"第一点"实施工业领域碳达峰行动"指出，要加快氢能技术创新和基础设施建设，推动氢能多元利用。开展降碳重大工程示范。发挥中央企业、大型企业集团示范引领作用，在主要碳排放行业以及绿色氢能与可再生能源应用、新型储能、碳捕集利用与封存等领域，实施一批降碳效果突出、带动性强的重大工程。推动低碳工艺革新，实施降碳升级改造，支持取得突破的低碳、零碳、负碳关键技术开展产业化示范应用，形成一批可复制、可推广的技术和经验。第三点"加快能源消费低碳化转型"指出，要提升清洁能源消费比重。鼓励氢能、生物燃料、垃圾衍生燃料等替代能源在钢铁、水泥、化工等行业的应用。第八点"构建绿色低碳技术体系"指出，要加强产业基础研究和前沿技术布局。加强基础理论、基础方法、前沿颠覆性技术布局，推进碳中和、二氧化碳移除与低成本利用等前沿绿色低碳技术研究。开展智能光伏、钙钛矿太阳能电池、绿氢开发利用、一氧化碳发酵制酒精、二氧化碳负排放技术以及臭氧污染、持久性有机污染物、微塑料、游离态污染物等新型污染物治理技术装备基础研究，稳步推进团聚、微波除尘等技术集成创新。

6.4.5 工业和信息化部：《工业领域碳达峰碳中和标准体系建设指南》

《工业领域碳达峰碳中和标准体系建设指南》由工信部办公厅于 2024 年 2 月 4 日发布。计划到 2025 年，工业领域碳达峰、碳中和标准体系基本建立。针对低碳技术发展现状、未来发展趋势以及工业领域行业发展需求，制定 200 项以上碳达峰急需标准。重点制定基础通用、核算与核查、低碳技术与装备等领域标准，为工业领域开展碳评估、降低碳排放等提供技术支撑。加快研制碳排放管理与评价类标准，推动工业领域深度减碳，引导相关产业低碳高质量发展。

指南第二条"建设方案"第二点"碳达峰碳中和标准制定重点领域"指出，原料与燃料替代与可再生能源利用标准主要包括低碳、无碳原料的使用和替代，可再生能源及新能源的使用和替代等方面。其中，在燃料替代方面，重点制定生物质燃料替代技术，氢冶金，炉窑氢燃料替代，玻璃熔窑窑炉氢能煅烧、水泥窑窑炉氢能煅烧、燃氢燃气轮机、氢燃料内燃机等氢能替代，高排放非道路移动机械（如工程机械、农业机械等）原燃料结构优化，工业电加热炉、工业汽轮机、空气源热泵采暖等电气化替代等技术和装备标准。

生产工艺优化标准主要是指通过改变传统生产工艺流程，或优化现有生产工艺实现降碳的技术与装备标准。重点制定氢冶金、熔融还原炼铁、氧气高炉、短流程电弧炉炼钢、连铸连轧工艺、石化和化工过程副产氢气高值利用、原油直接裂解制乙烯、低碳炼化技术、合成气一步法制烯烃、铜锍连续吹炼、液态高铅渣直接还原、高效水泥熟料篦冷机工艺、浮法玻璃一窑多线技术、陶瓷干法制粉工艺、低能耗高效加氢裂化（改质）技术、可再生能源低成本制氢等技术与装备标准。

6.4.6 工业和信息化部等七部门：《汽车行业稳增长工作方案（2023—2024年）》

《汽车行业稳增长工作方案（2023—2024年）》由工信部、财政部、交通运输部、商务部、海关总署、金融监管总局、国家能源局七部门于2023年8月25日联合印发实施，是为贯彻落实党的二十大和中央经济工作会议精神，努力实现汽车行业经济发展主要预期目标而制定的。

方案第三条"工作举措"第七点"完善基础设施建设与运营"指出，鼓励地方加快氢能基础设施建设，推动中远途、中重型燃料电池商用车示范应用。

6.5 科技部氢能产业政策及规划

6.5.1 科技部等九部门：《科技支撑碳达峰碳中和实施方案（2022—2030年）》

《科技支撑碳达峰碳中和实施方案（2022—2030年）》由科技部、国家发展改革委、工信部、生态环境部、住建部、交通运输部、中国科学院、工程院、国家能源局九部门于2022年6月24日联合印发实施，为深入贯彻落实党中央、国务院关于碳达峰、碳中和的重大战略部署，充分发挥科技创新对实现碳达峰、碳中和目标的关键支撑作用而制定。

方案第一条"能源绿色低碳转型科技支撑行动"专栏一"能源绿色低碳转型支撑技术"指出，在煤炭清洁高效利用方面，要研究掺氢天然气、掺烧生物质等高效低碳工业锅炉技术、装备及检测评价技术。在氢能技术方面，要研发可再生能源高效低成本制氢技术、大规模物理储氢和化学储氢技术、大规模及长距离管道输氢技术、氢能安全技术等；探索研发新型制氢和储氢技术。

方案第二条"低碳与零碳工业流程再造技术突破行动"专栏二"低碳零碳工业流程再造技术"指出，要研发全废钢电炉流程集成优化技术、富氢或纯氢气体冶炼技术、钢-化一体化联产技术、高品质生态钢铁材料制备技术。针对石油化工、煤化工等高碳排放化工生产流程，研发可再生能源规模化制氢技术、原油炼制短流程技术、多能耦合过程技术，研发绿色生物化工技术以及智能化低碳升级改造技术。

6.5.2　科技部：《"十四五"国家高新技术产业开发区发展规划》

《"十四五"国家高新技术产业开发区发展规划》由科技部于 2022 年 11 月 9 日印发实施，目的是贯彻习近平总书记关于国家高新技术产业开发区（以下简称国家高新区）发展的重要指示精神，进一步明确"十四五"国家高新区的发展思路和重点任务。

规划第三条"重点任务"第三款"建设世界级产业集群"第四点"前瞻布局未来产业"指出，支持国家高新区依托高校优势学科和学科交叉融合的优势，面向类脑智能、量子信息、基因技术、未来网络、氢能与储能等前沿科技和产业变革领域，前瞻部署一批未来产业。支持园区联合国家大学科技园建设未来产业科技园、未来产业技术研究院等，创新未来产业应用场景，打造未来产业科技创新和孵化高地。引导园区支持产业跨界融合，开展前沿科技、硬科技创业，加速形成若干未来产业。

6.6　国家市场监督管理总局等九部门氢能产业政策及规划

《建立健全碳达峰碳中和标准计量体系实施方案》由国家市场监督管理总局（简称国家市场监管总局）、国家发展改革委、工信部、自然资源部、生态环境部、住建部、交通运输部、中国气象局、国家林草局于 2022 年 10 月 18 日联合发布实施，是为深入贯彻落实党中央、国务院决策部署，扎实推进碳达峰、碳中和标准计量体系建设而制定的方案。

方案第二条"重点任务"第二款"加强重点领域碳减排标准体系建设"专栏一"非化石能源技术重点标准"指出，要开展氢燃料品质和氢能检测及评价等基础通用标准制修订。做好氢能风险评价、氢密封、临氢材料等氢安全标准研制。推进可再生能源电解水制氢等绿氢制备标准制定，开展高压气态储氢和固态储氢系统、液氢储存容器等氢储存标准研制，推动管道输氢（掺氢）、中长距离运氢技术和装备等氢输运标准制定，完善加氢机、加注协议、加氢站用氢气阀门、氢气压缩机等氢加注标准，研制相关的标准样品。专栏三"工业绿色低碳转型重点标准"指出，要制定氢气竖炉直接还原、氢气熔融还原、富氢高炉、氧气高炉、电弧炉短流程炼钢、转底炉法金属化球团、薄板坯连铸连轧技术等标准。

方案第二条"重点任务"第五款"完善计量技术体系"专栏七"碳达峰碳中和关键计量技术研究"指出，要开展液态氢、天然气（含液化天然气）、高含氢天然气体积和热值及高压氢气品质计量测试技术研究。第六款"加强计量管理体系建设"专栏八"碳达峰碳中和计量技术规范"指出，要制定太阳能、风能、氢能、生物质能、潮汐能等能源利用相关计量技术规范。

6.7 国家铁路局等五部门氢能产业政策及规划

《推动铁路行业低碳发展实施方案》由国家铁路局、国家发展改革委、生态环境部、交通运输部、国铁集团于 2024 年 2 月 6 日联合印发实施，目的是全面贯彻落实党中央、国务院决策部署，加快推动新时代铁路绿色低碳发展。

方案第三条"推动运输装备低碳转型"第七款"加快机车车辆更新换代"提出，要推动氢燃料电池、低碳燃料发动机及多元组合动力在站场调车作业及短途低运量城际、市域客运牵引场景的示范应用。

6.8 国家标准化管理委员会等十一部门氢能产业政策及规划

《碳达峰碳中和标准体系建设指南》由国家标准化管理委员会、国家发展改革委、工信部、自然资源部、生态环境部、住建部、交通运输部、中国人民银行、中国气象局、国家能源局、国家林草局十一部门于 2023 年 4 月 1 日联合印发实施。指南以习近平新时代中国特色社会主义思想为指导，全面贯彻落实党的二十大精神，深入践行习近平生态文明思想，立足新发展阶段，完整、准确、全面贯彻新发展理念，加快构建新发展格局，坚持系统观念，突出标准顶层设计，强化标准有效供给，注重标准实施效益，统筹推进国内国际，持续健全标准体系，努力为实现碳达峰、碳中和目标贡献标准化力量。

指南第三条"标准重点建设内容"第二款"碳减排标准子体系"第二点"非化石能源标准"指出，氢能领域要重点完善全产业链技术标准，加快制修订氢燃料品质和氢能检测等基础通用标准，氢和氢气系统安全、风险评估标准，氢密封、临氢材料、氢气泄漏检测和防爆抑爆、氢气安全泄放标准，供氢母站、油气氢电综合能源站安全等氢能安全标准，电解水制氢系统及其关键零部件标准，炼厂氢制备及检测标准，氢液化装备与液氢储存容器、高压气态氢运输、纯氢/掺氢管道等氢储输标准，加氢站系统及其关键技术和设备标准，燃料电池、冶金等领域氢能应用技术标准。

6.9 教育部氢能产业政策及规划

6.9.1 教育部等三部门：《储能技术专业学科发展行动计划（2020—2024年）》

《储能技术专业学科发展行动计划（2020—2024年）》由教育部、国家发展改革委、国家能源局三部门于2020年1月17日联合发布实施，目的是加快培养储能领域"高精尖缺"人才，增强产业关键核心技术攻关和自主创新能力，以产教融合发展推动储能产业高质量发展。

计划第三条"重点举措"第三点"推动人才培养与产业发展有机结合，加强产教融合创新平台建设"指出，面向产业关键核心技术，建设储能技术创新研究平台，加快储能技术的机理和材料创新研究。以攻克储能领域储热/储冷、物理储能和化学储能中存在的低容量、低集成度，以及分布式储能等关键科学问题为目标，建设多学科交叉融合的储能技术创新研究平台。重点推进压缩空气储能、化学储能、各类新型电池、燃料电池、相变储能、储氢、相变材料等基础理论研究，强化储能技术的原始创新能力，为开发高效率、低成本、安全可靠的大规模储能系统提供理论支撑。

6.9.2 教育部：《绿色低碳发展国民教育体系建设实施方案》

《绿色低碳发展国民教育体系建设实施方案》由教育部于2022年10月26日发布实施，目的是把绿色低碳发展纳入国民教育体系。

方案第三条"将绿色低碳发展融入教育教学"第四款"加强绿色低碳相关专业学科建设"指出，根据国家碳达峰碳中和工作需要，鼓励有条件、有基础的高等学校、职业院校加强相关领域的学科、专业建设，创新人才培养模式，支持具备条件和实力的高等学校加快储能、氢能、碳捕集利用与封存、碳排放权交易、碳汇、绿色金融等学科专业建设。鼓励高校开设碳达峰碳中和导论课程，建设一批绿色低碳领域未来技术学院、现代产业学院和示范性能源学院，开展国际合作与交流，加大绿色低碳发展领域的高层次专业化人才培养力度。深化产教融合，鼓励校企联合开展产学合作协同育人项目，组建碳达峰碳中和产教融合发展联盟。引导职业院校增设相关专业，到 2025 年，全国绿色低碳领域相关专业布点数不少于 600 个，发布专业教学标准，支持职业院校根据需要在低碳建筑、光伏、水电、风电、环保、碳排放统计核算、计量监测等相关专业领域加大投入，充实师资力量，推动生态文明与职业规范相结合、职业资格与职业认证绿色标准相结合，完善课程体系和实践实训条件，规划建设 100 种左右有关课程教材，适度扩大技术技能人才培养规模。

第7章

地方氢能产业政策[●]

为了推动氢能产业在本地区发展，目前有近 30 个省级行政区制定了氢能产业发展规划或者支持氢能产业发展的专项政策。部分省级行政区虽然没有制定专项政策，但在国民经济和社会发展的"十四五"规划或者其他的文件、政策中明确了氢能产业的发展方向和支持政策，50 余个城市发布了氢能产业专项政策或者与氢能产业相关的政策。限于篇幅，本章只列出省级行政区制定的氢能发展规划或者氢能发展专项政策的主要内容。

7.1 东北地区氢能产业政策（2个）

东北地区处于氢能产业发展的重要阶段，该地区借助其深厚的工业基础和政策支持，正在不断推进氢能在产业结构转型中的应用和发展。吉林省立足产业基础优势，聚焦氢基绿色能源、氢能装备制造、氢能交通、氢储能等重点领域，力争成为东北亚地区绿氢全产业链创新应用基地，建成"中国北方氢谷"。辽宁省利用其在化工和重工业等领域的传统优势，着力打造国内顶尖、世界一流的氢能产业研发与创新基地，国内领先的燃料电池发动机生产制造基地，东北亚重要的氢能生产储运基地和国内氢能产业示范应用先导区。两省在政策引导、技术研发和产业链布局等方面各有侧重，共同推动氢能产业的进步。

<small>❶ 说明：地方氢能政策体系庞大，本章特将产业政策汇总在表格中，参见本章附录。各地的产业政策选取其核心政策进行阐述。</small>

7.1.1 《"氢动吉林"中长期发展规划（2021—2035年）》

《"氢动吉林"中长期发展规划（2021—2035年）》由吉林省人民政府办公厅于2022年10月印发，主要内容如下。

7.1.1.1 发展目标

（1）近期（2021～2025年）

逐步构建氢能产业生态，产业布局初步成型，产业链逐步完善，产业规模快速增长。到2025年底，打造吉林西部国家级可再生能源制氢规模化供应基地、长春氢能装备研发制造应用基地，逐步开展横向"白城-长春-延边"氢能走廊建设。开展可再生能源制氢示范，可再生能源制氢产能达6万～8万吨/年。探索天然气掺氢技术示范应用。试点建设"绿色吉化"项目，建成改造绿色合成氨、绿色甲醇、绿色炼化产能达25万～35万吨；超前布局基础设施，2025年建成加氢站10座；氢燃料电池汽车运营规模达到500辆；试点示范氢燃料电池在热电联供、备用电源方面的应用。引进或培育3～4家具有自主知识产权的氢能装备制造企业、燃料电池系统及电堆生产企业，其中，龙头企业1家，推动全产业链"降成本"。2025年氢能产业产值达到100亿元。

（2）中期（2026～2030年）

全省氢能产业实现跨越式发展，产业链布局趋于完善，产业集群形成规模。到2030年，持续强化和发挥吉林西部国家级可再生能源制氢规模化供应基地、长春氢能装备研发制造应用基地引领作用，推进吉林中西部多元化绿色氢基化工示范基地、延边氢能贸易一体化示范基地建设。加快"白城-长春-延边"、"哈尔滨-长春-大连"氢能走廊建设，初步建成全省立体氢能网络。可再生能源制氢产能达到30万～40万吨/年，建成加氢站70座，建成改造绿色合成氨、绿色甲醇、绿色炼化、氢冶金产能达到200万吨，氢燃料电池汽车运营规模达到7000辆。加大氢燃料电池在热电联供、备用电源、应急保供、调峰、特种车辆上的应用。引进或培育5家燃料电池电堆及零部件企业，推动产业链重点环节产品自主化，其中，龙头企业3～5家。氢能产业产值达到300亿元。

（3）远期（2031～2035年）

将吉林省打造成国家级新能源与氢能产业融合示范区，在氢能交通、氢基化工、氢赋能新能源发展领域处于国内或国际领先地位，成为全国氢能与新能源协调发展标杆和产业链装备技术核心省份，"一区、两轴、四基地"发展格局基本形成，氢能资源网格化布局延伸全域，提升通化、白山、延边等地资源开发利用水平。依托延边氢能贸易一体化示范基地、"哈尔滨-长春-大连"氢能走廊，开展相关能源化工产品和装备向国内外销售的工作，打造国内氢基产品贸易增长极。可再生能源制氢产能达到 120 万～150 万吨/年，建成加氢站 400 座，建成改造绿色合成氨、绿色甲醇、绿色炼化、氢冶金产能达到 600 万吨，氢燃料电池汽车运营规模达到 7 万辆。氢能产业产值达到 1000 亿元。

规划指出，2035 年吉林省用氢规模情况为：化工与冶金用氢 63 万吨/年，供暖储能用氢 40 万吨/年，交通用氢 22 万吨/年，工业：供能：交通＝3：2：1。吉林省氢能产业规模目标如表 7-1 所示。

表 7-1 吉林省氢能产业规模目标

目标	指标	单位	2025 年	2030 年	2035 年
制氢规模	可再生能源制氢产能	万吨/年	7	30～40	120～150
交通应用	加氢站	座	10	70	400
	氢燃料电池车辆	辆	500	7000	70000
	用氢规模	万吨	0.2	2	22
化工应用	绿色合成氨产能	万吨/年	30	100	240
	绿色甲醇产能	万吨/年	5	10	50
	绿色炼化产能	万吨/年	—	80	250
	用氢规模	万吨	6	25	53
冶金应用	氢冶金产能	万吨/年	—	10	60
	用氢规模	万吨	—	2	10
供暖、储能	用氢规模	万吨	0.8	8	40
产业规模	氢能产业链产值	亿元	100	300	1000

7.1.1.2 六项重点工程

（1）实施风光消纳规模制氢工程

推动吉林西部白城、松原地区可再生能源就地制氢、分级消纳，实现可再生能源制氢规模化发展，打造吉林西部国家级可再生能源制氢规模化供应基地，实现风光规模化消纳。

（2）实施工业领域规模用氢工程

以构建清洁、低碳、安全、高效的能源体系为出发点和落脚点，依托可再生能源制氢资源，推动化工、炼化、钢铁等产业低碳转型，拓展可再生能源制氢的规模化应用，打造区域乃至国内具有成本优势、特色鲜明的氢基化工和氢冶金产业链，培育区域经济新增长点。

（3）实施多元应用生态构建工程

推动交通领域氢能应用。整合社会资源，创新商业模式，加快推进"两轴多点"加氢基础设施建设，逐步建成覆盖吉林省、辐射东北地区的加氢服务网络。

（4）实施高效便捷氢能储运工程

立足吉林，面向东北，贯通两轴，辐射东北亚，以智慧赋能支撑现代氢气储运体系建设，联动优化氢能基础设施布局，有序对接全省各地氢能产业链条和市场消费需求，为氢能规模化、商业化应用奠定基础。

（5）实施装备制造产业发展工程

积极构建集氢能装备生产、研发、应用于一体的产业体系，创新合作模式，实现联动发展，力争在可再生能源制氢、氢能车辆及零部件等领域取得重大突破，推动70MPaⅢ型及Ⅳ型高压车载储氢技术装备、30MPa气氢运输长管拖车的发展，逐步覆盖氢能装备产业链重点环节。

（6）实施氢能技术体制创新工程

促进产业链和创新链深度融合，推动氢能产业迈向价值链中高端。建立涉氢特种设备安全保障体系，推动成立氢能储运产品质量国家质检中心，保障氢能产业发展安全。

7.1.2 《辽宁省氢能产业发展规划（2021—2025年）》

《辽宁省氢能产业发展规划（2021—2025年）》由辽宁省发展和改革委员会于2022年8月印发，主要内容如下。

7.1.2.1 发展目标

（1）近期（2021～2025年）

到2025年，全省氢能产业实现产值600亿元，集聚100家以上氢能产业相关企业，培育10家左右具有核心竞争力和影响力的知名企业；全省燃料电池汽车（含公交车、乘用车、重型卡车、牵引车、环卫车等）保有量达到2000辆以上，燃料电池船舶保有量达到50艘以上，加氢站30座以上；力争实现燃料电池比功率大于4.0kW/L，成本低于2000元/kW，电解水制氢能耗低于4.5kW·h/m³（标）。

（2）远期（2026～2035年）

到2035年，全省氢能产业领域国际、国内知名的龙头企业超过50家，氢能产业产值突破5000亿元；在制氢、氢气储运、燃料电池电堆等领域的核心技术达到世界领先水平；全省燃料电池汽车（含公交车、乘用车、重型卡车、

牵引车、环卫车等）保有量达到 15 万辆以上，燃料电池船舶保有量达到 1500
艘以上，加氢站 500 座以上。

辽宁省氢能产业发展主要指标如表 7-2 所示。

表 7-2　辽宁省氢能产业发展主要指标

发展目标	指标	单位	2025 年	2035 年
产业发展目标	产值	亿元	600	5000
	氢能产业相关企业数量	家	100	—
	知名企业数量	家	10	50
	具有自主知识产权和核心技术的燃料电池发动机产能	万台	1	30
技术创新目标	燃料电池比功率	kW/L	≥4.0	≥7.0
	成本	元/kW	<2000	<500
	电解水制氢能耗	kW·h/m³(标)	<4.5	<4
	全省燃料电池车辆保有量	辆	3000	≥200000
应用推广目标	燃料电池汽车	辆	2000	150000
	燃料电池叉车	辆	1000	50000
	燃料电池船舶保有量	艘	≥50	≥1500
	燃料电池轨道交通车辆保有量	辆	≥10	≥50
	分布式发电系统、备用电源、热电联供系统装机容量	MW	100	1000
	加氢站	座	30	500

7.1.2.2　发展重点

（1）氢气制备

① 氢气制取

a. 近期（2021～2025 年）。重点以现有化工、钢铁企业的工业副产氢资源
为基础，发展氢气提纯，挖掘高纯氢气产能。

b. 远期（2026～2035 年）。充分利用已有的风电、光伏、核电站等开展大
规模清洁能源制氢，进一步降低制氢产业对化石能源的依赖。

② 氢气制取装备

a. 近期（2021～2025 年）。重点发展石化、钢铁副产氢变压吸附提纯装
备，氢气纯度检测设备，同时开展 PSA（变压吸附）吸附剂、控制阀组、选
择性透氢膜、传感器等制氢关键材料和零部件的研发和生产。

b. 远期（2026～2035 年）。重点开展碱性水电解（AEW）制氢装置、质

子交换膜（PEM）水电解制氢装置、高温固体氧化物水电解（SOEC）制氢装置和热分解制氢装备等制氢相关设备及关键材料和零部件的研发和生产，提升核心装备制造能力，逐步实现工艺及设备的本地化生产，进一步降低制氢成本。

（2）氢气储运

① 储运氢装备

a. 近期（2021～2025年）。重点发展50MPa以上高压气态储氢装备和低温液态储氢装备，同时开展有机液态储氢材料、合金固态储氢材料等储氢材料的研发和生产。

b. 远期（2026～2035年）。积极发展氢气液化装备、大容积液氢存储罐、液氢运输及加注设备等储氢装备，同时开展有机液体储氢材料、多孔炭氢气吸附存储材料、多孔聚合物氢气吸附存储材料的研发和生产。

② 加氢站装备

a. 近期（2021～2025年）。重点发展氢气压缩机、超高压阀门、减压阀门、调节阀门、气动阀门、安全阀门、气体增压泵、压力传感器、加氢枪等加氢站关键零部件。

b. 远期（2026～2035年）。重点发展加氢站用储氢瓶、氢气加注机、调压装置、干燥系统等零部件，开发移动式高压（满足35MPa、70MPa加注要求）加氢站系统集成关键装备。

（3）燃料电池

① 燃料电池电堆

a. 近期（2021～2025年）。重点发展低成本、大功率的燃料电池电堆及规模化生产。加快培育发展石墨双极板、金属双极板，突破技术瓶颈。积极发展低铂、高反应效率的膜电极，并实现批量化生产。重点突破气体扩散层规模化生产瓶颈。

b. 远期（2026～2035年）。重点发展高功率密度、大功率输出、长寿命运行、低成本制造的燃料电池电堆。着力发展低成本金属双极板、复合双极板。加快培育发展高性能低成本膜电极，推进本地化和规模化发展。重点支持部分氟化、无氟化、复合质子交换膜的研发和生产。着力开发新型高稳定、高活性的低铂或非铂催化剂等低成本催化剂，并实现量化生产。大力发展气体扩散层，实现高性能气体扩散层炭纸等关键材料的本地化生产。

② 燃料电池辅助系统

a. 近期（2021～2025年）。重点发展基于气浮轴承的离心式空气压缩机、回氢引射装置、膜增湿器、适用于商用车的大功率大电流DC/DC变换器，大力发展大功率高性能燃料电池电堆测试平台及大功率高性能系统、空压机、循环泵测试平台。

b. 远期（2026～2035 年）。重点发展涡轮增压离心式空气压缩机、循环引射一体控制的高效氢气循环系统、集成空气热管理系统的高效低成本膜增湿器、自增湿技术的空气供应系统、基于本地关键功率模组开发的低成本大功率大电流 DC/DC 变换器，大力发展与汽车测试标定体系完全接轨的大功率高性能电堆测试平台、系统及空压机、循环泵测试平台。

（4）氢能应用

① 燃料电池汽车

a. 近期（2021～2025 年）。重点发展燃料电池公交车、客车、物流车、环卫车、重卡、牵引车、工程作业车、叉车等商用车，前瞻布局乘用车，推动燃料电池整车供氢系统、动力系统以及电机系统、电控系统、电驱系统的研发与制造。

b. 远期（2026～2035 年）。重点发展燃料电池轿车、SUV（运动型多用途汽车）/MPV（多用途汽车）等乘用车及智能网联燃料电池汽车。

② 燃料电池船舶

a. 近期（2021～2025 年）。重点发展内河、内湖和近海的燃料电池旅游船和公务船舶，推动船用燃料电池电堆、船用燃料电池系统集成、船用燃料电池监控装置、船用有机液体制氢装置的研发与制造。

b. 远期（2026～2035 年）。重点发展燃料电池港区作业船舶、渔船、客船和游艇等。

③ 燃料电池轨道交通

a. 近期（2021～2025 年）。重点发展燃料电池有轨电车，推动燃料电池/超级电容混合动力牵引与控制、大功率燃料电池系统集成与效率优化控制、燃料电池/超级电容混合动力能量管理、混合动力 100% 低地板有轨电车模块化设计与系统集成的研发与制造。

b. 远期（2026～2035 年）。重点发展燃料电池城际列车、高速动车等。

④ 其他应用领域

a. 近期（2021～2025 年）。重点发展燃料电池备用电源以及燃料电池热电联供系统等分布式发电装备，实现在通信基站、商业楼宇、居民住宅等领域的推广应用。

b. 远期（2026～2035 年）。重点发展燃料电池无人机、燃料电池港口机械、氢能储能（调峰发电）系统等。

7.1.2.3 空间布局

以"合理集聚、产业协同、政企联动、互为支撑"为原则，着力构建"一核、一城、五区"的氢能产业空间发展格局。

"一核"即大连氢能产业核心区，依托大连现有氢能技术、人才、政策、产业、应用基础，加快推动制氢、储（运）氢、加氢等相关装备产业发展，重点发展燃料电池关键零部件及系统集成，积极推动燃料电池汽车、轨道交通等产业发展，着力打造中国氢能产业创新策源地和高端装备制造基地。

"一城"即沈抚示范区氢能产业新城，充分发挥沈抚示范区优势，以建设辽宁省清洁能源示范应用的先行区、能源消费结构调整的标杆区、低碳可持续发展的引领区为目标，着力打造融生产、生活、生态于一体的辽宁省氢能产业新城。

"五区"即鞍山燃料电池关键材料产业集聚区、朝阳燃料电池商用车产业集聚区、阜新燃料电池动力系统及配套产业集聚区、葫芦岛低压合金储氢装备及材料产业集聚区和盘锦氢气储运装备产业集聚区，五区围绕各自现有产业基础，研发生产氢能产业相关产品。

7.1.2.4 重点任务

围绕提升产业创新能力、加强企业主体培育、完善基础设施建设、推进应用示范推广、打造支撑服务平台、强化区域协同合作等六大方面，规划提出系列重点任务。鼓励氢能企业瞄准世界领先水平，围绕"制氢—储运氢—燃料电池—氢能应用及示范"，开展技术研究和产品研发，力争实现更多氢能产业关键核心技术自主可控。支持科研院所、高校及行业龙头企业建设重点实验室等氢能技术创新平台。支持在大连太平湾建设氢能产业中试基地，在葫芦岛兴城建设储氢合金实验室，在盘锦辽东湾搭建下一代新结构燃料电池、汽车轻量化材料创新研发平台。

（注：截至 2024 年底黑龙江省未发布专门的氢能政策，有关政策可参见本章附录。）

7.2 华北地区氢能产业政策（5个）

华北地区在氢能产业的发展上展现了独特的多元化特征，以北京市的氢能产业链完整化和燃料电池汽车推广、天津市的技术研发和产业化集聚、河北省特别是张家口市的绿色氢能示范区建设、山西省的煤炭资源转化为氢能的探索，以及内蒙古自治区利用风电和光伏资源发展绿色氢能为重点，共同推动该地区氢能产业的快速发展。这些努力不仅凸显了各地区依据自身资源和技术优势制定的发展策略，也为中国乃至全球的能源转型和绿色发展贡献了重要力量。

7.2.1　《北京市氢能产业发展实施方案（2021—2025 年）》

《北京市氢能产业发展实施方案（2021—2025 年）》由北京市经济和信息化局于 2021 年 8 月 16 日印发，主要内容如下。

7.2.1.1　发展目标

（1）总体目标

以科技创新驱动为核心，强化政策引领和产业培育，建设国际一流的研发设计、国际交流和应用推广平台，努力把北京市建设成为具有国际影响力的氢能产业城市与科技创新中心，驱动京津冀氢能产业协同发展，合力构建氢能与燃料电池全产业链，形成氢能低碳化、规模化生产与应用，着力打造"区域协同、辐射发展、国内领先、世界一流"的产业创新高地，促进产业可持续发展。

（2）阶段目标

以冬奥会和冬残奥会重大示范工程为依托，2023 年前，实现氢能技术创新"从 1 到 10"的跨越，培育 5～8 家具有国际影响力的氢能产业链龙头企业，京津冀区域累计实现产业链产业规模突破 500 亿元，减少碳排放 100 万吨。交通运输领域，推广加氢站及加油加氢合建站等灵活建设模式，建成 37 座加氢站，推广燃料电池汽车 3000 辆；分布式供能领域，在京津冀区域开展氢能与可再生能源耦合示范项目，推动在商业中心、数据中心、医院等场景分布式供电/热电联供的示范应用；开展绿氨、液氢、固态储供氢等前沿技术攻关，实现质子交换膜、压缩机等氢能产业链关键技术突破，全面降低终端应用成本超过 30％。

2025 年前，具备氢能产业规模化推广基础，产业体系、配套基础设施相对完善，培育 10～15 家具有国际影响力的产业链龙头企业，形成氢能产业关键部件与装备制造产业集群，建成 3～4 家国际一流的产业研发创新平台，京津冀区域累计实现氢能产业链产业规模 1000 亿元以上，减少碳排放 200 万吨。交通运输领域，探索更大规模加氢站建设的商业模式，力争完成新增 37 座加氢站建设，实现燃料电池汽车累计推广量突破 1 万辆；分布式供能领域，在京津冀范围探索更多应用场景供电、供热的商业化模式，建设"氢进万家"智慧能源示范社区，累计推广分布式发电系统装机规模 10MW 以上；建设绿氨、液氢、固态储供氢等应用示范项目，实现氢能全产业链关键材料及部件自主可控，经济性能指标达到国际领先水平。

7.2.1.2　产业布局

（1）统筹规划京津冀区域氢能产业布局

高位谋划、超前布局，推动京津冀地区产业链协同互补、跨区域产业链条贯通与联合示范应用。以联合开展燃料电池汽车关键核心技术产业化攻关和示范应用城市群建设为引领，集聚制、储、运、加、用全产业链，形成优势互补、错位发展、互利共赢的产业发展格局。

（2）京北全面布局氢能产业科技创新应用示范区

以昌平"能源谷"建设为核心，向南融合海淀，向北辐射延庆、怀柔，在北部区域打造氢能产业关键技术研发和科技创新示范区。依托三大科学城创新资源，聚合国内外氢能产业核心优势资源，通过产业链科技攻关补齐短板，打造燃料电池关键装备、商用车整车集成及上下游产业核心竞争力，支持国企、央企与科研机构、高校研发合作，促进高精尖科技成果转化应用，全面开展氢能应用示范。

（3）京南打造氢能高端装备制造与应用示范区

依托大兴、房山、经开区，构建氢能全产业链生态系统，在南部区域打造氢能高端装备制造与应用示范区。承接北部地区科技创新成果的产业化，汇聚燃料电池、整车企业，推动液氢示范项目建设，开展氢燃料电池车辆、车载液氢供氢系统、氢动力无人机、船舶、轨道交通、氢储能、热电联供系统、固定电源、分布式电站、便携式电源、汽车增程器等产业全场景应用示范。

7.2.1.3　重点任务

① 统筹规划京津冀区域氢能产业布局，推动协同互补、跨区域产业链条贯通与联合示范应用。京北打造氢能产业科技创新应用示范区，以昌平"能源谷"建设为核心，融合海淀，辐射延庆、怀柔；京南构建氢能全产业链生态系统，打造氢能高端装备制造与应用示范区。

② 推动氢能多领域应用和基础设施建设。交通运输领域，2023 年前推广灵活建设加氢站模式，建成 37 座加氢站并推广燃料电池汽车 3000 辆；2025 年前探索更大规模加氢站建设商业模式，新增 37 座加氢站，实现燃料电池汽车累计推广量突破 1 万辆。分布式供能领域，开展氢能与可再生能源耦合示范项目，推动多场景分布式供电/热电联供的示范应用，建设"氢进万家"智慧能源示范社区等。

③ 实施氢能产业中试及产业化基地建设项目、氢能材料及装备产业化基

地建设项目，涵盖氢气制备、储运、供应产业链及装备产业化，车载动力、热电联供应用及材料装备产业化，绿氢、蓝氢制备及氢能整车和配套产业链等方面。

7.2.2 《天津市氢能产业发展行动方案（2020—2022 年）》

《天津市氢能产业发展行动方案（2020—2022 年）》由天津市人民政府于 2020 年 1 月 21 日印发，主要内容如下。

7.2.2.1 发展目标

聚焦核心技术研发和先进装备制造，打造资源生产供给基地、装备研发制造集群、技术协同创新平台、氢能应用示范中心，构建技术、产业、应用融合发展的氢能产业生态圈，到 2022 年，氢能产业总产值突破 150 亿元。

① 技术产业方面　到 2022 年，培育和引进一批氢气制备和储运、氢燃料电池生产制造、科技研发和配套服务等企业，引育 2～3 家在氢燃料电池及核心零部件、动力系统集成、检验检测等领域具有国际竞争力的优势龙头企业，积极争取国家有关氢能产业集群的试点，初步形成氢能全产业链发展格局。

② 推广应用方面　到 2022 年，力争建成至少 10 座加氢站、打造 3 个氢燃料电池车辆推广应用试点示范区，重点在交通领域推广应用，开展至少 3 条公交或通勤线路示范运营，累计推广使用物流车、叉车、公交车等氢燃料电池车辆 1000 辆以上；实现其他领域应用突破，建成至少 2 个氢燃料电池热电联供示范项目。

7.2.2.2 主要任务

（1）突破核心技术

加大研发投入，支持企业、高校和科研机构开展氢能技术研发。重点突破燃料电池电堆、膜电极、双极板等关键零部件技术。加强氢能储存、运输和加注等技术的研究。鼓励科研团队针对高效催化剂的研发，以提高燃料电池的性能和寿命；推动在高压氢气储存技术方面的创新，提升氢气储存的安全性和经济性。

（2）培育产业链

支持本地企业发展，培育一批具有核心竞争力的氢能企业。引进国内外知名企业，完善氢能产业链条。促进上下游企业协同发展，形成产业集聚效应。积极吸引国际领先的燃料电池制造企业在天津设立生产基地，带动本地配套企业的成长；加强本地零部件企业与整车企业的合作，共同推动产业发展。

（3）推动示范应用

推广氢能燃料电池汽车，在公交、物流等领域开展示范运营。建设加氢站，形成布局合理的加氢网络。探索氢能在分布式能源、储能等领域的应用。逐步投入氢能燃料电池公交车，优化公交线路，提高运营效率；合理规划加氢站的建设位置和数量，满足车辆加氢需求。

（4）加强产业支撑

建立氢能标准体系，规范产业发展。搭建检测认证平台，保障产品质量。培养专业人才，提供智力支持。

7.2.3 《河北省氢能产业发展"十四五"规划》

《河北省氢能产业发展"十四五"规划》由河北省发展和改革委员会于2021年7月发布，主要内容如下。

7.2.3.1 发展目标

（1）产业规模显著提升

到2022年，氢能关键装备及其核心零部件基本实现自主化和批量化生产，氢能产业链年产值150亿元。到2025年，培育国内先进的企业10～15家，氢能产业链年产值达到500亿元。

（2）核心技术不断突破

到2022年，基本形成涵盖氢能产业全链条的技术研发、检验检测体系。突破规模化纯水、海水电解制氢设备的集成设计及制造技术，开发高压车载储氢系统，研制制/加氢站关键设备，突破核心技术。到2025年，基本掌握高效低成本的氢气制取、储运、加注和燃料电池等关键技术，显著降低应用成本。

（3）应用领域持续扩大

到2022年，全省建成25座加氢站，燃料电池公交车、物流车等示范运行规模达到1000辆，重载汽车示范实现百辆级规模；氢气实现在交通、储能、电力、热力、钢铁、化工、通信、天然气管道混输等领域试点示范。到2025年，累计建成100座加氢站，燃料电池汽车规模达到1万辆，实现规模化示范；扩大氢能在交通、储能、电力、热力、钢铁、化工、通信、天然气管道混输等领域的推广应用。

河北省"十四五"氢能规划任务目标如表7-3所示。

表7-3 河北省"十四五"氢能规划任务目标

指标	2020年	2022年	2025年
示范汽车/辆	360	1000	10000

续表

指标	2020 年	2022 年	2025 年
加氢站/座	6	25	100
产值/亿元	50	150	500

7.2.3.2　氢能产业发展布局

立足河北省氢能产业发展基础，结合各市氢能产业发展定位，抢抓京津冀协同发展、雄安新区建设和冬奥会举办重大机遇，紧紧围绕碳达峰与碳中和目标，加强顶层设计，优化产业布局，发挥骨干龙头企业和科研院所带动引领作用，重点实施八大工程，谋划布局 128 个氢能项目，构建"一区、一核、两带"产业格局，加快推动河北省氢能产业高质量发展。

一区：打造张家口氢能全产业发展先导区。依托张家口国家可再生能源示范区建设优势，推动坝上地区氢能基地建设，打造燃料电池汽车及关键零部件技术创新和生产集群，开展多种形式终端应用场景示范，搭建国内领先技术研发和标准创新平台，打造张家口氢能全产业发展先导区。

一核：以雄安新区为核心打造氢能产业研发创新高地。发挥雄安新区政策优势，积极承接北京高校和科研院所转移，吸纳和集聚京津及国内外创新资源，打造以雄安新区为核心的氢能产业研发创新高地。

两带：一是氢能装备制造产业带。支持廊坊、保定、定州、石家庄、辛集、邢台、邯郸等地大力发展涵盖制氢、储氢、运氢、加氢、氢应用全产业链的氢能装备制造产业，加快形成国内先进氢能装备制造产业带。二是沿海氢能应用示范带。支持承德、秦皇岛、唐山、沧州、衡水等地发挥资源与区位优势，加快港口重型卡车、搬运叉车、码头牵引车等重型车辆氢能替代，培育沿海氢能应用示范带。

7.2.3.3　重点任务

（1）实施低碳绿色氢能制备工程

充分发挥河北省张家口、承德地区风电、光伏可再生资源丰富的优势，大力推动绿氢制备工程建设，打造国内规模和技术领先的绿氢基地。

（2）实施高效便捷氢能储运工程

进一步加大对氢能储运材料的研发力度，提高氢气储运能力和水平，满足容量大、体积小、质量轻、安全性高的储运要求，降低氢气储运成本。

（3）实施加氢服务网络提升工程

按照"功能集成化、资源集约化、运行商业化"的原则，充分利用 5G、物联网、工业互联网等技术，优先在张家口、保定、邯郸、唐山、沧州、定州等产业基础好、氢气资源有保障、推广运营有潜力的地区规划布局加氢站项目。

（4）实施氢能多元化利用工程

加快张家口、保定等国家燃料电池汽车示范应用城市群建设，抢抓冬奥会机遇，按照国家推广要求，重点支持在城市公交、环卫、物流、旅游及奥运专线等领域进行商业化推广，依托省内龙头企业加大投资力度，逐步打造国际国内一流燃料电池车辆示范区，带动全省形成集研发、装备制造、示范运营和配套服务等于一体的产业集群。

7.2.4 《山西省氢能产业发展中长期规划（2022—2035年）》

《山西省氢能产业发展中长期规划（2022—2035年）》由山西省发展和改革委员会、山西省工业和信息化厅、山西省能源局于2022年7月29日印发实施，主要内容如下。

7.2.4.1 发展目标

到2025年，形成较为完善的氢能产业发展制度政策环境，协同创新能力进入全国前列，基本构建较为完备的产业链体系。氢能示范应用取得明显成效，在不新增碳排放的前提下，初步建立以工业副产氢和可再生能源制氢就近利用为主的氢能供应体系。燃料电池汽车保有量达到1万辆以上（全国约5万辆），部署建设一批加氢站，应用规模全国领先。可再生能源制氢量显著增长，成为新增氢能的重要组成部分，有力推动二氧化碳减排。

到2030年，燃料电池汽车保有量达到5万辆，可再生能源制氢在交通、储能、工业等领域实现多元规模化应用，形成布局合理、产业互补、协同共进的氢能产业集群，有力支撑山西省实现碳达峰。

到2035年，形成国内领先的氢能产业集群。可再生能源制氢在终端能源消费中的比重大幅提升，为山西省能源绿色低碳转型提供坚强支撑。

7.2.4.2 重要任务

（1）氢能制取

优化工业副产氢提取工艺，提高氢气产量和质量，推动焦化企业采用先进的焦炉煤气提纯技术，增加氢气产出。积极开展可再生能源制氢试点，探索绿色制氢新模式，在风能、太阳能资源丰富的地区，建设电解水制氢项目。

（2）氢能储运

发展高压气态储运、低温液态储运等技术，提高氢气储运效率和安全性。

加强氢气储运基础设施建设，规划建设氢气输送管道和加氢站。

（3）氢能应用

在交通领域，加大燃料电池汽车推广力度，在公交、物流、出租车等领域开展示范运营；逐步增加燃料电池公交车的数量，优化公交线路；鼓励物流企业使用燃料电池货车。在储能领域，探索氢能在储能系统中的应用，提高能源系统的稳定性和灵活性。在工业领域，推动氢能在钢铁、化工等行业的应用，实现节能减排和产业升级。

（4）产业集群培育

打造氢能产业园区，吸引氢能产业链上下游企业集聚发展。在太原、大同等地规划建设氢能产业园区，提供完善的基础设施和配套服务。培育一批具有核心竞争力的龙头企业，带动中小企业协同发展。

（5）技术创新

加强氢能基础研究和前沿技术研发，突破关键核心技术。建立产学研合作机制，促进科技成果转化和应用。

（6）标准体系建设

制定氢能产业地方标准，规范产业发展。积极参与国家标准和行业标准的制定，提升山西省在氢能领域的话语权。

7.2.5　《内蒙古自治区"十四五"氢能发展规划》

《内蒙古自治区"十四五"氢能发展规划》由内蒙古自治区能源局于 2022年 2 月 25 日发布，主要内容如下。

7.2.5.1　发展目标

利用风光制氢成本低和氢能应用场景多的优势，通过技术引进和行业领军企业带动等方式，发展新能源制氢、氢能装备制造、储运基础设施、氢能综合应用，突破绿氢生产、高压气态储氢、液氢储运设备的集成设计及制造技术；开展"多能互补＋氢"、"源网荷储＋氢"等类型示范项目 15 个以上，氢能供给能力达 160 万吨/年，绿氢占比超 30％，制氢成本具有一定竞争力；有序布局加氢站等基础设施建设，加氢站（包括合建站）达到 60 座；加速推广中重型矿卡替代，在公交、环卫等领域开展燃料电池车示范，累计推广燃料电池汽车 5000 辆；探索绿氢在储能、冶炼、分布式发电、热电联供等领域示范应用，打造 10 个以上氢能应用示范项目；培育或引进 50 家以上氢能产业链相关企业，包括 5～10 家具有一定国际竞争力的龙头企业，初步形成一定的产业集群。带动氢能产业总产值超过 1000 亿元。

7.2.5.2　产业布局

立足自治区产业资源特点，依托氢能产业发展已有基础，重点打造"一区、六基地、一走廊"的氢能产业布局，确保氢能产业可持续发展，打造全国绿氢生产基地。

一区即一个示范区，以鄂尔多斯市为中心，连同呼和浩特、包头和乌海等城市群，构建鄂呼包乌氢能产业先行示范区。其中，鄂尔多斯聚焦氢能产业综合发展，呼和浩特聚焦氢能研发，包头聚焦氢能重卡制造，乌海聚焦氢能供给。

六基地即六个基地。充分发挥自治区可再生能源资源优势，鄂尔多斯打造全国最大的绿氢生产输出基地和全国最大的燃料电池重卡应用基地；呼和浩特打造自治区氢能技术研发基地；包头打造自治区燃料电池重卡生产基地；乌海打造自治区工业副产氢生产基地；乌兰察布、巴彦淖尔、阿拉善共同打造蒙西氢能综合生产基地；通辽、赤峰、锡林郭勒共同打造蒙东氢能综合生产基地。

一走廊即一条内蒙古氢能经济走廊。展望到 2030 年，进一步扩大自治区氢能产业覆盖范围，将兴安盟和呼伦贝尔市纳入其中，扩大氢能在城际货运、城际客运等交通领域的应用；通过基础设施的不断完善，形成加注和储运两大氢能基础设施网络。在"一区、六基地"的基础上，建成贯通内蒙古自治区的东西氢能经济走廊，形成"一区、六基地、一走廊"的产业布局。

7.2.5.3　重点任务

（1）推动氢能制取产业发展

① 优化制氢产业布局　结合内蒙古自治区的能源资源分布和产业需求，合理布局制氢项目，形成以大型化工企业为主体，以分布式制氢为补充的制氢产业格局。

② 拓展制氢原料来源　充分利用煤炭、天然气、可再生能源等多种原料制取氢气，提高制氢的灵活性和多样性。

③ 提高制氢技术水平　加大对煤气化制氢、电解水制氢等技术的研发和应用，降低制氢成本，提高制氢效率。

（2）加强氢能基础设施建设

① 发展氢气储存技术　研究和应用高压气态储氢、低温液态储氢、固态储氢等多种储氢技术，提高氢气储存的安全性和经济性。

② 完善氢气运输网络　建设氢气管道运输网络，加强氢气长管拖车、液氢槽车等运输方式的应用，提高氢气运输能力。

（3）促进氢能应用产业发展

① 推动氢能在交通领域的应用　加大氢燃料电池汽车的推广力度，建设

加氢站等基础设施，提高氢燃料电池汽车的市场占有率。

② 拓展氢能在工业领域的应用 鼓励化工、冶金等企业使用氢气作为原料或燃料，降低能源消耗和污染物排放。

③ 探索氢能在其他领域的应用 积极探索氢能在分布式能源、储能等领域的应用，拓展氢能的应用范围。

（4）加强氢能产业创新能力建设

① 加大研发投入 设立氢能产业研发专项资金，支持企业、高校和科研机构开展氢能技术研发。

② 建设创新平台 建设一批氢能技术研发中心、工程实验室、企业技术中心等创新平台，提高产业创新能力。

③ 加强人才培养 引进和培养一批氢能领域的高端人才和创新团队，为产业发展提供人才支撑。

（5）完善氢能产业发展支撑体系

① 加强政策支持 出台支持氢能产业发展的财政、税收、金融等政策，引导社会资本投入氢能产业。

② 优化市场环境 建立健全氢能产业标准体系，加强市场监管，营造公平竞争的市场环境。

③ 强化安全保障 建立氢能产业安全管理体系，加强对制氢、储氢、运氢、加氢等环节的安全监管，确保产业发展安全可靠。

7.3 华中地区氢能产业政策（3个）

华中地区发展氢能产业具有较好的基础，各省市注重将氢能发展与其原有优势产业结合。河南省作为能源生产和消费大省，聚焦清洁低碳制氢和氢气精准纯化、氢气致密储输、燃料电池关键材料和燃料电池整车关键技术，重点打造"郑汴洛濮氢走廊"；湖北省依托其雄厚的汽车产业优势，重点发展燃料电池汽车产业，积极发展氢燃料电池船舶，创新发展氢燃料电池发电和供热装备；湖南省具有较完备的氢产业链，在全力打造氢能工程机械上发力，力争跻身全国氢能产业发展第一方阵。

7.3.1 《河南省氢能产业发展中长期规划（2022—2035年）》

《河南省氢能产业发展中长期规划（2022—2035年）》由河南省人民政府办公厅于2022年9月发布，主要内容如下。

7.3.1.1 发展目标

到 2025 年，氢能产业关键技术和设备制造领域取得突破，产业链基本完备，产业链相关企业达到 100 家以上，氢能产业年产值突破 1000 亿元。发挥基础设施引领作用，适度超前布局建设一批加氢站。氢能应用领域不断拓展，交通领域氢能替代初具规模，推广各类氢燃料电池汽车 5000 辆以上，车用氢气供应能力达到 3 万吨/年，氢气终端售价降至 30 元/公斤以下，绿色低碳比例不断提高，建成 3~5 个绿氢示范项目。"郑汴洛濮氢走廊"基本建成，郑州燃料电池汽车城市群示范应用取得明显成效，初步建成氢能国家级先进制造业集群。

到 2035 年，氢能产业规模扩大，质量效益全面提升，氢气制、储、运、加及氢燃料电池等关键技术自主创新能力基本形成，综合指标达到世界先进水平，培育一批具有自主知识产权的知名企业和品牌，氢能产业链优势更加明显。氢能供应网络不断完善，低成本绿氢供应比例进一步提高，液化储氢、管道输氢经济性优势进一步体现。氢能在交通领域的应用基本实现产业化，在储能、分布式能源、工业等领域的融合应用不断拓展，适应氢能发展的政策体系基本完善。建成世界一流的燃料电池汽车产业基地、国内领先的氢能产业集群。

7.3.1.2 规划布局

重点打造"一轴带、五节点、三基地"的"郑汴洛濮氢走廊"，形成辐射全省和连通陕西"氢能产业集群"、山东"鲁氢经济带"的黄河中下游氢能产业发展格局。

（1）郑汴洛濮氢能示范应用轴带

以交通领域氢能示范应用为突破口，立足郑州、开封、洛阳、濮阳市产业基础和功能定位，重点开展郑汴洛文化旅游城际客运氢能示范、郑汴濮陆港联运物流集散货运氢能示范、郑汴洛濮绿色低碳市政交通氢能示范，积极探索氢能在分布式能源、工业领域的融合应用，形成以氢燃料电池应用为特色的氢能示范应用轴带。

（2）郑州、新乡、洛阳、开封、濮阳氢能装备制造产业节点

支持郑州、新乡、洛阳、开封、濮阳等地大力发展氢能全产业链装备制造和一体化布局。郑州市打造国内领先的燃料电池商用车产业示范基地、氢能产业关键技术研发和科技创新示范区。濮阳市、新乡市构建氢能产业生态圈，打造豫北氢能协同发展高地。开封市、洛阳市打造氢能产业关键零部件研发制造高地。

（3）豫北、豫西北、豫中南氢能供给基地

结合各地工业副产氢资源、风能和太阳能等可再生能源资源，支持濮阳、安阳、焦作、济源、三门峡、许昌、平顶山等地整合传统氢源，研发副产氢提纯技术，拓展绿氢供给渠道，立足于服务"郑汴洛濮氢走廊"、辐射供应周边，建设豫北、豫西北、豫中南 3 个氢能供给基地。

7.3.1.3　重点任务

（1）创新驱动实现技术突破

① 加快关键核心技术攻关　重点突破兆瓦级质子交换膜电解水制氢技术、大功率高效碱性电解水技术、氢气精准提纯和痕量杂质检测技术，研发固体氧化物电解制氢技术；突破 70MPa（Ⅳ型）高压储氢系统制造技术，研发固体储氢，有机液体储氢，高压深冷液化储氢，天然气管道掺氢，燃料电池汽车整车节能控制、动力系统精准匹配、适应性提升、故障预警及预防性维护等技术。

② 增强科研创新支撑能力　依托龙头企业整合行业优质创新资源，布局建设省级技术创新中心、工程（技术）研究中心、中试基地等创新平台，争创国家级创新平台，支持行业关键技术开发和工程化应用。构建完善的氢能创业服务机制，建设知识产权、技术交易等一体化技术孵化平台。推进氢能产品检验检测和认证公共服务平台建设，推动氢能产品质量认证体系建设，依托核心企业加快建设氢气、燃料电池、关键零部件、整车测试基地和试验平台。

③ 强化人才队伍建设　以氢能技术创新为导向，加强氢能产业发展所需人才的"引育用留"。积极实施与国际接轨的人才政策，主动对接国内外"高精尖"人才团队，积极引进高层次氢能领域创新型团队。加强本地技术人才培养，培育一批氢能技术领域的创新型领军人才和技术骨干，支持省内高校加强氢能领域学科建设，加强校企联合，共建人才培育基地，扩大专项技术人才规模。

（2）引育并举打造产业链竞争优势

① 提升氢能制、储、运、加全链条装备制造能力　提升大功率高效碱性电解水制氢设备、质子交换膜电解水制氢设备、氢气纯化设备及分布式天然气、氨气、甲醇高效催化制氢设备等生产能力，提高制氢供应保障水平。提升 30MPa 以上高压气态管束车或集装箱自主制造能力，提升单车运氢数量、效率和经济性。突破 70MPa（Ⅳ型）车载高压储氢瓶关键材料和设备制造瓶颈，提升碳纤维缠绕氢气瓶单位质量储氢密度和压力循环次数。重点发展水电解制、储、加一体化和撬装式加氢、移动高压加氢、氢气压缩机、加注机等技术

设备以及加氢站控制集成系统，加速压缩机、储氢罐、加注机、关键阀体和高压件等关键部件产品国产化，降低加氢站建设和运营成本。

② 发展氢燃料电池及燃料电池整车核心产业　构建燃料电池汽车完整产业链，推动燃料电池汽车关键核心技术创新发展，建设国内先进的燃料电池汽车产业示范集群，打造氢燃料专用车生产集群，提高双极板、电堆、空气压缩机、氢气循环泵等核心零部件生产技术水平，支持相关企业强化优势，加快引进膜电极、质子交换膜、催化剂、炭纸等领域优势企业在豫布局，补齐产业链条，形成覆盖燃料电池八大核心零配件的全产业链条。

③ 优中培优打造产业发展载体　统筹省内外资源，综合运用各类产业基金、专项财政资金，通过战略合作、并购、技术引进，补全产业链条，深化与产业链上下游骨干企业合作，实现本地规模化生产。加快郑州、开封、洛阳、濮阳、新乡等地氢能产业园集聚发展，通过氢能公交运营、氢能重卡打包租赁等新模式，降低氢燃料电池汽车购置和使用成本。

（3）适度超前搭建供给体系

① 推动氢源清洁低碳　鼓励氯碱、合成氨、煤化工、石油化工等企业优化副产氢提纯技术，建设纯化装置，提高氢气品质，降低用氢成本。探索化石燃料制氢与二氧化碳捕集封存技术有机结合。立足长远积极探索绿氢供给方式，有效整合富余风电、光伏发电，开展可再生能源电解水制氢示范并逐步扩大规模，开展生物质制氢、光解水制氢技术研发，拓展绿氢供给渠道。

② 构建氢气储运网络　重点依托"一轴带、五节点、三基地"，突出"就近消纳"原则，布局氢气储运网络，提高效率、降低成本。重点发展高压气态储氢和长管拖车运输，逐步开展更高压力的氢气长管拖车运输和液氢运输示范。适时推进天然气输运管道掺氢，探索区域性氢气输运网络建设运营，逐步构建高密度、轻量化、低成本、多元化的氢能储运体系。

③ 加快推进加氢站建设　结合全省综合立体交通网络发展需要，坚持"需求导向"，重点保障"郑汴洛濮氢走廊"、郑州燃料电池汽车示范应用城市群用氢需求，集约节约利用土地资源，鼓励现有加油（气）站、充电站增加加氢功能，建设一批"油、气、电、氢"综合能源站，探索建设以甲醇、天然气、氨水为载体的制、储、加一体加氢站。

④ 搭建智慧供应平台　综合运用新一代信息技术，搭建氢能智慧供应平台，开展氢气供需预测与平衡分析、加氢站负荷实时监控，建立"激活闲置资源、集中调度、高效匹配"的氢气运输联动机制，实现多氢源、多运输方式、多加氢站间灵活调度，构建氢源统筹调度、储运有效监管、供需有效联动的氢气供应网络。

（4）需求导向拓展应用场景

① 重点突破氢能在交通领域的应用　在郑州、开封、洛阳、新乡、焦作、安阳等地率先开展燃料电池汽车示范应用。鼓励试点区域将燃料电池汽车作为传统燃料汽车的优先替代选择，纳入政府采购范围，在城市公交、市政工具车购置时予以优先支持。以冷链物流车、环卫车、自卸/搅拌车、重型牵引车等商用车为重点，推进燃料电池汽车在物流园区、重点产业园区、重点企业厂区等区域和垃圾转运、城市建设等领域示范应用。探索氢燃料电池在轨道交通、无人机等领域的应用示范。

② 探索氢能作为分布式能源场景的应用　依托通信基站、数据中心、铁路通信站点、电网变电设施等，加快推进氢能应急电源应用，提高设备供电可靠性。充分利用氢-电转换优势，通过多能互补和智慧微网等手段，因地制宜布局燃料电池热电联供系统，推动在工业园区、矿区、机关、学校、医院、商场等开展以氢能为核心的能源综合利用示范，为用户提供电能及高品质热源。在相对偏远地区，探索开展燃料电池分布式电源和固定式发电站示范应用。

③ 推动多能互补耦合发展　以氢能为纽带，连接风能、太阳能、生物质能等多种能源，推动能源清洁生产和就近消纳，探索风/光发电＋氢储能一体化应用新模式，实现多能协同供应和综合梯级利用。发挥氢能作为储能介质的作用，逐步提升氢能在能源结构中的占比，通过可再生能源电解水制氢，实现大规模储能及调峰，有效解决电力不易长期大规模存储问题，进一步提升可再生能源消纳能力和能源系统的整体运行效率。

④ 探索氢能与其他产业融合发展　积极探索氢能与冶金、建材、化工等行业融合发展。探索拓展低成本清洁能源制氢在冶金、建材、化工等行业作为高品质原材料的应用，重点实施钢铁、合成氨、甲醇等行业绿色化改造，有效降低工业领域化石能源消耗。开展氢能-冶金耦合利用方面的示范，解决传统冶金工艺中碳还原导致的大量二氧化碳排放问题。

（5）安全为先完善政策体系

① 加强安全监管　落实企业安全生产主体责任和各职能部门监管责任，分析识别氢能制、储、运、加、用等产业链各环节重大风险，制定完善氢能安全监管制度和标准规范，强化重大安全风险预防和管控，确保氢能利用安全可控。

② 健全政策体系　完善氢能管理有关政策，规范氢能制、储、运、加全过程建设管理程序。结合化工园区管理要求，探索可再生能源制氢的管理模式。

③ 完善标准规范　贯彻落实氢能产业国家标准、行业标准及安全使用规

范，完善氢能制、储、运、加、用标准体系，增加标准有效供给。

7.3.2 湖北省《关于支持氢能产业发展的若干措施》

《关于支持氢能产业发展的若干措施》由湖北省发展和改革委员会与湖北省能源局于 2022 年 11 月 4 日联合发布，主要内容如下。

（1）支持氢能产业投资

对总投资 5000 万元以上的新引进氢能产业项目，按建设有效期内企业实施该项目银行贷款实际支付利息的 50% 予以贴息，单个项目年度贴息额度不超过 1000 万元，可连续贴息三年。对固定资产投资 2000 万元以上的氢能产业技改投资项目，按照项目生产性设备投资的 8% 予以支持，单个项目补助金额最低 100 万元，最高 1000 万元。

（2）支持企业培育壮大

加快在电堆、膜电极、双极板、质子交换膜、催化剂、炭纸、空气压缩机、氢气循环系统等燃料电池关键零部件以及制氢、加氢、储运设备等关键节点布局，鼓励地方建设氢能及燃料电池产业园区，对燃料电池、核心零部件生产企业按年销售额给予适当奖励。

（3）创新支持氢气制取

充分利用宜昌、武汉、孝感、潜江等地现有氯碱、焦炉煤气、炼化等行业副产氢优势资源，按产氢量给予相应能耗和碳排放扣减，允许石化企业在厂区外建设车用氢气提纯装置和集中充装设施，提高低成本化工副产氢供应能力。对在可再生能源富集地区发展风光水规模电解水制氢，按照 $1000m^3$（标）/h 制氢能力，奖励 50MW 风电或光伏开发资源并视同配置储能。

（4）支持储运设施投资

对专门从事高压氢气/液氢存储的企业，按设备投资的 10% 给予企业最高 500 万元的一次性补贴。鼓励天然气管道掺氢及纯氢管网建设，对总长度不少于 5km 的纯氢管道项目，在省预算内投资中按纯氢管道设备投资额 20%、最高 500 万元补贴。

（5）支持加氢站建设运营

沿"汉十"、"汉宜"、"武黄"等高速公路服务区，建设 10 座加氢综合示范能源站。对 2025 年底前建成并投用且日加氢能力（按照压缩机每日工作 12h 加气能力计算）在 500kg 级以上的前 50 座加氢站（含氢能船舶加氢站），在省预算内投资中一次性给予项目投资 20%、最高 200 万元建设资金补贴。鼓励市州根据实际情况对加氢站基础设施建设、运营给予补贴，各级财政补贴合计不超过加氢站固定资产投资的 50%。

（6）支持燃料电池汽车推广应用

对氢燃料电池汽车推广应用达到年度增量目标的市州政府每年给予奖励1000 万元，其中武汉市年度增量目标 800 辆，襄阳市、宜昌市 300 辆，其他市州 150 辆。除限行桥梁、隧道以外，车长不超过 6m、总质量不超过 8t 的燃料电池厢式货车在省内市区行驶不受现行货车限行路段、限行时段的限制。积极支持武汉市牵头申报国家燃料电池汽车示范应用城市群。

（7）拓展氢能交通示范应用场景

以交通领域应用为重点，推动建设"武汉-襄阳（十堰）-宜昌-武汉"燃料电池汽车示范圈。鼓励武汉-宜昌-襄阳市际线路的道路客运企业使用氢燃料电池客车，打造武汉-襄阳都市圈和宜昌-荆州-荆门都市圈氢燃料电池汽车客运专线。支持宜昌市开展氢能船舶应用示范，推进氢燃料电池物流车、重型载货车及叉车等示范应用，打造多港联运燃料电池汽车货运专线。

（8）支持氢能在工业、发电领域应用

推动氢能在冶金、建材、化工等工业领域融合发展，积极探索氢燃料电池分布式热电联供、燃气掺烧氢气、氢储能在可再生能源消纳、电网调峰等应用场景示范，对示范项目给予省预算内投资支持。

（9）支持氢能核心技术攻关

对氢能领域获批国家技术创新中心的单位给予一次性 1000 万元补助资金。对氢能产业链供应链重要装备设备、关键零部件、材料工艺、新型产品研制开发，由省级科技计划项目给予重点支持，单个项目最高 1000 万元。鼓励在鄂高校设置氢能学科，强化氢能人才引进和培养，将氢能领域"高精尖缺"人才纳入"楚天英才计划"，落实省委、省政府鼓励人才引进和科技创新的奖励政策。

（10）支持产业标准化体系建设

建立健全氢能产业发展标准规范体系，对主导制（修）定氢能产业相关标准的企业和机构，省财政分别按每项最高 100 万元、30 万元、20 万元给予资金奖励。对建成国家级产品质量检验检测中心的机构，结合机构投入情况，给予最高 500 万元的一次性奖励。

（11）支持企业融资上市

充分发挥省属企业平台公司、省级国资基金引导作用，通过市场化方式吸引各类社会资本并发起设立相关子基金，为全省氢能产业示范应用和产业化推广提供资金支持。优化氢能企业上市服务，将符合条件的氢能企业纳入省级上市后备"金种子""银种子"企业库，助力登陆资本市场，对成功上市企业按照企业上市奖励办法予以奖励。

（12）健全产业培育发展机制

将氢能产业发展纳入全省突破性发展新能源与智能网联汽车优势产业专项工作机制，统筹协调全省氢能推广应用工作重大事项，建立联席会议制度、工作专班制度、联络服务机制、评估督导机制，成立氢能产业发展促进会，组建专家团队，搭建产业服务平台，打造氢能产业协作联盟，强化重大项目牵引，建立健全地方法规制度，各市、州、直管市人民政府，各相关部门和单位承担属地管理及业务主管责任，共同推进全省氢能规划和支持政策的推进落实、龙头企业和项目建设服务等工作，促进氢能产业加快发展。

7.3.3 《湖南省氢能产业发展规划》

《湖南省氢能产业发展规划》由湖南省发展和改革委员会与湖南省能源局于 2022 年 10 月 20 日联合发布，主要内容如下。

7.3.3.1 发展目标

2022～2025 年为全省氢能产业培育期，形成氢源和燃料电池整车双轮驱动、100 家以上氢能产业相关企业全面发展格局，氢能全产业链初具规模。工业副产氢利用率明显提升，可再生能源制氢实现突破，氢能在工程机械、交通运输、港口、分布式发电等领域的示范应用逐步推广。建成加氢站 10 座，推广应用氢燃料电池汽车 500 辆，氢能基础设施逐步完善。

2026～2030 年为全省氢能产业市场开拓期，产业集群进一步壮大，形成5～10 家具备核心竞争力的氢能企业。氢能产业链特色环节竞争力明显提高，"氢能工程机械之都"名片基本形成，中部地区氢源基地初具雏形。氢能技术创新体系逐步完善，在制氢、储氢、燃料电池等领域实现阶段性技术突破。氢能示范应用场景进一步拓展，"绿氢"在工业领域的示范应用实现起步。

2031～2035 年为全省氢能产业规模化应用期，氢能产业链整体达到国内先进水平。形成完备的氢能技术自主创新和开放合作体系，核心技术实现关键性突破。氢能产供储销网络基本建成，"绿氢"在终端能源消费中的占比明显提升，为湖南省能源供应保障以及绿色低碳转型提供有力支撑。

7.3.3.2 产业发展重点任务

（1）着力创新驱动，突破氢能核心技术瓶颈

① 加大氢能技术攻关力度　围绕氢能产业高质量发展需求，聚焦氢能技术未来发展方向，加大氢能技术攻关力度，实现核心技术突破，抢占战略制高点。

② 搭建氢能产业创新平台　依托企业、高校及研究机构，围绕省内氢能重点技术攻关领域，打造氢能产业创新平台，为氢能技术创新提供支撑。

③ 建设氢能专业人才队伍　以氢能技术创新需求为导向，瞄准人才制高点，加大引才、聚才、育才、留才力度，不断强化省内氢能专业人才队伍。

（2）着力示范引领，推动氢能多元领域应用

① 重点推动氢能在交通领域的示范应用　充分发挥氢燃料电池高功率、高能量密度等优势，优先推动氢燃料电池汽车在固定路线、长途运输、高载重等特殊场景的应用示范，与纯电动汽车形成优势互补的发展模式，加速交通领域碳减排进程。

② 有序开展氢能在储能发电领域的示范应用　充分发挥氢储能技术调节周期长、储能容量大、受地形影响小的优势，结合省内水风光等可再生能源发电出力特性，适时开展氢能在可再生能源消纳、跨长周期电力调峰等场景的示范应用。

③ 积极探索氢能在工业领域的示范应用　积极探索氢能在工业原料和热源替代领域的技术创新，随着可再生能源制氢成本的不断下降，积极探索"绿氢"在钢铁、冶金、水泥等高耗能行业作为高品质原料和热源方面的应用，逐渐扩大清洁低碳氢能对化石能源的工业应用替代规模，减少由使用化石能源引起的二氧化碳排放，促进高耗能行业绿色转型发展。

（3）着力氢源保供，统筹氢能基础设施建设

① 提升氢源保障能力　充分利用省内价廉量足的工业副产氢和可再生能源资源，构建低碳、经济、安全、稳定的多元氢能供应保障体系。

② 完善氢气储运体系　综合考虑地区氢气需求和供应能力，合理规划储氢基地规模和布局，统筹推进高压气态氢、液态氢、甲醇以及液氨储存等多元氢气储存体系建设，提升氢气供应保障能力。

③ 统筹布局加氢站　综合考虑资源禀赋和市场需求，坚持以需定供原则，统筹布局加氢站，有序推动全省加氢网络建设，保障氢能示范应用的用氢需求。

（4）着力强链补链，提升氢能产业链竞争力

① 积极培育本地潜力企业　围绕省内制氢和氢燃料电池整车产业良好的基础条件，通过示范应用、政府采购、重大科技专项、金融扶持等政策支持方式，重点培育技术成熟、发展前景好、核心竞争力强、成长速度快的相关产业链环节企业，积极培育一批国内领先的龙头企业，打造优势明显、特色鲜明的重点环节和品牌产品。

②　大力引进优质企业　聚焦省内氢能产业链中电堆、双极板、催化剂、空气压缩机等缺失薄弱环节，引进具有产业带动作用的国内外相关优质企业，增强氢能产业链、供应链的稳定性和竞争力。

③　实现氢能产业园区高质量发展　充分利用各市、州氢能产业发展基础，结合当地主导产业特色，高水平、高标准打造基础配套设施完善、特色鲜明的氢能产业园区。优先在长沙经开区、湖南城陵矶新港区、株洲高新区等园区打造省级氢能产业样板园区，后续拓展至发展势头好、发展潜力足的其他市、州。

（5）着力安全发展，完善氢能规范管理体系

①　完善氢能全产业链标准体系　围绕氢能制备、储存、运输、加注、应用等全产业链环节，加快推进相关标准研制，建立健全涵盖氢能全产业链环节的标准体系。

②　完善氢能产品检测服务体系　建立健全从氢源端到应用端全产业链检测服务体系，为氢能产品规模化推广应用提供支撑。

③　完善氢能产业安全管理体系　建立健全氢能产业安全管理制度，加强氢能全产业链环节安全监管，强化氢能企业安全生产意识，落实企业安全生产主体责任和部门安全监管责任。

7.4　华东地区氢能产业政策（7个）

华东地区是中国经济最发达、科技创新能力最强的地区之一，拥有深厚的产业基础、科研实力和市场优势，为发展氢能产业提供了广阔的空间和巨大的潜力。上海市拥有全国领先的氢能产业技术及创新资源，致力建成国际一流的氢能科技创新高地、产业发展高地、多元示范应用高地；浙江省积极推动氢能与新能源汽车、智能制造等产业的深度融合，构建氢燃料电池整车、系统集成以及核心零部件的全产业链；山东省聚焦燃料电池发动机、燃料电池整车和燃料电池轨道交通、港口机械、船舶及分布式发电装备产业，力争建成集氢能创新研发、装备制造、产品应用、商业运营于一体的国家氢能与燃料电池示范区；江苏省在发展风光储氢项目，丰富绿电制氢、燃气掺氢燃烧、氢燃料电池汽车等应用场景上发力，推动研究氢能和新能源多能互补应用，探索油电气氢一体化电站示范建设；安徽省重点在可再生能源电解水制氢、氢的纯化与分离、储氢装备及材料、燃料电池电堆及核心零部件等领域发力；江西省依托稀土等矿产资源优势，大力发展储氢新材料产业，争取实现重点细分领域突破；

福建省鼓励传统发电、石化、油气输配企业和氢冶金企业等开展制氢、用氢、氢储运、氢储能等业务。

7.4.1　《山东省氢能产业中长期发展规划（2020—2030 年）》

《山东省氢能产业中长期发展规划（2020—2030 年）》由山东省人民政府办公厅于 2020 年 6 月发布，主要内容如下。

7.4.1.1　发展目标

从现在起至 2022 年，为全面起步阶段。产业发展制度体系逐步建立，工业副产氢纯化、燃料电池发动机、关键材料和动力系统集成等核心技术率先取得突破，达到国内先进水平，加氢基础设施建设有序推进，燃料电池汽车在公交、物流等商用车领域率先示范推广。

2023 年至 2025 年，为加速发展阶段。产业链条健全完备，燃料电池核心技术接近国际先进水平，制氢、储运、加氢及配套设施网络逐步完善，氢能在商用车、乘用车、船舶、港口机械、分布式能源、储能等应用领域量化推广。

2026 年至 2030 年，为塑造优势阶段。产业规模质量效益全面提升，关键技术综合指标达到世界先进水平，形成一批具有自主知识产权的知名企业和品牌，建立氢能产业与新一代信息技术和新业态深度融合的新型智慧生态体系。通过 10 年左右的努力，建成集创新研发、装备制造、产品应用、商业运营于一体的国家氢能与燃料电池示范区。

山东省氢能产业主要发展目标如表 7-4 所示。

表 7-4　山东省氢能产业主要发展目标

目标	项目	2019 年（基准年）	2020 年	2021 年	2022 年	2023 年	2024 年	2025 年	2030 年
技术研发	质子交换膜燃料电池功率密度/(kW/L)	1.7	—	—	2.0	—	—	3.0	4.0
	燃料电池商用车平均寿命/h	10000	—	—	12000	—	—	15000	30000
	燃料电池乘用车平均寿命/h	—	—	—	—	—	—	5000	8000
	关键部件国产化率/%	15	16	18	20	30	40	50	>80

续表

目标	项目	2019年(基准年)	2020年	2021年	2022年	2023年	2024年	2025年	2030年
产业规模	氢能产业总产值/亿元	—	30	100	200	400	700	1000	3000
	企业研发投入占比/%	3	—	—	4	—	—	6	10
	燃料电池发动机产能/万台	0.3	—	—	2	—	—	5	10
	燃料电池整车产能/万辆	0.2	—	—	0.5	—	—	2	5
推广应用	加氢站数量/座	6	10	18	30	50	70	100	200
	燃料电池汽车应用规模/辆	100	500	1500	3000	5000	7000	10000	50000
	燃料电池固定式发电装机容量/MW	—	—	—	—	—	—	200	1000

7.4.1.2 发展布局

在发展布局上，着力"构筑两大高地、布局两大集群、培育壮大鲁氢经济带（青岛—潍坊—淄博—济南—聊城—济宁）"。构筑两大高地，围绕"中国氢谷"、"东方氢岛"建设，将济南打造为氢能产业创新研发、装备制造、商务会展、商业应用基地；将青岛发展为氢能轨道车辆及船舶研发制造、氢能港口机械及物流应用、氢能热电联供及固定式、分布式电源研发应用基地。布局两大集群，形成以潍坊、淄博为龙头的燃料电池及关键材料产业集群和以聊城、济宁为龙头的燃料电池整车及氢能制储装备产业集群，借助两大高地引领示范作用，带动两大集群氢能产业快速发展，培育壮大"鲁氢经济带"。山东省各市加氢站及燃料电池汽车示范推广应用一览表如表7-5所示。

表7-5 山东省各市加氢站及燃料电池汽车示范推广应用一览表

地市	2020~2022年产业全面起步期		2023~2025年产业加速发展期		2026~2030年产业塑造优势期	
	加氢站/座	燃料电池汽车/辆	加氢站/座	燃料电池汽车/辆	加氢站/座	燃料电池汽车/辆
济南	6	600	15	1500	28	8000
青岛	6	600	15	1500	28	8000
淄博	4	400	9	900	15	4000
枣庄			3	300	6	1000

续表

地市	2020~2022 年产业全面起步期		2023~2025 年产业加速发展期		2026~2030 年产业塑造优势期	
	加氢站/座	燃料电池汽车/辆	加氢站/座	燃料电池汽车/辆	加氢站/座	燃料电池汽车/辆
东营			3	300	8	2000
烟台	1	100	4	400	12	3000
潍坊	6	600	12	1200	20	5000
济宁	3	300	9	900	15	4000
泰安			3	300	7	1500
威海			2	200	5	1000
日照			3	300	6	1000
临沂			4	400	12	3000
德州	1	100	3	300	7	1500
聊城	3	300	9	900	15	4000
滨州			3	300	8	1500
菏泽			3	300	8	1500
合计	30	3000	100	10000	200	50000

7.4.1.3　发展重点

（1）实施创新驱动工程，掌握核心技术

从突破核心技术、搭建创新载体、培育创新人才、积极开展氢能国际合作等四个方面，坚持创新驱动发展战略，优化创新体制机制，激发企业创新活力，集中优势力量突破氢能产业关键核心技术，促进产业链和创新链深度融合，推动氢能产业迈向全球价值链中高端。

（2）实施装备提升工程，贯通产业链条

从制氢储运及成套装备、燃料电池系统、燃料电池整车集成与控制系统、燃料电池轨道交通及港口机械和船舶等装备、燃料电池分布式发电装备、发挥龙头企业带动作用等六个方面，围绕制氢和用氢两个环节，加快推动制氢、储（运）氢、加氢等相关装备产业发展，着力提升燃料电池装备水平，积极推动燃料电池汽车、轨道交通、港口机械、船舶、氢能分布式供电等装备产业发展，贯通上下游产业链条，形成制造业核心竞争力，抢占发展制高点。

（3）实施基础保障工程，强化发展支撑

从保障氢能供应、加快推进加氢站建设、构筑氢能运输网络等三个方面，围绕氢能产业发展需要，保障氢能供应，优化氢能设施布局建设，提高制、储、运、加一体化配套服务能力，形成与产业发展相适应、与推广应用相协调的发展网络。

（4）实施示范推广工程，推动产业发展

从推动燃料电池在交通领域的示范应用、加快推进其在储能发电领域的示范应用、积极探索其在冶金化工领域的替代应用等三个方面，结合氢能产业发展需要，积极推动氢能在交通、船舶、港口、冶金、发电等领域推广应用，探索氢能多元化应用途径，逐步减少煤炭、油气等化石能源消费，推进绿色低碳发展。

（5）实施产业融合工程，构建新型生态

从推进产业融合创新、突出协同联动发展、试点推进氢能社区建设、开展氢能教育宣传和知识普及等四个方面，积极推动氢能产业与传统产业良性互动发展，促进氢能产业与新技术、新模式、新业态融合发展，不断扩大氢能在全社会多场景中的应用，构建新型氢能产业生态，倡树低碳氢能发展理念。

（6）实施标准建设工程，提升产业质量

从构建氢能标准体系、推动相关标准的实施等两个方面，针对目前氢能标准不健全的问题，发挥山东省在氢能标准建设方面的能动性，完善氢能产业标准体系，支撑氢能产业高质量发展。

（7）实施安全环保工程，促进健康发展

从加强产品质量管控、强化安全管理、完善环境保护措施、广泛应用节能技术四个方面，聚焦氢能生产、储运和使用，健全氢能产业全生命周期安全环保管理体系，保障产业高水平健康发展。

7.4.2 《江苏省氢能产业发展中长期规划（2024—2035 年）》

《江苏省氢能产业发展中长期规划（2024—2035 年）》由江苏省发改委于2024 年 4 月印发，主要内容如下。

7.4.2.1 发展目标

到 2027 年，产业创新能力显著提高，绿色低碳氢能制取、储存、运输和应用等各环节核心技术和关键材料研发取得突破，力争建成不少于 10 个省级以上氢能创新平台。产业集群初步构建，力争创建 3～5 家省级氢能产业发展先导区，形成可复制、可推广的氢能产业发展路径。氢能产业规模力争突破1000 亿元。氢能基础设施不断完善，建成商业加氢站 100 座左右。氢能应用示范取得成效，氢燃料电池车辆推广量超过 4000 辆，在发电、储能、工业等领域试点示范应用取得突破。力争建设成为国内氢能产业高质量发展示范区。

到 2030 年，形成创新能力领先、竞争优势突出的氢能产业体系，建成一批国际一流的创新研发平台，拥有一批国际领先的科创人才，培育一批具有国际影响力的优势企业。形成安全高效、绿色低碳、低成本的氢能供应体系，可再生能源制氢成为供氢增量主体。形成多元化的氢能应用生态，在交通、能源、工业等领域实现规模化应用，有力支撑江苏省碳达峰目标实现。力争建设成为政策体系完善、技术自主可控、布局合理有序的国内领先的氢能产业集群。

到 2035 年，氢能产业发展总体达到国际先进水平，形成具有江苏省特色的氢能综合创新应用生态，建成国际有影响力的氢能产业发展高地。氢能在江苏省终端能源消费中的比重明显提升，成为江苏省能源体系的重要组成部分。

7.4.2.2　重点任务

（1）构建氢能产业科技创新体系

① 培育科技创新平台载体　鼓励企业、高校、科研院所共建前沿交叉研究平台，整合行业优质创新资源，在氢能产业链关键环节布局建设一批产业创新中心、工程研究中心、技术创新中心、制造业创新中心。

② 推进关键核心技术攻关　推进氢气制备、氢气储运、氢气加注、氢燃料电池等产业链环节关键核心技术攻关。鼓励承接国家重点研发计划"氢能技术"等重点专项项目。

③ 加大创新人才引培　积极引进国内外氢能领域"高精尖缺"人才团队。支持省属高校、职业（技工）院校设置氢能相关学科专业，加大氢能领域创新型、技能型人才培养力度。

④ 加强标准体系建设　立足江苏省实际，研究建立覆盖制、储、输、用等各环节的省级氢能标准体系，重点开展氢燃料品质和氢能检测及评价、氢安全、绿氢制备、氢储存、氢输运、氢加注、氢能应用等标准制定。

（2）打造氢能产业集群

优化产业发展布局。以"集聚集约、各有侧重、协调发展"为原则，推动全省氢能产业集群发展、错位发展，力求形成布局合理、各具特色、优势互补的氢能产业发展格局。引导各地区根据发展基础和条件，科学合理谋划氢能产业布局，选择适合各地区实际的氢能产业着力点。做好各地区氢能产业规划的衔接，推进氢能产业协同联动发展。鼓励各地区综合考虑本地区氢能供应能力、产业基础和市场空间，在科学论证基础上，打造氢能装备制造集聚区、氢能产业创新引领区、氢能供给及应用示范区。

（3）完善氢能基础设施

① 因地制宜布局制氢设施　优先利用工业副产氢，鼓励发展可再生能源制氢，积极探索新型绿氢制取方式，丰富氢气获取途径。

② 科学有序构建氢储运网络　加快推动低温液氢储运产业化应用，探索发展有机液态储运、固态介质储运等储氢方式，开展掺氢天然气管道试点示范，探索发展城市供氢管网，推动绿氨、绿色甲醇作为绿氢储运载体。

③ 统筹规划加氢网络　优先利用现有加油（气）站场地改扩建加氢设施，积极探索加氢/加油（气）合建站、加氢/充电合建站、制储加一体化加氢站等模式。

（4）拓展氢能多元应用

① 有序推进交通领域示范应用　加快推进车辆领域示范应用，积极探索船舶领域示范应用，推动氢能船舶的示范应用。探索氢能在飞行器、无人机等航空装备领域的应用示范。

② 稳步开展能源领域示范应用　积极开展发电领域示范应用，推动燃机掺氢示范项目建设，有序开展储能领域示范应用，推动氢能在源网荷储一体化和多能互补等领域综合示范应用，开展"风光发电＋氢储能"一体化应用，探索开展地下盐穴储氢示范应用。

③ 逐步探索工业领域示范应用　推进钢铁冶金行业氢能替代，鼓励省内钢铁冶金企业探索开展氢冶金示范应用，推进石化、化工行业氢能替代，鼓励石化、化工企业加大氢能替代化石能源力度。推进建材、水泥行业氢能替代，鼓励省内建材、水泥企业探索开展煅烧流程氢能应用。

（5）加强氢能产业开放合作

① 强化区域交流合作　鼓励省内氢能产业相关企事业单位、社团组织、高等院校和科研院所等加强产学研交流合作，搭建交流平台。深化长三角区域合作，打造区域氢能供应网络，实现氢源互通互保；加强氢能产业政策协调联动，营造氢能产业良好发展环境，推动实现区域优势互补、共赢发展。

② 扩大国际交流合作　积极融入国际氢能市场，加强与氢能领域高端智库、头部企业、行业组织的合作交流，鼓励有条件地区积极承办氢能国际技术合作交流论坛。以共建"一带一路"为契机，支持省内氢能企业加强国际产业、科技、金融、人才等开放合作，拓展氢能产业市场。借力国际能源变革论坛、"一带一路"能源部长会议等活动，深化合作交流，打响"江苏氢能"影响力和知名度。

7.4.3 《安徽省氢能产业发展中长期规划》

《安徽省氢能产业发展中长期规划》由安徽省发展和改革委员会与安徽省能源局于 2022 年 3 月 25 日印发，主要内容如下。

7.4.3.1 发展目标

到 2025 年，力争燃料电池系统产能达到 10000 台/年，燃料电池整车产能达到 5000 辆/年，加氢站数量达到 30 座，氢能产业总产值达到 500 亿元。到 2030 年力争燃料电池系统产能超过 30000 台/年，燃料电池整车产能超过 20000 辆/年，加氢站数量超过 120 座，氢能产业总产值达到 1200 亿元。到 2035 年，形成创新能力强、产业化水平高、配套设施完善、示范应用领先的氢能产业体系，打造具有重要影响力的氢能产业发展示范区和集聚发展高地。

7.4.3.2 技术路径和空间布局

（1）技术路径

根据氢能产业特性，分阶段明确了氢制备、氢储运、氢加注、氢应用等领域的技术路径。

（2）空间布局

在省内率先形成氢能及燃料电池产业示范城市群，重点开展氢能及燃料电池产业技术研发、装备制造以及示范应用。同时，充分发挥示范城市群引领及示范作用，带动、促进两翼地区氢能产业协同发展，积极融入"长三角"氢走廊建设。

7.4.3.3 重点任务

（1）关键技术突破工程

集中力量在氢制备、氢储运、氢加注以及氢应用等领域实现突破。

（2）产业创新提升工程

搭建氢能产业创新平台，加强氢能产业人才培养，扩大国内外合作与交流，推进关键技术成果转化。

（3）氢能装备壮大工程

积极开展制氢、储运氢、加氢、燃料电池等装备的研发和产业化。

（4）产业链条培育工程

夯实产业链关键环节，推动产业链延伸发展，提升产业链现代化水平。

（5）示范应用推进工程

重点推广工业副产气制氢示范，积极开展可再生能源制氢示范，加快燃料电池产品示范推广，促进氢能在能源互联领域示范应用，探索氢能在工业领域的示范应用。

（6）基础设施保障工程

提升氢能供应保障能力，推进建立氢能储运体系，加快加氢基础设施建设。

（7）配套体系建设工程

完善政策法规体系，健全监督管理体系，构建氢能标准体系，提升安全管理水平。

（8）公共宣传教育工程

开展宣传教育活动，树立氢能经济理念。

7.4.4 《上海市氢能产业发展中长期规划（2022—2035年）》

《上海市氢能产业发展中长期规划（2022—2035年）》由上海市发展和改革委员会办公室于2022年6月17日印发，主要内容如下。

7.4.4.1 发展目标

到2025年，产业创新能力总体达到国内领先水平，制、储、输、用产业链关键技术取得突破性进展，具有自主知识产权的核心技术和工艺水平大幅提升，氢能在交通领域的示范应用取得显著成效。建设各类加氢站70座左右，培育5～10家具有国际影响力的独角兽企业，建成3～5家国际一流的创新研发平台，燃料电池汽车保有量突破1万辆，氢能产业链产业规模突破1000亿元，在交通领域带动二氧化碳减排5万～10万吨/年。

到2035年，产业发展总体达到国际领先水平，建成引领全国氢能产业发展的研发创新中心、关键核心装备与零部件制造检测中心，在交通、能源、工业等领域形成丰富多元的应用生态，建设海外氢能进口输运码头，布局东亚地区氢能贸易和交易中心，与长三角地区形成协同创新生态，基本建成国际一流的氢能科技创新高地、产业发展高地、多元示范应用高地。

7.4.4.2 重点任务

（1）打造科技创新高地

掌握燃料电池全链条关键核心技术。提高催化剂、质子交换膜、炭纸等关键材料的可靠性、稳定性和耐久性，实现全产业链自主可控。突破产业链上下游关键材料和零部件。提升质子交换膜（PEM）、固体氧化物电解池（SOEC）等电解水制氢的工艺技术水平，突破高压气氢、低温液氢、长距离管道输氢、储氢材料等储运环节关键材料和装备的核心技术。开展高炉富氢和竖炉全氢冶金工艺及设备关键技术研究，突破分布式氢燃料电池热电联供电堆长寿命技术。开展液氨储氢、有机液体储氢、固态储氢、液态储氢等复合储氢系统关键技术研究。

（2）提升产业综合竞争力

① 培育壮大行业领军企业 推动大型能源企业加快向氢能生产企业转型，推动大型制造企业加快向氢能装备制造企业转型，支持中小型创新企业做优做强，培育一批氢能领域的独角兽企业和"专精特新"企业。

② 建立产业标准及检测体系　加强相关标准体系研究，鼓励龙头企业积极参与各类标准研制工作，建设燃料电池材料、电堆、动力系统、整车及其关键零部件成套测试认证平台，形成检测认证服务和测试装备供应体系。

③ 加强产业人才队伍建设　鼓励高校培育氢能相关学科专业，建设一批涵盖氢能学科的绿色低碳技术学院，鼓励以氢能关键技术研发和应用创新为导向拓展人才引进通道，引进海外高端人才。

（3）筑牢供应设施基础

① 持续推进中长期供氢"绿色化"　推进深远海风电制氢、生物质制氢、滩涂光伏发电制氢，探索建立长江氢能运输走廊，布局沪外、海外氢源生产基地和进口码头，构建多渠道氢能保障供应体系。

② 逐步推动氢能输运"网络化"　重点发展高压气态储氢和长管拖车输运，探索开展氢-氨、液氢的长距离运输工程规划，研究建设氢-氨转化和液氢集散中心。

③ 积极有序推动加氢站"普及化"　支持利用现有加油加气站改扩建加氢设施，加快建设大容量 70MPa 加氢站，开展加氢站建设运营模式创新，推动制氢、加氢一体化的新业态发展。

（4）构建多元应用格局

① 加快在交通领域的商业应用　全面推广氢燃料电池在重型车辆中的应用，建立燃料电池汽车与纯电动汽车互补的发展模式，推动燃料电池在船舶、航空领域的示范应用。

② 加大在能源领域的推广应用　有序开展氢气储能、氢能热电联供、氢混燃气轮机的试点示范，推进富氢燃料燃气轮机装备研发，开展氢混燃气轮机示范应用。

③ 积极推动工业领域的替代应用　以氢作为还原剂开展氢冶金技术研发应用，扩大化工领域氢能替代化石能源的应用规模。

④ 优先打造若干世界级示范场景　打造国际氢能示范机场、国际氢能示范港口、国际氢能示范河湖、世界级氢能产业园、深远海风电制氢示范基地、零碳氢能示范社区、低碳氢能产业岛、零碳氢能生态岛。

（5）加强开放协同合作

① 打造上海氢能产业城市群　促进氢能技术和产业链延伸，建立东西部技术创新、集成示范、氢能供应的长效合作机制，共同打造上海氢能产业示范城市群。

② 支撑长三角一体化发展　打通氢源互通互保路径，以上海为龙头，联通苏州、南通、宁波、嘉兴、张家港等周边城市，打造氢输运高速示范线路，

通过技术合作、产业基金等多种途径，开展基础材料、核心技术和关键部件的联合技术攻关。

③ 推动国际开放创新合作。鼓励开展氢能科学和技术的国际联合研发，在有条件的区域建设中外氢能产业园区，支持中日（上海）地方发展合作示范区配套设施建设。

（6）强化管理制度创新

① 优化管理审批流程　在氢能产业项目的规划、立项、审批等方面明确工作流程，建立氢能制备、检测服务、加氢基础设施等建设项目审批"绿色通道"，建立"一站式"行政审批管理制度。

② 强化政策创新突破　优化安全监管办法，完善基础设施建设和科技攻关支持政策，探索出台支持加氢站站内制氢、站内制氢加氢一体化政策，对于新的氢能产业项目，鼓励容缺受理、提前预审、告知承诺制等创新措施。

7.4.4.3　空间布局

打造"南北两基地、东西三高地"的氢能产业空间布局。其中，"两基地"为金山和宝山两个氢气制备和供应保障基地；"三高地"为临港、嘉定和青浦三个产业集聚发展高地。

① 打造金山氢源供应与新材料产业、示范运营基地。

② 打造宝山氢源供应与综合应用基地。

③ 建设临港氢能高质量发展实践区。

④ 建设嘉定氢能汽车产业创新引领区。

⑤ 建设青浦氢能商业运营示范区。

7.4.5　《浙江省加快培育氢能产业发展的指导意见》

《浙江省加快培育氢能产业发展的指导意见》由浙江省发展和改革委员会、浙江省经济和信息化厅、浙江省科学技术厅于2019年8月联合发布，主要内容如下。

7.4.5.1　发展目标

到2022年，氢燃料电池整车、系统集成以及核心零部件等产业链全面形成，氢燃料电池整车产能达到1000辆，氢燃料发动机产量超过1万台，氢能产业总产值超过100亿元。氢燃料电池在公交、物流、船舶、储能、用户侧热电联供等领域推广应用形成一定规模，累计推广氢燃料电池汽车1000辆以上，力争建成加氢站30座以上，试点区域氢气供应网络初步建成。

到2025年，基本形成完备的氢能装备和核心零部件产业体系；氢燃料电池电堆、关键材料、零部件和动力系统集成核心技术接近国际先进水平；加氢设施网络较为完善，氢能在汽车、船舶、分布式能源等应用领域量化推广，成为国内氢能产业高地。

7.4.5.2 重点任务

（1）强化创新能力建设

① 加快关键核心技术攻关 着力突破高比功率车用氢燃料电池电堆、质子交换膜、集电器等核心器件相关技术，力争在高压储运氢设备轻量化、高效液氢制备、金属氢化物储氢、高容量固态储运氢等方面技术研究取得突破。

② 搭建高层次产业创新载体 搭建氢燃料电池技术工程中心，引导相关国家和省部级重点实验室、工程研究中心等平台开展氢能核心技术攻关。

③ 强化氢能产业创新人才集聚与培育 积极引进高层次氢能创新型团队和"高精尖"人才。依托高校和各类研发机构，培养一批氢能技术研究、产品开发和应用检测等创新型人才。

（2）培育壮大氢燃料电池汽车及零部件产业

① 重点发展氢燃料电池整车 支持吉利汽车等整车生产企业开发氢燃料电池汽车，积极引进具备国际先进水平的氢燃料电池整车企业。推动氢燃料电池汽车在城市公交、港口物流等领域应用。

② 加快发展氢燃料电池及发动机 实施一批氢能产业重点项目，加快推进氢燃料电池电堆、发动机及动力总成产业化，逐步形成集群效应。

③ 提升关键零部件配套能力 积极引进氢燃料电池用空压机、氢气循环泵、高效催化剂、膜电极、双极板、增湿器、燃料电池升压变换器等关键零部件生产企业，推动氢燃料电池整车生产零部件配套本地化。

（3）拓展延伸氢能产业链

① 积极发展氢燃料电池船舶 依托省内船舶制造企业，发展以氢燃料电池为动力的海洋及内河运输船舶和渔船，探索在沿海地区实现试点示范运营。

② 创新发展氢燃料电池发电和供热应用装备 针对电力供应和储能调峰、通信基站、应急救灾以及城市大型综合、未来社区等需求领域，探索发展相关氢燃料电池发电装备，推动燃料电池热电联供系统在用户侧领域的应用。

③ 加快发展制储运加氢装备 鼓励引入国际知名企业，加快发展加氢机、控制阀组、氢气压缩机、液（气）氢储罐等氢能配套产业，提升 70MPa 以上高压储氢容器研发制造水平。

（4）完善设施建设，强化氢能保障

① 着力推进加氢站建设 优先在产业基础好、氢气资源有保障、推广运营有潜力的地区建设加氢站，在全省逐步建立氢气供应网络。

② 提升氢供应保障能力　充分利用省内化工企业副产氢资源提纯氢气，引导有条件的发电企业利用富余电能电解水制氢，探索发展弃光、弃风、弃水电量制氢和天然气制氢，多渠道拓展氢源供应保障。

（5）引进培育龙头企业

① 培育一批有竞争力的领军企业　加大整机产品、核心部件及制造设备的创新力度，培育一批拥有技术专利、具备较强竞争力的创新型优势企业。

② 招引一批行业龙头企业　充分利用长三角一体化国家战略契机，加强产业合作交流，推动浙江省与全球领先的氢能企业和科研机构建立广泛深入的联系，积极引进一批具有较强带动力的龙头企业。

（6）开展氢能应用示范试点

① 嘉兴公交应用示范试点　到 2022 年，嘉兴氢燃料电池公交车占新增新能源公交车比例不少于 50％；嘉兴全市氢燃料电池车示范运营不少于 200 辆，建成加氢站 8 座。

② 宁波港口物流应用示范试点　到 2022 年，建成加氢站 5 座以上，车辆应用规模达到 100 辆以上。

③ 杭州亚运会通勤专线应用示范试点　以杭州举办 2022 年亚运会为契机，在场馆、亚运村、景区等区域设立氢燃料电池汽车通勤专线，探索重大活动利用氢燃料电池汽车通勤保障模式。

④ 舟山海洋应用示范试点　加快氢能在船舶、海洋运输等方面的应用，探索打造氢能海上供应链。

7.4.6　《江西省氢能产业发展中长期规划（2023—2035 年）》

《江西省氢能产业发展中长期规划（2023—2035 年）》由江西省发展改革委和江西省能源局于 2023 年 1 月 19 日发布，主要内容如下。

7.4.6.1　发展目标

2023 年到 2025 年，可再生能源制氢量达到 1000 吨/年，成为新增氢能消费和新增可再生能源消纳的重要组成部分。氢能应用试点、示范项目有序多元化增加，全省燃料电池车辆保有量约 500 辆，投运一批氢动力船舶，累计建成加氢站 10 座。全省氢能产业总产值规模突破 300 亿元。

2026 年到 2030 年，基本掌握氢能产业核心技术和关键设备制造工艺，产业链基本完备，区域集聚、上下游协同的产业体系逐步成形。电-氢及氢-电系统综合能效显著提高，燃料电池分布式发电、氢储能、氢冶炼、绿氨等示范应用广泛开展，氢能在交通、工业等领域再电气化和深度减碳进程中发挥重要作用，有力支撑碳达峰目标实现。

2031 年到 2035 年，氢能产业发展安全形势稳定，氢能产业规模、质量效益、创新能力进一步提升，产业局部取得重大突破并形成国内领先优势，氢能与电力、交通、工业等多领域广泛实现较高水平融合，可再生能源制氢基本实现市场化，成为全省能源和产业脱碳的重要保障，在能源和产业绿色低碳转型发展中起到有力的支撑作用。

7.4.6.2　产业布局

（1）空间布局

着力建设以"九江—南昌—吉安—赣州"为轴线的"赣鄱氢经济走廊"，贯通链接内部、融入周边的氢经济主动脉，北面融入长江经济带，南面对接粤港澳大湾区，带动东西两翼各地结合自身优势积极发展氢能相关产业，形成全省氢能产业大局协调、分区集聚、多元共生的发展格局和产业生态体系，打造"氢清江西"绿色发展新动能。

（2）突破方向

① 依托稀土等矿产资源优势，大力发展储氢新材料产业，实现重点细分领域突破。

② 把握好重要区域发展战略机遇，积极壮大氢能一般装备制造业，实现氢能产业规模突破。

③ 结合关联产业特点，积极拓展氢能产业化应用场景，实现氢能应用模式突破。

7.4.6.3　重点任务

（1）稳妥探索氢能示范应用

① 重点引导电力领域试点应用。

② 有序推进交通领域示范应用。

③ 逐步探索工业领域替代应用。

（2）统筹氢能产业设施布局

① 有序引导氢能产业集聚。

② 合理布局氢气制备设施。

③ 稳步构建氢能储运体系。

④ 统筹规划加氢服务网络。

⑤ 积极落地氢能装备产能。

（3）加强氢能产业技术创新

① 持续提升关键核心技术水平。

② 着力打造产业创新支撑平台。

③ 推动建设氢能专业人才队伍。

④ 积极开展氢能技术创新合作。

（4）完善氢能发展管理体系

① 建立健全氢能政策体系。

② 建立完善氢能产业标准体系。

③ 加强产业全过程安全监管。

7.4.7　《福建省氢能产业发展行动计划（2022—2025年）》

《福建省氢能产业发展行动计划（2022—2025年）》由福建省发展和改革委员会于2022年12月发布，主要内容如下。

7.4.7.1　发展目标

在技术创新方面，强化氢能产业基础研发，到2025年，培育组建一批国家、省级氢能与燃料电池研发创新平台，一批关键核心技术取得突破，达到国内领先水平；在产业培育方面，完善氢能全产业链，到2025年，培育20家具有全国影响力的知名企业，覆盖氢能制备、存储、运输、加注、燃料电池和应用等领域，实现产值500亿元以上；在示范应用方面，以交通领域应用为引领，到2025年，全省燃料电池汽车应用规模达到4000辆，覆盖全省主要氢能示范城市的基础设施配套体系初步建立，力争建成40座以上各种类型加氢站。

7.4.7.2　发展路径

在氢气制备领域，充分利用工业副产氢存量以及产能，发展氢气提纯技术及氨储氢技术，同步提升绿氢产能。在氢气储运领域，着力发展高压气态储运氢、有机液态储运氢、固态储运氢等储运技术，积极研究管道输氢技术。在氢气加注领域，提高氢能基础设施整体国产化率，推进新建和扩建综合能源站等多种形式的加氢站建设。在氢能应用领域，以福州、厦门国家燃料电池汽车示范应用城市群等为核心，重点开展氢能在道路交通领域的示范应用，再争取一批城市列入国家燃料电池汽车示范应用城市群。

7.4.7.3　重点任务

（1）系统构建氢能发展创新体系

① 打造创新支撑平台　聚焦制约氢能产业规模化应用的发展方向，构建多层次、多元化创新平台，加快人才、技术、资金等创新要素集聚。

② 提升关键核心技术　以各类创新平台为依托，围绕关键技术、核心部件、先进工艺、基础材料，加快推进绿色制氢、氨储氢制氢、氢气储运、氢混合燃料等技术攻关。

③ 强化人才队伍培育　加大省级高层次人才、产业领军团队等对氢能领域人才团队的支持力度，支持省内高等院校加快推进氢能相关学科专业建设，逐步增加相关专业本科、研究生招生指标。

（2）统筹推进氢能基础设施建设

① 建立多渠道氢源供应体系　结合各地资源禀赋，因地制宜选择制氢技术路线，逐步推动构建清洁化、低碳化、低成本的多元制氢体系。

② 稳步培育储运装备产业　以安全可控为前提，积极推进技术材料工艺创新，开展多种储运方式的探索和实践。

③ 加快推进加氢设施建设　坚持以需定供、循序渐进，根据氢能应用示范的实际用氢需求，统筹相关资源，支持加氢设施科学合理布局建设，有效满足下游应用加氢需求。

（3）有序发展氢能示范应用场景

① 有序推进交通领域示范应用。

② 着力拓展多领域示范应用。支持钢铁企业加大氢能冶金技术研发的力度，推广应用低碳冶金技术；支持具备条件的厂房、楼宇、岛屿等场景，开展燃料电池分布式发电、冷热电联供、无人机等示范应用；依托 5G 通信基站、数据中心、变电设施等场所，加快燃料电池备用电源的示范应用。发挥氢能调节周期长、储能容量大的优势，开展氢储能在可再生能源消纳、电网调峰等应用场景的示范，探索培育"风电＋氢储能"一体化应用新模式，促进电能、热能、燃料等异质能源之间的互联互通。

（4）加速完善氢能发展保障体系

① 建立氢能产业发展联盟　支持由氢能领域龙头企业牵头，产业链上下游配套企业共同参与，建立氢能产业发展联盟。

② 加大氢能装备产品支持力度　支持将符合条件的氢能装备认定为福建省首台（套）重大技术装备，并积极争取认定国家能源领域首台（套）重大技术装备。有关行业主管部门建立完善氢能装备产品应用奖励机制，引导省内企业加速实现氢燃料电池系统产品规模化应用。

③ 强化氢能产业发展金融支持。

7.5　华南地区氢能产业政策（3个）

华南地区三省在氢能产业发展上都有各自优势。广东省氢能产业发展基础较好，且获得了国家政策支持，致力于燃料电池汽车示范城市群建设，并着力推动氢气"制、储、输、用"全产业链达到国内先进水平,燃料电池汽车关键技术达到国际领先水平;海南省利用其独有的先行先试政策优势,以工业副产制氢为先导,开展氢能在船舶、汽车、航天等场景的运用;广西壮族自治区氢能来源广泛,制氢潜力大,近期在着力构建良好的氢能产业发展政策环境,并在工业副产制氢、可再生能源制氢、氨制氢和化石能源制氢等方面发力,逐步形成交通、储能、工业多元氢能应用生态。

7.5.1 《广东省加快氢能产业创新发展的意见》

《广东省加快氢能产业创新发展的意见》由广东省发展和改革委员会于2024年1月24日发布,主要内容如下。

7.5.1.1 发展目标

到2025年,氢能产业规模实现跃升,燃料电池汽车示范城市群建设取得明显成效,推广燃料电池汽车超1万辆,年供氢能力超10万吨,建成加氢站超200座,示范城市群产业链更加完善,产业技术水平领先优势进一步巩固,氢气供应体系持续完善,应用场景进一步丰富,产业核心竞争力稳步提升。

到2027年,氢能产业规模达到3000亿元,氢气"制、储、输、用"全产业链达到国内先进水平;燃料电池汽车实现规模化推广应用,关键技术达到国际领先水平;氢能基础设施基本完善,氢能在能源和储能等领域占比明显提升,建成具有全球竞争力的氢能产业技术创新高地。

7.5.1.2 加大氢能关键核心技术攻关

(1)加强关键核心技术研发

突破氢气"制、储、输、用"环节关键技术,加大相关装备技术攻关力度,加强燃料电池关键材料技术创新,提高关键零部件技术创新和产业化水平,提升电堆功率密度。

(2)加快推进氢能产业创新平台建设

发挥省实验室等科研机构优势,支持骨干企业创建各类创新平台,省财政对经认定的国家级创新平台给予支持。

(3)加大研发支持力度

统筹国家和省级资金,对为广东省获得国家示范城市群考核"关键零部件研发产业化"积分的企业给予财政奖励,原则上每1积分奖励5万元,每个企业同类产品奖励总额不超5000万元;落实省级首台(套)重大技术装备研制与推广应用政策,对相关装备予以资金支持。

创新科技专项支持方式:在省重点领域研发计划中设新型储能与新能源专

项，支持氢能领域前沿技术研发，采取多种形式设立研发项目，支持龙头企业
牵头开展相关研发和产业化。

7.5.1.3　加快完善氢气供应体系

（1）大力发展电解水制氢

提高电解水制氢装备转化效率和制氢规模，突破制氢关键核心技术；鼓励
加氢站内电解水制氢，落实蓄冷电价政策；支持发电企业利用低谷时段富余发
电能力制氢。

（2）有效利用工业副产氢

以东莞、广州、珠海、茂名、韶关为重点，利用相关资源实现高纯度工业
副产氢规模化生产，支持相关企业提升氢气充装能力，加大供应并降低车用氢
气成本。

（3）持续推进可再生能源制氢

鼓励开展海上风电、光伏、生物质等可再生能源制氢示范，加强相关技术
研发，拓展绿氢供给渠道并降低制取成本。

7.5.1.4　统筹推进氢能基础设施建设

（1）稳步构建氢能储运体系

发展"高压气态储氢＋长管拖车"运输模式，提高储运效率并降低成本，
推动低温液氢储运产业化应用，探索其他储运方式，构建多元化储运体系。

（2）加快推动加氢站建设

统筹规划布局，适度超前建设加氢基础设施，完善建设管理政策和体系；
鼓励现有加油加气站改扩建，新布点加油站同步规划建设加氢设施，积极对接
国家氢能高速公路综合示范线建设，在珠三角骨干高速公路、国道沿线及相关
地区优先建设加氢站。

（3）逐步降低用氢成本

统筹利用国家燃料电池汽车示范城市群建设"氢能供应"奖励资金，对符
合条件的电解水制氢加氢一体化站给予补贴，每站补贴不超 500 万元，奖补总
金额不超国家奖补资金；不符合补贴条件的，各级财政均不得给予补贴。

7.5.1.5　推动燃料电池汽车规模化推广应用

（1）全面推进重型货运车辆、物流运输车电动化

推动珠三角各市相关车辆电动化转型，力争到 2027 年新增车辆基本实现
电动化。

（2）优先推动典型示范场景应用

完善相关高速公路沿线氢能基础设施建设，推动燃料电池汽车在多领域城

际运输的示范应用。

（3）加大燃料电池汽车推广应用力度

统筹各级财政资金，对满足特定条件的前 1 万辆车辆，按照燃料电池系统额定功率补贴 3000 元/千瓦。

7.5.1.6 积极开展氢能多元化示范应用

（1）有序推进在交通其他领域的示范应用

加快推动交通领域电动化，扩大氢能在轨道交通、船舶、航空器、无人机等领域的示范应用。

（2）积极开展储能领域示范应用

探索可再生能源发电与氢储能相结合的一体化应用模式，将氢储能纳入新能源配储范畴。

（3）拓展氢能在发电领域的示范应用

支持建设燃料电池分布式发电站，保障电力供应；因地制宜布局燃料电池分布式热电联供设施，推动氢能源综合利用示范。

（4）探索氢能在工业新领域的应用

支持大型钢铁企业开展氢冶金技术研发应用，探索氢能替代化石能源提供高品质热源的应用，引导产业向低碳、脱碳工艺转变。

7.5.1.7 优化氢能产业发展环境

（1）加快培育壮大氢能企业

鼓励氢能产业链上下游企业协同，提升产业链整合能力，支持建设氢能领域专业孵化平台和园区，培育相关优质企业。

（2）加大优质企业招商引资力度

利用重大经贸活动平台，举办产业招商活动，吸引优质氢能项目落地。

（3）加强国内外合作交流

7.5.2 《广西氢能产业发展中长期规划（2023—2035 年）》

《广西氢能产业发展中长期规划（2023—2035 年）》由广西壮族自治区发展和改革委员会于 2023 年 9 月发布，主要内容如下。

7.5.2.1 发展目标

到 2025 年，形成良好的氢能产业发展政策环境，氢能示范应用取得成效。探索形成以工业副产制氢为主，可再生能源制氢、氨制氢和化石能源制氢等互为补充的制氢方式，氢能储运安全高效，力争高纯度氢气年供应能力达到

2000 吨，建成加氢站 10 座，推广氢燃料电池汽车 500 辆。氢气终端售价持续降低，应用场景向公共交通、物流等领域拓宽，制氢加氢一体化、氢能汽车等示范应用取得成效，氢燃料电池汽车等技术创新能力稳步提高。

展望 2030 年，初步建立较为完整的供应链和产业体系，氢能多元化、规模化发展成效明显。制氢方式更加多元，可再生能源制氢应用更加广泛，基本满足全区高纯度氢气供应需求，形成气态、液态、固态、管道等多种储运方式，力争建成加氢站 50 座以上，各环节成本持续降低。氢燃料电池汽车实现多场景规模化应用，在南方地区形成带动示范效应，氢能船舶、工业领域掺氢等应用场景更加丰富。成功打造一批具有一定竞争力的氢燃料电池汽车企业，形成系列氢燃料电池及整车产品，氢能产业链竞争力明显提升。

展望 2035 年，基本形成现代氢能产业体系，构建交通、储能、工业多元氢能应用生态，打造氢能全产业链示范区。

7.5.2.2　重点任务

（1）构建氢源供给体系

着力提升工业副产制氢供应能力，支持以工业副产制氢为主、少量天然气制氢等多元化制氢方式，逐步向可再生能源制氢方式过渡。积极探索海上风电制氢，探索北部湾海上风电并网制氢或离岸制氢模式，鼓励利用北部湾海上油气平台储氢、输气管道掺氢、船舶运氢等方式储运氢。鼓励综合制氢，利用氨便于储存和运输的优势，支持制氢加氢一体化站开展氨分解制氢，因地制宜在可再生能源丰富地区发展"绿电制氢＋绿氢合成氨＋氨分解制氢"一体化模式。探索制氢新模式、新技术，在南宁、桂林、柳州等人口聚集区探索利用生活有机垃圾、污泥和秸秆、畜禽粪便等生物质资源，通过生物质化学法、生物法等多种生物质制氢技术应用，发展"生物质发电＋生物天然气（沼气）＋制氢"模式。

（2）构建氢能储运体系

重点采用高压气态氢气储运方式，稳妥推进长输管道运氢、掺氢模式，探索液氢、有机氢载体、固态储氢等储运技术应用，远期形成多元化氢储运格局。持续降低高压气态氢储运成本，按"就近制取、就近使用"的经济性运输原则，高压气态氢运输半径原则上不超过 100 公里。

（3）建设加氢基础设施

按照"功能集成化、资源集约化、运行商业化"原则，推动形成规模适度超前、设施先进、智能高效、安全可靠的加氢服务网络。坚持安全为先，节约集约利用土地资源，持续加强加氢站建设布局。

（4）拓宽氢能应用场景

在交通领域，推动氢燃料电池汽车的研发和示范应用，加快加氢站的布局和建设，提高氢燃料电池汽车的市场占有率。在工业领域，鼓励钢铁、化工等企业采用氢气作为燃料和原料，降低碳排放。在能源领域，开展氢能分布式发电、储能等示范项目，提高能源系统的灵活性和稳定性。

7.5.2.3　实施步骤与阶段安排

① 第一阶段（2023～2025 年）　重点推进氢能制取、储运和加注等基础设施建设。开展氢燃料电池汽车的示范运营。

② 第二阶段（2026～2030 年）　逐步扩大氢能在交通、工业等领域的应用规模。加强技术创新和产业集聚。

③ 第三阶段（2031～2035 年）　实现氢能产业的全面发展，建成国内领先的氢能产业集群。

7.5.3　《海南省氢能产业发展中长期规划（2023—2035 年）》

《海南省氢能产业发展中长期规划（2023—2035 年）》由海南省发展和改革委员会于 2023 年 12 月 28 日发布，主要内容如下。

7.5.3.1　发展目标

① 到 2025 年，氢能产业培育孵化期　氢能产业发展的政策体系逐步建立，氢能产业关键技术取得突破性进展，氢能在交通、航天、化工、能源等领域的示范应用取得积极成效，初步建立以工业副产氢和可再生能源制氢就近利用为主的氢能供应体系。燃料电池汽车保有量约 200 辆，部署建设加氢站 6座。可再生能源制氢量达到 10 万吨/年，主要用于船用绿色甲醇生产制造，满足 2～3 艘甲醇动力集装箱船舶使用。实现二氧化碳减排 100 万吨/年。

② 到 2030 年，氢能产业试点示范期　氢能产业技术创新能力显著提升，以可再生能源制氢为主的供应体系初步建立，产业布局合理有序，在交通、航天、化工、能源等领域形成多元的应用场景。燃料电池汽车保有量约 1000 辆，加氢站增至 15 座左右。可再生能源制氢量达到 40 万吨/年。

③ 到 2035 年，氢能产业应用推广期　产业发展总体达到国内领先水平，氢能关键技术与国际先进水平基本同步，可再生能源制氢规模化应用成效显著，在交通、航天、化工、能源等领域实现应用推广，为全国能源绿色化转型发展提供海南氢能贡献。

7.5.3.2　空间布局

按照"发挥优势，补齐短板"的思路，以"培育新赛道，打造新引擎"为目标，统筹氢能生产、储运、加注设施建设，打造"一区（绿氢产业示范园区）、两平台（氢能产业创新支撑平台）、多基地（场景应用示范基地）"的氢能产业发展空间格局。

① 一区（绿氢产业示范园区）　范围为儋州市。以绿氢为关键要素，按照"一院士一链主一平台一基金一中心"等组织架构，从海上风电等可再生能源发电开始，电解水制绿氢消纳并存储，进而与绿色数据中心、海洋牧场、海洋综合试验场等项目开发相结合，推进一批"绿电＋绿氢"的融合示范工程，谋划一批绿氢减碳示范工程，打造绿氢生产、存储、输送和利用的产业集群。

② 两平台（氢能产业创新支撑平台）　范围为海口、三亚。海口依托海南大学等高校资源，围绕海水制氢等核心攻关技术，布局氢能技术创新平台、氢燃料电池汽车工程研究中心等。三亚依托崖州湾科技城，围绕生物发酵制氢技术、海上风电耦合制氢技术等核心攻关技术，布局氢能科研教育平台、氢能应用领域工程研究中心等。

③ 多基地（场景应用示范基地）　主要是船舶、汽车、航天、化工、能源等领域应用场景。

a. 船舶方面。儋州开展"氢能＋船舶"示范应用，先行在洋浦港重点打造全球绿色甲醇（绿氢）加注示范基地，进而在远洋航船、渔船等领域分阶段绿色燃料替代。

b. 汽车领域。围绕冷链物流"一中心四节点（以洋浦为中心，以海口、三亚、东方、琼海为节点）"布局氢能在冷链物流车上的应用；围绕环岛旅游公路，海口、三亚、儋州等重点景区布局氢能在旅游巴士、多功能乘用车等方面的应用；洋浦港、海口港等港口布局港口叉车、短倒重卡等氢燃料动力替代，为海南加入广东燃料电池汽车示范城市群提供支撑。

c. 航天领域。文昌布局探索液氢（绿氢）在商业航天发射中的应用试点推广，打造航天领域绿氢示范基地。

d. 化工领域。儋州、东方布局推进开展绿氢制甲醇、绿氢合成氨等先进技术替代化石能源制氢，提高绿氢使用比例，减少碳排放，创新绿氢与化工产业耦合发展新模式。

e. 能源领域。儋州、东方等地率先打造"海上风电＋海水制氢＋数据中心"融合示范项目；昌江布局探索推进核能制氢试点项目，打造"核能制氢＋氢电耦合"融合示范项目；海南与广东研究推进（跨海）输氢管道规划、建设和运营。

7.5.3.3 重点任务

（1）实施氢能应用场景示范工程

① 船舶领域　充分发挥洋浦港等港口优势，加快建设绿色燃料加注站基地，探索甲醇、氢、氨等新型动力船舶的示范应用，实现航运低碳化、船舶零碳能源替代。

② 汽车领域　充分发挥2030年全面禁止销售燃油汽车等政策优势，逐步建立氢燃料电池汽车与纯电动汽车互补的发展模式。

③ 航天领域　充分发挥国内唯一的商业航天发射场和商业航天产业政策优势，以文昌全域航天城建设为载体，完善并支持氢液化关键技术攻关，打造全国液氢（绿氢）示范基地。

④ 化工领域　利用绿氢资源推动石化、化工产业低碳转型，调整优化重化工业企业能源结构，有效降低化石能源消耗。

⑤ 能源领域　结合海上风电规划布局和新型储能规划等，发挥氢能调节周期长、储能容量大的优势，探索培育"风光发电＋氢储能"一体化应用新模式。

（2）实施低碳绿色氢源供应工程

① 制取绿氢　短期，以工业副产氢、氢制甲醇、合成氨等技术路线先行。中长期，清洁能源电解水制绿氢逐步替代化石能源制氢，最终形成以绿氢为主的氢源供应体系。

② 管好储运和加注　科学规划氢储运路径，探索开展多元氢储运模式，以高压气氢储运路线为主，发展低温液态、固态、有机氢载体等技术应用。

（3）实施绿氢产业示范园区工程

在儋州市选择产业发展基础好、交通便利度高、能源资源丰富的区域，以绿氢为关键要素，按照"一院士一链主一平台一基金"等组织架构，从海上风电等可再生能源发电开始，电解水制绿氢消纳并存储，进而与绿色数据中心、海洋牧场、海洋综合试验场等项目开发相结合，推进一批"绿电＋绿氢"的融合示范工程，打造绿氢生产、存储、输送和利用的产业集群。

（4）实施氢能合作交流平台工程

① 推进海南加入广东燃料电池汽车示范城市群　共同联手开发东盟等海外市场，最大限度利用好"两种资源"和"两个市场"，重点聚焦在技术协同攻关，燃料电池在重卡、冷链物流等领域试点推广，跨海输氢管道前瞻布局等方面。

② 加强氢能产业国际合作交流　加强海南与东盟等国家绿色能源合作，

推进海口、三亚、儋州等市县与日本东京、韩国昌原等城市之间的"结对子"机制，开展氢能交易、绿色产品技术、标准等方面的深度合作。

（5）实施氢能产学研用支撑工程

深入贯彻落实《海南省"十四五"科技创新规划》等文件精神，准确把握氢能产业重大科学问题攻关发展方向，以海口、三亚等科技创新区域为依托，充分发挥链主企业、高等学校、科研院所等科研优势，以船舶、汽车、航天、化工等应用场景为靶心，着力在海水制氢技术、液态储氢、船用储氢系统及关键材料等方面率先实现突破，前瞻布局工程研究中心、企业技术中心、产业创新中心等创新平台，争取国家有关科研成果在海南示范应用，加快氢能产业科技成果落地转化。加强与国内外高等院校、科研院所合作，以设立分院、分中心等分支机构的形式，加快推进自贸港氢能产业科研平台建设。

（6）实施氢能产业安全管理工程

① 加强氢能全链条安全管理　强化安全监管，落实企业安全生产主体责任和部门安全监管责任，落实地方政府氢能产业发展属地管理责任，提高安全管理能力水平。

② 加快研究制定氢能产业标准　紧紧围绕氢能在船舶、汽车、航天等领域的应用场景，鼓励相关单位积极参与氢品质检测、氢安全、可再生能源电解水制氢、氢液化等国家和国际标准制定工作，增加标准有效供给。

（7）构建氢能产业发展政策体系

① 建立健全氢能政策体系　加快构建"1＋N"政策体系，有效发挥政策引导作用。

② 支持先行试点突破　探索在绿氢产业示范园区开展可再生能源制氢直供电试点、可再生能源发电制氢支持性电价政策，允许在化工园区外建设可再生能源电解水制绿氢生产项目和制氢加氢一体站等。研究制定氢气车辆运输支持政策。

7.6　西北地区氢能产业政策（5个）

西北地区自然资源丰富，具有巨大的氢能发展潜力，是中国氢能产业的重要发展基地之一。陕西省聚焦汽车与氢能结合，推动绿氢装备、氢气储运装备、燃料电池整车等氢能产业达到国内先进水平；甘肃省突出铂族贵金属资源优势，在氢气净化、电解水制氢及氢燃料电池高效催化材料等方面抢占制高点；宁夏回族自治区、青海省、新疆维吾尔自治区等均在大力推动形成较为完善的氢能产业发展制度和政策环境，并利用其自身的风、光等可再生能源优势发展氢能供应体系，为形成较完备的氢能产业体系奠定基础。

7.6.1 《陕西省"十四五"氢能产业发展规划》

《陕西省"十四五"氢能产业发展规划》由陕西省发展和改革委员会于2022年7月18日发布，主要内容如下。

7.6.1.1 发展目标

到2025年，氢能发展的政策环境体系基本形成，氢燃料电池实现本省研发生产，示范应用取得显著效果，初步建立较为完整的供应链和产业体系。形成若干个万吨级车用氢气工厂，建成投运加氢站100座左右，力争推广各型燃料电池汽车1万辆左右，一批可再生能源制氢项目建成投运，绿氢装备、氢气储运装备、燃料电池整车等环节技术达到国内先进，氢能在冶金、化工领域实现拓展应用，全产业链规模达1000亿元以上。

到2030年，全省形成较为完备的氢能产业技术创新体系和绿氢制备及供应体系，可再生能源制氢规模化应用，有力支撑碳达峰目标实现。

7.6.1.2 重点任务

（1）完善基础设施，发挥基础优势

陕北地区依托榆林兰石化副产氢、延长石油炼厂尾气等形成氢气8万吨/年产能；关中地区依托咸阳长庆石化、延长兴化等形成氢气5万吨/年产能。依托大型石化企业建设城际加氢骨干网络，支持氢能城际物流示范。加快氢能运力运营平台组建，开展配套加氢站、油氢（油气氢）合建站及储运能力建设。支持陕西燃气集团等开展管道输氢、液态储运、固态储运等氢能储运示范项目建设。依据国家技术标准和安全管理要求，适时系统制定氢气制取、运输、加注相关安全地方标准和规程，加强重大风险管控，严格落实企业安全生产主体责任、相关部门监管责任，建立健全氢能生产和事故应急处置工作机制。

（2）发展装备制造，贯通产业链条

支持陕西省企业联合国内外先进纯化装备企业，大规模开发车用氢气纯化装置，储备10万吨级副产氢制备车用高纯氢成套装备技术。支持本地氢能装备企业做大电解水制氢装备产业。支持西安、榆林打造全省燃料电池研发和装备制造聚集区。大力推广氢燃料电池重卡、市政专业车及轻卡、新型客车、观光车等氢能车型。

（3）实施创新驱动，突破核心技术

依托省内高等院校和科研院所开展质子交换膜电解池、固体氧化物电解池、光催化制氢技术攻关，联合企业开展原型设备开发及首台套应用。依托秦创原创新驱动平台，加快组建氢能产业联盟，形成"产学研用"技术转化通道。加快实施一批氢能技术研发、示范应用重大项目，培育一批本土行业领军人才。

（4）推进示范应用，构筑产业生态

依托氢能运力运营平台，开展燃料电池重卡"短倒运输"示范应用，探索建立氢能重卡市场化运营"陕西模式"。大力推动榆林—延安—西安、西安—渭南—韩城两条氢能城际物流廊道示范运营，联通陕北、关中氢能产业中心。大力推进氢气作为原料在炼化、冶金、天然气掺烧等领域的升级应用，助力陕西省能化产业减碳升级。支持省属大型企业等开展天然气混氢、绿氢合成氨、二氧化碳加氢制甲醇和氢气炼钢技术示范，拓展绿氢应用场景的技术、商业模式验证。

（5）强化金融支撑，助力产业发展

研究出台省级氢能研发平台、重点研发计划、加氢站建设及运营补助等政策。支持各市（区）依据地方政府财力，出台氢能研发补助、车辆购置补助、加氢站建设及运营补助等政策。加快设立陕西省氢能相关产业基金，支撑产业链发展。支持榆林市联合国企、民企、社会资本组建氢能运力运营平台，投资氢能基础设施和重点示范项目建设。

（6）开展标准建设，提升发展质量

积极参与行业、国家标准编制，鼓励本省企业加强与行业头部企业的交流与对标。建立标准实施监督考核机制，对牵头或参与国际、国家氢能相关标准的企业或机构予以奖励。支持企业建设质量检测平台，提升产品质量检测能力。积极引进第三方氢能检测机构，鼓励龙头企业与检测机构合资建设第三方氢能产品检测、认证等服务平台。推动检测服务标准化和体系化，支持企业标准升级为行业标准或国家标准。

（7）加大区域合作，构建协作体系

推动氢能资源向周边区域输出，支持渭南市、榆林市面向周边省市输出氢气资源，打造区域氢能供应网络；支持省属大型企业等走出去开展氢能业务。

7.6.2　《甘肃省人民政府办公厅关于氢能产业发展的指导意见》

《甘肃省人民政府办公厅关于氢能产业发展的指导意见》由甘肃省人民政府办公厅于 2023 年 1 月 3 日发布，主要内容如下。

7.6.2.1　发展目标

到 2025 年，氢能产业创新能力显著提高，基础设施加快建设，实现多元化应用场景示范，初步形成有规模、有效益的氢能产业发展格局。

（1）技术创新取得一系列突破，创新体制机制有效建立

在高效氢气净化和氢燃料电池催化材料、大容量高压气态储运装备、低温真空液氢储运装备、大规模氢（氨）储能与发电调峰、管道输氢和天然气掺氢等领域实现技术突破。建立产业研究、技术研究、公共服务等创新平台，形成有效的创新体制机制。

（2）基础设施加快建设，形成供需平衡的供应网络体系

建成可再生能源制氢能力达到 20 万吨/年左右的制氢、储氢基地，建成一批氢气充装站及加氢站，开展短距离气态配送体系、长距离液氢输送和管道输氢综合互补的输氢网络体系建设。

（3）完成多元化应用示范，初步实现氢能产业规模化发展

涵盖工业、交通、储能、发电等领域的多元应用全面发展，示范项目建设取得突出成效，氢燃料电池汽车在交通领域示范应用达到一定规模，绿氢与其他应用领域协同耦合发展格局初步形成。氢能在各行业减碳作用明显，减少碳排放 200 万吨/年左右。引进培育氢能企业 20 家以上，年产值达到 100 亿元。

7.6.2.2　产业布局

立足于甘肃省各地区资源禀赋，利用"一带一路"通道优势和西气东输天然气管道过境的有利条件，以短期就近消纳为原则，以长期外输消纳为目标，基于现有产业基础，融入国家和区域发展战略，布局建设"一个走廊，两个示范区，两个基地"。

① 一个走廊　沿"一带一路"通道节点城市布局可再生能源制氢及就近消纳体系，打造甘肃氢能走廊。

② 两个示范区　基于河西地区可再生能源优势，依托酒泉、张掖先行先试，建设绿氢生产及综合利用先行示范区；在陇东地区，以庆阳为核心，基于多种能源富集的优势，布局氢能-多能互补综合能源示范区。

③ 两个基地　借助建设"兰白两区"契机，发挥高校、科研院所聚集和人才优势，打造氢能产业创新基地；依托兰州、定西及周边地区制造业优势，布局氢能装备制造业基地，重点发展氢能基础材料和氢能装备制造产业。

7.6.2.3　重点任务

（1）推进产业技术创新

加强基础研究、应用研究和关键核心技术攻关，开展重大科研项目。研究大规模低成本可再生能源制绿氢技术，开展氢气净化等相关材料研发，研制各类氢能装备，研究纯氢管道输氢、天然气管道掺氢相关技术和安全标准，支持

开展大规模氢（氨）储能等技术研发，鼓励高校和科研院所开展相关基础理论和前沿技术研究，建设氢能产品检验检测及认证公共服务平台。

（2）发展氢能装备制造产业

加快氢能基础材料规模化发展，支持企业扩大氢能相关催化材料产能，向车载储氢瓶产品延伸，发展固定式压力容器等装备制造，引进培育氢燃料电池企业，拓展氢燃料电池在商用汽车、储能和发电等领域的应用。

（3）加快基础设施建设

优先在相关地区规划建设氢制备、储运、加注等基础设施，构建氢能供应网络体系。依托资源合理布局制氢基地，在可再生能源富集地区开展电解水制氢试点示范，在工业副产氢较多地区利用工业副产氢提纯制氢；结合实际构建储运体系，开展储氢基地建设，推进不同方式的氢能运输试点；以需求为导向统筹布局加氢站，支持现有加油加气站改扩建，探索新模式，支持在高速公路服务区内布局建设一体化示范应用。

（4）开展多元化应用试点

以市场为导向，推进氢能在工业、交通、储能、发电等领域应用。工业领域逐步推进用绿氢替代传统化石能源；交通领域有序开展示范应用，重点推广氢燃料电池商用车应用，在特定区域推进氢燃料电池重卡示范应用，有条件的市州开展公共服务领域氢燃料电池汽车的示范应用，鼓励工矿企业使用氢燃料电池机车；储能和发电领域开展相关探索和应用。

7.6.3　《宁夏回族自治区氢能产业发展规划》

《宁夏回族自治区氢能产业发展规划》由宁夏回族自治区发展和改革委员会于 2022 年 11 月发布，主要内容如下。

7.6.3.1　发展目标

到 2025 年，形成较为完善的氢能产业发展制度政策环境，产业创新能力显著提高，氢能示范应用取得明显成效，市场竞争力大幅提升，初步建立以可再生能源制氢为主的氢能供应体系。可再生能源制氢能力达到 8 万吨以上，力争实现二氧化碳减排达到 100 万～200 万吨。布局建设一批加氢站，基本实现燃料电池车辆规模化应用。

（1）创新能力建设

建成氢能标准研究、检测试验等公共服务平台，主导或参与制修订绿氢耦合煤化工、天然气掺氢、加氢站建设等领域国家、地方或行业标准 2 项以上。新建重点实验室、工程研究中心、企业技术中心等创新载体 3 家以上。氢能科技研发和创新能力有效提升，一批核心关键技术获得孵化转化。

（2）产业集聚发展

建成 1 个应用场景丰富、产业链构建齐全、引领带动作用显著的氢能特色产业示范区。加快实施一批绿氢生产及应用重大产业化项目，带动骨干企业做大做强，培育和引进行业龙头企业 10 家以上。氢能基础设施配套基本完善，建成加氢站 10 座以上。协同发展、特色鲜明的氢能产业集群初步形成。

（3）应用示范推广

稳步推动氢能在耦合煤化工、冶金、交通运输、天然气掺氢、储能及民用热电联供等领域的应用示范。可再生氢替代煤制氢比例显著提升，天然气掺氢推广应用成效明显，氢燃料电池重卡保有量 500 辆以上，完成国家氢燃料电池汽车示范城市群创建任务；氢能装备及氢能汽车零部件加工等配套产业有序发展。

展望 2030 年，可再生能源制氢能力达到 30 万吨以上，形成较为完备的氢能产业技术创新体系、可再生能源制氢及供应体系。产业布局合理有序，可再生能源制氢广泛应用，节能降碳效果明显，有力支撑碳达峰目标实现。

7.6.3.2 空间布局

依托宁夏丰富的太阳能和风电资源，以宁东基地、银川、石嘴山、吴忠、中卫等地区为重点，按照氢能全产业链上下游协同发展的原则，引导氢能产业发展要素向重点区域聚集，推动产业链互补、应用链互联、科技链互促，建设宁夏"沿黄氢走廊"，着力构建"一核示范引领、多点互补支撑"的氢能产业发展新格局，努力打造全国领先、西北一流的绿氢产业发展高地、多元示范应用高地，走出一条以绿能开发、绿氢生产、绿色发展为主的能源转型发展之路。

（1）宁东基地氢能产业核心示范区

大力实施清洁能源产业培育工程，加快建设宁东光伏产业园和新能源产业园，重点发展光伏、光热等绿色能源、可再生能源制氢，储能电池和材料等上下游一体化产业，打造国家可再生能源制氢耦合煤化工产业示范区、西部绿氢产业示范基地和宁夏氢能产业先行区。

（2）打造银川、石嘴山、吴忠、中卫等多个氢能产业支撑点

银川市依托光伏组件产业集群化发展优势，打造全球最大的单晶硅棒及切片生产基地，为氢能产业上游提供优质、低成本光伏发电装备。石嘴山市积极开发焦化和氯碱工业副产氢，同时发挥太阳能资源优势，开展绿电制氢示范应用，补充工业用氢缺口，重点实施氢能-冶金-化工耦合应用项目。探索发展氢

能交通示范应用，加快氢能产业化、规模化、商业化进程。吴忠市有效利用太阳能、风电资源，在太阳山开发区通过可再生能源制氢合成氨，组建氢氨产业联盟，打造"中国氢氨谷"；在利通区、红寺堡区等地区因地制宜实施绿氢生产项目，开展绿氢耦合煤化工、油化工，在太阳山开发区等园区、开发区建设加氢站，开展氢能重卡物流运输，加快构建氢能上下游全产业链。中卫市大力发展光伏制造及发电产业集群，积极探索氢能在大数据中心、钢铁冶炼、交通等领域的应用。

7.6.3.3　重点任务

（1）系统构建氢能产业发展创新体系

充分发挥企业在技术创新中的主体地位，以宁东基地为主，银川、石嘴山、吴忠、中卫等市参与，构建"政产学研用金"深度融合的创新机制。围绕碱性电解水制氢、质子膜法电解水制氢等重点可再生氢制备方式开展技术攻关，加快提高电氢转化效率和单台装置制氢规模，突破氢能生产环节关键核心技术。以国家氢燃料电池汽车示范城市群创建等为抓手，探索组建"示范应用联合体"，将产业链上下游企业组织成利益共同体，推动形成"以产业链强化创新链、以创新链赋能产业链、以生态链整合创新链"的产业发展新模式。

（2）构建绿色低碳氢能生产体系

依托丰富的太阳能、风电资源，加快实施一批可再生能源发电-电解水制氢示范工程，稳步提升可再生氢生产规模和技术水平，逐步降低制氢成本、提升绿氢供给比重。充分利用焦化、氯碱、丙烷脱氢等工业副产氢资源，以宁东、石嘴山等地区为重点，采用先进成熟适用技术，实现高纯度工业副产氢的规模化生产，不断提升资源综合利用效率，大幅降低用氢成本。围绕氢气制、储、输、加、用全产业链，引进一批行业龙头企业，重点实施新型电解槽、氢气纯化设备、储氢瓶及储罐、燃料电池汽车核心零部件生产和氢能汽车组装项目，加快推动氢能装备制造业发展，形成集群集聚效应。

（3）有序推进氢能基础设施建设

以管道输送为主，配合高压气氢拖车和液氢罐车等运输方式，加快氢能输运网络建设，提高氢气输运能力。以氢源和产业配套为基础，打造以工业副产氢和可再生能源制氢就近利用为主的氢能供应体系。依托高速公路、国省干道、工业园区和重点城市，科学合理布局建设加氢站，有效满足交通用氢需求。

（4）积极打造氢能多元应用生态

支持重点企业开展水煤气变换反应替代技术升级改造。依托宁东基地氢能产业基础优势，充分发挥国家氢燃料电池汽车示范城市群共建协作机制作用，在煤炭、化工原料、工业固废、综合货运运输等重点应用场景推广氢能重卡运输示范，加快创建国家氢燃料电池汽车示范城市群。在石嘴山、吴忠、中卫等地区探索开展低成本清洁能源制氢在钢铁、有色金属冶炼等行业应用，推广"氢能冶金"示范，推动冶金领域节能降碳。充分发挥宁夏可再生能源优势，开展氢储能在可再生能源消纳、电网调峰等应用场景示范，探索"风光发电＋氢储能"一体化应用新模式。

（5）建立健全氢能产业支撑体系

加强顶层设计，科学协调地区间的分工与合作，推动全区形成优势互补、错位发展、互利共赢的氢能产业发展生态。依托龙头企业、高等院校、科研院所等创新主体，加大氢能产业专业技术人才培育和引进力度。加强与国内外行业领军企业、高校、科研院所的交流合作，培育、引进一批研发能力强、制造水平高、产品质量优的企业和项目，加快推动氢能科技创新能力提升和产业快速发展。

7.6.4 《青海省氢能产业发展中长期规划（2022—2035年）》

《青海省氢能产业发展中长期规划（2022—2035年）》由青海省发展和改革委员会与青海省能源局于2022年12月发布，主要内容如下。

7.6.4.1 发展目标

青海省氢能产业发展分为近期、中期和远期三个阶段，具体发展目标如下。

① 近期（2022～2025年）：氢能产业培育期 基本建成适合青海省特色的氢能发展政策体系和管理体制，应用示范渐次落地，绿氢装备制造实现零的突破，产业基地初显雏形，氢能产业培育初见成效。到2025年，绿氢生产能力达4万吨左右，建设绿电制氢示范项目不少于5个，燃料电池车运营数量不少于150辆，矿区氢能重卡不少于100辆，建设3～4座加氢示范站（包括合建站）。在化工、冶金、能源等领域开展绿氢示范应用。引进或培育10家氢能企业，绿氢全产业链产值达到35亿元。

② 中期（2026～2030年）：氢能产业成长期 产业链趋于完善，初步建立氢能产业集群，应用场景进一步扩大。到2030年，绿氢生产能力达到30万吨，绿氢在储能、化工、冶金、天然气掺氢管线等领域的示范应用取得实效，氢能汽车规模超过1000辆，加氢站（包括合建站）超过15座，力争建成1个园区内天然气管线掺氢示范项目。引进或培育50家氢能企业，绿氢全产业链产值达到160亿元。到2030年底，燃料电池动力系统成本降至3000元/千瓦。

③ 远期（2031～2035 年）：氢能产业壮大期　形成国内领先的氢能制取、储运和应用一体化发展产业集群，构建氢能产业高质量发展格局。到 2035 年，绿氢生产能力达到 100 万吨，实现绿氢在工业、交通、能源等领域大规模应用，远距离纯氢外输管道规划建设取得实质性进展。引进或培育氢能企业超过 100 家，绿氢全产业链产值达到 500 亿元。

青海省氢能产业发展目标如表 7-6 所示。

表 7-6　青海省氢能产业发展目标

目标	2025 年	2030 年	2035 年
绿氢生产能力	4 万吨	30 万吨	100 万吨
省内绿氢需求	4 万吨	25 万吨	60 万吨
省外输送	0	5 万吨	40 万吨
氢能企业 （引用或培育）	10 家左右	50 家	＞100 家
加氢站 （包括合建站）	3～4 座	＞15 座	＞45 座
燃料电池车 总体规模	规模达到 250 辆左右，含矿区重卡 100 辆左右，其他 150 辆左右，运营线路 3～5 条	规模达到 1000 辆左右，氢燃料电池公交运营及企事业单位通勤线路达到 10 条	规模达到 3000 辆左右。氢燃料电池公交运营及企事业单位通勤线路达到 50 条
绿氢示范/应用	发展绿电制氢示范项目。开展工业领域氢能替代示范项目。建设绿氢化工示范生产线	进一步扩大工业领域氢能替代。开展大规模绿电制氢项目。提高可再生能源利用率。在甘河工业园开展天然气管线掺氢示范	氢能在工业、化工、交通、能源等领域的多元化应用成熟。氢、电、热、气等能源业态日趋融合。可再生能源制氢在终端能源消费中的比重显著提升
技术研发	开展制氢设备关键技术攻关、氢储能技术装备研发。氢储能参与电力市场交易机制	掌握制氢设备研发核心技术、氢储能装置核心技术装备	开展前沿技术研发和攻关

7.6.4.2　发展空间布局

按照"培育点、壮大线、扩大面"的工作思路，加强规划引导，优化点、线、面结合布局，坚持统筹规划、集约集聚、科学引领、协同发展的原则，加大区域合作，推动西宁市、海西州、海南州三个区域形成优势互补、高效协同的氢能产业高质量发展布局。充分发挥骨干企业和科研院所带头引领作用，汇聚优势资源，构建"一个品牌、一个中心、两个集群、三个基地、五个示范区"的"11235"发展格局。

① 打造"一个品牌"　发挥资源、能源优势，科学布局氢能上下游产业，形成优势互补、高效协同一体化产业体系，推动全产业链高质量发展，打造

"中国氢海"品牌。

② 建设"一个中心" 依托省内高校、科研院所、相关企业等科研力量，成立绿氢创新工程技术研究中心，围绕氢能全产业链的新材料、新技术、新装备的开发应用，组建氢能产业技术研发服务协同发展支撑平台。

③ 谋划"两个集群" 依托海西州工业园区，西宁经济技术开发区生物科技产业园区和海东市青海零碳产业园区，谋划建设绿氢装备制造产业集群、氢储能材料及装备制造产业集群。

④ 布局"三个基地" 依托海西州、海南州千万千瓦级清洁能源基地，在西宁市、海西州、海南州布局可再生能源电解水制氢示范项目，打造三大绿氢生产基地。

⑤ 推动"五个示范区" 有序分批开展配套氢储运、加氢站、氢能车等产业示范，在西宁经济技术开发区、海东工业园区、零碳产业园建设氢燃料电池车运营示范区；在西宁市、海东市的物流园区和矿区等建设氢能重卡示范区；在海西州建设绿氢化工示范区；在海东市、海西州建设氢能冶金示范区；在玉树州、果洛州、黄南州建设氢能牧区应用示范区。

7.6.4.3 重点任务

（1）大力发展可再生能源制氢，打造"中国氢海"

依托海西州、海南州千万千瓦级新能源基地，加速可再生电解水制氢示范项目建设。依据可再生能源出力特性，选择不同制氢技术满足调峰需求。

（2）创新大规模高效储运技术，贡献青海智慧

利用气氢储运技术成熟、机动灵活、短距离运输成本低的优势，建设以高压气态储氢和长管拖车运输方式为主的区域性储运体系，围绕西宁市、海西州、海南州三个绿氢基地，初步形成联通氢源至本地加氢站、工业园区、化工企业等用户端的"供需一体化"网络。着力解决氢大规模储运瓶颈，以氢液化提高储运密度。统筹可再生能源制氢项目部署进度，推动液氢规模化应用，提升道路氢能运输能力。优化全省资源配置，加强供需对接，以"就近、定向、匹配"为原则，适应多样化的用氢需求，打造"高压气态储氢，液氢车载运输，有机液态、管道输氢，有机氢载体"多元化的高效经济储运模式，扩大绿氢供应半径，降低绿氢储运成本，在中长期形成规模化绿氢储运能力。

（3）探索氢能多元化应用场景，突出绿氢特色

依托青海省化工产业基础，充分发挥可再生能源、盐湖等优势资源，统筹谋划绿氢化工产业布局，并结合碳捕集、利用与封存（CCUS）技术，引导化工产业从高碳向低碳工艺转变。依托青海省钢铁产业基础，积极开展氢冶金领

域示范项目。研究富氢还原高炉、氢基直接还原竖炉等工艺技术，布局氢冶金示范生产线。以旅游、物流、通勤、环卫、厂矿运输为重点领域，有序推广氢能汽车，积极申请参与国家燃料电池汽车示范应用城市群建设。探索大型氢燃料电池发电、混氢和纯氢燃气轮机发电等配套可调节电源技术及应用试点，鼓励大型风电光伏基地开发建设掺氢和纯氢燃气调峰机组，探索构建"风光气储氢"多能融合发展模式，力争 2030 年前示范建设掺氢燃气电站。

（4）深耕氢能产业链中上游，建设产业高地

积极培育制氢产业相关装备制造企业，重点发展电解水制氢、氢气提纯、氢气储存、氢气运输及加注等大型装备制造业。立足绿氢生产、"光伏＋氢储能"等市场应用需求，依托以新能源、新材料、装备制造为主导产业的西宁经济技术开发区、海西柴达木循环经济试验区、海东工业园区，重点发展电解水制氢设备、中型以上规模氢能储能系统和氢能调峰电站，以及备用应急发电、分布式发电等技术及设备，逐步建成绿氢装备制造产业集群。

（5）构建技术创新体系，提供青海力量

聚焦氢能产业制、储、输、用全产业链条的新材料、新技术、新装备的开发、制造与应用等产业发展重点和关键环节，依托青海省可再生能源资源和区位优势，建设一批技术创新、研发中试平台，加速技术研发和科技成果转化，打造西部氢能产业成果转化基地，支撑和服务清洁能源产业高地建设。结合青海省特色，突破氢能制、储、输、用环节"卡脖子"技术设备。支持西宁、海西等地区积极参与国家、行业可再生能源制氢、氢储运、氢储能等领域标准制定。支持高校、科研院所、龙头企业，以氢能技术创新需求为导向，按照《青海省"人才＋项目"支持服务办法（试行）》，积极引进和培育高端人才。

（6）加大区域合作，构建协作体系

加快融入国家氢能发展格局，加大区域协作合作力度，支持西宁市、海西州、海南州面向周边省市输出氢气资源，推动绿氢资源向周边区域输出，构建区域氢能供应网络。推动各市州氢能特色产业的聚集和发展，形成贯穿全产业链的协同互补机制。引入国内外龙头企业在省内落地，鼓励行业领军企业在青设立分支机构，搭建对外交流合作平台，推动省内企业与国内外龙头企业合作，支持以股权投资、技术引进、兼并重组等方式获取成熟技术。

7.6.5　新疆《自治区氢能产业发展三年行动方案（2023—2025 年）》

《自治区氢能产业发展三年行动方案（2023—2025 年）》由新疆维吾尔自治区发展改革委于 2023 年 9 月发布，主要内容如下。

7.6.5.1 发展目标

到 2023 年，建立推进氢能产业发展工作机制，建设 2～3 个氢能产业示范区，推进一批氢能示范项目。

到 2025 年，形成较为完善的氢能产业发展制度政策环境。初步构建以工业副产氢和可再生能源制氢就近利用为主的氢能供应体系，推动建立集绿氢制、储、运、加、用于一体的供应链和产业体系。建设一批氢能产业示范区。部署建设一批加氢站。积极争取纳入国家氢燃料电池汽车示范城市群。以绿氢产业为主攻方向，推动能源结构实现清洁低碳绿色转型，为全方位推动高质量发展提供坚实保障。

7.6.5.2 发展路径和产业布局

充分发挥骨干企业和科研院所带头引领作用，汇聚优势资源，聚焦氢源开发、氢能应用，统筹全区氢能产业布局，积极有序发展氢能源。发挥好示范区在吸引投资、发展实体经济方面的平台作用，打造各类企业分工协作、协同高效的产业集群，加快发展有规模有效益的氢能。

① 制氢方面 在化工行业集聚地区，充分利用工业副产氢资源，发展氢气提纯技术，提高工业副产氢利用率，带动煤炭、化工等传统行业转型升级和绿色发展；在风光资源丰富地区，积极推进可再生能源电解水制氢和氢储能，逐步降低制氢成本。

② 氢储、运、加方面 优先推进氢气就近利用，探索推进高效、智能氢气输送管网的建设和运营；合理配套、适度超前推进加氢站布局建设，优先在氢气资源丰富、应用场景成熟的城市重点布局。

③ 氢应用方面 开展绿氢炼化产业示范，推动工业领域深度脱碳。探索季节性储能和电网调峰，集聚带动绿氢中下游产业发展。推动氢能车辆在特种作业、物流、市政、旅游等方面应用。

7.6.5.3 重点任务

（1）有序推进氢能基础设施建设

拓展氢源渠道，推进配套设施建设，形成低碳、低成本、安全可靠的氢能供应保障体系。在氢气资源丰富、应用场景成熟的区域，优先布局建设加氢站。联合氢气生产端、消费端及运输端，构建相对完善、稳定、高效的氢气运输网络。

（2）推进氢能多元化应用

扩大工业领域氢能替代化石能源应用规模，积极引导合成氨、合成甲醇等行业由高碳工艺向低碳工艺转变，促进高耗能行业绿色低碳发展。依托大型矿区、煤电、煤化工、煤焦化及石油化工基地，引导氢能重卡大宗货物短倒，开展采矿车、叉车、摆渡车等特种作业车示范。鼓励条件适宜的地州，通过风电、光伏电解水制氢开展新型储能和调峰示范。开展"风力/光伏发电＋氢储能＋氢能重卡运输＋氢能无人机巡检综合应用"等多能互补应用场景。

（3）积极发展氢能装备制造产业

以本地市场需求为基础，开发工业副产氢纯化装置，开展低成本、安全可靠碳捕集、利用与封存（CCUS）等关键技术研发和推广。聚焦高压气态储氢容器、加氢站装备等领域，重点引进高压气态储运装备研发制造企业。引进相关质子交换膜、双极板等零部件以及燃料电池电堆和系统企业。

（4）构建氢能产业高质量发展创新体系

支持行业龙头企业牵头，与氢能产业链上下游企业、高等院校、科研院所、社会团体等联合组建氢能产业发展联盟，联合推动科技成果转化。用好援疆机制和"四方合作机制"，通过创建科创飞地，引入氢能产业链上下游企业，开展可再生能源发电（风、光互补）制氢储氢、氢能终端应用等技术引进、示范项目。以建设丝绸之路经济带核心区为契机，推进氢能产业对外开放合作。

7.7 西南地区氢能产业政策（2个）

西南地区地处中国腹地，拥有得天独厚的氢能产业发展优势。重庆市着力加快氢能产业园、氢燃料电池发动机、氢燃料电池电堆及系统生产线等项目建设，实现氢燃料电池的产业化；四川省聚焦氢能基础设施配套体系建设，推动扩大燃料电池汽车应用规模；贵州省发展以焦化副产品产氢为核心，以可再生能源制氢为辅的多种氢源供氢体系，在氢储能、燃料电池多能联供、备用电源、绿氢化工、绿氢冶金、天然气掺氢等领域布局示范；西藏自治区结合高原地区对氧的需求，着力打造氢氧产销储用一体的"西藏绿氢""雪域绿氧""高原氢谷"等产业品牌；云南省鼓励有条件的地区打造"新能源＋绿氢"产业示范区和氢能综合应用试点。

7.7.1 《四川省氢能产业发展规划》

《四川省氢能产业发展规划》由四川省经济和信息化厅于 2020 年 9 月 21日发布，主要内容如下。

7.7.1.1 发展目标

（1）提升技术水平

到 2025 年，燃料电池核心技术、氢气制储运加技术实现阶段性突破。车载电堆寿命、电堆体积功率密度、系统经济性、低温启动性能等燃料电堆各项指标显著提升。氢气制备、储运、加注等多个核心环节实现自主突破。

（2）扩大示范效应

到 2025 年，燃料电池汽车（含重卡、中轻型物流车、客车）应用规模达6000 辆，氢能基础设施配套体系初步建立，建成多种类型加氢站 60 座；氢能示范领域进一步拓展，实现热电联供（含氢能发电和分布式能源）、轨道交通、无人机等领域的示范应用，建设氢能分布式能源站和备用电源项目 5 座，氢储能电站 2 座。

（3）培育产业龙头企业

到 2025 年，逐渐健全强化氢能产业链，培育国内领先企业 25 家，覆盖制氢、储运氢、加氢、氢能利用等领域。其中核心原材料企业 2 家，制氢企业 7家，储运和加氢企业 6 家，燃料电池及整车制造企业 10 家。

7.7.1.2 重点任务

（1）提升创新能力

实施技术突破工程，加大氢能及燃料电池核心技术攻关，提升科技创新和可持续发展能力。进一步健全产学研联合机制，聚焦关键技术、核心材料、制造装备等短板弱项，加强基础平台建设，提升平台创新能力。

（2）优化氢能产业链

着力打造一批国际知名、国内领先的龙头企业，引进一批具有带动作用的氢能产业链大型优势企业及关键零部件企业，培育一批研发能力强、制造水平高、产品质量优的"高、精、尖"配套企业，不断优化四川省氢能产业链。

（3）提高产品竞争力

实施产品突破工程，依托四川省先进的装备研制能力，以氢能利用、氢能储运、氢源获取等领域产品为重点，突破关键技术、材料和零部件瓶颈，提升产品性能，大力推进氢能装备产业发展，培育形成具有较强创新能力和市场竞争力的氢能装备体系。

（4）强化氢能合作

围绕构建国内国际双循环相互促进的新发展格局，加大开放合作力度，抢抓成渝地区双城经济圈建设战略机遇，促进与重庆市氢能领域的合作，打造成渝氢走廊。进一步推进高水平对外开放，积极推进与国际国内龙头企业、研发机构、行业组织在技术、人才、资本、管理等领域的合作。

（5）健全标准体系

实施氢能标准体系工程，积极参与氢能、掺氢天然气及燃料电池等领域标准的制修订，加强氢能行业技术、装备、能效标准体系建设，构建从源端到应用端全产业链检测服务平台，为氢能及燃料电池产业的技术发展和产品应用提供基础保障。

（6）加大示范应用

实施氢能交通示范工程，大力推广氢能在交通领域的示范，同步加强加氢基础设施建设，构建氢能基础设施网络。实施氢能发电示范工程，有序开展氢能发电示范，探索区域内多种能源协同供应和能源综合梯级利用。实施氢能商业模式示范工程，探索氢能商业新模式，实现"氢、车、站"协同，推进全省氢能产业发展。

7.7.1.3　空间布局

规划围绕成渝地区双城经济圈建设的战略部署，按照省委"一干多支、五区协同"发展要求，以各地自然资源禀赋及现有氢能相关产业为基础，遵循合理配置、重点突出、有序协同、互联互通的原则，形成"一轴、一港、一区、三路"的"1113"发展格局。

（1）成都-内江-重庆发展轴

发挥成都氢能产业发展核心作用，充分利用成都高端装备制造中心、创新中心、检测中心、应用中心优势，带动内江、资阳、自贡、乐山等沿线城市氢能产业发展。同时，抢抓成渝地区双城经济圈建设重大机遇，与重庆深化互补合作，共同打造成渝氢走廊。

（2）川南氢港

依托宜宾、泸州沿江港口优势打造氢能港口物流示范，开展氢能港口装备制造。依托内江国际物流港（保B）、西南（自贡）国际陆港和自贡国家骨干冷链物流基地优势，开展园区氢能物流车示范，推动氢能基础设施装备制造发展。

（3）攀西示范区

充分利用雅安、凉山、阿坝的旅游和矿产资源，开展燃料电池景区车辆、燃料电池房车、燃料电池矿用车等示范应用，探索氢能在备用电源、分布式发电等领域中的应用。

（4）绿色氢路

依托四川省富余水电资源开展电解水制氢，打造攀枝花—凉山—雅安—成都、乐山—眉山—成都、阿坝—绵阳—德阳—成都三条绿色氢路，并沿线布局氢能基础设施和电解水制氢设备生产制造，带动全省水电消纳，提供绿色低成本氢源，促进经济发展。

7.7.2 《贵州省"十四五"氢能产业发展规划》

《贵州省"十四五"氢能产业发展规划》由贵州省工信厅、发改委、科技厅和能源局于 2022 年 7 月 21 日联合印发，主要内容如下。

7.7.2.1 发展目标

① 氢能产业方面 聚集超 30 家产业链相关企业，10 家重点企业，超 5 家行业核心知名企业；燃料电池发动机系统产能达 5000 台（套）/年，燃料电池整车产能达 5000 辆/年；核心技术、基础材料及关键零部件研发制造水平达到国内领先，接近国际先进水平。重点突破氢气纯度实时检测技术、液氢储运商业化技术、生物质制氢关键技术等。以焦化副产氢为核心，以可再生能源制氢为辅的多种氢源供氢总产能超过 1 万吨/年。氢能产业总投资规模超 100 亿元，产业链及相关产业年产值突破 200 亿元。

② 氢能应用方面 建成加氢站 15 座（含油气氢综合能源站）；在物流运输、城建运输、旅游客运及公交客运领域，示范运营燃料电池重卡、物流车、环卫车、大巴车、公交车及特种车辆超 1000 辆；在氢储能、燃料电池多能联供、备用电源、绿氢化工、绿氢冶金、天然气掺氢等领域布局示范；建设氢气输送管道超 20km，固定式多能联供装机超 10MW。

7.7.2.2 实施路径和空间布局

（1）实施路径

① 氢气制取 充分利用现有煤化工产业的副产氢资源，以低成本副产氢提纯和深度利用为主，以可再生能源制氢为辅。

② 氢气储运 以高压气态储氢及长管车辆运氢为主；结合应用场景，开展天然气管道掺氢及管道输氢示范；开展超高压气态储运氢、固态及液态含氢材料储运氢、低温液态储运氢技术研究。

③ 氢能应用 在核心城市重点区域、重点物流及旅游等沿线合理布局，稳步推进加氢站及油气氢综合能源站建设。以氢能重卡、物流车辆、城际旅游大巴、城市公交车、环卫车辆为应用示范重点，逐步延伸至特种车辆、氢能公务用车等应用示范。开展在氢储能调峰、燃料电池分布式多能联供、通信基

站/数据中心备用电源、航空航天、无人机等领域应用示范；逐步探索在传统化工、冶金等领域开展绿氢替代示范。

④ 装备制造 在氢气制备、储运、加注、氢燃料电池发动机与多能联供、氢气纯度检测等方面，以核心技术、基础材料及关键零部件为突破口，打造国内外知名氢能产业品牌，并形成规模化生产制造能力。建立氢燃料电池商用、专用车辆研发及生产基地，依托核心重点企业开发氢燃料电池车辆并批量化生产，打通燃料电池发动机—车辆供氢系统—整车设计制造全产业链。

（2）空间布局

结合各市（州）资源禀赋及产业基础，突出优势集群地区，打造"一轴、一带、三线"氢能产业发展核心地带。

①"贵阳—安顺—六盘水"氢能产业发展核心轴。

②"毕节—六盘水—兴义"氢能产业循环经济带。

③"贵阳—遵义—习水—赤水"、"贵阳—黔西—毕节"及"贵阳—凯里—铜仁"三条"红色旅游-绿色氢途"氢能应用示范专线。

7.7.2.3 重点任务

（1）优化布局，筑牢产业发展基础

① 打造低碳、经济的氢源基地 支持火力发电厂/可再生能源发电-氢储能调峰、可再生能源发电与氢能的"源网荷储一体化"等新技术、新模式的研究和示范应用，发挥氢能大规模、长周期储能优势，探索以氢能为枢纽的新型电力系统，促进多能源品类跨地域和跨季节优化配置及互联互通，推进新型高效制氢技术、生物质制氢等制氢新技术研发，做好技术储备。

② 构筑安全、高效的储运网络 引进国内外先进氢储运技术，完善运输保障体系，推进氢气运输的规范化、规模化建设，最大限度保障氢气储运的安全性、高效性。大力推进技术创新，提高氢气储运能力；科学优化供需布局，降低氢气储运成本。

③ 布局合理、便捷的加注网络 统筹布局，有序推进氢气加注网络建设。鼓励各市、州结合产业发展需求先行先试，重点推进"一轴、一带、三线"地区；集约利用土地资源，鼓励利用现有的加油站、加气站改建或扩建加氢设施；鼓励新建油、气站同步进行加氢设施建设；支持距离氢源地较远的地区示范建设制氢加氢一体站；支持示范建设绿色氢能港口加氢站；鼓励和支持在加氢站建设及运营过程中，对具有经济性和市场化优势的商业模式进行探索研究及示范推广。

（2）创新驱动，提升产业装备水平

① 氢能基础装备 鼓励开展高效电解水制氢、生物质制氢等技术及装备

研发和产业化；鼓励超高压气态储运氢、固态/液态材料储运氢技术及成套装备研发和产业化；支持依托航空航天技术优势，探索大规模低温液态储运氢技术、装备研发和示范；支持氢气压缩机、储氢瓶/罐及加氢站成套装备研发和产业化。

② 氢能应用装备　支持燃料电池多能联供系统成套装备研发和产业化；支持燃料电池电堆设计，燃料电池发动机系统集成与控制技术，质子交换膜、催化剂、炭纸等核心材料及膜电极、双极板、空气压缩机、氢气循环泵、增湿器等关键零部件研发和产业化；重点支持燃料电池公交车、旅游大巴车、物流车、重卡车、环卫车、叉车等商用/专用车辆的研发、设计、制造，打造西南地区高端氢能装备研发及生产基地。

③ 氢气纯度在线检验检测设备　支持重点企业引进、消化、吸收国内外先进技术，加强自主创新，实现氢气纯度在线检验检测核心技术研发、主要设备成套批量生产制造，打造国内领先、国际知名的检测产品品牌。支持重点企业积极牵头或参与制定检测标准，推广设备在制氢项目、加氢站的标准化应用，并建立数据检测云平台。

（3）开放合作，构建产业支持体系

① 建立健全创新研究发展平台　依托国内一流高校、科研院所及省内外氢能相关重点企业，按照国际先进技术标准和产业发展需求，开展氢能产业技术研究和重大技术联合攻关。加快推进一批以市场为导向、产学研用相结合的省级工程实验室、工程研究中心、重点实验室、企业技术中心等氢能产业创新研究发展平台的建设。

② 促进合作交流　支持贵州省内优秀企业及机构与国内外一流的装备研发制造企业及科研院所强强联合，聚焦关键技术、核心材料、装备制造等短板弱项，加强技术研发，协同完成关键技术攻关；加强与四川、重庆、湖南、广西、云南等周边地区合作交流，互利共赢，协同发展；支持省内氢能优势企业走出去，融入国内外市场，打造国内外知名品牌。

③ 构建人才体系　加强与氢能产业领域国内外知名高等院校以及科研机构合作，加大人才引进及培养力度；鼓励贵州省优秀高等院校设置氢能产业专业学科，培育和储备本地青年人才队伍；建立健全氢能产业专家体系，研究氢能产业发展现状与趋势、氢能产业法律法规和标准规范，为各地区制定氢能产业规划、政策及方案提供对策和建议，促进各地区氢能产业起步、发展与壮大。

（4）示范应用，助推产业发展进程

① 氢能交通应用示范　重点发展燃料电池汽车在物流运输、煤炭运输、

城建运输、旅游客运、公交客运等领域的应用示范；重点推进"一轴、一带、三线"地区燃料电池城市物流配送车、城际长途物流运输车、矿区重卡运输车、渣土运输车、环卫车、景区观光巴士、旅游大巴、城市公交、城际客运等各种氢能交通的应用示范，并带动周边地区适时开展；鼓励和支持在氢能交通应用示范过程中，对具有经济性和市场化优势的商业模式进行探索研究及示范推广。

② 氢储能调峰应用示范　发挥氢能大规模、长周期储能优势，优先在六盘水市、毕节市、遵义市、安顺市等开展火力发电厂/可再生能源发电-氢储能调峰、可再生能源发电与氢能的"源网荷储一体化"应用示范，探索构建以绿氢为纽带的多能互补新模式，促进多能源品类跨地域和跨季节优化配置及互联互通。

③ 燃料电池多能联供及备用电源应用示范　重点在贵阳市、六盘水市大数据中心、氢能及新能源产业基地园区、机关办公大楼、医院等工业化场景和公共建筑布局分布式氢燃料电池多能联供设施，逐步探索面向新建居民社区、氢能小镇等生活化服务场景拓展。因地制宜开展氢燃料电池备用电源应用示范，为大数据中心、通信基站、军事设施和营地等提供供电支撑。

④ 工业领域绿氢替代示范　探索在"一轴、一带、三线"地区利用低成本可再生能源制的氢在传统化工、精细化工、冶金等领域作为原料气、保护气及还原剂等开展绿氢替代。鼓励企业改进生产工艺、改造设施设备，有序开展绿氢合成氨、合成甲醇及绿氢冶金，带动传统生产工艺低碳化转型，促进行业绿色低碳发展。

⑤ 其他多元化应用示范　鼓励和支持在"一轴、一带、三线"地区积极拓展应用场景，开展天然气管道掺氢、航空航天、无人机等领域的应用示范。

（5）安全规范，提高产业发展质量

① 建立健全氢能产业标准认证体系　加快氢气纯度及燃料电池检验检测、认证技术与设备引进、研发及应用，建立健全安全、准确、有效的氢气纯度在线及实验室检验检测以及燃料电池检测认证体系。鼓励贵州省内相关企业及单位参与氢能产业各层次标准的制定及修编；提高氢能产业发展过程中对标准体系执行和监管的准确性、有效性，促进氢能产业高质量发展。

② 建立健全氢能产业安全监管体系　积极利用互联网、大数据、人工智能等先进技术手段，加强氢气泄漏监测预警防控，有效提升针对产业链各环节潜在危险状态的预防能力。加强安全管理制度和应急能力建设，研究细化应急处置预案，有效提升针对事故的处置能力，全面有效应对各类氢能安全风险，保障氢能产业安全发展。

本章附录 地方氢能产业政策汇总表

地区	省份	政策名称	网址	备注
东北地区	黑龙江	《黑龙江省工业领域碳达峰实施方案》	https://gxt.hlj.gov.cn/gxt/c106982/202212/c00_31464709.shtml	
		《黑龙江省科技振兴行动计划(2022—2026年)》	https://www.hlj.gov.cn/hlj/c108376/202206/c00_31186046.shtml	
		《黑龙江省建立健全绿色低碳循环发展经济体系实施方案》	https://www.hlj.gov.cn/hlj/c107905/202202/c00_30634528.shtml	
		《黑龙江省"十四五"科技创新规划》	https://www.hlj.gov.cn/hlj/c111009/202109/c00_30640979.shtml	
	吉林	《抢先布局氢能产业新赛道实施方案》	https://xxgk.jl.gov.cn/szf/gkml/202312/t20231204_8847198.html	
		《吉林省氢能产业安全管理办法(试行)》	https://xxgk.jl.gov.cn/szf/gkml/202311/t20231118_8839184.html	
		《"氢动吉林"行动实施方案》	https://xxgk.jl.gov.cn/szf/gkml/202212/t20221206_8644112.html	
		《支持氢能产业发展的若干政策措施(试行)》	https://xxgk.jl.gov.cn/szf/gkml/202212/t20221205_8643380.html	
		《"氢动吉林"中长期发展规划(2021—2035年)》	https://xxgk.jl.gov.cn/szf/gkml/202210/t20221019_8601723.html	
		《吉林市能源发展"十四五"规划》	http://xxgk.jlcity.gov.cn/szf/xbgkml/202207/t20220705_1045363.html	
	辽宁	《辽宁省加快推进清洁能源强省建设实施方案》	https://www.ln.gov.cn/web/zwgkx/zfwj/szfbgtwj/2022n/3DDE5AB6996941F6972DDE5AC09770C9/index.shtml	
		《辽宁省氢能产业发展规划(2021—2025年)》	https://fgw.ln.gov.cn/eportal/fileDir/data/lnsfzhggwyh/P020221015462580298690.pdf	
		《辽宁省"十四五"能源发展规划》	https://www.ln.gov.cn/web/zwgkx/lnsrmzfgb/2022n/qk/2022n_dsqq/szfbgtwj/00492D1A9B324E6B-A9776EBF8CFA294C/index.shtml	
		《辽宁省"十四五"海洋经济发展规划》	https://www.ln.gov.cn/web/zwgkx/zfwj/szfbgtwj/2022n/63E1B9695A0846FCA056B1FF9FBF34C0/index.shtml	
		《辽宁省"十四五"生态经济发展规划》	https://www.ln.gov.cn/web/zwgkx/zfxxgk1/fdzdgknr/ghxx/zxgh/20230206216482597510/index.shtml	

续表

地区	省份	政策名称	网址	备注
东北地区	辽宁	《大连市氢能产业发展专项资金管理办法（2023—2025）》	https://pc.dl.gov.cn/art/2023/11/30/art_2480_2267115.html	
		《大连市碳达峰实施方案》	https://www.dl.gov.cn/art/2023/8/11/art_852_2200193.html	
		国家碳达峰试点（大连）实施方案	https://www.ndrc.gov.cn/fggz/hjyzy/tdftzh/202408/t20240822_1392543.html	
		《大连市氢能产业发展规划（2020—2035年）》	https://www.dl.gov.cn/art/2020/11/5/art_854_443290.html	
华北地区	北京	《北京市关于支持氢能产业发展的若干政策措施》	https://www.beijing.gov.cn/zhengce/zhengcefagui/202208/t20220822_2796544.html	
		《北京市氢能产业发展实施方案（2021—2025年）》	https://www.beijing.gov.cn/zhengce/zhengcefagui/202108/t20210817_2469561.html	
		《北京经济技术开发区促进绿色低碳高质量发展资金奖励办法》	https://www.beijing.gov.cn/zhengce/zhengcefagui/202311/t20231129_3326492.html	
		《昌平区促进氢能产业创新发展支持措施实施细则》	https://www.bjchp.gov.cn/cpqzf/xxgk2671/zcwj/2024050506474996333/index.html	
		《北京经济技术开发区关于促进氢能产业高质量发展的若干措施》	https://www.beijing.gov.cn/zhengce/gfxwj/202301/t20230108_2893685.html	
		《大兴区促进氢能产业发展暂行办法（2022年修订版）》	https://www.bjdx.gov.cn/bjsdxqrmzf/zwfw/ztlm/dxqrmzfgb/2019n13/2022n/2022nd1q/1961408/index.html	
	天津	天津市氢能产业发展行动方案（2020—2022年）	https://www.tj.gov.cn/zwgk/szfwj/tjsrmzfbgt/202005/t20200519_2370654.html	
		《天津市推动制造业高质量发展若干政策措施》	https://www.tj.gov.cn/zwgk/szfwj/tjsrmzfbgt/202304/t20230418_6209201.html	
		《关于支持绿色石化产业链高质量发展的若干政策措施》	https://fzgg.tj.gov.cn/zwgk_47325/zcfg_47338/zcwjx/fgwj/202303/t20230324_6149023.html	

续表

地区	省份	政策名称	网址	备注
华北地区	河北	《河北省氢能产业发展"十四五"规划》	https://hbdrc. hebei. gov. cn/gzdt/202403/t20240326_111217. html	
		《河北省氢能产业安全管理办法(试行)》	http://www. xiongan. gov. cn/2023-07/28/c_12122-49679. htm	
		《保定市氢能产业发展"十四五"规划》	http://fgw. baoding. gov. cn/content-1008-47687. html	
		承德市人民政府办公室关于印发承德市清洁能源产业融合发展指导意见的通知	https://xzspj. chengde. gov. cn/art/2020/10/19/art_2872_656165. html	
		《定州市氢能产业发展三年行动方案(2023—2025年)》	http://www. dzs. gov. cn/col/1690167645535/2023/07/24/1690182485189. html	
		定州市人民政府:《关于加快氢能产业创新发展的实施意见(试行)(2021—2025年)》	http://www. dzs. gov. cn/col/1635210292708/2021/10/26/1635211079814. html	
		《石家庄市氢能产业发展"十四五"规划》	—	官网未找到,可见转载网站
		《唐山市氢能产业发展规划(2021—2025)》	20211112170914_67982. pdf (autothinker. net)	
		唐山市人民政府办公室关于印发唐山市氢能产业发展实施方案的通知	—	官网未找到,可见转载网站
		《氢能张家口建设规划(2019—2035年)》	—	官网未找到,可见转载网站
	山西	《山西省氢能产业发展中长期规划(2022—2035年)》	https://fgw. shanxi. gov. cn/sxfgwzwgk/sxsfgwxxgk/xxgkml/zfxxgkxgwj/202208/t20220808_6899270. shtml	
		《山西省推动大规模设备更新和消费品以旧换新实施方案》	https://nyj. shanxi. gov. cn/ztzl/nylysbgx/202409/t20240920_9658061. shtml	
		《山西省推进氢能产业发展工作方案》	https://fgw. shanxi. gov. cn/sxfgwzwgk/sxsfgwxxgk/xxgkml/zfxxgkxgwj/202209/t20220908_7082271. shtml	
		《山西省"十四五"未来产业发展规划》	https://www. shanxi. gov. cn/zfxxgk/zfxxgkzl/fdzdgknr/lzyj/szfwj/202205/t20220513_5976511. shtml	

地区	省份	政策名称	网址	备注
华北地区	内蒙古	《内蒙古自治区"十四五"氢能发展规划》	https://nyj. nmg. gov. cn/zwgk/zfxxgkzl/fdzdgknr/tzgg_16482/tz_16483/202202/P020220228424743819628. pdf	
		《内蒙古自治区风光制氢一体化项目实施细则 2023 年修订版（试行）》	http://www. nmxhq. gov. cn/nmxhq/zwgk/xxgk/zfxxgkml/tzgg/2023112110034988685/2023112110024162145. pdf	
		《内蒙古自治区新能源装备制造业高质量发展实施方案（2021—2025 年）》	http://gxt. nmg. gov. cn/zwgk/fdzdgknr/zcwj_public/202201/t20220114_1994859. html	
		《内蒙古自治区人民政府办公厅关于促进氢能产业高质量发展的意见》	https://www. nmg. gov. cn/zwgk/zfxxgk/zfxxgkml/202203/t20220303_2012066. html	
		《内蒙古自治区人民政府关于促进制造业高端化、智能化、绿色化发展的意见》	https://www. nmg. gov. cn/zwgk/zfxxgk/zfxxgkml/202202/t20220222_2008968. html	
		《呼和浩特市"十四五"新能源发展规划》	http://www. huhhot. gov. cn/bmxxgk/szfzcbm/sfzhggwyh/fdzdgknr/qt/ggfwyms/202312/P020231229566136282850. pdf	
		《呼和浩特市人民政府关于推进氢能产业高质量发展的实施意见》	https://www. nmg. gov. cn/zwgk/zfxxgk/zfxxgkml/202203/t20220303_2012066. html	
		《包头市氢能产业发展规划（2023—2030 年）》	http://fgw. baotou. gov. cn/zxgh/25008874. jhtml	
		《鄂尔多斯市支持氢能产业发展若干措施》	https://www. ordos. gov. cn/ordosml/ordoszf/202308/t20230829_3478345. html	
		《鄂尔多斯市打造"北疆绿氢城"行动方案（伊金霍洛旗先行先试）》	https://www. ordos. gov. cn/gk_128120/zfxxgkzl/rmzfgb_130195/2022_22/2022_05/zfwj_22_1/202206/t20220621_3232767. html	
		《鄂尔多斯市氢能产业发展规划》	https://www. ordos. gov. cn/gk_128120/zfxxgkzl/rmzfgb_130195/2022_22/2022_05/zfwj_22_1/202206/t20220621_3232767. html	
		《巴彦淖尔市碳达峰实施方案》	—	官方网址未找到，可见转载网站

续表

地区	省份	政策名称	网址	备注
华中地区	河南	《河南省氢能产业发展中长期规划（2022—2035 年）》	https://www.henan.gov.cn/2022/09-06/2602465.html	
		《郑汴洛濮氢走廊规划建设工作方案》	https://fgw.henan.gov.cn/2023/07-12/2777176.html	
		《河南省空气质量持续改善行动计划》	https://www.henan.gov.cn/2024/03-29/2967684.html	
		《河南省加快制造业"六新"突破实施方案》	https://www.henan.gov.cn/2024/03-14/2961697.html	
		《河南省新能源和可再生能源发展"十四五"规划》	https://fgw.henan.gov.cn/2023/04-17/2726482.html	
		《河南省减污降碳协同增效行动方案》	https://fgw.henan.gov.cn/2023/03-22/2711422.html	
	湖北	《关于支持氢能产业发展的若干措施》	https://fgw.hubei.gov.cn/fbjd/xxgkml/qtzdgknr/jcygk/yjzjhfkqk/yjzj/202306/t20230621_4716639.shtml	
		《湖北省能源发展"十四五"规划》	https://jxt.hubei.gov.cn/fbjd/xxgkml/gysyjs/hmhnhq/hmzc/202212/t20221207_4445444.shtml	
		《襄阳市氢能产业发展规划（2023—2035 年）》	http://www.xiangyang.gov.cn/zxzx/jrgz/202311/t20231123_3473698.shtml	
		《湖北省汽车产业转型发展实施方案》	https://dfjrjgj.hubei.gov.cn/jrrz/gyljr/zcwj_gyl/202312/t20231205_4989236.shtml	
	湖南	《湖南省氢能产业发展规划》	https://fgw.hunan.gov.cn/fgw/xxgk_70899/zcfg/dfxfg/202211/t20221118_29130716.html	
		《长沙市氢能产业发展行动方案（2023—2025 年）》	http://fgw.changsha.gov.cn/zfxxgk/fdzdgk/lzyj/bmwj/202301/t20230131_10978391.html	
		《岳阳氢能城市建设及氢能产业发展规划》	https://fgw.yueyang.gov.cn/10017/content_1759484.html	
华东地区	山东	《山东省氢能产业中长期发展规划（2020—2030 年）》	http://www.shandong.gov.cn/art/2021/12/6/art_307620_10330565.html	
		《山东省科技支撑碳达峰工作方案》	http://kjt.shandong.gov.cn/art/2023/6/21/art_103585_10307814.html	
		《山东省生态环保产业高质量发展"311"工程三年行动计划（2023—2025 年）（征求意见稿）》	http://m.sd.gov.cn/art/2023/11/24/art_307622_10346877.html	

续表

地区	省份	政策名称	网址	备注
华东地区	山东	《关于开展能源绿色低碳转型试点示范建设工作的通知》	http://nyj. shandong. gov. cn/art/2023/9/14/art _ 100393_10300793. html	
		《关于印发山东省减污降碳协同增效实施方案的通知》	http://xxgk. sdein. gov. cn/zfwj/lhf/202305/t20230526_ 4332589. html	
	江苏	《江苏省氢能产业发展中长期规划(2024—2035》	https://fzggw. jiangsu. gov. cn/art/2024/5/10/art _ 50999_11242966. html	
		关于支持常州新能源产业高质量发展的意见	https://www. zgjssw. gov. cn/fabuting/shengwei-wenjian/202402/t20240201_8204521. shtml	
		省政府办公厅印发关于推动战略性新兴产业融合集群发展实施方案的通知	https://www. js. gov. cn/art/2023/2/24/art_84418_ 10766860. html	
		省政府办公厅关于印发江苏省航空航天产业发展三年行动计划(2023－2025 年)的通知	http://www. jiangsu. gov. cn/art/2023/4/27/art _ 46144_10878238. html	
		省政府关于加快培育发展未来产业的指导意见	http://www. jiangsu. gov. cn/art/2023/11/9/art _ 46143_11066954. html	
		《关于印发江苏省氢燃料电池汽车产业发展行动规划的通知》(2019)	https://gxj. changzhou. gov. cn/html/jxw/2019/ HLKBOAJN_0911/28881. html	
		《武进区加快推动氢能产业发展的实施意见》	https://www. wj. gov. cn/html/czwj/2023/CKLQP-PJM_0209/72899. html	
		《扬州市氢能产业发展中长期规划(2023—2035 年)》	https://fgw. yangzhou. gov. cn/zfxxgk/fdzdgknr/ghxx/ zxgh/art/2024/art _ 16f4522d937840f18cafb96bdc74d0b2. html	
		《无锡市政府办公室关于印发无锡市促进新能源产业发展若干政策的通知》	https://www. wuxi. gov. cn/doc/2023/10/09/ 4179428. shtml	
		《连云港市氢能产业发展规划(2023—2035 年)》	http://fgw. lyg. gov. cn/lygsfzhggwyh/fggz/con-tent/2820f575-2866-4377-bb39-ca2948dd4a11. html	

地区	省份	政策名称	网址	备注
华东地区	安徽	《安徽省氢能产业高质量发展三年行动计划》	https://fzggw.ah.gov.cn/public/7011/149064141.html	
		《加快推进公共领域新能源汽车应用工作》	https://fzggw.ah.gov.cn/public/7011/148845741.html	
		《安徽省氢能产业发展中长期规划》	https://www.ah.gov.cn/public/1681/554184001.html	
	上海	《上海市氢能产业发展中长期规划(2022—2035年)》	https://fgw.sh.gov.cn/fgw_gjscy/20220617/f380fb95c7c54778a0ef1c4a4e67d0ea.html	
		《上海交通领域氢能推广应用方案(2023—2025年)》	https://jtw.sh.gov.cn/zxzfxx/20230719/607f7e7b-e6e34960b05fabb712edd7c8.html	
		《上海化学工业区绿色低碳发展行动方案(2023—2025年)》	https://www.shanghai.gov.cn/yscxcy2/20231110/5f147d873a1248ba809b6173f4f97909.html	
		《关于支持中国(上海)自由贸易试验区临港新片区氢能产业高质量发展的若干政策》	https://fgw.sh.gov.cn/fgw_gjscy/20220826/d752e3ae307d42f5984a81491a8fea42.html	
		《嘉定区加快推动氢能与燃料电池汽车产业发展的行动方案(2021—2025)》	http://www.jiading.gov.cn/publicity/gg/zwgg__publicity/fdzdgknr/gg/zwgg/148950	
		《上海市青浦区氢能及燃料电池产业发展规划》	https://www.shqp.gov.cn/shqp/zwgk/zfgb/2020/11/20201203/807165.html	
	浙江	《浙江省加快培育氢能产业发展的指导意见》	https://fzggw.zj.gov.cn/art/2019/6/19/art_1599544_35384147.html	官网只有征求意见稿,无正式文件
		《浙江省氢能装备产业发展行动方案(2023—2025年)》	—	官网未找到,可见转载网站
		《浙江省推动新能源制造业高质量发展实施意见(2023—2025年)》	https://jxt.zj.gov.cn/art/2023/9/11/art_1229123405_2490646.html	
		《嘉兴港区氢能产业发展扶持政策》	https://www.jiaxing.gov.cn/art/2022/7/27/art_1229330299_4958053.html	

续表

地区	省份	政策名称	网址	备注
华东地区	浙江	《嘉兴市氢能产业发展规划（2021—2035年）》	https://www.jiaxing.gov.cn/art/2021/12/17/art_1228922755_59498808.html	
		嘉兴市人民政府办公室《关于加快推动氢能产业发展的实施意见》	https://www.jiaxing.gov.cn/art/2021/6/15/art_1229426374_2302539.html	
		《嘉兴市加快氢能产业发展的工作意见》	https://fzggw.jiaxing.gov.cn/art/2020/1/20/art_1229499092_58923012.html	
		《关于印发宁波市氢能示范应用扶持暂行办法的通知》	https://www.ningbo.gov.cn/art/2022/1/6/art_1229095998_1732026.html	
		《宁波市人民政府办公厅关于加快氢能产业发展的若干意见》	http://swj.ningbo.gov.cn/art/2019/3/1/art_1229051955_595981.html	
		《舟山市普陀区人民政府关于加快新旧动能转换推动氢能产业强势发展的若干意见》	https://www.putuo.gov.cn/art/2021/1/26/art_1229295884_1634003.html	
		《舟山市人民政府办公室关于加快培育舟山市氢能产业发展的指导意见》	https://www.zhoushan.gov.cn/art/2020/12/25/art_1229433794_41509.html	
		《湖州市储能和氢能产业发展实施意见（2023—2027年）》	https://fgw.huzhou.gov.cn/art/2023/11/15/art_1229210767_58838826.html	
		《湖州市氢能产业发展规划（2023—2035年）》	https://fgw.huzhou.gov.cn/art/2024/4/7/art_1229515138_1677065.html	
	江西	江西省氢能产业发展中长期规划（2023—2035年）	http://www.jiangxi.gov.cn/art/2023/1/30/art_4985_4343652.html	
		《江西省制造业重点产业链现代化建设"1269"行动计划（2023—2026年）》	https://www.jiangxi.gov.cn/art/2023/7/14/art_4975_4532803.html	
		《江西省未来产业发展中长期规划（2023—2035年）》	https://www.jiangxi.gov.cn/art/2023/1/30/art_4968_4342426.html	
		《江西省碳达峰实施方案》	https://www.jiangxi.gov.cn/art/2022/9/28/art_21268_4160379.html	

续表

地区	省份	政策名称	网址	备注
华东地区	福建	《福建省推进绿色经济发展行动计划（2022—2025年）》	https://www.fujian.gov.cn/zwgk/zxwj/szfbgtwj/202208/t20220826_5982652.htm	
		《福建省氢能产业发展行动计划（2022—2025年）》	http://fgw.fuzhou.gov.cn/zzbz/ghjh/ghjd/202306/t20230630_4629786.htm	
		《全面推进"电动福建"建设的实施意见（2023—2025年）》	http://gxt.fujian.gov.cn/zwgk/zfxxgk/fdzdgknr/gfxwj/202306/t20230609_6185075.htm	
		《关于福建省完善能源绿色低碳转型体制机制和政策措施的意见》	http://fgw.fujian.gov.cn/zfxxgkzl/zfxxgkml/yzdgk-dqtxx/202305/t20230518_6171986.htm	
华南地区	广东	《广东省加快氢能产业创新发展的意见》	https://sqzc.gd.gov.cn/rdzt/lsfz/gdzc/content/post_4339561.html	
		广东省燃料电池汽车加氢站建设管理暂行办法	https://www.gd.gov.cn/zwgk/gongbao/2023/19/content/post_4223091.html	
		广东省培育发展未来绿色低碳产业集群行动计划	http://drc.gd.gov.cn/zcjd5635/content/post_4381840.html	
		《广东省培育新能源战略性新兴产业集群行动计划（2023—2025年）》的通知	http://drc.gd.gov.cn/snyj/tzgg/content/post_4338391.html	
		广东省发改委发布了《2023年新型储能重大应用场景机会清单》	http://drc.gd.gov.cn/gzyw5618/content/post_4296442.html	
		《广东省推进能源高质量发展实施方案的通知》	http://drc.gd.gov.cn/snyj/tzgg/content/post_4186275.html	
		《推动新型储能产业高质量发展指导意见》	https://www.gd.gov.cn/zwgk/wjk/qbwj/yfb/content/post_4136417.html	
	广西	《广西氢能产业发展中长期规划（2023—2035年）》	http://fgw.gxzf.gov.cn/zfxxgkzl/wjzx/zyzc/ghwj/t16999285.shtml	
		《广西能源发展"十四五"规划》	http://jtt.gxzf.gov.cn/ztzl/ZZQZFZCXX/t13039401.shtml	
		《南宁市能源发展"十四五"规划》	https://www.nanning.gov.cn/zwgk/fdzdgknr/zfgb/2023nzfgb/d8q_59462/zfbwj_59463/t5572411.html	
	海南	《海南省氢能产业发展中长期规划（2023—2035年）》	https://plan.hainan.gov.cn/sfgw/0400/202401/10f0e16031ec43a81435976a5582f91.shtml?ddtab=true	

地区	省份	政策名称	网址	备注
西北地区	陕西	陕西省氢能产业发展三年行动方案（2022—2024 年）	https：//sndrc. shaanxi. gov. cn/zfxxgk/zc/fgwj/sfzg-gwwj/2022/202304/t20230414_3133551_wap. html	
		陕西省促进氢能产业发展的若干政策措施		
		陕西省"十四五"氢能产业发展规划		
		陕西省发展和改革委员会　关于公开征集陕西省氢能产业智库专家的通知	https：//sndrc. shaanxi. gov. cn/zfxxgk/zc/fgwj/sfzg-gwwj/2021/202304/t20230418_3148350_wap. html	
		《陕西省碳达峰实施方案》	http：//www. shaanxi. gov. cn/zfxxgk/fdzdgknr/zc-wj/nszfwj/szf/202302/t20230217_2275234. html	
	甘肃	甘肃省人民政府办公厅关于氢能产业发展的指导意见	http：//www. gansu. gov. cn/gsszf/c100055/202301/17258458. shtml	
		《甘肃省碳达峰实施方案的通知》	https：//zwfw. gansu. gov. cn/baiyin/zczx/tzgg/art/2023/art_e83d5dc5901a4555a3192ac9938e8b5a. html	
	宁夏	《宁夏回族自治区氢能产业发展规划》	https：//fzggw. nx. gov. cn/tzgg/202211/t20221111_3839097. html	
	青海	青海省氢能产业发展中长期规划（2022—2035 年）	http：//fgw. qinghai. gov. cn/zfxxgk/sdzdgknr/ghjh/cygh/202302/t20230216_83671_wap. html？eqid＝e-481cf0b001ffec700000003648c0068	
		《青海省促进氢能产业发展的若干政策措施》	http：//fgw. qinghai. gov. cn/zfxxgk/sdzdgknr/fgw-wj/202301/t20230112_83435. html	
		《青海省氢能产业发展三年行动方案（2023—2025 年）》	http：//fgw. qinghai. gov. cn/zfxxgk/sdzdgknr/fgw-wj/202301/t20230112_83436_ghb. html	
		《青海省绿氢化工产业发展规划（2023—2030 年）》	http：//fgw. qinghai. gov. cn/zfxxgk/sdzdgknr/fgw-wj/202312/t20231218_85860. html	
		《青海省工业领域碳达峰实施方案》	http：//www. qinghai. gov. cn/xxgk/xxgk/fd/zfwj/202212/t20221219_191524. html	
	新疆	《自治区氢能产业发展三年行动方案（2023—2025 年）》	https：//xjdrc. xinjiang. gov. cn/xjfgw/c108389/202309/865a18400dd74b77ab1a804747e1a695. shtml	
		《自治区支持氢能产业示范区建设的若干政策措施》	https：//xjdrc. xinjiang. gov. cn/xjfgw/c108361/202312/121ac86d78634023ac6916e64ea98ff3. shtml	

续表

地区	省份	政策名称	网址	备注
西北地区	新疆	《新疆维吾尔自治区工业领域碳达峰实施方案》	https://www.xinjiang.gov.cn/xinjiang/bmdt/202308/3383c0f980bb461089726810a3d9baaf.shtml	
		《伊犁哈萨克自治州氢能产业发展中长期规划(2023—2035年)》	https://www.xjyl.gov.cn/xjylz/c112795/202404/3a01a3cef71f443d820f0b18dbfed293.shtml	
		《克拉玛依市支持氢能产业发展的有关扶持政策》	https://www.klmy.gov.cn/klmys/tzzc/202310/df695b045b9a4f2cbe0d2c4a8b9b0b1c.shtml	
		《克拉玛依市氢能产业发展行动计划(2023—2025年)》	—	官网未找到,可见转载网站
		《八师石河子市推进氢能源产业高质量发展若干措施(试行)》	—	
西南地区	四川	四川省氢能产业发展规划(2021—2025年)	https://jxt.sc.gov.cn/scjxt/jxtzcwj/2020/9/21/f3e806759d9a43f3a1656444c2f7a68d/files/fb97dabe42-fe497597167e6d66ece482.pdf	
		《绵阳市碳达峰实施方案》	https://jxj.my.gov.cn/mysjxj/c100403/202402/1c29e99c2003438f94dc1a9b95c6658c.shtml	
		《成都市优化能源结构促进城市绿色低碳发展政策措施实施细则(试行)》	https://cdjx.chengdu.gov.cn/cdsjxw/c160804/2024-01/05/content_04634287a6324af5b57e566a7aa3b818.shtml	
		《四川省工业领域碳达峰实施方案》	https://www.sc.gov.cn/10462/zfwjts/2023/1/5/39c7928fe869401cb18df118f37abb8c.shtml	
		《四川省能源领域碳达峰实施方案》	https://fgw.sc.gov.cn/sfgw/qtwj/2023/1/11/d335fd771b9e4174964aa63af3054aae.shtml	
	贵州	《贵州省"十四五"氢能产业发展规划》	https://www.guizhou.gov.cn/zwgk/zcfg/szfwj/qfh/202207/t20220706_75406234.html	官网只有批复通知,无正式文件
		《贵州省碳达峰实施方案》	https://sjt.guizhou.gov.cn/zwgk/zcwj/202211/t20221123_77180666.html	
		《关于加快发展先进制造业集群的指导意见》	https://liuzhi.gov.cn/newsite/zwgk_5753282/tqzfzdxxgk/zsyz/tzzc_5753330/202407/t20240718_851-30765.html	
		《遵义市"十四五"节能减排综合工作方案》	https://www.zunyi.gov.cn/ztzl/gzhgfxwjsjk/gfxwjsjk/srmzf/202311/t20231103_82920396.html	

地区	省份	政策名称	网址	备注
西南地区	云南	《云南省新能源汽车产业发展规划（2021—2025 年）》	https://www. yn. gov. cn/ztgg/ynghgkzl/sjqtgh/zxgh/202112/t20211204_231136. html	
		《云南省工业领域碳达峰实施方案》	https://www. yn. gov. cn/ztgg/lqhm/lqzc/gbhqwj/202208/t20220803_245395. html	
		《云南省应对气候变化规划（2021—2025 年）》	https://www. yn. gov. cn/ywdt/bmdt/202301/t20230106_252746. html	
	重庆	《重庆市能源发展"十四五"规划》	https://www. cq. gov. cn/zwgk/zfxxgkml/szfwj/qt-gw/202206/t20220615_10818266. html	
		《重庆市氢燃料电池汽车产业发展指导意见》	https://jjxxw. cq. gov. cn/zwgk _ 213/zcwj/qtwj/202003/t20200321_5932423. html	
		《重庆市万州区能源发展规划（2021—2035 年）》	http://www. wz. gov. cn/zwgk_266/fdzdgknr/ghxx/zxgh/202401/t20240117_12831827. html	
		《重庆市九龙坡区氢能产业中长期发展规划（2023—2035）》	http://cqjlp. gov. cn/zwgk_251/zcwj/qtwj/202312/t20231213_12697466_wap. html	
		《重庆市战略性新兴产业发展"十四五"规划（2021—2025 年）》	https://www. cq. gov. cn/zwgk/zfxxgkml/szfwj/qt-gw/202203/W020230223636298938786. pdf	

第 **8** 章 氢能技术标准化简介

标准的制定可以避免行业内的无序竞争，淘汰不符合标准的企业，提高竞争门槛，从而促进行业整体发展水平和产品质量的提升，对行业规范发展意义重大。

8.1 基本概念

标准作为科学、技术和经验的总结，为实际存在或是潜在的问题制定一个统一的规则，为一定范围内的活动提供最佳秩序且获得社会效益，在这个过程中，制定、发布和实施过程称为标准化。

氢能技术标准化包括制定和实施与氢能技术相关的规范和标准的过程，旨在确保氢能技术的安全性、可靠性和互操作性。标准化是一个系统工程，它需要考虑氢能技术在整个生命周期中的各个方面，包括设计、制造、运输、储存、使用和维护等。标准化涉及多个领域，如材料、设备、测试方法、安全、环保、可靠性和性能等。

在标准化概念体系中，最基本的包括标准、标准化以及标准体系。

8.1.1 标准

2014 年中国颁布的国家标准 GB/T 20000.1—2014《标准化工作指南 第 1 部分：标准化和相关活动的通用术语》[1] 条目 5.3 中对标准的描述为：通过标准化活动，按照规定的程序经协商一致制定，为各种活动或其结果提供规则、指南或特性，以供共同使用和重复使用的一种文件。

国际标准由国际标准化组织（International Organization for Standards，ISO）理事会审查，ISO 理事会接纳国际标准并由中央秘书处颁布；国家标准在中国由国务院标准化行政主管部门制定，行业标准由国务院有关行政主管部门制定，企业生产的产品没有国家标准和行业标准的，应当制定企业标准，作为组织生产的依据，并报有关部门备案。法律对标准的制定另有规定时，依照法律的规定执行。制定标准应当有利于合理利用国家资源，推广科学技术成果，提高经济效益，保障安全和人民身体健康，保护消费者的利益，保护环境，有利于产品的通用互换及标准的协调配套。

氢能技术标准是指在氢能技术领域制定的一系列基于共识的要求和规则，用于促进氢能技术的互操作性、交流和合作。标准包括产品标准、测试方法标准、术语和定义标准等，旨在促进氢能技术的发展和推广。根据以上对标准的认定，可以了解到关于氢能技术标准的基本概念：

① 标准的类型　氢能技术标准可以分为技术标准、产品标准、服务标准和管理标准等不同类型。

② 标准的制定　氢能技术标准的制定需要遵循一定的程序和原则，包括确定标准的需求、制定标准的方案、组织标准的起草、审批标准的发布等环节。

③ 标准的应用　氢能技术标准的应用可以通过法律、法规、规范、契约等方式实现，也可以通过行业自律、技术推广和社会监督等方式实现。

④ 标准的更新　氢能技术标准需要根据技术的发展和应用的需要进行更新和修订，以确保标准的有效性和可持续性。

对于标准的贯彻工作，大致分为计划、准备、实施、检查与监督和总结 5 个阶段，其中标准实施的一般形式如下所示：

（1）直接采用上级标准

顾名思义，就是直接引用标准中所规定的全部技术内容，毫无改动地实施，对重要的国家和行业基础标准、方法标准、安全标准、卫生标准、环境保护标准必须完全实施。

（2）压缩选用上级标准

压缩选用有两种方法实现：一种是对标准规定的部分内容压缩一部分，在正式出版发行的标准上标注，有关部门按标准中规定的标记执行；另一种是编制《缩编手册》，将选用的部分编成册出版。

（3）对上级标准内容做补充后实施

当要实施的标准较为抽象，不方便操作时，可在不违背标准的原则和内容的条件下，做出补充，方便标准实施。

（4）制定并实施配套标准

有些相关标准需要成套制定，成套贯彻落实，但因条件局限，这些标准往往缺少某些部分（未能及时制定），此时可以根据已有的标准内容，自行制定配套标准。

（5）制定并实施严于上级标准的企业标准

根据市场的需要，可以制定出高于国家标准或行业标准的企业标准，并加以实施。

8.1.2 标准化

《标准化工作导则 第 1 部分：标准化文件的结构和起草规则》（GB/T 1.1—2020)[2] 确立了标准化文件的结构及起草的总体原则和要求，对各类标准化对象进行了标准化。

标准化对象一般可分为两大类：一类是标准化的具体对象，即需要制定标准的具体事物；另一类是标准化总体对象，即各种具体对象的总和所构成的整体，通过它可以研究各种具体对象的共同属性、本质和普遍规律。

通过氢能技术标准化，可以确保氢能技术的质量、安全性和可靠性，推动氢能技术的产业化和应用，提高氢能产业的国际竞争力。在氢能技术标准化中，主要涉及以下几个方面的内容：

① 氢气生产、储存、运输、加注和使用的标准：包括氢气的质量要求，氢气生产、储存、运输、加注和使用的安全标准等。

② 氢能源产业链的标准：包括氢能源的产业链、标准化管理和认证等方面的标准。

③ 氢燃料电池车的标准：包括氢燃料电池车的技术规范、性能指标、测试方法等。

④ 氢气能源应用的标准：包括氢气燃烧、燃料电池、氢气发电等方面的标准。

氢能技术标准化的基本概念包括标准化的目的、原则、方法、分类、制定程序、实施和监督等方面。制定合理的标准可以推动氢能技术的发展和应用，促进氢能源的产业化进程，同时也可以提高产品的质量和市场竞争力，保障消费者的权益。

标准化既是氢能技术实施产业化的重要环节，又是企业及相关技术和产品占领全球市场的重要基础性工作。以国际标准为基础制定本国标准，已成为世界贸易组织对各成员国的要求。如 ISO、IEC（国际电工委员会）、ITU（国际电信联盟）及其他被 ISO 认可的 25 个国际组织制定的标准都被视为国际标准。由于标准对推广氢能技术的应用以及主导氢能技术的发展具有举足轻重的作用，因此国际社会、发达国家都非常重视氢能技术标准化的工作，并取得了很好的效果。

8.1.3　标准体系

氢能产业蓬勃发展的同时，也面临着缺乏明确的垂直管理与监管体系、产业标准体系缺失、氢气属性定位等问题，产业发展，标准先行。面对更加多元化的应用场景，氢能在安全保障、储运、装备设施等具体方面亟须建立覆盖全产业链的规范化标准体系[3]。

2022年多项重要的行业标准制定实施，一些新标准取代旧标准，这将有力地推动中国氢能实现高质量发展。如2022年9月由中国氢能联盟研究院发起起草的国内首个电解槽评价标准《碱性水电解制氢系统"领跑者"性能评价导则》正式发布，该标准的发布建立了我国在碱性电解水领域的评价体系[4]，将有助于我国可再生能源制氢装备制造行业的稳步发展；10月由中国氢能联盟理事长单位国家能源集团低碳院牵头、中国标准化研究院等单位联合起草的国家标准《加氢机》（GB/T 31138—2022）获批，代替原有标准正式实施，该标准的发布进一步完善了我国加氢机领域的标准体系，有利于我国加氢机制造环节的规范运营，加快了加氢机等加氢设备的商业化进程。此外，"国家技术标准创新基地（氢能）"已正式投入运行，将着重开展标准化、氢质量保证体系建设、技术研发及检测与认证服务等方面的工作。

在此之前，2016年出台的《中国氢能产业基础设施发展蓝皮书（2016年）》首次提出了我国氢能产业发展路线图。2019年，氢能首次被写入政府工作报告。2021年3月，氢能被正式纳入"十四五"规划纲要草稿；12月《"十四五"工业绿色发展规划》提出加快氢能技术创新和基础设施建设，推动氢能多元利用。2020年，全国氢能标准化技术委员会在国家标准化管理委员会的支持下，基于氢能技术进展和产业需求，紧密围绕"双碳"发展愿景，立足氢能产业规模化、多场景、高质量发展的需求，系统构建了涵盖基础与通用、氢安全、氢制备、氢储存、氢输运、氢加注、氢能应用等七个子体系的氢能全产业链标准体系，全面梳理国内外氢能标准进展，编制了标准体系表，覆盖上游"制、储、运、加"四大环节、中游燃料电池动力系统领域以及下游燃料电池整车领域，氢能行业成为我国"十四五"期间重点发展的领域，为全面推动氢能标准化工作提供指导。为深入贯彻落实《氢能产业发展中长期规划（2021—2035年）》[5]，全国氢能标准化技术委员会正在进一步完善氢能全产业标准体系。氢能技术标准体系框架[6] 如图8-1所示。

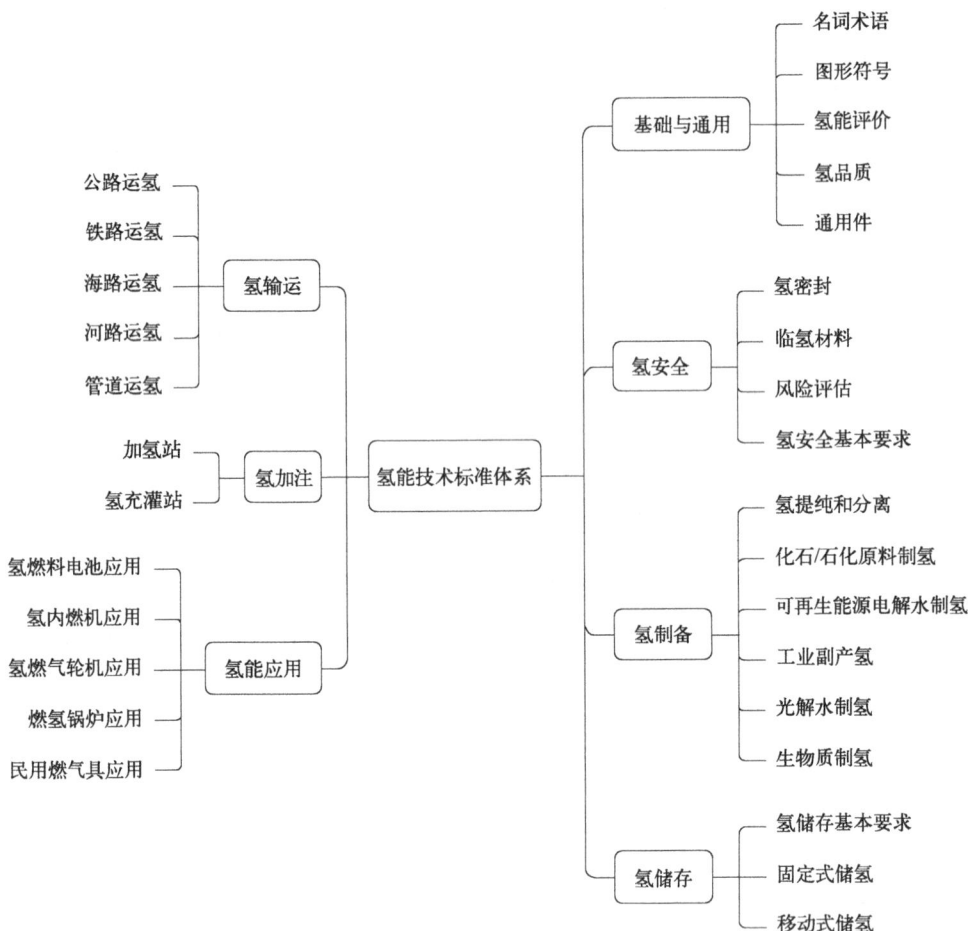

图 8-1 氢能技术标准体系框架图

在氢能领域，构建标准体系有助于更好地规划氢能标准化的工作框架，并反映氢能技术各领域标准间的关联。在科学理论和方法的基础上，运用标准化工作原理，首先充分梳理氢能技术标准，再在标准体系的内在联系上进行统一、简化、协调和优化，使氢能标准化达到科学的最佳秩序。

8.2 氢能技术标准化的特点

8.2.1 氢能技术标准化总的特点

氢能技术标准化包括以下几个特点。

（1）多学科交叉性

氢能技术的研究和应用涉及化学、物理、材料、机械、电气、环境等多个学科领域，标准化工作需要协调各个学科领域的专家和技术人员，形成一个跨学科的标准化体系。

（2）安全性要求高

氢气是一种高压易燃、易爆的气体，因此在氢能技术的设计、制造、测试、应用等方面必须考虑安全问题。标准化工作需要充分考虑氢气的安全性要求，制定安全标准和操作规程，确保氢能技术的安全应用。

（3）环保要求高

氢能技术是一种清洁、可再生的能源技术，因此标准化工作需要充分考虑氢能技术的环保和可持续发展要求，制定环保标准和可持续发展标准，促进氢能技术的可持续发展。

（4）国际化特点明显

氢能技术是一种具有国际化特点的技术，涉及多个国家和地区的技术研究和应用[7]。标准化工作需要协调不同国家和地区的标准化工作，形成一个具有国际化特点的标准化体系，促进氢能技术在全球范围内的标准化和统一。

（5）技术更新快[8]

氢能技术是一种快速发展的技术领域，技术更新速度快，标准化工作需要紧跟技术发展的步伐，及时更新标准和规范，保证标准的有效性和适应性。

综上所述，氢能技术标准化具有多学科交叉性、安全性要求高、环保要求高、国际化特点明显和技术更新快等特点，需要紧跟技术发展的步伐，协调各方面力量，制定科学合理的标准和规范，促进氢能技术的发展和应用。

8.2.2 氢气制备标准化的特点

氢气的制备方式多样，每种方法在标准化方面都有其特定的焦点和考虑，以确保技术的可靠性、安全性和经济性。下面详细描述了几种主要的氢气制备方法及其标准化特点。

（1）电解水制氢标准化的特点

① 能效与性能标准　针对电解器的能效、耐久性和性能提出具体指标，确保在不同操作条件下能高效运行。

② 安全规范　包括电解装置的设计、制造、安装和运行安全要求，特别是对电气安全和防止氢气泄漏的控制。

③ 环境影响评估　评估整个生产过程的环境足迹，鼓励使用可再生能源以减少碳排放。

（2）化石燃料重整制氢标准化的特点

① 效率与排放控制　设定化石燃料重整过程中的能效标准和排放限制，

包括对 CO_2 和其他温室气体排放的控制。

② 催化剂性能　规定催化剂的活性、选择性和稳定性要求，以优化反应过程以及延长催化剂寿命。

③ 系统集成与优化　强调改形装置与氢气净化、CO_2 捕集和利用技术的集成，以提高整体效率以及降低环境影响。

（3）生物质制氢标准化的特点

① 转换效率　制定生物质到氢气转换过程的效率标准，包括生物化学和热化学路径的具体技术要求。

② 生物质来源和可持续性　确保生物质的采集、处理和使用过程符合可持续性原则，评估生命周期环境影响。

③ 副产物管理　针对生物质制氢过程中产生的固体、液体和气态副产物的处理和利用提出指导原则。

（4）光解水制氢标准化的特点

① 光催化剂和材料性能　设立光催化剂的活性、稳定性和光能转换效率标准，以及制备过程中材料的质量控制。

② 系统设计和评估　涉及光解水装置的设计原则、操作安全和维护要求，以及系统整体性能的评估方法。

③ 环境适应性　考虑光解水系统在不同环境条件下的适应性和稳定性，包括抗紫外线老化、温度变化和水质要求。

标准化工作在氢气制备技术的发展和应用中扮演着关键角色，不仅确保了技术实施的安全性和可靠性，也促进了氢能源技术的进步和创新。通过不断更新和完善标准，可以适应新技术的发展，推动氢能源的可持续发展和市场应用。

8.2.3　氢气储存标准化的特点

氢气储存技术的标准化是确保氢气安全、高效应用的关键。氢气储存可以分为固定式和移动式两种方式，每种方式在标准化方面有其特定的考虑和要求。以下是这两种储存方式标准化的特点概述。

（1）固定式氢气储存标准化的特点

固定式氢气储存主要用于氢气生产场所、加氢站等固定位置，包括高压气体储存、液态氢储存和金属-氢化物储存等方式。

① 安全规范　包括储存设施的设计、建造、操作和维护的安全要求，如防火、防爆和泄漏监测等措施。

② 性能要求　确保储存系统具有足够的容量、稳定性和耐久性，以适应长期储存的需求。

③ 环境适应性　考虑储存系统在不同环境条件（如温度变化、湿度等）下的性能保持和安全性。

④ 监控和检测　强调储存系统的实时监控和定期检测，以确保系统安全运行。

（2）移动式氢气储存标准化的特点

移动式氢气储存主要用于运输氢气和为氢燃料电池汽车等移动设备提供能源，涉及高压气瓶储存、液态氢容器储存和固态储氢材料储存等方式。

① 运输安全　包括对运输容器的设计、测试、认证和运输过程的安全要求，如抗冲击、抗压和泄漏防护等。

② 标记和标识　要求在储存容器上明确标记氢气的性质、容器的规格和安全使用信息，以便正确识别和操作。

③ 接口一致性　强调移动式储存容器和加氢站等设施之间接口的标准化，以保证不同设备之间的兼容性和互操作性。

④ 耐久性和性能测试　要求对移动式储存容器进行严格的耐久性和性能测试，确保在各种条件下的安全和可靠性。

氢气储存的标准化工作涵盖了材料选择、设计原则、制造过程、性能测试、安全评估和环境影响考虑等多个方面。这些标准化要求旨在确保氢气储存系统在提供高效能源的同时，也能满足严格的安全和环保标准。随着氢能技术的发展和应用范围的扩大，相关的标准和规范也在不断更新和完善，以适应新技术和市场需求。

8.2.4　氢气运输标准化的特点

氢气运输可以通过多种方式进行，包括公路运输、铁路运输、海路运输、河路运输和管道运输。每种方式在标准化方面有其特定的考虑和要求，以确保安全、高效和可持续地运输。以下是这些运输方式标准化的特点概述。

（1）公路运输

① 安全性规范　涉及高压气瓶或液态氢容器的设计、测试、认证以及紧急情况应对措施。

② 运输工具适配性　要求氢气运输车辆符合道路安全规定，包括车辆的稳定性、耐用性和载重标准。

③ 标记和标识　清晰标识氢气及其危险属性，提供必要的安全信息。

（2）铁路运输

① 集装箱和罐车标准　要求专用的集装箱和罐车符合严格的安全标准，包括结构完整性和抗冲击能力。

② 物流管理　强调高效的调度和物流管理，确保按时安全运输。

③ 应急响应准备　制定针对可能的泄漏或事故的应急响应计划。

（3）海路运输

① 耐海洋环境　要求氢气运输容器和船只能够承受海洋环境的腐蚀和波动。

② 国际航海规则遵守　遵循国际海事组织（IMO）等相关国际组织的安全和环保标准。

③ 船只和设备安全　包括防火、防爆措施和海上应急响应能力。

（4）河路运输

① 内河航道适应性　考虑到内河航道的特点，强调船只的操控性、稳定性和适应浅水域的能力。

② 环境保护　强调减少对河流生态系统的影响，包括噪声、排放和泄漏风险。

③ 应对河流条件变化　设计和运营要考虑河流水位和流速的变化。

（5）管道运输

① 管道设计和建设标准　包括管道材料、强度、泄漏监测和腐蚀防护等。

② 运营和维护规程　强调定期维护、检查和安全操作。

③ 环境影响评估　评估和减少对沿线环境和社区的影响。

在所有这些运输方式中，安全始终是最重要的考虑因素，特别是考虑到氢气的易燃特性和高压储存需求。此外，效率、环境保护和可持续性也是重要的标准化考虑因素。随着氢能技术的发展，这些标准和规范可能会不断更新，以适应新的技术和市场需求。

8.3　氢能技术标准化工作的重要作用

氢能标准体系是由氢能技术领域内具有一定内在联系的标准组成的科学的、有机的整体，是一幅包括现有、应有和计划制定的标准工作蓝图，用来说明氢能标准化的总体结构，反映氢能技术领域内整体标准的相互关系。这一体系的重要性具体体现在以下几个方面：

① 总结整理氢能技术标准化工作内容，有助于对氢能技术标准化的整体认知，包括对领域内现有技术的了解以及对未来氢能技术发展方向的预测和评估。

② 分类概括氢能技术标准化的不同方面，分析各方面之间的区别和内在联系，有助于对氢能技术标准化更深层次的认知。在分类过程中了解氢能技术总体发展的客观内在规律，从各个角度推进氢能技术的发展，从而抓住氢能技术发展的主攻方向以及各个发展方向的关键领域[9]，使氢能技术标准化工作的开展能够既准确又高效。

③ 氢能技术标准体系的建立，使得在与氢能相关的各种科研项目、具体生产过程中有了可供执行的具体标准。随着科技的发展，生产的社会化程度加深，生产规模增大，技术要求复杂化和精细化，必须通过相应标准的制定和使用，来保证现代化生产的有序进行。因此，制定标准体系来规范氢能技术标准化的各项工作对氢能行业的高质量发展具有重要的现实指导意义。

④ 氢能技术标准体系的建立不仅有助于深入了解氢能的发展态势，还为研究和借鉴氢能技术的国际标准提供了准确、全面且有效的信息和技术基础。此外，这一标准体系的制定也为总结国内外在氢能技术标准化方面的经验和教训提供了重要的参考。在国内氢能的发展形势、国际氢能标准化的发展经验，以及基于这些经验得出的结论的支持下，可以更系统地理解和推进氢能技术的发展[10]。氢能技术标准体系的编制将指导氢能领域内更多标准、计划的制定，同时有助于完善和更新现有的氢能技术标准体系的各项内容，从而对氢能技术的未来发展具有指导和引领作用。

参考文献

[1] 中华人民共和国国家市场监督管理总局 中国国家标准化管理委员会 . 标准化工作指南第 1 部分：标准化和相关活动的通用术语［R/OL］. 2014-12-31. https：//openstd. samr. gov. cn/bzgk/gb/newGbInfo? hcno＝BA6DE806E0BDF1BE7A35EE0B236F8E15

[2] 国家市场监督管理总局 国家标准化管理委员会 . 标准化工作导则第 1 部分：标准化文件的结构和起草规则［R/OL］. 2020-03-31. https：//std. samr. gov. cn/gb/search/gbDetailed? id=A24AF19F41445C2EE05397BE0A0A5E0D

[3] 澎湃新闻 . 涵盖 "制储输用"！我国首个氢能全产业链标准出炉 推动万亿级氢能产业驶上快车道［EB/OL］. 2023-08-19. https：//www. thepaper. cn/newsDetail _ forward _ 24295251

[4] 中国产学研合作促进会 . 碱性水电解制氢系统 "领跑者" 性能评价导则［EB/OL］. 2022-09-21. https：//www. zhangqiaokeyan. com/standard-detail/13170826943. html

[5] 国家能源局 . 氢能产业发展中长期规划（2021—2035 年）［R/OL］. 2022-03-23. https：//www. nea. gov. cn/2022-03/23/c _ 1310525755. htm

[6] 资源环境研究分院 . 氢能标准进展［EB/OL］. 2022-05-20. https：//www. cnis. ac. cn/bydt/kydy/202205/t20220520 _ 53206. html

[7] BP 中国 .《BP 世界能源展望》2023 年版［R/OL］. 2023-05-12. https：//www. cpnn. com. cn/news/baogao2023/202306/t20230607 _ 1607604 _ wap. html

[8] 杨敬梅 . 氢能源行业深度报告：绿电制绿氢是趋势，氢能产业链发展加速［R/OL］. 2023-05-31. https：//baijiahao. baidu. com/s? id=1766825474930777202&wfr=spider&for=pc

[9] 毕马威中国 . 一文读懂氢能产业［R/OL］. 2022-09-15. https：//baijiahao. baidu. com/s? id＝1744572767471978174&wfr=spider&for=pc

[10] 光明网 . 全球氢能产业发展势头强劲［R/OL］. 2024-01-25. https：//baijiahao. baidu. com/s? id＝1789019287193000130&wfr=spider&for=pc

第9章

国外氢能技术标准化的发展状况

国际氢能标准制定机构中最具权威性和代表性的是国际标准化组织（International Organization for Standards，ISO）和国际电工委员会（International Electrotechnical Commission，IEC），二者确立的 ISO/IEC 氢能标准是成员国进行国际贸易时需要遵守的规范。美国、日本等多个发达国家在 21 世纪先后缔结了《哥本哈根协议》和《巴黎协定》，推动了主要签约国家的氢能领域标准化组织的高效运转，确立了大量氢能技术国家标准与行业标准，完善、优化了主要签约国家的氢能技术标准化体系[1]。

9.1 国际标准化组织及国际标准

国际标准化组织氢能技术委员会（ISO/TC 197）成立于 1990 年，目前共有 35 个积极参与国和 18 个观察员国，主要负责制氢、氢储运、氢相关检测、氢能利用等方面的国际标准的制订、修订工作。目前，ISO/TC 197 下设 11 个工作组，已发布现行有效国际标准 19 项，其中 1 项与国际气体分析技术委员会（ISO/TC 158）联合制定。

ISO/IEC 内部由标准化管理委员会统筹管理标准的制定工作，标准化管理委员会下辖众多技术委员会（Technical Committee，TC）负责不同技术领域的标准制定，技术委员会下辖具体的工作小组（Working Group，WG）制定具体的标准草案，WG 由 ISO/IEC 成员国的行业专家组成。ISO/TC 197 氢能技术委员会是开展氢能技术国际标准制定的主要技术委员会之一，下辖多个工作小组负责不同技术的标准制定工作，制定 ISO 氢能标准共计 17 项。整理 ISO/TC 197 氢能技术委员会制定的 ISO 氢能技术标准及对应的技术标准归类，如表 9-1 所示[2]。

表 9-1　ISO/TC 197 氢能技术委员会制定的 ISO 氢能技术标准

序号	标准号	标准介绍
1	ISO 14687：2019	氢燃料质量-产品规格
2	ISO 19880-8：2019	气态氢-加氢站-第 8 部分：燃料质量控制
3	ISO/TR 15916：2015	氢系统安全的基本要求
4	ISO 16110-1：2007	燃料转化制氢装置-第 1 部分：安全
5	ISO/TS 19883：2017	用于氢气分离和净化的变压吸附系统的安全性
6	ISO 22734：2019	电解水的氢气发生器-工业、商业和住宅应用
7	ISO 13984：1999	液态氢-陆地车辆燃料加注系统接口
8	ISO 13985：2006	液态氢-陆地车辆燃料罐
9	ISO 16111：2018	可运输的储气装置-金属氢化物可逆吸附氢气
10	ISO 17268：2020	气态氢陆地车辆燃料加注连接装置
11	ISO 19880-1：2020	气态氢-加氢站-第 1 部分：基本要求
12	ISO 19880-3：2018	气态氢-加氢站-第 3 部分：阀
13	ISO 19880-5：2019	气态氢-加氢站-第 5 部分：软管和软管组件
14	ISO 19881：2018	气态氢-陆地车辆燃料容器
15	ISO 19882：2018	气态氢-车用压缩储氢容器的温度驱动的压力泄放装置
16	ISO 16110-2：2010	燃料转化制氢装置-第 2 部分：性能测试方法
17	ISO 26142：2010	氢气检测仪器-固定式应用

在探讨氢能源的重要性及其在生产、储存、传输和使用领域的应用时，表 9-1 提到的标准为确保氢能源的安全和效率提供了基础框架，突出了氢作为清洁能源在推动可持续发展中的关键作用。随着氢能领域技术和市场需求的迅速进步，出现了对更专门和更新指导原则的需求，这种需求由 ISO 19880-3、ISO 19867-1 和国际标准化组织/国际标准草案（ISO /DIS 19881-1）的引入得到了回应。这些标准有效地填补了先前标准体系中的不足和空白，对于推动氢能源技术和应用的进一步发展具有重要意义。具体标准解释如下。

① ISO 19880-3《氢能燃料-汽车用氢燃料加注站-部分 3：车辆到加注站界面》（Hydrogen fuel-Fueling stations for fuel cell vehicles-Part 3：Vehicle to station interface）（2021 年发布）是对表中 ISO 19880-3：2018 的更新补充，该标准规定了氢燃料电池汽车与加注站之间的接口要求，包括氢气传输管道、连接器、传感器、安全阀和通信接口等。这些要求旨在确保氢燃料电池汽车与

加注站之间的安全、可靠和高效的通信和传输，以保障氢燃料电池汽车的使用体验和安全性。

ISO 19880-3 是一个针对氢燃料电池汽车和加注站之间的接口要求进行标准化的标准。这个标准发布的目的在于确保氢气的安全传输和高效加注，以提高氢燃料电池汽车的使用体验和安全性。

该标准涵盖了氢气传输管道、连接器、传感器、安全阀和通信接口等方面的要求。

首先，氢气传输管道需要具备足够的强度和耐腐蚀性，以确保氢气的稳定传输。氢气作为一种高压、易燃的气体，如果在传输过程中发生泄漏或者管道损坏，就会带来严重的安全风险，因此要求管道具备足够的强度和耐腐蚀性，以保障氢气的安全传输。

其次，连接器需要具备良好的密封性和连接性，以确保氢气不泄漏。连接器是氢气传输管道和加注站或汽车之间的连接部分，如果连接器本身存在泄漏或者连接不良的情况，就会导致氢气泄漏，从而引发安全风险。因此，ISO 19880-3 对连接器的密封性和连接性做了严格要求，以确保氢气不发生泄漏。

除此之外，标准还规定了传感器的要求。传感器需要准确地监测氢气的压力和温度等参数，以便进行安全控制和故障诊断。氢气传输过程中，压力和温度的变化会影响氢气的传输性能，因此需要对这些参数进行准确的监测和控制，以确保氢气的安全传输。

此外，标准还规定了安全阀的要求。安全阀应该能快速、可靠地响应，以保障加注站和氢燃料电池汽车的安全。安全阀是保障加注站和氢燃料电池汽车安全的关键设备，如果出现故障或者响应不及时，就会给使用者带来严重的安全风险。

最后，标准规定了通信接口的要求。通信接口应该支持双向通信和数据传输，以确保加注站和氢燃料电池汽车之间的高效通信。在加注过程中，通信接口也应保持良好性能。

② ISO 19867-1《氢能燃料-车辆用氢燃料系统-部分 1：氢燃料系统的整体性能》（Hydrogen fuel-Vehicle fuel systems-Part 1：General performance of hydrogen fuel systems）（2020 年发布）标准规定了氢燃料汽车整个燃料系统的性能要求，包括燃料电池系统、氢气传输管道、加压储存罐和安全阀等。这些要求旨在确保氢燃料汽车的整体性能、安全性和可靠性，以满足日益增长的氢燃料汽车的需求。ISO 19867-1 是关于氢气燃料电池汽车中部件的分类术语和定义的标准。这个标准发布的目的是为氢气燃料电池汽车中的部件提供统一的分类术语和定义，以促进氢能技术的标准化和发展。

　　该标准规定了氢气燃料电池汽车中常见部件的名称和定义。这些部件包括氢气燃料电池、氢气储存罐、氢气传输管道、电动机、电子控制器等。通过对这些部件进行统一的分类和命名，可以促进不同厂家和组织之间的交流和合作，提高氢能技术的标准化程度和可持续发展。

　　在 ISO 19867-1 中，针对每个部件都给出了详细的定义和说明。例如，对于氢气燃料电池，标准定义为"一种将氢气和氧气作为燃料，通过电化学反应产生电能的装置"，并对其结构、工作原理等方面进行了详细的说明。对于氢气传输管道，标准定义为"一种用于传输氢气的管道"，并对其材料、压力等方面进行了详细的说明。

　　除此之外，标准还规定了部件之间的关系和连接方式。例如，氢气燃料电池需要与氢气储存罐和氢气传输管道相连接，而电动机需要与电子控制器相连接。标准对这些连接方式也进行了详细描述，以确保不同部件之间的连接安全可靠。

　　总之，ISO 19867-1 为氢气燃料电池汽车中的部件提供了标准的分类术语和定义，为氢能技术的标准化和发展奠定了基础。

9.2　发达国家相关标准化组织及其标准

9.2.1　欧盟

　　欧盟是氢能技术标准化领域的重要参与者之一。自 2004 年以来，欧盟已经启动了多项氢能技术的标准化工作，其中包括建立氢能的基础设施和安全标准、燃料电池和氢气储存系统的标准等。欧盟在氢能标准化工作方面的主要机构为欧洲标准化委员会（CEN）和欧洲电气标准化委员会（CENELEC），它们与欧洲科技和创新平台（ETIP）以及欧洲氢能与燃料电池联盟（EHA）等组织一起推进氢能标准化工作。2022 年 2 月 2 日，欧盟委员会正式发布了《欧盟标准化战略——制定全球标准以支撑韧性、绿色与数字化的欧盟单一市场》[3]。

　　欧洲标准化可以巩固单一市场，加强欧洲公司的竞争力，从而创造条件促进经济增长。欧洲标准是促进跨境贸易的重要工具——不仅服务于欧洲单一市场，也可适用于世界其他地区，从而减少了不必要的成本。

　　在公共和私营部门中，供应商和购买者依靠标准化以确保产品和服务的互操作性和安全性，同时降低成本并促进企业融入全球价值链和贸易网络。这些标准不仅补充了欧洲和国家级的政策，还促使企业和其他参与者遵守相关的立法规定。欧洲的标准化体系以其独特性在全球范围内受到认可,这一体系严格遵循世界贸易组织(WTO)在标准化领域定义的原则,如连贯性、透明度、公开性、共识、自愿适用、独立于特殊利益和效率。得益于 CEN 和 CENELEC 内部专家的工作和参与,以及来自消费者组织、环境组织、工会等社会利益相关者的贡献,欧洲标准化的成果以市场需求为导向,同时考虑到了公共利益和社会各界的关注点。

欧洲标准的一个基本特征是它来自于参与标准化成果起草各方(包括 CEN 提名专家、CENELEC 成员以及代表社会利益者等)的共识。虽然理论上任何人都可以提出开展可能产生欧洲标准的工作,但在 CEN 和 CENELEC 中,这类工作通常由其成员发起,即国家标准化机构和国家委员会。一旦决定启动标准开发过程,相应工作便分配给 CEN 或 CENELEC 的技术委员会。在这个过程中,相关国家的工作会暂停,以避免重复劳动。技术委员会一旦成立,其国家级的镜像委员会便开始决定该国在标准开发中的贡献。此外,技术委员会可能还包括 ISO/IEC 成员、欧盟委员会/EFTA、欧洲合作伙伴、外部欧洲行业协会和其他附属机构(作为观察员)。

CEN 和 CENELEC 的成功在于其能够汇聚所有相关利益方的力量,这不仅使标准能够反映最先进的技术要求,同时也能够考虑到数字化以及社会、环境的挑战。标准提案一旦经过评估和批准,就会进入起草阶段,目标是基于共识构建标准。标准草案完成后,会对所有相关方开放,以进行公开审议。审议结束后,通过投票和评论对标准草案进行评估,并根据结果决定是否发布。一旦发布,欧洲标准就由 CEN 和 CENELEC 成员国执行,并有义务撤销任何与之冲突的国家标准。这样的机制确保了一项欧洲标准成为 CEN 所有 34 个成员国的国家标准,并由 CENELEC 保证在质量、安全、保障和可持续性方面达到共同的水平。这为制造商提供了更容易进入所有成员国市场的途径,无论制造商是否位于成员国境内。

表 9-2 给出了欧盟部分标准明细。

表 9-2　欧盟部分标准明细

序号	标准号	标准介绍
1	EN 62282 系列	燃料电池系列标准,涵盖了燃料电池系统的安全性、耐久性等
2	EN 17124	氢气加氢站的通用要求
3	EN 17125	氢气加氢站的性能要求和测试方法
4	EN 14687 系列	规范氢气的质量、纯度、包装和运输等

9.2.2　美国

2020 年 11 月 12 日，美国能源部（DOE）发布《氢能计划发展规划》[4]，提出未来十年及更长时期氢能研究、开发和示范的总体战略框架。美国国家标准化组织（ANSI）和美国国家氢能技术协会（NHA）等机构也积极参与氢能标准化工作。

美国 2021 年发布的《氢能战略法案》（Hydrogen Strategy Act）中涉及氢能标准化的相关内容。该法案规定，联邦政府应当鼓励和支持氢能技术标准及其评估方法的制定，并积极参与国际标准化组织的标准制定过程。具体包括以下几个方面。

① 支持联邦、州和地方政府，以及私营部门在氢能技术标准制定和评估方面的合作和协调。

② 要求联邦政府在氢能技术标准和评估方面与私营部门、研究机构和其他利益相关方合作，并在必要时提供技术支持。

③ 要求联邦政府与国际标准化组织、政府和私营部门合作，以制定国际氢能技术标准和评估方法。

④ 要求联邦政府在氢能技术标准和评估方面进行研究和开发，并制定相关政策和计划，以支持氢能技术标准化的发展和推广。

总体来说，该法案要求联邦政府在氢能技术标准制定和评估方面发挥积极的作用，促进国内和国际氢能技术标准的制定和推广，以推动氢能经济的发展。

表 9-3 给出了美国部分标准明细。

表 9-3　美国部分标准明细

序号	标准号	标准介绍
1	ASTM F3261	燃料电池电力系统安全性标准
2	ASTM F3188	燃料电池堆性能测试标准
3	ASTM D7650	评估氢气质量和纯度的标准
4	ASTM D7901	氢气加氢站的设计和操作标准
5	ANSI/CSA HGV 2-2014	氢气车辆燃料储罐标准
6	ANSI/CSA HGV 4.3-2022	加氢参数评估的测试方法

9.2.3　日本

日本是全球氢能技术的先行者之一，也是氢能标准化工作的积极推动者。2017 年 12 月 26 日，日本政府发布《氢能源基本战略》[5]，分析了日本面临的能源问题、氢能源的优势，强调了日本领先于世界实现氢能源社会的重要性并部署相关具体政策。日本在氢能标准化方面的主要机构为日本产业标准化委员会（Japanese Industrial Standards Committee，JISC）和日本氢能与燃料电池协会（Japan Hydrogen Fuel Cell，FCJ）。此外，日本还积极参与国际氢能标准化组织（ISO/TC 197）的标准制定工作。

日本政府在《氢能源基本战略》中关于氢能标准化的主要内容和目标如下[6]。

① 稳定、低成本地利用氢能源　开展氢能源的"制造、储藏、运输、利用"的全链条建设，实现大批量生产、运输氢，并在 2030 年左右建成商业化的供应链，实现 30 万吨的采购量，将成本控制在 30 日元/m³（标）。

② 研发氢供应链条国际化的关键技术　目前，国内的氢能源供给以压缩氢和液化氢技术为主。为了构建国际化的氢能源链条，未来应部署研发液化氢供应链技术、有机氢化物供应链技术、将氨作为能量载体的技术、管道运输技术等。

③ 推动氢燃料电动汽车和氢气站的应用　作为氢能源应用的核心环节，未来应普及氢燃料电动汽车（FCV）和氢气站，使 FCV 在 2025 年达到 200 万辆、2030 年达到 80 万辆，使氢气站 2025 年达到 320 家，在 2025～2030 年实现氢气站商业化自主发展。

④ 普及和扩大氢燃料电池公共汽车、船舶等　氢燃料电池公共汽车贴近民众生活、在公共交通领域应用广泛，普及电池公共汽车可提高民众对"氢社会"的感知度和认可度；氢燃料电池船舶具有噪声小、碳排量低等优点，今后应提高安全性，在小型船舶上率先使用氢燃料电池，逐步普及和推进相关技术。

⑤ 在相关工业生产过程中探索氢能源利用的可能性　当前在炼钢、炼油等生产过程中主要使用化石能源，为了实现日本的碳排放目标，必须在这些生产过程中探索运用氢能源实现"无碳化"操作，以氢能源替代各类化石能源。

⑥ 研发氢能源利用的关键技术　研发高效的水电解、人工光合成、高纯度透氢膜等新型氢制造技术；研发高效的液化氢机器，使用寿命长的液化氢储存材料技术；研发高效、低成本的能源供给技术；研发高效、可靠、低成本的燃料电池技术；研发利用氢和二氧化碳的新型化学品合成技术等。

总体来说，日本政府在《氢能源基本战略》中将氢能标准化视为重要的发展方向，将加强氢能标准化工作作为实现氢能经济的关键。通过建立健全的标准化体系和认证制度，日本政府希望进一步推动氢能技术的发展和应用，促进氢能经济的实现。

表 9-4 给出了日本部分标准明细。

表 9-4 日本部分标准明细

序号	标准号	标准介绍
1	JIS T 9209	燃料电池堆的耐久性测试方法
2	JIS T 9210	燃料电池系统的安全性标准
3	JIS T 8211	氢气质量和纯度的分析方法
4	JIS K 6501	氢气管道的设计和施工标准

9.2.4 韩国

2019 年，韩国政府发布了《氢能城市计划》，在全球首次提出"氢能社会"概念，旨在推广氢能技术，建设具有氢能基础设施的城市，以实现可持续发展。计划到 2030 年将氢能源产值提高至 43 万亿韩元（约合 4000 亿美元），并在此过程中投入约 8.7 万亿韩元（约合 800 亿美元）的资金。此外，韩国政府还计划到 2022 年在全国范围内建设至少 10 个氢能城市，并在未来的 20 年内逐步扩大规模。

2020 年 2 月 4 日，韩国政府正式颁布《促进氢经济和氢安全管理法》[7]。这是全球首个促进氢经济和氢安全的管理法案，目的在于促进基于安全的氢经济建设。

韩国能源技术评估研究院于 2021 年制定了《氢气充填站建设技术标准》，以确保氢气充填站的安全性能和可靠性。韩国标准协会正在牵头制定《氢气生产及应用技术标准》，以确保氢气生产和应用的安全性和可靠性。

此外，韩国还积极参与国际标准化组织（ISO）和国际电工委员会（IEC）等国际标准化组织的氢能技术标准化工作。韩国政府还计划通过标准化工作推动氢能技术的发展和应用。

9.2.5 澳大利亚

2020 年 7 月 21 日，澳大利亚正式审批并通过了 8 项国际氢能产业标准[8]，助力澳大利亚致力于更清洁、价格更便宜的能源未来。据测算，到 2030 年，全球对澳大利亚出口氢气的需求可能达到近 100 万吨。到 2050 年，每年的 GDP 增长将达到 110 亿澳元。澳大利亚标准局标准制定主管 Roland Terry-Lloyd 说："氢能得到标准的支持很重要，这将有助于安全有效地扩大该技术的规模"。澳大利亚氢能理事会首席执行官 Fiona Simon 说："氢有潜力改变全球的能源使用方式，并改变我们为运输、家庭和工业提供动力的方式，这必须以相关的最佳实践标准为基础"。在制定这些标准时，与国际标准化组织以及国际氢能委员会的合作可以加强澳大利亚的发言权，从而为氢能领域的发展奠定重要基础，并支持负责任和创新地使用氢能源。

表 9-5 给出了澳大利亚部分标准明细。

表 9-5　澳大利亚部分标准明细

序号	标准号	标准介绍
1	AS 16110.1	使用燃料处理技术的氢气发生器，第 1 部分：安全性（ISO 16110-1：2007，MOD）
2	AS ISO 16110.2：2020	使用燃料处理技术的氢气发生器，第 2 部分：性能测试方法
3	AS ISO 14687	氢燃料质量-产品规格
4	AS 22734	使用水电解的氢气发生器-工业、商业和住宅应用（ISO 22734：2019，MOD）
5	SA TS 19883	用于氢气分离和纯化的变压吸附系统的安全性（ISO／TS 19883：2017，MOD）
6	AS ISO 16111	便携式储气装置-可逆金属氢化物中吸收的氢
7	AS ISO 19881	气态氢-陆地车辆燃料容器
8	AS 19880.3	气态氢-加油站，第 3 部分：阀门（ISO 19880-3：2018，MOD）

9.3　国外标准化工作的经验和启示

氢能作为一种清洁能源，近年来受到各国的广泛关注。它不仅可以作为工业和运输领域的替代燃料，还可应用于能源存储领域，以支持可再生电力的大规模应用。各国都认识到，要想推动氢能产业走向市场化，需要建立完整的技术标准体系作为重要支撑。标准不仅能提升技术层面和安全性，还有利于提高不同环节部件和产品的兼容性，这对氢能产业链整体成长至关重要。然而，由于国家实际国情不同，各国在标准研制工作中的重点和方法上有一定差异，主要体现在生产、运输和储存三个关键环节。

9.3.1　生产标准

① 美国　根据《两党基础设施法》的规定，美国能源部负责研究制定初步的美国清洁氢生产标准（CHPS）。在此基础上，能源部需要考虑国会对"清洁氢"的定义，同时确保支持来源于多样化低碳能源的氢生产，并考虑技术和经济可行性。因此，"清洁氢"的定义是 CHPS 制定的一个方面，而不是唯一方面。在制定 CHPS 指南时，能源部实施法规中第 40315 节的规定，具体包括考虑国会提供的"清洁氢"定义，同时支持来源于多样化原料的氢生产。能源部还采用"井口至出口"范围界定的生命周期温室气体排放目标，在此基

础上落实总体减排，同时考虑技术和经济可行性。CHPS 中用于制定排放目标的"井口至出口"范围符合《2022 年减缓通胀法》关于"合格清洁氢"的规定，这一点也得到许多评论者的认可。CHPS 将这一范围内生命周期温室气体排放目标定为 $\leqslant 4.0$ kg CO_2e/kg H_2。

② 欧盟　未来，用于生产氢气的电解槽必须与新的可再生电力生产相连，才能算作可再生能源。为了确保氢气生产不会将可再生能源从电网中转移出去，该法案要求证明只有在有足够可再生能源可用的情况下才能生产可再生氢。从 2038 年开始，欧盟获得电力的可再生能源装置不超过 36 个月（可再生电力发电厂在电解槽投入运营前不得超过 36 个月，并且不得以运营补贴或投资补贴的形式获得支持）。委员会还设计了一种方法来计算绿色氢及其相关燃料（可能含有碳）的温室气体减排量，同时考虑到整个生命周期。与化石燃料相比，减排量必须超过 70% 才能计入欧盟的可再生能源目标。

③ 日本　日本是开发氢能项目方面较为先进的国家之一，其优势在于有专门的政府政策支持氢能的利用，以及公众对国内能源结构中氢能项目的接受度。日本在氢能生产标准方面注重多样化的氢能源生产技术，包括水电解、燃料重整和生物质气化等。他们致力于提高效率、降低成本，并确保安全性和环境友好性。

④ 韩国　韩国被视为氢能项目开发的全球领导者，该国最近制定了许多雄心勃勃的计划和公告。它一直在电力、能源、运输、商业、零售和海洋等主要经济部门开发氢技术。几个关键的氢项目和氢燃料电池生产装置已经在韩国运营。韩国在氢能生产标准方面注重开发和应用新技术，如高温气体冷却剂堆（HTGR）和燃料电池等。他们着重于提高产能、可靠性和经济性。

⑤ 澳大利亚　澳大利亚在氢能生产标准方面注重利用丰富的可再生能源资源，如太阳能和风能。他们关注可持续发展、经济效益和社会接受度。

9.3.2　运输标准

① 美国　美国在氢能运输标准方面致力于制定安全性和可靠性要求，并确保氢气管道、燃料储罐和运输设施的适当管理和监管。要求氢气可以通过管道运输（潜在地重复利用现有的天然气管道），也可以通过卡车、铁路或船舶运输。与其他化石燃料替代方案面临的某些后勤问题不同，氢气也不存在特定的后勤问题。

② 欧盟　欧盟在氢能运输标准方面注重发展统一的规范和技术标准，以确保跨国运输和交易的安全性和互操作性。

③ 日本　日本在氢能运输标准方面注重确保氢气运输的安全性和高效性，包括氢气管道、加载设备和运输车辆的标准化和认证。卡车、罐车等运输氢气，受《高压气体安全法》、《道路车辆法》等规定车辆装载方法、运输方法、集装箱安全措施等的约束。《道路法》禁止或限制装载具有爆炸性或易燃性的危险物质的车辆在水下隧道中通行。

④ 韩国　韩国在氢能运输标准方面注重开发适用于氢气管道和氢气运输车辆的技术标准，并推动相关行业的合作和协调。《氢能法》第50条规定了汽车氢气销售价格的报告和披露要求。氢气的运输受《高压气体安全控制法》的约束，该法案要求危险气体（包括氢气）的运输必须通过管式拖车和专用管道进行。

⑤ 澳大利亚　澳大利亚在氢能运输标准方面注重确保氢气管道和运输系统的安全性和可靠性，并促进跨领域的合作和协调。

9.3.3　存储标准

① 美国　美国在氢能存储标准方面注重开发和推广不同类型的存储技术[9]。美国DOT（运输部）制定了多种氢气储罐材质标准，主要包括DOT/TC-3AA480X钢制储罐、DOT/TC-3AA480高压压力容器钢制储罐、DOT/TC-3T压力容器钢加厚储罐，同时要求按年检查储罐无裂纹性能及内、外部腐蚀情况。详细规定了氢气加注、排空及检测设备性能要求。氢储罐充放气操作规程针对不同场景对储罐操作进行详细说明，以保证操作安全性。

② 欧盟　欧盟在氢气储存标准的制定上，主要参考的是国际氢能协会发布的国际标准[10]。目前，欧盟正在推进《氢能框架计划》，计划到2030年建立起氢能产业链完整标准体系。在储罐标准方面，欧盟遵循压力装备指令（Pressure Equipment Directive，PED），给出了各类储罐的设计、制造和使用标准。其中明确储罐材质要求为钢质或其他合格材质，设定了储罐最高工作压力和服务压力范围。储存站操作方面，欧盟制定了详细标准以监控充填、储存、充用等各个环节。储罐要定期检测，以确保安全可靠运行。

③ 日本　日本在推进氢经济的同时，也在积极制定相关储存标准[11]。目前，日本工业标准（JIS）已发布氢储罐的设计及耐压试验标准。JIS B 8558标准详细规定了氢储罐的材料、结构及性能指标，其中指明储罐材质采用符合JIS规范的钢材，设计压力上限为35MPa。此外，JIS B 8555标准规定了氢储罐的耐压试验流程和接受标准，要求在储罐生产和定期检查中进行耐压试验，排除隐患。日本还重点研究了地下氢库相关标准，JGS 0161规范了结构设计、安全性能等方面的要求。《日本能源法》给出了各类储罐站的安全管理要求，

如监测、告警和消防等措施。

④ 韩国 2020 年韩国发布了《氢能设施安全管理指南》，对加氢站设备、气体检测与安全措施进行标准规范。同时，韩国工业经济厅牵头出台了《氢能设施建设及运行的安全管理规则》。该规则明确了加氢站的自检评估与报备程序，以及储备设备和紧急救援预案的具体要求。韩国在储存标准上重视车用应用和加氢设施，以支持其氢能生产与供应链建设部署。

⑤ 澳大利亚 澳大利亚在原子能和工业科技组织主导下制定了完整的氢能技术路线图与标准体系[12]。在储罐标准方面，澳大利亚采用国际标准 AS/NZS4700 作为指导，该标准对储罐材质、结构、测试要求给出了明确规定。此外，澳大利亚于 2019 年发布的《高压氢气车辆储罐安装与使用标准》（AS 2739）对车载储罐进行了特殊规范。在储存设施方面，澳大利亚委员会制定了《氢能应用设施管理规程》，对加氢站设备维护、安全检查给出了具体要求 。

参考文献

[1] NAH E-H, CHO S, KIM S, et al. International organization for standardization (ISO) 15189 [J] . 2017, 37 (5): 365-70.

[2] 施文博，蔡淳名，李德威，等 . ISO/IEC，美日中氢能技术标准化体系比较与建议 [J] . 2022, 41 (12): 6275-6284.

[3] 标准化理论战略研究所 .《欧盟标准化战略》主要内容分析及初步建议 [OL] . (2022-04-26) . http: // www. cnis. ac. cn/ynbm/llyzlyjs/kydt/202204/t20220426 _ 53120. html

[4] U. S. Department of Energy. Energy Department Releases its Hydrogen Program Plan [R/OL] . 2020-11-12. https: //www. energy. gov/articles/energy-department-releases-its-hydrogen-program-plan

[5] Cabinet Secretariat. Basic Hydrogen Strategy [N] . 2017-12-26. https: //www. innovation-riken. jp/wp-site/wp-content/uploads/2023/02/Basic-Hydrogen-Strategy-EN. pdf

[6] 中国科学院科技战略咨询研究院 . 日本政府发布《氢能源基本战略》[N] . 科技前沿快报，2018 (2) .

[7] 天悟国际 . 韩国政府颁布《促进氢经济和氢安全管理法》[OL] . 北极星氢能网，2020-3-10.

[8] 澳大利亚通过 8 个国际氢能标准，塑造"氢"未来 [N] . 中国电力网，2020-07-24.

[9] U. S. Department of Energy. U. S. Department of Energy Clean Hydrogen Production Standard (CHPS) Guidance [R/OL] . (2022-9) . https: //www. hydrogen. energy. gov/library/policies-acts/clean-hydrogen-production-standard.

[10] Green Hydrogen Organization. The GH_2 Green Hydrogen Standard [OL] . 2022-5. https: //gh2. org/our-initiatives/gh2-green-hydrogen-standard.

[11] CMS expert guide to hydrogen energy law and regulation [OL] . 2021-11-24. https: //cms. law/en/int/expert-guides/cms-expert-guide-to-hydrogen

[12] Scott Brownlaw. Hydrogen of strategic initiatives [OL] . Standards Australia. 2022-5. https: //www. standards. org. au/engagement-events/strategic-initiatives.

第10章

国内氢能技术标准化的发展状况

氢能技术标准化是我国氢能产业发展的重要一环，覆盖了从氢的制备、储存、运输、加注到氢能的多元化应用等各个环节。氢能技术标准体系将有效提升我国氢能技术的水平和可靠性，促进氢能产业的高质量发展，从而推进能源生产和消费革命，推动我国能源结构的转型及绿色、健康发展，助力实现"双碳"目标。

10.1 标准化体系及我国现状

标准化体系是标准化活动开展的组织方式、管理方式和运行方式的总称。基于标准制定发布主体的不同，国际上标准化体系主要分为两种类型：一种是由政府直接管理的模式，即政府直接制定发布标准；另一种是政府或法律授权某一机构管理的模式，即政府不制定发布标准，而是由该授权机构制定发布。标准化体系建立在经济体制基础之上，对于市场经济发达的国家而言，一般采取第二种模式，而大部分发展中国家则主要采取第一种模式。

当前，我国各领域、各项技术的标准化发展在国内、国际双循环的新发展格局中正处于关键时期。从外部环境看，随着国际贸易竞争的加剧，技术标准在各行业中成为国际竞争中的重要一环，争取国际标准制定主导权有利于在国际竞争中获取优势；从内部环境看，我国经济社会的快速发展和标准化领域的不断拓展要求标准的制定应更加规范化。由此可以得出，标准化的全面推进将为经济社会高质量发展与加强国际贸易提供强有力的技术支撑。

　　我国正积极制定氢能的产业标准和支持政策。目前，我国已根据氢能技术各环节的需求制定了一系列国家标准。在国家标准的整体规范下，氢能相关行业又按照行业具体需求，对氢能技术制定了相应的行业标准以统一相关技术和操作要求。而在氢能新技术的开拓与发展中，对于没有国家标准、行业标准的技术规范，主要依靠各团队按照团体确立的标准自主制定标准并发布和公告，以补充和完善氢能行业相关标准，全力推动氢能产业规范发展。

10.2　国内氢能源标准组织及发展

　　我国的标准组织包括国家标准化管理委员会、各行业标准化组织、地方标准化组织、企业标准化组织等，这些组织在制定和推广标准方面发挥重要作用。国家标准化管理委员会成立于 1981 年，是国务院授权的负责统一管理国家标准工作的组织，其职责包括制定、审定、发布和管理国家标准、行业标准、地方标准等各类标准，推进标准化工作的规划、协调、指导和监督，并参与国际标准化组织的标准制定工作。

　　我国氢能源标准组织的发展历程可以追溯到自 1985 年首条氢能相关标准《氢气使用安全技术规程》（GB 4962—1985）的发布。我国于 2008 年成立了两个与氢能技术直接相关的全国标准化技术委员会：全国氢能标准化技术委员会和全国燃料电池及液流电池标准化技术委员会。其中全国氢能标准化技术委员会对口 ISO/TC 197，其秘书处承担单位为中国标准化研究院，主要负责氢能生产、储运、利用等的标准化工作。

　　我国于"十一五"时期便开始关注氢能和燃料电池产业的基础研究，先后发布了《国家中长期科学和技术发展规划纲要（2006—2020 年）》、《国家创新驱动发展战略纲要》、《能源技术革命创新行动计划（2016—2030 年）》、《"十三五"国家战略性新兴产业发展规划》、《"十三五"交通领域科技创新专项规划》等文件，支持开展氢能和燃料电池技术的研究与示范工作。2019 年，氢能首次写入政府工作报告。截至 2020 年，全国氢能标准化技术委员会在国家标准化管理委员会的支持下，基于氢能技术进展和产业需求，系统构建了氢能全产业链标准体系，包括基础与通用、氢安全、氢制备、氢储存、氢输运、氢加注、氢能应用等七个子体系，全面梳理国内外氢能标准进展，编制了标准体系表，为全面推动氢能标准化工作提供指导。为深入贯彻落实《氢能产业发展中长期规划（2021—2035 年）》，全国氢能标准化技术委员会正进一步完善氢能全产业标准体系[1]。

氢能产业标准体系及其中的各项标准不仅为中国氢能源产业的发展提供了支撑，还为中国与国际氢能源标准的接轨提供了基础。同时，全国氢能标准化技术委员会还积极参与国际标准的制定和修订工作，为全球氢能源标准的统一发展做出了贡献。

我国的能源标准组织主要包括以下机构。

① 国家能源局：负责制定国家能源政策以及管理能源行业，其中包括氢能源政策和标准的制定。

② 国家标准化管理委员会：负责制定和管理国家标准，包括氢能源标准。

③ 国家市场监督管理总局：负责对能源产品的质量进行监督和检验，并制定相应的标准和规定。

④ 中国计量科学研究院：负责能源（包括氢能）计量技术研究和标准制定。

这些机构共同致力于氢能产业的整体发展和各项技术标准化，以促进氢能源产业健康发展。

10.3 国内氢能国家标准

我国氢能技术标准体系紧密围绕"双碳"发展愿景，立足氢能产业规模化、多场景、高质量发展的需求，构建了涵盖基础与通用、氢安全、氢制备、氢储存、氢输运、氢加注、氢能应用共 7 个子体系的氢能全产业标准体系。

每个子体系根据现有技术的特点和相关方面的未来需求可以展开为以下内容。

① 在基础与通用方面：a. 氢能评价，包括碳排放评级、减碳效果评价等；b. 能耗与能效，主要是关于电解槽、压缩机等设备的能耗与能效的要求；c. 氢品质，涵盖了氢燃料的技术指标要求和检测方法等。

② 氢安全方面主要涉及氢安全的基本要求、氢风险评价、临氢材料以及氢密封。

③ 氢制备方面包括了可再生能源电解水制氢、氢的提纯与分离、光解水制氢和生物质制氢等，具体又包含各种方法的技术要求、安全要求和测试方法等。

④ 氢储存方面包括氢储存的基本要求，以及两种储氢容器。一种是固定式储氢容器，又包括高压氢气储存容器、液氢储存容器及固态储氢等；另一种

是移动式储氢容器，有车用/运输用储氢瓶和容器等。

⑤ 氢输运的部分涵盖了公路、铁路、河海路及管路运输的相关要求。

⑥ 氢加注方面主要为加氢站技术和装备规范，具体包括加氢机、氢气压缩机、阀门、管件、站控系统、加注协议等，又包括了部分氢充灌站技术和安全要求等。

⑦ 氢能的应用范围理论上可以涵盖从能源到交通、电力、冶金、化工等多个相关领域，具体包括但不限于氢内燃机、氢燃气轮机、氢气锅炉、氢燃气具、氢冶金，以及氢燃料电池等[2]。其中氢燃料电池在目前氢能应用中技术相对成熟，标准体系包括但不限于燃料电池系统及零部件的技术要求和测试评价方法、氢燃料电池汽车、燃料电池备用电源、便携式燃料电池发电系统、固定式燃料电池发电系统等内容。

氢能技术标准体系的结构框架可按照氢能技术领域分类，在氢基础与安全、氢制备、氢储运、氢加注以及氢燃料电池与其他氢能应用方面的相关国家标准具体如下。

10.3.1　氢基础与安全

在氢基础与安全方面，主要包括术语、图形符号、氢能综合评价、氢品质、通用件等基础共性标准以及氢安全基本要求、临氢材料、氢密封、安全风险评估、安全防护、监测预警、应急处置等氢安全通用标准，是氢能供应与氢能应用标准的基础支撑[3]。表 10-1 列出了氢基础与安全方面的国家标准。

表 10-1　氢基础与安全方面的国家标准

序号	标准号	标准名称
1	GB/T 3634.1—2006	氢气 第 1 部分:工业氢
2	GB 4962—2008	氢气使用安全技术规程
3	GB/T 15972.55—2009	光纤试验方法规范 第 55 部分:环境性能的测量方法和试验程序-氢老化
4	GB/T 16942—2009	电子工业用气体 氢
5	GB/T 23606—2009	铜氢脆检验方法
6	GB/T 24185—2009	逐级加力法测定钢中氢脆临界值试验方法
7	GB/T 24499—2009	氢气、氢能与氢能系统术语

续表

序号	标准号	标准名称
8	GB/T 33291—2016	氢化物可逆吸放氢压力-组成-等温线(P-C-T)测试方法
9	GB/T 29729—2022	氢系统安全的基本要求

10.3.2 氢制备

在氢制备方面，主要包括氢分离与提纯、水电解制氢、变压吸附提纯制氢、太阳能光催化制氢等方面的标准，以推动绿色低碳氢来源相关标准的制定及修订。表 10-2 列出了氢制备方面的国家标准。

表 10-2 氢制备方面的国家标准

序号	标准号	标准名称
1	GB/T 19773—2005	变压吸附提纯氢系统技术要求
2	GB/T 19774—2005	水电解制氢系统技术要求
3	GB/T 26915—2011	太阳能光催化分解水制氢体系的能量转化效率与量子产率计算
4	GB/T 3634.2—2011	氢气 第2部分:纯氢、高纯氢和超纯氢
5	GB/T 29411—2012	水电解氢氧发生器技术要求
6	GB/T 29412—2012	变压吸附提纯氢用吸附器
7	GB 32311—2015	水电解制氢系统能效限定值及能效等级
8	GB/T 34539—2017	氢氧发生器安全技术要求
9	GB/T 34540—2017	甲醇转化变压吸附制氢系统技术要求
10	GB/T 37562—2019	压力型水电解制氢系统技术条件
11	GB/T 37563—2019	压力型水电解制氢系统安全要求
12	GB/T 39359—2020	积分球法测量悬浮式液固光催化制氢反应
13	GB/T 40061—2021	液氢生产系统技术规范
14	GB/T 42857—2023	变压吸附提纯氢气系统安全要求
15	GB/T 291242012	氢燃料电池电动汽车示范运行配套设施规范

10.3.3 氢储存、输运

在氢储存和输运方面，主要包括固定式高压储氢容器、加氢站用储氢装置等，具体涵盖氢气压缩、氢液化、氢气与天然气掺混、固态储氢材料等氢储运基本要求，容器、气瓶、管道等氢储运设备以及氢储存输运系统等方面的标准，以推动安全、高效氢储运相关标准的制定及修订。表 10-3 列出了氢储运方面的国家标准。

表 10-3　氢储运方面的国家标准

序号	标准号	标准名称
1	GB/T 26466—2011	固定式高压储氢用钢带错绕式容器
2	GB/T 33292—2016	燃料电池备用电源用金属氢化物储氢系统
3	GB/T 34542.1—2017	氢气储存输送系统 第 1 部分:通用要求
4	GB/T 34544—2017	小型燃料电池车用低压储氢装置安全试验方法
5	GB/T 35544—2017	车用压缩氢气铝内胆碳纤维全缠绕气瓶
6	GB/T 34542.2—2018	氢气储存输送系统 第 2 部分:金属材料与氢环境相容性试验方法
7	GB/T 34542.3—2018	氢气储存输送系统 第 3 部分:金属材料氢脆敏感度试验方法
8	GB/T 36669.1—2018	在用压力容器检验 第 1 部分:加氢反应器
9	GB/T 40060—2021	液氢贮存和运输技术要求

10.3.4　氢加注

在氢加注方面,主要是加氢站设备、系统和运行与安全管理等方面的标准,具体有加氢站技术规范、加注连接装置、移动式加氢设施等,以推动加氢站安全、可靠、高效发展相关标准的制定及修订。表 10-4 列出了氢加注方面的国家标准。

表 10-4　氢加注方面的国家标准

序号	标准号	标准名称
1	GB/T 30718—2014	压缩氢气车辆加注连接装置
2	GB/T 30719—2014	液氢车辆燃料加注系统接口
3	GB/T 31139—2014	移动式加氢设施安全技术规范
4	GB/T 34583—2017	加氢站用储氢装置安全技术要求
5	GB/T 34584—2017	加氢站安全技术规范
6	GB/Z 34541—2017	氢能车辆加氢设施安全运行管理规程
7	GB/T 34425—2023	燃料电池电动汽车 加氢枪
8	GB 50516—2010	加氢站技术规范(2021 年版)
9	GB 50177—2005	氢气站设计规范
10	GB/T 26779—2021	燃料电池电动汽车加氢口
11	GB/T 40297—2021	高压加氢装置用奥氏体不锈钢无缝钢管
12	GB 50156—2021	汽车加油加气加氢站技术标准
13	GB/T 31138—2022	加氢机
14	GB/T 42177—2022	加氢站氢气阀门技术要求及试验方法
15	GB/T 42855—2023	氢燃料电池车辆加注协议技术要求

10.3.5 氢燃料电池与其他氢能应用

在氢能应用方面，主要包括燃料电池、氢内燃机、氢气锅炉、氢燃气轮机等氢能转换利用设备与零部件以及交通、储能、发电、核工业领域氢能应用等方面的标准。其中燃料电池方面，制定了氢燃料电池汽车、燃料电池备用电源、便携式燃料电池发电系统、固定式燃料电池发电系统等方面的标准，以推动氢能相关新技术、新工艺、新方法、安全相关标准的制定及修订。表 10-5 列出了氢燃料电池与其他氢能应用方面的国家标准。

表 10-5　氢燃料电池与其他氢能应用方面的国家标准

序号	标准号	标准名称
1	GB/Z 21742—2008	便携式质子交换膜燃料电池发电系统
2	GB/T 22084.2—2024	含碱性或其他非酸性电解质的蓄电池和蓄电池组 便捷式密封蓄电池和蓄电池组 第 2 部分:金属氢化物镍电池
3	GB/T 20042.4—2009	质子交换膜燃料电池 第 4 部分:电催化剂测试方法
4	GB/T 20042.5—2009	质子交换膜燃料电池 第 5 部分:膜电极测试方法
5	GB/T 23645—2009	乘用车用燃料电池发电系统测试方法
6	GB/T 23751.1—2009	微型燃料电池发电系统 第 1 部分:安全
7	GB/T 24548—2009	燃料电池电动汽车 术语
8	GB/T 18288—2000	蜂窝电话用金属氢化物镍电池总规范
9	GB/T 25319—2010	汽车用燃料电池发电系统 技术条件
10	GB/T 20042.6—2024	质子交换膜燃料电池 第 6 部分:双极板特性测试方法
11	GB/T 26916—2011	小型氢能综合能源系统性能评价方法
12	GB/T 26990—2023	燃料电池电动汽车 车载氢系统 技术条件
13	GB/T 26991—2023	燃料电池电动汽车动力性能试验方法
14	GB/Z 27753—2011	质子交换膜燃料电池膜电极工况适应性测试方法
15	GB/T 28183—2011	客车用燃料电池发电系统测试方法
16	GB/T 29123—2012	示范运行氢燃料电池电动汽车技术规范
17	GB/T 29124—2012	氢燃料电池电动汽车示范运行配套设施规范
18	GB/T 23751.3—2024	微型燃料电池发电系统 第 3 部分:燃料容器互换性
19	GB/T 27748.2—2022	固定式燃料电池发电系统 第 2 部分:性能试验方法
20	GB/T 29838—2013	燃料电池 模块
21	GB/T 30084—2013	便携式燃料电池发电系统-安全
22	GB/T 20042.7—2014	质子交换膜燃料电池 第 7 部分:炭纸特性测试方法
23	GB/T 31035—2014	质子交换膜燃料电池电堆低温特性试验方法

续表

序号	标准号	标准名称
24	GB/T 31036—2014	质子交换膜燃料电池备用电源系统 安全
25	GB/T 31037.1—2014	工业起升车辆用燃料电池发电系统 第1部分:安全
26	GB/T 31037.2—2014	工业起升车辆用燃料电池发电系统 第2部分:技术条件
27	GB/T 31886.1—2015	反应气中杂质对质子交换膜燃料电池性能影响的测试方法 第1部分:空气中杂质
28	GB/T 31886.2—2015	反应气中杂质对质子交换膜燃料电池性能影响的测试方法 第2部分:氢气中杂质
29	GB/T 31963—2015	金属氢化物-镍电池负极用稀土镁系超晶格贮氢合金粉
30	GB/T 33062—2016	镍氢电池材料废弃物回收利用的处理方法
31	GB/T 20042.1—2017	质子交换膜燃料电池 第1部分:术语
32	GB/T 23751.2—2017	微型燃料电池发电系统 第2部分:性能试验方法
33	GB/T 27748.4—2017	固定式燃料电池发电系统 第4部分:小型燃料电池发电系统性能试验方法
34	GB/T 33978—2017	道路车辆用质子交换膜燃料电池模块
35	GB/T 33979—2017	质子交换膜燃料电池发电系统低温特性测试方法
36	GB/T 33983.1—2017	直接甲醇燃料电池系统 第1部分:安全
37	GB/T 33983.2—2017	直接甲醇燃料电池系统 第2部分:性能试验方法
38	GB/T 27748.1—2017	固定式燃料电池发电系统 第1部分:安全
39	GB/T 27748.3—2017	固定式燃料电池发电系统 第3部分:安装
40	GB/T 34537—2017	车用压缩氢气天然气混合燃气
41	GB/T 34582—2017	固体氧化物燃料电池单电池和电池堆性能试验方法
42	GB/T 34593—2017	燃料电池发动机氢气排放测试方法
43	GB/T 34872—2017	质子交换膜燃料电池供氢系统技术要求
44	GB/T 35178—2017	燃料电池电动汽车 氢气消耗量 测量方法
45	GB/T 36288—2018	燃料电池电动汽车 燃料电池堆安全要求
46	GB/T 36544—2018	变电站用质子交换膜燃料电池供电系统
47	GB/T 37154—2018	燃料电池电动汽车 整车氢气排放测试方法
48	GB/T 37244—2018	质子交换膜燃料电池汽车用燃料 氢气
49	GB/T 38914—2020	车用质子交换膜燃料电池堆使用寿命测试评价方法
50	GB/T 38954—2020	无人机用氢燃料电池发电系统
51	GB/T 24549—2020	燃料电池电动汽车 安全要求
52	GB/T 28816—2020	燃料电池 术语
53	GB/T 39132—2020	燃料电池电动汽车定型试验规程
54	GB/T 40045—2021	氢能汽车用燃料 液氢

续表

序号	标准号	标准名称
55	GB/T 41134.1—2021	电驱动工业车辆用燃料电池发电系统 第1部分:安全
56	GB/T 41134.2—2021	电驱动工业车辆用燃料电池发电系统 第2部分:性能试验方法
57	GB/T 24554—2022	燃料电池发动机性能试验方法
58	GB/T 27748.2—2022	固定式燃料电池发电系统 第2部分:性能试验方法
59	GB/T 28817—2022	聚合物电解质燃料电池单电池测试方法
60	GB/T 20042.3—2022	质子交换膜燃料电池 第3部分:质子交换膜测试方法
61	GB/T 20042.2—2023	质子交换膜燃料电池 第2部分:电池堆通用技术条件
62	GB/T 42847.2—2023	储能系统用可逆模式燃料电池模块 第2部分:可逆模式质子交换膜单池与电堆性能测试方法
63	GB/T 42847.3—2023	储能系统用可逆模式燃料电池模块 第3部分:电能储存系统性能测试方法
64	GB/T 29124—2012	氢燃料电池电动汽车示范运行配套设施规范

10.4 国内氢能行业标准

由于我国氢能产业仍处于发展初期,氢能技术仍有很大的发展空间,因此氢能领域相关的国家标准制定往往不能够满足行业具体的发展需要。基于此,在氢能技术国家标准的要求上,涉及氢能技术的相关行业制定了一系列行业标准以规范行业内统一的技术要求。表10-6列出了部分氢能相关技术的行业标准。

表10-6 氢能相关技术(部分)的行业标准

序号	标准号	标准名称
1	CB 3521—1993	水电解制氢装置通用技术条件
2	DL/T 651—2017	氢冷发电机氢气湿度技术要求
3	DL/T 1462—2023	发电厂氢气系统在线仪表检验规程
4	JB 6207—1992	氢分析器技术条件
5	JB/T 7215—1994	锻焊结构热壁加氢反应器技术条件
6	JB/T 7530—2007	热处理用氩气、氮气、氢气一般技术条件
7	JB/T 8795—2013	水电解氢氧发生器
8	JB/T 10909—2008	小型往复活塞氢气压缩机
9	JB/T 11484—2013	高压加氢装置用阀门 技术规范
10	LY/T 1971—2011	变压吸附精制氢气用活性炭
11	MT/T 276—1994	氢气检测管

序号	标准号	标准名称
12	NB/T 20031—2021	压水堆核电厂事故后安全壳内可燃气体浓度的控制
13	NB/T 20098—2024	压水堆核电厂安全壳氢气控制系统设计准则
14	NB/T 20143.1—2012	核空气与气体处理规范 工艺气体处理 第1部分:氢气复合装置
15	NB/T 20176—2012	压水堆核电厂供氢、供氮、供氧、供二氧化碳系统的设计要求
16	QB/T 2947.2—2008	电动自行车用蓄电池及充电器 第2部分:金属氢化物镍蓄电池及充电器
17	QC/T 744—2006	电动汽车用金属氢化物镍蓄电池
18	QC/T 816—2009	加氢车技术条件
19	QJ 2298—1992	用氢安全技术规范
20	QJ 3028—1998	液氢加注车通用规范
21	QX/T 248—2014	固定式水电解制氢设备监测系统技术要求
22	QX/T 644—2022	气象涉氢业务设施建设要求
23	SH/T 0658—1998	喷气燃料氢含量测定法(低分辨核磁共振法)
24	SJ 862—74	氢气电阻炉基本参数系列
25	SJ/T 10094—1991	电子产品用氢气电阻炉通用技术条件
26	SJ/T 10095—1991	电子产品用氢气电阻炉测试方法
27	SJ/T 10096—1991	L2116Ⅱ型双位氢气炉
28	SJ/T 10273—1991	催化吸附型氢气纯化装置通用技术条件
29	SJ/T 31453—1994	氢气低压加压设备完好要求和检查评定方法
30	SJ/T 31456—1994	电解制氢氧设备完好要求和检查评定方法
31	SJ/T 31458—1994	氢气纯化设备完好要求和检查评定方法
32	SN/T 4210—2015	进出口危险化学品检验规程 氢
33	SN/T 4444—2016	进出口燃料电池的检验技术要求 便携式燃料电池发电系统的安全
34	YS/T 208—2006	氢气净化器用钯合金箔材
35	GB/T 29412—2012	变压吸附提纯氢用吸附器
36	GB/T 19773—2005	变压吸附提纯氢系统技术要求

10.5 国内氢能团体标准

当国家标准与行业标准并不能够完全覆盖与氢能相关的技术要求时,社会团体为满足市场和创新需求,协调相关市场主体,共同制定了一系列相关标准,这类标准由本团体成员约定采用,或者按照本团体的规定供社会自愿采用。由于团体标准制定周期短,能及时响应新技术、新产品需求,作为推荐性标准,团体标准不仅能够鼓励企业在自律的基础上,按照标准生产,以提高品质为核心，以质量安全为保证，保障消费者权益，树立产品品牌，也能够促进氢能技术的不断创新与优化。表 10-7 列出了部分氢能相关技术的团体标准。

表 10-7　氢能相关技术（部分）的团体标准

序号	标准号	标准名称
1	T/CSTE 0010—2019	车用氢燃料电池离心式空压机
2	T/CSTE 0011—2019	加氢站视频安防监控系统技术要求
3	T/CSTE 0012—2019	加氢站站控系统技术要求
4	T/CSTE 0005—2020	焦炉煤气制氢技术规范
5	T/CSTE 0006—2020	加氢站安全评价报告的标准格式
6	T/CSTE 0007—2020	质子交换膜燃料电池(PEMFC)汽车用燃料氢气中痕量一氧化碳的测定中红外激光光谱法
7	T/CSTE 0015—2020 T/CECA-G 0005—2020	氢燃料电池公交车维保技术规范
8	T/CSTE 0016—2020 T/CECA-G 0006—2020	氢燃料电池公交车运营管理规范
9	T/CSTE 0017—2020 T/CECA-G 0007—2020	氢燃料电池物流车运营管理规范
10	T/CAAMTB 12—2020	质子交换膜燃料电池膜电极测试方法
11	T/CATSI 02007—2020	车用压缩氢气塑料内胆碳纤维全缠绕气瓶
12	T/GDASE 0017—2020	车用压缩氢气铝内胆碳纤维全缠绕气瓶定期检验与评定
13	T/CECA-G0148—2021	镁基氢化物固态储运氢系统技术要求
14	T/CSAE 187—2021	氢燃料电池发动机用离心式空气压缩机 性能试验方法
15	T/GERS 0004—2021	加氢站运营管理规范
16	T/GERS 0005—2021	燃料电池电动汽车车载供氢系统安装技术规范
17	T/GERS 0006—2021	燃料电池电动汽车车载供氢系统气密性检测和置换技术要求
18	T/CCGA 40003—2021	氢气长管拖车安全使用技术规范
19	T/CCGA 40004—2021	加氢站用隔膜压缩机安全使用技术规范
20	T/CCGA 40005—2021	加氢站用液驱活塞氢气压缩机安全使用技术规范
21	T/CCGA 40006—2021	加氢机安全使用技术规范
22	T/CCGA 40007—2021	车用压缩氢气塑料内胆碳纤维全缠绕气瓶安全使用技术规范
23	T/CCGA 40008—2021	车载氢系统安全技术规范
24	T/CCGA 40009—2021	车载液氢系统安全技术规范
25	T/CCGA 40010—2021	液氢加注机安全使用技术规范
26	T/CCGA 40011—2021	液氢杜瓦安全技术规范
27	T/SSTA 101—2021	氢能源汽车管路用不锈钢无缝管
28	T/CAS 548—2021	氢燃料电池冷却液
29	T/GDC 149—2022	站内制氢设计技术规范
30	T/GDC 150—2022	站内甲醇制氢安全技术规范
31	T/SSTA 202—2022	加氢站高压管路用不锈钢无缝管
32	T/FSQX 001—2022	氢能源有轨电车运营技术规范
33	T/FSQX 002—2022	氢气运输车辆运营管理规范
34	T/FSQX 003—2022	加氢站经济运行指标及计算方法

序号	标准号	标准名称
35	T/CSTE 0103—2022	稳暂态运行
36	T/CATSI 02008—2022	车用压缩氢气铝内胆碳纤维全缠绕气瓶定期检验与评定
37	T/CECA-G 0179—2022	氢气中氦、氩、氮和烃类的测定 气相色谱-热导和火焰离子化检测器法
38	T/CECA-G 0180—2022	氢气中含硫化合物、甲醛和有机卤化物的测定 预浓缩 气相色谱-硫化学发光和质谱检测法
39	T/CECA-G 0181—2022	氢气中一氧化碳和二氧化碳的测定 气相色谱-氦离子化检测器法
40	T/CECA-G 0182—2022	氢气中无机卤化物、甲酸的测定 离子色谱法
41	T/CECA-G 0183—2022	氢气中痕量气态杂质的测定 傅里叶变换红外光谱法
42	T/CECA-G 0184—2022	质子交换膜燃料电池用氢气采样规范
43	T/CATSI 05007—2023	移动式真空绝热液氢压力容器专项技术要求

10.6 国内氢能待制定的标准

待制定的标准主要包括正在起草、正在征求意见、正在审查以及正在批准的标准项目，具体涉及氢的基础与通用、氢安全、氢制备、加氢站、车载储氢气瓶、燃料电池、燃料电池汽车等方面。表 10-8 列出了氢能相关技术的部分待制定的国家标准及行业标准[4,5]。

表 10-8　氢能相关技术（部分）待制定的标准

序号	计划号	项目名称
1	20201706-T-469	移动式金属氢化物可逆储放氢系统
2	20211010-T-469	加氢站通用要求
3	20214340-T-469	液氢阀门 通用规范
4	20221861-T-469	质子交换膜燃料电池汽车用氢气 氦、氩、氮和烃类的测定 气相色谱法
5	20221862-T-469	质子交换膜燃料电池汽车用氢气 含硫化合物、甲醛和有机卤化物的测定 气相色谱法
6	20221863-T-469	质子交换膜燃料电池汽车用氢气 一氧化碳、二氧化碳的测定 气相色谱法
7	20221859-T-469	质子交换膜燃料电池汽车用氢气采样规程
8	20221860-T-469	质子交换膜燃料电池汽车用氢气 无机卤化物、甲酸的测定 离子色谱法
9	20231935-T-469	电解水制氢用电极性能测试与评价
10	20213093-T-604	燃料电池模块 第 1 部分:安全
11	20214765-T-604	微型燃料电池发电系统 第 3 部分:燃料容器互换性
12	20214772-T-604	质子交换膜燃料电池 第 6 部分:双极板特性测试方法

续表

序号	计划号	项目名称
13	20230635-T-604	质子交换膜燃料电池 第5部分:膜电极测试方法
14	20230636-T-604	质子交换膜燃料电池备用电源系统 安全
15	20230634-T-604	质子交换膜燃料电池 第7部分:炭纸特性测试方法
16	行业标准待制定	输氢管道工程设计规范
17	行业标准待制定	天然气管道掺氢输送适用性评价方法
18	行业标准待制定	移动式真空绝热液氢压力容器
19	行业标准待制定	压缩氢气铝内胆碳纤维全缠绕瓶式集装箱
20	行业标准待制定	固体氧化物燃料电池热电联供系统性能测试方法
21	行业标准待制定	固体氧化物燃料电池便携式发电系统安全要求
22	行业标准待制定	可再生能源电力制氢规划报告编制规程
23	行业标准待制定	氢冷发电机氢气系统运维规程
24	行业标准待制定	氢储能电站储氢系统运行规程
25	行业标准待制定	宽范围调节质子交换膜水电解制氢系统性能试验方法
26	行业标准待制定	宽范围调节质子交换膜水电解制氢系统技术规范

截至2022年3月,相关国家和地区累计发布氢能战略规划38项,明确了氢能战略定位和发展路径。在"双碳"目标驱动下,目前全球氢能应用不再局限于以氢燃料电池汽车为主,而已相应拓展至分布式热电联供、掺氢天然气、氢冶金、氢能发电等领域。中国氢能源标准化委员会已发布了一系列的标准[3],涵盖了氢能源生产、存储、运输、加氢站建设和燃料电池车辆等各方面。

参考文献

[1] 资源环境研究分院,氢能标准进展[OL].中国标准研究院,2022-05.

[2] 陈晓露,刘小敏,王娟,等.液氢储运技术及标准化[J].化工进展,2021,40(9):4806-4814.

[3] 陈汝蒋,刘韬,高沛,等.氢能利用安全技术研究与标准体系建设[J].科学与信息化,2021(27):126-128.

[4] 王赓,李燕,潘珂.氢能技术标准化发展现状[C].第六届国际清洁能源论坛,2017.

[5] 施文博,蔡淳名,李德威,等.ISO/IEC、美日中氢能技术标准化体系比较与建议[J].化工进展,2022,41(12):6275-6284.

第*11*章

氢能技术标准化工作的对策、建议及展望

持续推进产业化进程是解决氢能技术商业化程度不高、市场发育不成熟、大多数产品未形成规范市场等诸多问题的关键，而氢能技术标准化工作与氢能技术的应用和产业化发展相伴而行。本章对我国未来一段时间内氢能技术标准化工作的工作思路、近期应重点加强的标准化研究领域和亟须开展的标准制修订项目提出建议。

11.1 氢能技术标准化工作的不足及未来的工作思路

随着全球气候变暖、环境污染等问题的日益突出，中国乃至全世界都应承担起保护资源、保护环境的重任，2020 年 9 月 22 日，国家主席习近平在第七十五届联合国大会上宣布[1]："中国力争 2030 年前二氧化碳排放达到峰值，努力争取 2060 年前实现碳中和。"氢能是世界上最干净的能源，它的燃烧产物只有水，在 21 世纪的能源舞台上，氢能将会是一种举足轻重的能源。我国氢能和燃料电池产业目前正处于机遇与挑战并存、引进与自主并举的发展关键期，而标准化是一项非常重要的基础性技术工作，在氢能和燃料电池产业化、工业化的过程中扮演着保驾护航的作用，标准化工作的顺利进行是实现氢能技术发展蓝图的重要保障。通过制定、发布和实施氢能标准，可以实现在氢能产业发展中经济、技术、科学和管理的统一，以获得最佳秩序和社会效益。在氢能产品质量、品种规格、零部件通用等方面实现标准化，可以保证氢能产业发展的秩序和效率，在组织氢能现代化生产的过程中达到统一、协调、简化和最优化的效果。但是就目前而言，我国氢能的标准化工作与欧美、日本相比还存在差

距，现有的标准还不能满足中国氢能快速发展的需求，主要表现在技术与标准的不协调、不适应和滞后性，导致我国氢能产业发展受到限制，氢能产业化、商业化的进程受到影响。因此，必须加快我国氢能技术标准化制定工作的进程，使我国氢能标准体系规范化、国际化，以此来推动我国氢能行业的蓬勃发展，为"双碳"目标贡献"氢能量"。

基于我国氢能标准化工作的现状与不足，提出了以下我国氢能技术标准体系建设在未来一段时间的工作思路及技术路线建议。

（1）增强各部门的联合机制，实现氢能标准化工作的统一协调管理

目前，在氢能产业规划和氢能技术标准化研究方面涉及的管理部门和研究生产机构非常多，例如在国家层面有国家能源局、国家发改委、工信部、生态环境部、科技部、自然资源部以及交通运输部等，这些部门和机构每年都会研究和发布很多的政策以及项目，制定氢能产业和标准化相关的计划；在地方上也有很多与氢能产业和标准化相关的政策和项目；氢能全产业链涉及多部门、多学科、多领域，这种跨部门的合作是不可避免的。

但是由于各部门没有建立统一的信息共享和协调机制，或者由于沟通的不及时性等原因，在研究氢能产业以及制定标准的工作过程中可能会造成工作的重复和遗漏等，导致资源的浪费和相关技术的缺失。因此，在氢能的标准化体系建设过程中，必须加强国家和地方各部门的相互联合机制，在政策的制定中做到协调统一、分工明确，以保证氢能技术标准化工作的顺利稳步推进。

（2）为氢能技术标准化工作提供有力的政策保障

欧、美、日等发达国家和地区早已将氢能纳入国家能源战略规划，对标准化工作的进行也给予了大量的政策支持，例如日本的《高压气体保护法》[2]，是日本安全利用氢能的标准规范；欧盟的《新电力市场设计指令和规范》，积极推动氢能标准规范发展，保障能源市场安全规范运行；美国的《美国氢能经济路线图》[3]，致力于推动氢能核心技术突破，进一步降低成本，加速氢能在各领域的部署进程。

随着我国经济技术的快速发展，氢能产业也被提上日程，但我国的氢能产业存在起步较晚，核心技术还有待突破，行业成本较高，基础设施不完善等问题，在这种情况下，为标准化工作提供有力的政策保障显得尤为重要。到目前为止，我国已经发布了很多与氢能相关的政策文件，例如国家发改委和国家能源局联合发布的《氢能产业发展中长期规划（2021—2035年）》，明确氢能产业是战略性新兴产业和未来产业重点发展方向；《2022年能源工作指导意见》提出因地制宜开展可再生能源制氢示范，探索氢能技术发展路线和商业化应用路径；《"十四五"新型储能发展实施方案》[4] 提出拓展氢储能等应用领域，等

等。虽然近年来我国政府加大了对氢能产业的扶持力度，但是具体到氢能标准化工作的政策支持还较少，远远不能满足我国氢能技术标准化工作的需要，这将会影响我国氢能标准化的制定、发布和实施。因此，我国氢能标准化应该得到更多的重视和支持。

（3）与国际化标准接轨，推动氢能标准世界化

随着我国综合国力的增强，经济技术的快速发展，我国的氢能产业必然会走上世界能源的舞台，向国外出口我国相关的氢能技术和氢能产品。因此，让氢术语、氢品质、氢安全、氢设施、氢测评等相关标准与国际标准接轨是一项非常重要而繁杂的工作，也是保障我国氢能产品和技术利益的基础。我国氢能标准国际化程度越高，在以后的国际化生产与销售过程中就会具有越大的竞争力和影响力。

从目前来看我国氢能技术标准与国际氢能技术标准接轨的方式有两种：第一种是主动参与到国际氢能技术标准的制定中，加大中国在氢能国际标准制定中的发言权，在国际氢能标准制定的过程中发出更多的"中国声音"，将我国的一些实际情况和基本要求反映到氢能国际标准上，为我国争取更多的利益；第二种是增强我国氢能标准的影响力，通过推动我国氢能产业高质量发展，推进制氢、储氢、氢转化的基础技术研究，集中力量开发新的高质量标准，建立国际通用的标准体系。

（4）加快氢能全产业链标准的修改与制定

我国的氢能产业正在飞速发展，截至 2019 年，氢能在我国能源体系中占比为 2.7%，产值约为 3000 亿元，有专家估计 2025 年我国氢能行业产值将达到万亿级别，从长远来看，我国的氢经济在持续健康发展，氢能产业链在逐渐稳步扩大，商业化程度越来越高，《中国氢能源及燃料电池产业白皮书》中提到，预计 2050 年氢能在我国的能源体系中占比将超过 10%，产值 10 万亿元以上。但是我国的氢能标准体系还不够完善，制约了氢能产业链的发展。因此，完善我国的氢能标准体系，修改已经过期的不适用的标准，建立健全的氢能产业链的通用标准已经迫在眉睫。例如：第一，对氢能行业涉及的材料和各种零部件开展标准制定工作，以满足氢能产业技术的发展需求。近年来，氢能安全事故频频发生，主要原因在于材料和各种零件的不规范使用，因此关于制、储、运与加注氢的标准必须尽快完善。第二，加快氢燃料电池相关标准制定。随着燃料电池核心技术的突破和成本的快速下降，燃料电池进入平价时代，燃料电池成为用氢的一个重要领域，目前燃料电池方面的相关标准已经不足以满足商业化的需求，需加快制定燃料电池标准。

（5）增加氢能技术标准化的研究经费投入

每一个标准的制定都需要经过反复的调研和大量的实验研究，并不断根据

实行过程中遇到的问题去修改和完善，不仅需要大量的时间，而且必须花费一定的经费。我国在氢能行业投入的经费众多，比如最早的"863"计划、"973"计划，近20年的每个五年计划中也都涉及氢能行业，2019年氢能被写入政府工作报告以来，我国对氢能和燃料电池的补贴更是达到了前所未有的高度。而矛盾之处在于我国对氢能技术标准化工作研究的经费投入一直没有明确的计划和专项，这导致我国氢能标准化水平一直难以实现重大突破。

氢能标准的前期基础性研究对我国氢能标准体系的形成发挥着重要的作用，因此，在对氢能行业加大投资和扶持力度的同时，也应该对氢能技术标准制定引起足够多的重视，实现标准的制定和技术同步协调发展，在合理分配资源的前提下多安排一些标准技术专项研究经费，出台氢能标准专项规划，围绕氢的"制运储用"，加快氢能标准化工作布局，促进我国氢能标准体系的形成。

（6）学习国外发达国家氢能技术标准化工作的成功经验

我国氢能技术标准体系还处于探索发展阶段，氢能产业链各个阶段的标准还没有细化，加之我国的氢能产业核心技术与国际先进水平还有一些差距，因此在制定氢能技术标准的时候难免会受到一些客观因素的限制，相关标准的修改和制定可能会出现不健全、不合理和不匹配的问题。由于我国氢能标准刚刚起步，这些问题是不可避免的，但是如果能够借鉴其他国家氢能标准化工作的经验，我国就可以少走很多弯路，可以更快地完善我国的氢能标准体系，以适应我国快速发展的氢能技术，加速氢能行业的发展与应用。

欧美日等国家和机构对氢能的研究比我国要早很多，在氢能标准化工作方面积累了很多的经验，有些经验值得研究和借鉴。国际标准化组织（ISO）、国际电工委员会（IEC）都制定了很多的氢能标准，我国对氢能标准制定的积累还远不能和这些组织相比。因此，我国在制定氢能标准的过程中要积极参加相关组织和各种国际标准会议，多学习和借鉴经验。结合我国氢能产业发展的实际情况，制定完善的氢能全产业链标准体系。

（7）采取多样化的宣传推广形式，营造有利于氢能标准发展的氛围

与传统的煤、石油和天然气等化石能源相比，氢能源对于大多数的普通民众来说还是一个比较陌生的名词，从2019年被写入政府工作报告以来才逐步进入大部分人的视线。氢气是易燃易爆气体，密度小，扩散快，容易引发安全事故，使用氢气时必须具备一定的常识，以保障居民的人身安全。因此，我国要想大力推广氢能源，发展氢经济，必须开展大量的宣传和培训工作，提高社会对氢能的接受程度，而这部分工作往往是最容易被忽略的。

目前的宣传推广方式主要是讲座、授课等，但是这仅仅只能在一些专业人士中得到宣传和推广，很难在普通大众中得到大范围普及。除了传统的授课方

法外，还可以通过以下方式对氢能的相关知识展开宣传：第一，我国应积极设立氢能试点示范项目，向更多人展示氢能利用的安全性、高效性，从而消除我国民众使用氢能的顾虑。第二，充分发挥新媒体在氢能宣传工作中的积极作用。在 21 世纪，网络技术的高速发展也为氢能的宣传工作提供了很大的便利，可以通过文字、图片、声音、视频、新媒体等各种手段去开展氢能的宣传推广工作。

通过不同方式、不同深度和不同范围的宣传推广和传播，使全社会对氢能的认知水平和接受程度普遍提高，在全社会范围内努力营造使用清洁低碳能源，倡导绿色环保生活的风气，践行"绿水青山就是金山银山"的理念。在这样的社会环境中制定氢能技术标准，将会取得事半功倍的效果。

（8）加强对氢能标准执行情况的监督工作

当前我国已经成为世界上最大的制氢国，2021 年氢产量已达 3300 万吨。在"双碳"的大背景下，未来氢气产量还会大幅上升。我国氢能行业正在以一种不可思议的速度飞速发展。氢能产业链的上游、中游、下游公司不计其数，既包括国家电网、中国能建、三峡集团、北京能源、深圳能源等央企、国企，也有协鑫集团、美锦能源这样的民企；应用领域广泛，涉及储能、发电、供暖、交通运输等多个领域。由于各公司和生产部门对氢能技术标准的执行力度参差不齐，各个领域对氢能技术标准的执行也有一定差距，由此引发了一系列的不规则、不规范问题。

氢能行业高质量标准的编制是一项非常重要的工作。与此同时，对已发布氢能技术标准的落实情况也要进行有效的监督，切实做好氢能技术标准基础性监管工作，不能只发布标准而不执行标准。在加快建立健全我国氢能标准体系的同时，也要逐步完善氢能行业的产品质量监督检查体系和质量认证体系，对相关的技术和产品进行有效的市场监督、质量检验和认证，保证氢能市场的规范性，以获得最优的社会效益。

11.2　氢能技术标准化近期应重点加强的标准化研究领域和项目

氢气自 16 世纪首次被发现以来，因其来源丰富、质量轻、能量密度高、绿色低碳、储存方式与利用形式多样等诸多优点被视为未来重要的清洁能源，但受安全、成本、技术等因素制约，以往氢能主要用于军事、航天等尖端领域，在民用领域长期发展缓慢，始终未踏入商业化应用门槛。随着《巴黎协定》[5] 的签订，应对气候变化成为今后很长时期内能源、经济和社会长远发展的顶层战略，以绿色低碳为特征的清洁能源成为未来能源发展的重要方向。而氢能作为 21 世纪人类可持续发展最具潜力的二次清洁能源,受到全球范围的高度重视,在我国也得到广泛关注,未来有望在我国能源转型、实现"双碳"目标过程中发挥重要作用。国际上,美国、欧盟、日本、韩国等发达国家和地区纷纷将氢能纳入国家能源发展战略,持续推动氢能产业发展。

我国氢能产业发展正在进入新的历史时期,《氢能产业发展中长期规划(2021—2035 年)》将氢能正式纳入我国能源战略体系,提出要系统构建支撑氢能产业高质量发展创新体系,统筹推进氢能基础设施建设,稳步推进氢能多元化示范应用,不断完善氢能发展政策和制度保障体系,围绕规划形成 1+N 政策体系。为此,亟须充分认识发展氢能产业的重要意义,从思想、认识和行动统一到氢能产业发展的战略部署上来,做好改革创新,破解发展难题,抓好自主核心技术装备攻关,争取在技术、市场、体制机制等领域不断取得突破性进展。

作为氢能发展战略的重要组成部分,我国氢能技术标准化发展战略的研究只有紧跟国际氢能发展战略、最新氢能技术成果以及我国相关政策和法规的步伐,才能保证我国氢能产业的健康发展。根据我国氢能产业发展的现状,近期应重点加强的标准化研究领域和亟须开展的标准制修订项目如下。

(1)氢制备标准化

氢能作为一种清洁、高效的能源,正逐渐成为我国能源体系的重要组成部分。为了推动氢能行业的快速发展,确保氢能生产的安全、高效和可持续,制定氢气制备标准化建议至关重要。

① 氢能生产原料选择与制备工艺 制定氢能生产原料的品质标准,包括纯度、杂质含量等,以及相应的制备工艺标准。例如,针对不同类型的水源,制定相应的电解水制氢技术标准。

② 氢能生产设备安全 制定氢能生产设备的设计、制造、安装、运行和维护等方面的安全标准,确保设备的安全可靠。

③ 氢能生产过程安全 制定氢能生产过程中的安全操作规程,包括氢气净化、压缩、储存和运输等环节,以防止事故的发生。

④ 应急预案与救援 制定氢能生产事故应急预案,明确事故应急处理流程、救援设备和人员培训等方面的要求,提高应对氢能生产事故的能力。

(2)氢能输配标准化

氢能的广泛应用仍面临诸多挑战,其中之一便是氢能输配的标准化问题。为了推动氢能产业的快速发展,确保氢能输配的安全性和高效性。

① 标准化体系不完善 目前,我国氢能输配领域的标准化工作尚处于起步阶段,相关标准体系不够完善,存在一定程度的空白和滞后。这在一定程度上制约了氢能产业的发展,增加了企业和投资者的不确定性。

② 建立健全氢能输配标准体系　在国家层面，应建立健全氢能输配标准体系，明确氢能输配各环节的标准制定优先级，确保氢能产业的健康发展。同时，加强与国际标准的对接，提高我国氢能输配标准的国际竞争力。

③ 加快制定关键技术标准　针对氢能输配关键技术，如储存和运输等，应加快制定统一、先进的标准。这有助于提高产业链各环节的设备兼容性，降低运营成本，推动氢能技术的创新和应用。

④ 强化氢能输配安全标准　氢能输配安全是产业发展的重要保障。国家应加强对氢能输配安全标准的制定和修订，确保各环节的安全可靠。同时，加强监管和执法力度，提高氢能输配企业的安全意识。

⑤ 加强标准宣传和培训　加大对氢能输配标准的宣传力度，提高社会各界对氢能输配标准的认识和理解。同时，加强对氢能产业从业人员的培训，提高其业务水平，确保氢能输配标准的正确实施。

⑥ 鼓励地方政府和企业发展氢能输配标准化试点项目　鼓励地方政府和企业在氢能输配领域开展标准化试点项目，积累经验，为全国范围内推广氢能输配标准化提供借鉴。

氢能输配标准化是氢能产业健康发展的重要支撑。我国应充分发挥政策和市场的作用，加强氢能输配标准化工作，为氢能产业的快速发展创造有利条件。通过建立健全氢能输配标准体系、加快制定关键技术标准、强化氢能输配安全标准、加强标准宣传和培训、鼓励地方政府和企业发展氢能输配标准化试点项目等措施，推动氢能产业迈向规范化、高效化、安全化的发展道路。

（3）氢能存储标准化

为了促进氢能产业的健康发展，推动氢能存储技术的进步，我国亟须建立和完善氢能存储标准化体系。

① 加强氢能存储标准体系规划　借鉴国际先进经验，结合我国氢能产业发展现状，制定全面、科学的氢能存储标准体系规划，确保各环节标准制定工作的有序进行。

② 提高标准质量　加强氢能存储国家标准和行业标准的制定、修订工作，提高标准质量，使之具备较强的科学性、适用性和可操作性。

③ 加快与国际标准接轨　积极参与国际氢能存储标准制定，推动我国氢能存储标准与国际先进标准接轨，提升我国氢能存储产业的国际竞争力。

④ 强化标准实施与监督　加大对氢能存储标准的宣传力度，提高各方对氢能存储标准的认识和应用水平；建立健全氢能存储标准监督机制，确保标准落地生根。

⑤ 加强技术创新与产业协同　鼓励氢能存储企业、科研院所、检测机构

等多方合作，共同开展氢能存储技术研究，推动氢能存储技术创新与产业协同发展。

氢能存储标准化是氢能产业健康发展的重要保障。我国应抓住氢能产业发展的历史机遇，加强氢能存储标准化工作，推动氢能存储技术创新与产业协同发展，为我国能源转型和绿色低碳发展贡献力量。

（4）氢能加注标准化

随着氢能产业的快速发展，氢能加注设施的建设与运营日益受到关注。为了确保氢能加注的安全、高效和可持续发展，有必要制定一套完善的氢能加注标准化建议。本节旨在对氢能加注标准化建议进行探讨，包括氢能加注设施建设、氢能加注操作、氢能加注监管等方面的内容。

① 氢能加注设施建设标准化

a. 选址标准化：氢能加注设施应选择在交通便利、地势平坦、地质条件稳定的区域，远离易燃易爆场所和环境敏感区域。

b. 设计标准化：氢能加注设施的设计应遵循安全、可靠、高效的原则，充分考虑设备布局、工艺流程、氢能储存和输送等方面的因素。

c. 设备选型标准化：氢能加注设备应选择具有国家认证的合格产品，设备性能指标应符合国家相关标准要求。

d. 安全防护标准化：氢能加注设施应配备完善的安全防护设施，包括消防器材、泄漏检测设备、应急电源等。

② 氢能加注操作标准化

a. 氢能加注操作规程标准化：制定明确的氢能加注操作规程，确保操作人员熟悉加注流程和应急处理方法。

b. 培训与考核标准化：对氢能加注操作人员进行专业培训，确保其具备氢能加注安全知识和操作技能，并进行定期考核。

c. 氢能加注过程监控标准化：采用实时监控系统，对氢能加注过程中的关键参数进行实时监测，确保加注过程安全可控。

③ 氢能加注监管标准化

a. 政策法规标准化：建立健全氢能加注相关的法律法规体系，明确各部门监管职责，确保氢能加注设施安全运行。

b. 行政审批标准化：对氢能加注设施的建设、运营、改造等环节实行严格的行政审批制度，确保项目合规合法。

c. 监督检查标准化：加强对氢能加注设施的日常监督检查，对发现的问题及时整改，确保氢能加注设施安全可靠。

d. 事故应急预案标准化：制定完善的事故应急预案，提高应对氢能加注事故的能力，确保氢能加注产业的健康发展。

总之，氢能加注标准化建议的制定与实施，将有助于规范氢能加注市场秩序，提高氢能利用的安全性和效率，推动氢能产业的可持续发展。在今后的氢能发展中，应积极推进氢能加注标准化工作，为氢能产业的繁荣做出贡献。

（5）氢能应用标准化

氢能的广泛应用仍面临诸多挑战，如技术标准不统一、产业链条不完善等。为了推动氢能产业的快速发展，从标准化的角度提出如下氢能利用的建议：

① 制定氢能产业发展规划　结合我国氢能产业现状，制定全国统一的氢能产业发展规划，明确氢能产业的发展目标、技术路线和重点领域。

② 强化标准实施与监管　建立健全氢能技术标准的实施和监管机制，确保标准落地生根，提高氢能产品质量。

③ 推动氢能产业链上下游企业深度合作　加强氢能产业链各环节企业的技术交流与合作，共同突破关键技术瓶颈。

④ 优化氢能产业链布局　结合各地区氢能资源、市场需求和产业基础，优化氢能产业链布局，实现产业协同发展。

⑤ 建立氢能产业技术创新平台　整合产业链优势资源，搭建氢能产业技术创新平台，推动产业技术创新。

⑥ 拓展氢能应用领域　在交通、能源、工业等领域推广氢能应用，提高氢能市场份额。

⑦ 加强氢能基础设施建设　加大氢能加气站、储氢罐等基础设施建设力度，为氢能应用提供保障。

⑧ 实施氢能示范项目　在重点区域开展氢能示范项目，积累实践经验，为氢能大规模应用奠定基础。

总之，通过加强氢能技术标准化、推动产业链协同创新、拓展应用场景和市场规模以及加强国际合作与交流，有望推动氢能产业的快速发展，为我国能源转型和绿色低碳发展贡献力量。

11.3　氢能技术标准化体系的展望

我国非常重视氢能技术的发展，2006 年在国务院发布的《国家中长期科学和技术发展规划纲要（2006—2020 年）》[6]中就提出：重点研究高效低成本的化石能源和可再生能源制氢技术、经济高效氢储存和输配技术、燃料电池基础关键部件制备及电堆集成技术、燃料电池发电及车用动力系统集成技术，形成氢能和燃料电池技术规范与标准。但是因为氢能技术链长，相关的产业构成复杂，因此相关的标准化工作需要政府机构和相关标委会研究顶层设计、全面规划，多领域企事业与测评研发服务单位协同配合。因此，我国的氢能技术标准化体系建设还有很长的路要走。

氢能标准化工作将在氢能生产、储存、运输和利用等各个环节同时进行。首先，在氢能生产方面，需要建立统一的氢能生产标准，包括水电解、天然气重整、生物质转化等不同生产方式的标准化要求。这将有助于提高氢能生产的效率和质量，并确保不同生产方式之间的互操作性。

其次，在氢能储存和运输方面，需要建立安全可靠的氢能储存和运输标准。氢气具有高能量密度和易泄漏的特点，因此需要制定相应的储存和运输标准，确保氢气的安全性和可控性。例如，可以制定氢气储罐的设计和制造标准，以及氢气管道和船舶运输的安全操作规范。

最后，在氢能利用方面，需要建立统一的氢能利用标准，包括燃料电池、氢燃料发动机等不同利用方式的标准化要求。这将有助于提高氢能利用设备的性能和可靠性，并促进氢能技术的推广和应用。

在氢能标准化工作中，还需要加强国际合作和交流。由于氢能是全球性的能源问题，各国之间需要共同制定和遵守氢能标准，以实现全球氢能产业的互联互通。同时，还需要加强与国际标准化组织和行业组织的合作，共同推动氢能标准的制定和推广。

总之，氢能标准化工作对于推动氢能产业的发展至关重要。通过建立统一的标准化要求，可以提高氢能生产、储存、运输和利用的效率和质量，确保氢能的安全和可持续发展。同时，加强国际合作和交流，促进全球氢能产业的互联互通，这将为氢能产业的快速发展提供有力支持。

参考文献

[1] 习近平在第七十五届联合国大会一般性辩论上的讲话［N］.新华网，2020-09-22.

[2] 周海成.日本高压气体保安协会［J］.压力容器，1985（3）：98-99.

[3] 陆颖.美国氢能经济路线图分析［N］.科技中国，2021-07-21.

[4] "十四五"新型储能发展实施方案［N］.国家能源局，2022-03-21.

[5] 《巴黎协定》［J］.中国印刷，2016（5）：12.

[6] 国家中长期科学和技术发展规划纲要（2006—2020年）［N］.https://www.gov.cn/jrzg/2006-02/09/content_183787_3.htm.